中华现代学术名著丛书

中国地理学史

（先秦至明代）

王成组 著

2015年·北京

图书在版编目(CIP)数据

中国地理学史.先秦至明代/王成组著.—北京:商务印书馆,2015
(中华现代学术名著丛书)
ISBN 978-7-100-10053-3

Ⅰ.①中… Ⅱ.①王… Ⅲ.①地理学史—中国—先秦时代~明代 Ⅳ.①K90-09

中国版本图书馆 CIP 数据核字(2013)第 135268 号

所有权利保留。
未经许可,不得以任何方式使用。

本书据商务印书馆 1988 年版排印

中华现代学术名著丛书
中国地理学史
(先秦至明代)
王成组 著

商 务 印 书 馆 出 版
(北京王府井大街36号 邮政编码100710)
商 务 印 书 馆 发 行
北 京 冠 中 印 刷 厂 印 刷
ISBN 978-7-100-10053-3

2015 年 7 月第 1 版   开本 880×1240 1/32
2015 年 7 月北京第 1 次印刷   印张 13⅜ 插页 5
定价:45.00 元

王 成 组

(1902—1987)

作者手迹（一）

作者手迹（二）

出版说明

百年前,张之洞尝劝学曰:"世运之明晦,人才之盛衰,其表在政,其里在学。"是时,国势颓危,列强环伺,传统频遭质疑,西学新知亟亟而入。一时间,中西学并立,文史哲分家,经济、政治、社会等新学科勃兴,令国人乱花迷眼。然而,淆乱之中,自有元气淋漓之象。中华现代学术之转型正是完成于这一混沌时期,于切磋琢磨、交锋碰撞中不断前行,涌现了一大批学术名家与经典之作。而学术与思想之新变,亦带动了社会各领域的全面转型,为中华复兴奠定了坚实基础。

时至今日,中华现代学术已走过百余年,其间百家林立、论辩蜂起,沉浮消长瞬息万变,情势之复杂自不待言。温故而知新,述往事而思来者。"中华现代学术名著丛书"之编纂,其意正在于此,冀辨章学术,考镜源流,收纳各学科学派名家名作,以展现中华传统文化之新变,探求中华现代学术之根基。

"中华现代学术名著丛书"收录上自晚清下至20世纪80年代末中国大陆及港澳台地区、海外华人学者的原创学术名著(包括外文著作),以人文社会科学为主体兼及其他,涵盖文学、历史、哲学、政治、经济、法律和社会学等众多学科。

出版说明

出版"中华现代学术名著丛书",为本馆一大夙愿。自1897年始创起,本馆以"昌明教育,开启民智"为己任,有幸首刊了中华现代学术史上诸多开山之著、扛鼎之作;于中华现代学术之建立与变迁而言,既为参与者,也是见证者。作为对前人出版成绩与文化理念的承续,本馆倾力谋划,经学界通人擘画,并得国家出版基金支持,终以此丛书呈现于读者面前。唯望无论多少年,皆能傲立于书架,并希冀其能与"汉译世界学术名著丛书"共相辉映。如此宏愿,难免汲深绠短之忧,诚盼专家学者和广大读者共襄助之。

商务印书馆编辑部
2010年12月

凡 例

一、"中华现代学术名著丛书"收录晚清以迄20世纪80年代末,为中华学人所著,成就斐然、泽被学林之学术著作。入选著作以名著为主,酌量选录名篇合集。

二、入选著作内容、编次一仍其旧,唯各书卷首冠以作者照片、手迹等。卷末附作者学术年表和题解文章,诚邀专家学者撰写而成,意在介绍作者学术成就、著作成书背景、学术价值及版本流变等情况。

三、入选著作率以原刊或作者修订、校阅本为底本,参校他本,正其讹误。前人引书,时有省略更改,倘不失原意,则不以原书文字改动引文;如确需校改,则出脚注说明版本依据,以"编者注"或"校者注"形式说明。

四、作者自有其文字风格,各时代均有其语言习惯,故不按现行用法、写法及表现手法改动原文;原书专名(人名、地名、术语)及译名与今不统一者,亦不作改动。如确系作者笔误、排印舛误、数据计算与外文拼写错误等,则予径改。

五、原书为直(横)排繁体者,除个别特殊情况,均改作横排简体。其中原书无标点或仅有简单断句者,一律改为新式标点，专名号从略。

六、除特殊情况外，原书篇后注移作脚注，双行夹注改为单行夹注。文献著录则从其原貌，稍加统一。

七、原书因年代久远而字迹模糊或纸页残缺者，据所缺字数用"□"表示；字数难以确定者，则用"（下缺）"表示。

目　录

增订本说明……………………………………………………… 1
序言……………………………………………………………… 4

第一篇　地理学著作的创立——先秦时代

第一章　中国地理资料的起源………………………………… 9
第二章　《尚书·禹贡》在地理学史上的地位……………… 16
　　第一节　《禹贡》的来历和写作年代……………………… 16
　　第二节　《禹贡》的地理基础……………………………… 20
　　第三节　《禹贡》地理的虚实……………………………… 24
　　第四节　《禹贡》地理的历史影响………………………… 27

第三章　《管子》书中地理篇章的特征……………………… 33
　　第一节　《管子》的来历和时代背景……………………… 33
　　第二节　《管子·地数》篇………………………………… 35
　　第三节　《管子》的《地员》篇和《度地》篇…………… 37

第四章　《五藏山经》——幻想与真实的结合……………… 40
　　第一节　《五藏山经》的来历……………………………… 40
　　第二节　《五藏山经》的布局与虚夸……………………… 44
　　第三节　《山经》地理观念的功过………………………… 49
　　第四节　《山经》中地理资料的发展……………………… 53

v

第五节 《山海经》其他部分的简略评价 ………… 57

第五章 其他古书的地理成分 ……………………… 59
　第一节 《尔雅·释地》等篇 …………………… 59
　第二节 《吕氏春秋·有始览》 ………………… 61
　第三节 《周礼》的实际来历与地理观念 ……… 64

第六章 第一篇小结 ………………………………… 69

第二篇　地理志和地方志的发展——西汉至明代

第一章 《史记》与《汉书》的先驱作用 ………… 75
　第一节 《二十四史》的创始与发展 …………… 75
　第二节 《史记·河渠书》和《汉书·沟洫志》 … 78
　第三节 《史记》、《汉书》的货殖列传 ………… 81
　第四节 《汉书》创立的地理志 ………………… 87
　第五节 《史记》、《汉书》专传举例 …………… 92

第二章 《后汉书》与以后的正史 ………………… 97
　第一节 地理志传统的长期继续 ………………… 97
　第二节 《新唐书》专传关于河源的发现 ……… 99
　第三节 《宋史》等的河渠书——关于黄河的治理 … 101

第三章 地理志专著的演变 ………………………… 107
　第一节 早期发展的过程 ………………………… 107
　第二节 唐代的《元和郡县志》 ………………… 110
　第三节 宋元间的地理志 ………………………… 113
　第四节 官编《一统志》的起源 ………………… 116

第四章 《三通》的地理专篇 ……………………… 120
　第一节 唐代杜佑的《通典》 …………………… 120

第二节　北宋末期郑樵的《通志》……………………… 122
　　第三节　宋末元初马端临的《文献通考》……………… 126
第五章　地方志的发展过程 ………………………………………… 129
　　第一节　宋代以前的背景 ………………………………… 129
　　第二节　南宋《吴郡志》的特征 ………………………… 131
　　第三节　明代府志举例 …………………………………… 133
　　第四节　明代县志举例 …………………………………… 139
第六章　第二篇小结 ………………………………………… 145

第三篇　历代地图的演变——西汉至明末

第一章　汉代地图的广泛应用和新出土帛图 …………………… 151
　　第一节　地图的历史渊源 ………………………………… 151
　　第二节　汉代地图的掌管和应用 ………………………… 153
　　第三节　长沙马王堆出土的稀有帛图 …………………… 155
第二章　裴秀制图的实践与理论 ………………………………… 162
第三章　隋唐间制图的发展 ………………………………………… 166
　　第一节　从概况图到边防图 ……………………………… 166
　　第二节　贾耽的特殊贡献 ………………………………… 169
第四章　宋代制图的多样化 ………………………………………… 171
　　第一节　制图发展的动力 ………………………………… 171
　　第二节　边境地图的重视 ………………………………… 174
　　第三节　木刻图与地图刻石 ……………………………… 176
第五章　元明间地图的进步 ………………………………………… 182
　　第一节　朱思本自编《舆地图》 ………………………… 182
　　第二节　罗洪先增补的《广舆图》 ……………………… 183

第三节　陈组绶《皇明职方地图》……………………184
第六章　第三篇小结……………………………………187

第四篇　举世闻名的游记——战国至明末

第一章　《穆天子传》——神话性的旅游记……………193
　　　第一节　晋代出土的战国作品…………………………193
　　　第二节　《穆天子传》中的山川与《五藏山经》………197
第二章　晋代法显的《佛国记》——天竺取经的旅程……201
　　　第一节　世界最古老的真实旅游记……………………201
　　　第二节　法显精辟的地理观念…………………………204
　　　第三节　北魏僧惠生等的取经记程……………………211
第三章　记述玄奘在唐初环游印度的两大名著…………214
　　　第一节　《大唐西域记》与《大慈恩寺三藏法师传》…214
　　　第二节　玄奘游印的路线和过程………………………218
　　　第三节　玄奘的地理观念与实地观察…………………224
第四章　蒙古族初兴时的《长春真人西游记》……………229
　　　第一节　长春真人与《西游记》的来历…………………229
　　　第二节　绕道蒙古去西域的行程………………………230
　　　第三节　丘李两氏对于沿途地理景象的观感…………237
第五章　郑和下西洋随行人员的旅行记和航海图………240
　　　第一节　七次下西洋在我国航海史上的意义…………240
　　　第二节　马欢和他的《瀛涯胜览》………………………242
　　　第三节　费信和他的《星槎胜览》………………………246
　　　第四节　巩珍和他的《西洋番国志》……………………248
　　　第五节　《武备志》保存的《郑和航海图》………………252

第六章　明末杰出旅游家的《徐霞客游记》……258
　　第一节　在旅游中培养的地理专家……258
　　第二节　短篇游记的精华……261
　　第三节　西南万里游与科学考察……267

第七章　第四篇小结……276

第五篇　地理专著的典型——北魏至明末

第一章　郦道元著《水经注》——著述方法和重要贡献……283
　　第一节　作者身世和《水经》来历……283
　　第二节　流传情况和编次方式……287
　　第三节　《经》《注》体例与内容特征……290
　　第四节　河水"重源"与江、汉上源
　　　　　　——唯心观念大发展……297
　　第五节　江河入海道论证方式的对比……304
　　第六节　大河以北入海诸水
　　　　　　——历史意义和存在的问题……309
　　第七节　南方水道的贡献与差错……317
　　第八节　《水经注》与历史地理……321
　　第九节　小结……323

第二章　南宋论释《禹贡》的三家……327
　　第一节　新发展的条件和作用……327
　　第二节　程大昌的有关著作……329
　　第三节　毛晃的《禹贡指南》……335
　　第四节　傅寅的《禹贡说断》……339

第三章　关于水利问题的几篇论文或资料……344

第一节　北宋单锷的《吴中水利书》……………… 344
　　第二节　南宋《吴郡志》的《水利》篇 …………… 348
　　第三节　明代潘季驯的《河防一览》………………… 350
第四章　元末汪大渊的《岛夷志略》……………………… 358
　　第一节　《岛夷志略》的来历 ………………………… 358
　　第二节　《岛夷志略》的内容 ………………………… 361
　　第三节　汪大渊航游地点的布局 ……………………… 365
　　第四节　重要记述的深入分析 ………………………… 371
　　第五节　小结 …………………………………………… 377
第五章　明代王士性《五岳游草》中的地理见解 ………… 379
第六章　徐霞客的地理论文 ………………………………… 388
　　第一节　《盘江考》的由来和评介 …………………… 388
　　第二节　《江源考》的科学见解 ……………………… 395
第七章　第五篇小结 ………………………………………… 400

全册总结 ……………………………………………………… 404

王成组先生学术年表 ………………………………………… 416
王成组教授及其对中国地理学的贡献 ……… 赵荣　徐象平 419

附图

图1　《禹贡》九州导山导水示意图 …………………… 22
图2　《五藏山经》示意图 ………………………………… 45
图3　《史记·河渠书》示意图 …………………………… 77
图4　马王堆三号汉墓出土帛书地形图复原图 ………… 156—157
图5　马王堆三号汉墓出土帛书驻军图复原图 ………… 156—157
图6　禹迹图（1137年刻石） …………………………… 178—179
图7　华夷图（1137年刻石） …………………………… 178—179
图8　地理图（1247年刻石） …………………………… 178—179
图9　法显天竺取经路线图 ……………………………… 205
图10　玄奘印度求经路线图之一 ……………………… 216
图11　玄奘印度求经路线图之二 ……………………… 221
图12　玄奘印度求经路线图之三 ……………………… 223
图13　《长春真人西游记》路线图 ……………………… 233
图14　《郑和航海图》片段 ……………………………… 254
图15　《徐霞客游记》路线图 …………………………… 265
图16　徐霞客《滇游日记》路线图 ……………………… 272

增订本说明

中国地理学的发展，年代之久远，门类之繁多，著作之丰富，足以与由不同民族前后相承所发展的西方地理学各树一帜，遥相对称。在我国的灿烂文化业绩中，亦足以与文学、史学、哲学相映成辉。在古老的中国地理著作之中，有一些早已受到国际上的重视。少数地理作品，不但对我国历史的发展具有重大意义，甚至涉及东方其他广大地区，成为稀有的参考资料。

但是，我国的文、史、哲三门，早有关于本门学术的历史性研究，而地理学史迟迟没有得到系统的整理。半个世纪前，由顾颉刚先生发动的《禹贡》、《山经》的研究，主要着眼于历史地理上的作用，所提出的结论也存在着一些片面性的问题。当时认为《禹贡》出于战国后期的理由，如同铁器通用的时期，近年的考古发现已经使时间大大提早。那个时期也带动了王庸编写出第一本《中国地理学史》；主要还是采用史书上的地理类书目，以及古代的传统观念加以整理。1962年，侯仁之主编的《中国古代地理学简史》出版，对于历代地理学的重要著作与特征，才首次提供系统性的介绍。

我从1977年起编写《中国地理学史》，采用各个历史时期的代表著作表现出我国地理学上的新观点、新观察方法和新整理方法的创立与因袭的过程，以及少数正确观念与错误观念之间长期存在的矛盾。为此,对于少数来历可疑的著作,尤其要全面衡量它们写作的年代;如果有可能,也要探索它们的作者,从而使得产生时期不同的地理见解与方法,能以形成一套合理的发展程序。为了便于了解同一类型著作发展的过程,从西汉到明末,按四大类型分篇叙述。

年代的问题,在先秦著作中尤其重要,而并不以先秦为限。考证年代的迟早,不能限于作品内容的年代条件。对于内容的认识,不宜局限于作为年代的标志,而更需要鉴别其中的虚实真假。地理作品尤其便于从对照客观自然条件中的山川与部位,以及有关事物与观念,辨明真假虚实。考证的范围,必须从《禹贡》、《山经》的究竟何者更早,特别包括西汉末年刘歆的伪造《周礼》。而郦道元的《水经注》,究竟是否有一种单独早编的《水经》供他作注(不同于郭璞作注的《水经》),也是一个重要问题。

本书所提供的有关作品年代与内容虚实的许多见解,对于阐明不同作品之间的关系,具有重要意义。但是这些见解大多没有预先作为论文发表,因此在学术界还没有得到广泛的应用。目前的情况,地理学界有时一方面仍然把《周礼》中所提到的地图的种种使用途径,以及《职方氏》一节的内容,都承认为西周早年的制度;另一方面依照顾颉刚的主张,却把《禹贡》推迟到战国后期。这样就把刘歆模仿《禹贡》所伪造的《职方氏》一节,其来历先后竟然颠倒。这次希望能引起地理学界与史学界的共同注意。

拙著初版于1983年春,供应以来,承蒙广大读者的关心,许多城市半年余就脱销。去年秋季,商务印书馆拟予重印,经过反复商量,决定改印增订本。此次集中增加的章节,有关于《史记·货殖列传》、巩珍《西洋番国志》、汪大渊《岛夷志略》,以及王士性《五岳游草》中的片段。另外还有分散的长短不等增补修改。由于笔者正在培养研究生等种种牵制,这一项工作原定在去年赶成,竟然延迟半年之久,深为歉疚。

采用本书的编制以阐明我国地理学的发展过程与特征。存在着一个缺陷,即是不能充分表明我国历代政治、军事、经济、文化势力盛衰的变化与影响。这一点体现出中国地理学史与中国历史地理具有必要的分工。在此同时,笔者希望研究地理学史与历史地理的同道,对于本书所提供的意见,能从多方面分析是非,批评指正,而对于可取之点,希望能共同采用。

本书初版时,定名为《中国地理学史》上册,原来准备紧接着就编写按三期划分清代发展情况的下册。由于教学任务较重,又年逾八旬,分册难以紧接。这次的增订本作为自成完册,而标明《中国地理学史》(先秦至明代)。清代部分,尽量在力能兼顾的限度内继续完成,以免功亏一篑,从而编成第一套完整的《中国地理学史》。

本书的出版问世,商务编辑部陈江同志近年多方协助,得益匪浅,特此致谢。

王成组
1985.7.15

序言

　　我国的地理学既是起源特早，而绵延不断，具有长达三千年之久的光荣史，并且保存着无比丰富的历史遗产。这样一脉相承，留下丰硕的成果，世界上无与伦比。西方地理学的发展，却是经过现代许多国家不同民族的祖先，先后相承，此起彼落，才能获得近代地理学的成就。

　　西方的地理学超过中国，只是由于最近二三百年的进步。一般见解竟然因此而认为中国向来落后，甚至空虚，我们必须纠正这种误解。实际上在这个最后阶段，我们也还有独特的成就。

　　本世纪初以来，随着教育制度和教学内容的西方化，高等院校发展地理系，在五六十年前开始，解放后更大量增加。现代式的地理研究相应成长，解放后正在逐步赶上国际水平。但是地理学史性质的少数专题，早先只有史学界的部分同志在关心，地理界反而极少顾问，以至已有的这一门著作，寥寥可数。为此在垂暮之年，还想夺回些失去的年月，填补若干空白。

　　六年前我动过直肠癌手术，被认为将会丧失工作能力，以至三年多之前奉命退休。医学上的大进步保证了我顺利恢复健康，保持着发病前的视力、记忆力和分析能力。为着使得历代流传的地理文献能为现代科学发生正确的作用，我坚决退而不休，把早先粗略准备过的地理学史编写工作立即动手。由于反复修改，本册定稿屡次延期。为着编成一部完整的《中国地理学史》，阐明清代部分的另一册，还需要继续努力。

地理学史的编写可以采用多种方式，本书是以探讨历代的各种地理作品所反映的地理观点与地理方法为主轴。对于写作年代可疑的少数作品，都依据这一要求来分析辨别不同作品的前后关系。例如《尚书》中流传的《禹贡》，经过战国到西汉，从来没有受到过怀疑，怎能轻易改定为战国后期的作品？我们应当考虑是否具有产生在战国之前的条件。《周礼》一书，通常认为是西周初年周公所作，清代后期早有姚际恒、康有为等各家先后考证出它是西汉末年刘歆所伪造。这部书的《职方氏》一节，以及有关重视地图的条文等等，实际都反映汉代的规模——许多有关地理与地图的条目，迥然不能配合周初的条件。

《水经注》一书，传统观念向来把郦道元的辛勤贡献认为限于作注，而假定其中所谓《水经》部分是东汉末或三国时人所早已编成。实际上如果没有郦氏的注所查明的各条水道流经地点，怎能编出所谓经文说明的路线——在三百年前的东汉末？这种无法证实的推测，是由于不懂得地理方法的作用。为此，我们提出经、注全是郦氏一手编成的主张。传统观点还把《佛国记》说成法显只做口述，也是无稽之谈。法显自己有写作的文才，记中用名字可以是自谦的方式。

关于我国地理学史的阐述，本书准备做一个全面的概括，以表明有史以来东方地理学发展的过程和特征，不包括西方地理学在本世纪初传入以来的新发展。历代重要地理文献中凡是有争论的问题，还希望所有关心的同志展开讨论，尤其是对于某些作品的时代意义和科学作用，以取得一种公认的结论。我们应当使得国内以及国际的地理学界,充分认识中国地理学的光荣传统。

  本书前四篇的初稿,一年前打印分送各方征求意见,曾经得到许多同志热情赐教,除遵照修改以外,特此恳切道谢。书中探讨的范围,受到图书借阅的限制,以至还有缺漏。在编写过程中,深受西北大学和地理系校系两级领导的关心;一年半前还指定李健超同志以部分时间多方襄助。西大图书馆、印刷厂、地理系绘图室各单位的有关同志,也多次照顾。商务印书馆编辑部,早在一年前惠允协助出版。在此上册付印之际,特此表示衷心的感谢。

王成组

1985.10.20

第一篇 地理学著作的创立
——先秦时代

第一章　中国地理资料的起源

远在最古老的地理文献形成以前,地理知识的发生和发展必然早已经历一个长期的过程。人类的祖先对于所寄居的环境,通过生活上的许多需要和实践,自然而然地会积累各种形式的地理知识。从原始社会到奴隶社会,随着社会活动的扩大,地理知识也就随之而多方联系,由简而繁。不同民族和不同地区之间商品的流通、文化的交流和战争的冲突,也都会促进地理知识的交流和发展。

从迁徙无定的采集和游牧生活,改变成为定居的农耕生活,可能是一个个居民点定名的一个关键。居民点的定名也会引起许多山川的定名。但是长距离的大河往往要经过分段具有不同名称的长时期,然后逐渐统一。在我国最早的历史上,黄河只是简称为"河",长江简称为"江",最初都当作专名;后来才给它们另外加上专名。而江河两字却成为许多水道的通称。其他许多河流起初只用淮、渭等专名,并不加上水或河等字。在文字记载发生以前,各种地名可能早已采用,但是像黄河中游一带所发现的所谓仰韶文化遗址,距今大约四五千年,还难以了解遗留的文物中的原用地名,究竟如何分布。

为着正确认识出古代资料的来历,我们必须先了解那些资料发展的过程。从我国最古老的甲骨文起始,就带有不少地理性的零星资料。甲骨文刻在龟甲或兽骨之上,字体比较后代通用的文字差别很大,大致都是从商代(公元前1766—公元前1123年)的文化遗址中发现,在盘庚迁殷(公元前1401年)以后的部分又称殷代。配合生产力和生产关系的转变,社会文化当时正在进入奴隶社会。刻着甲骨文的残片有许多已经影印成拓本,内中可以见到许多与地理有关的地名、山名、水名以及民族名。但是由于多数名称早已失传,很难判断它们的部位。

起源于商代后期的青铜器,在周代(公元前1122—公元前256年)达到全盛时期,少数重要青铜器上铸造的文字,以及石碑上应用的最古老的字体,合称为金石文。金石文限于一些特殊的用途。文字记述的扩大应用,以及从简略的条文扩大成文章以至书籍,都是随着在竹简或木简上书写,逐步串连成长篇著作。文字的结构也在不同地区经过许多变化,直到秦始皇时才采用统一的字体,创立"书同文"的体制。从原始社会到奴隶社会,民间地理知识的发展,在最古老的文字资料中,只留下些自然景物的名称和位置难以查考的地名。

由于竹简和木简都不能保存得太久,所以最古老的书本早已失传。系统文字记载起源的时间,也就难以查考。历代出土的竹简,从晋代咸宁五年(279年)或太康二年(281年)的汲冢到现代,全部都是战国时代开始的作品,汲冢的《竹书纪年》原本,实际上是魏国的纪年史,只是追溯到夏代。但是孔子流传下来的《五经》以及其他若干古文献,足以反映春秋时代(公元前722—公元前481年)早已存在着相当丰富的文献资料,也可能追溯到西周初年(公元前1122年)左右。一些被称为起源于早到神农、黄帝时代的作品,实际上都是后代来历不明的作家所伪托。

在后代继续保存的古代文献中,孔子(名丘,公元前551—公元前479年)所整理或编写的《五经》年代最早。《五经》在孔子编订的时期,只是简单称为《易》、《诗》、《书》、《礼》和《春秋》,要到西汉时独尊儒家,才一一加上"经"的称号,推崇为经典文献。《五经》之中,《春秋》这部春秋时代的列国纪年史,和《书》这部除个别篇章属于春秋时期,是春秋以前追溯到唐尧的片段史料,都包含不少地理资料。《诗》收集《风》、《雅》、《颂》三大类的各国列代诗歌,也包含相当浓厚的地方色彩,兼有地理资料的价值。《易》简述阴阳生克之理,偶尔涉及各种自然界的作用。《礼》在《五经》的原本中,正如班固《汉书》中的《艺文志》这部最古老的图书目录的记载,原来的"礼古经"是《仪礼》。这一部书叙述各种仪式和服装,完全与地理无关。《礼记》一书,只是孔子的少数弟子记述他的教材。至于王莽时期(公元6—22年)列入儒家经典的《周礼》一书,实际上是西汉末年所编成的伪托古书,将在本篇末一章论述。

《诗》通常称为《诗经》,收集诗歌三百零五篇,几乎有半数的篇章提到许多大小河流,较少的著名山岳,以及镐京、岐下、牧野等若干地名,一般都是周代所通用,有许多还沿用到后代。例如称颂周王朝的故土,在《大雅·皇矣》一首中,"居岐之阳,在渭之将",区位非常明确。《文王有声》一首中,"丰水东注"和"镐京辟雍"两句,又显示出周代初期的发展。尤其值得注意的是"中国"这个历史悠久的名称,就起源于《诗经·荡》的一首"文王咨,咨汝殷商,汝炰烋(音庖休,即自豪)于中国……"又《民劳》一首"惠此中国,以绥四方"。当时这一名称的应用,似乎局限于商王朝或周王朝直辖的境域,同时也类乎后代的中原,所以与四方相对称。

《春秋》一书的编年史,起自鲁隐公元年(公元前722年),孔子原著在哀公十四年（公元前481年）绝笔，末尾连续记到"孔子卒"的十六年（公元前479年），是后人所附加。历史上所谓春秋时代的241年（或243年）就是因这部书而得名。另外有《公羊传》、《穀梁传》，申论孔子所记史事叙述方式的用意。还有《左传》一书，大致与《春秋》平行，偏重在详细叙述重要的史实。《春秋》一书实际上本是一部简略的编年史，只是因它具有纲领性作用而特别受到儒家的推崇。这部书连同上述所谓《三传》，也包含许多地理资料。它们比较希腊的希罗多德（公元前484—公元前425年）的历史名著成书的年期，还要早半个世纪以上。

《春秋》等书的内容，本是偏重于政治、军事、社会等方面，儒家对于孔子所定下的一些褒贬，尤其重视。但是，从地理方面的作用来看，历年所记载的所谓灾异，包括日食、水旱、大风雪、地震、螟、蝝（蝗）等情况，以及相反的丰收"大有年"，在时代性和系统性两方面，都是国际间无比宝贵的资料，最远追溯到距今2700年之前。所记的年月四时，以及用干支标明的日期，对于古代历法的演变，也大有参考价值。

孔子所修的《书》，又称《尚书》或《书经》。《春秋》相当于孔子时代的近代史，而《尚书》是当时的一部通史，上起唐尧（约在公元前22世纪），下至秦穆公的《秦誓》（公元前624年）。但是在上下十六个世纪中，全书的资料只是分散在少数几个时期，同一时期的资料，少者只有一二篇，多者可以有四五篇。在秦始皇焚书以后，西汉时重新流通的《尚书》，成为用隶书的所谓今文本和用篆文的所谓古文本。两种文本的分篇和篇数多少，都大不相同，以至两派之间存在过许多争论。

对照上文所讲过的我国文字记载发展过程，《尚书》怎能在殷商时代已有专篇,怎能在传说历史的唐、虞、夏的三代,已经形成那样有条有理的史料?孔门弟子记述的《论语》,极力颂扬他的著述活动具有"述而不作"与"信而好古"的特征。《尚书》记述尧、舜、禹、汤、文、武的功业,儒家的传统观念,因而认定全部篇章都是从有关时代流传下来。但是,从记载文字的发展过程来对照,孔子修《书》所收集到的古文献原文,恐怕只限于西周初年;而更早的记述是他根据各种古代传说所编写。为了解剖麻雀,首先可以从作为最古老的《尧典》中所讲的历法和观测方法入手。

《尧典》用"帝曰、咨汝羲与和,期三百有六旬有六日,以闰月定四时成岁"。简单的这样一句话,被用来代表所谓"敬授人时"。同一篇的上文明说"羲与和"是羲叔、羲仲、和叔、和仲四个人。"期三百有六旬有六日"是以三百六十六日定为当时所称的"期年",就是阳历年。"定四时"是指四季。古代相沿本来通用阴历,所以这两种历法配合时,每二三年中必须置一"闰月"。按照《尧典》的说法,帝尧交代给他派定要分到四方远地测定四季的四个人,按一年三百六十六日来"授时"。阳历果然在唐尧那样早的年代已经测定了吗?实际上这是春秋后期,在劳动人民长久观测星象周期的基础上才能取得的成果。

《春秋》的一些记载"文公六年(公元前621年),闰月不告月,朝于庙"。古礼每月朔日要祭于庙,称为告朔,所以有这一条表明闰月不行此礼,"犹朝于庙"不合常礼。成公十七年(公元前574年),《春秋》只记"晋杀其大夫"(记三人姓名),同年《左传》不但叙述更详细,而且开头写明"闰月乙卯"的日期。哀公五年(公元前490年)《春秋》记"闰月葬齐景公"。《左传》但记景公死前争继承权,而不记月份。这一百多年中,记下闰月的资料寥寥无几,因为有特殊的事发生在闰月才记。春秋时代后期所发展的历法,包括置闰月和以三百六十六日为"期年",竟然列入《尧典》,显然是孔子在以今论古。《尚书》中西周以前的各篇,可能都是孔子自己编写的古代史料。

《尧典》关于定四时,列举分派羲仲等四人,以下述方式执行任务:

(1)"宅嵎夷,曰旸谷,寅宾出日,……以殷仲春。"

(2)"宅南交,……以正仲夏。"

(3)"宅西曰昧谷,寅饯纳日,……以殷仲秋。"

(4)"宅朔方,曰幽都,……以正仲冬。"

这四项中所指的地点,只不过含混假定,杜撰名称。列代注家企图指出真实地点,都不能令人满意。不说别的,地面上怎样能找到迎日出和送落日的地点,又怎能在南北二端定冬夏?这一整套设想,无非是主观的幻想。

其实民间传说的历史性故事,如同宋代梁山泊的各种传说,多少都还带有真实成分。尧、舜、禹、汤的历史地位,尽管受到儒、墨各家以各自的唯心观点渲染宣传,可能具有一些历史根据,尧、舜、禹时期连年发生洪水,而先后由鲧、禹主持治水,前者失败而后者成功,可能是人类历史上长期与洪水灾害斗争的一些经验的总结。但是水情严重到"荡荡怀山襄陵,浩浩滔天",又是《尧典》过分夸大;而治理的程序,据《禹贡》的描述,遍及大小水道,显然远远言过其实。

《尚书》里面的地理资料,在周代各篇中联系许多叙述到的活动,比较翔实可靠。这些资料大致可以和《诗经》互相印证,但是远不及后者的详细。《尚书》各篇中,唯独《禹贡》的地理资料比较详细而又带有系统观念。孔子把它列入虞夏书的部分,早先的传统见解,都信以为禹的作品。但是《禹贡》的内容也还牵涉许多问题,留到下一章再深入分析。

总之,从儒家《五经》中的《诗》、《书》和《春秋》这三部书中散见到的许多地理资料,足见在我国悠久的历史上,随着生产和政治的发展,春秋时代的晚期在文化上已经达到战国时代(公元前479—公元前247年)百家争鸣的序幕。《易(经)》的《系辞上》:"仰以观于天文,俯以察于地理,是故知幽明之故……",大约是"地理"这一名词在我国最早的应用。《易(经)》中附于正文之后的《系辞》等篇,可能也都出于孔子,但是,这一引文中所谓"天文"、"地理",都还偏重于抽象的定义。

第二章 《尚书·禹贡》在地理学史上的地位

第一节 《禹贡》的来历和写作年代

《尚书》中的《禹贡》,是我国古代文献中公认为一篇具有系统性地理观念的作品,甚至长时期采用它的九州作为一种超时代的地理区划。自从战国两汉以来,早先都公认过它为禹本人或禹时代在他治水成功(约在公元前21世纪)后的一份记录。从上文所说明的文字记载发展的过程来看,当时还不可能产生这样一篇内容复杂而条理井然的作品。

关于《禹贡》写作的年代,四十多年前顾颉刚先生曾经倡导讨论,并且出版《禹贡》杂志,他在1959年发表的《禹贡(全文注释)》一文中,仍然主张"它是公元前第三世纪前期的作品,较秦始皇统一的时代约早六十年"[①]。他认为"作者的地理知识仅限于公元前280年以前七国所达到的疆域",并且受其他许多条件的限制。其时正是孔子死后二百年,《尚书》早已风行一时。竹简的书本传抄

---

① 《中国古代地理名著选读》,中国科学院地理研究所编辑,科学出版社1959年版,第4页。

困难，抄本未必太多，但是传诵而且能口授的儒生早已不少。《禹贡》倘若到这时才出世，试问怎能获得公认为《尚书》所固有而不加指摘？这一个论断纯乎是脱离《尚书》流传情况的形而上学观点。

辛树帜的《禹贡新解》[①]提出"禹贡成书年代，应在西周的文、武、周公、成、康全盛时代，下至穆王为止。它是当时的太史所录"。这个时代起于公元前1185年，终于公元前952年，超过两个世纪。作者假定《禹贡》是太史官所录，却并未说明《禹贡》这样一篇文字的写作，为什么要经历这样长久的年代。在这全文的首尾，为什么要讲到相距一千多年的禹，并且称之为《禹贡》？九州之中雍州的得名，是以表明《禹贡》写作于秦国在公元前677年迁都雍之后，上距穆王在三个世纪以上。赋制的通行更要晚，铁更没有在西周早期受到过重视。

《禹贡》的流传于《尚书》里面，在历史上从没有人怀疑过。战国时代，尽管孔孟的法先王政治思想，受到过法家的法后王政治思想的挑战，儒家的经典著作仍然在风行一时。假定《禹贡》是在战国后期写成的，突然加进《尚书》里面去，怎能完全不受到任何怀疑？到了西汉时代，《禹贡》也还是今文本和古文本共有的篇幅，更足以证明它是孔子修《书》时所固有。

孔子编写《禹贡》，并不是完全孤立地称颂"禹别九州，随山浚川，任土作贡"，——不论这几句所谓书序，究竟是否他原来的标题。参照《尚书》今文本《尧典》的后半，或古文本的《舜典》，命禹治水是舜在位时的安排，在这一篇中先提到"肇十有二州"，没有指明名称和部位。治水"告厥成功"，却成为"九州攸同"，应当也在

[①] 农业出版社1964年版，第9页。

舜逊位之前，《禹贡》应当和《尧典》等篇同样作为《虞书》部分的一篇。实际上对于分州问题的叙述，显然前后矛盾。这些篇的编写，主要就是作为先王之道的史料。

《禹贡》的全文只有短短一千二百字，但是逐段的内容比较充实而具有系统性。主要的特点是穿插说明治水有关的山川分布的部位，和九州贡赋有关的生产发展情况，同时还设想到输送贡品的贡道，和由近及远发展情况的差别。把这些成分结合在一起，构成一种假想的舜禹时代的行政规划，而传统观念竟然把它认作当时的实际情况。另一方面，孔子也就借以体现他自己在政治上的抱负。这些意图更可以作为《禹贡》出于孔子之手的论证。但是判断《禹贡》写作的年代，必须首先识破这样的作品，不可能"言必有据"。

主张《禹贡》形成于战国后期的论证，都带有片面性。例如九州的跨到梁州，限定以公元前 316 年秦取蜀为依据。关于赋制限定以公元前 350 年秦孝公废井田为依据。梁州产铁以卓氏迁蜀为依据，恐怕是在公元前 228 年秦灭赵以后。以最后一点来看，把秦始皇统一（公元前 221 年）之前六十年假定为《禹贡》形成的年期，恐怕还失之过早。实质上的问题是不必把镠（音留）铁银镂之类列入贡品过分当真。

况且《春秋》记述梁州地境的开拓，不限于秦的一方，而另有楚的一方。鲁僖公二十六年（公元前 634 年）秋，楚人灭夔，由东侧进入"梁州"境。鲁文公十六年（公元前 611 年），"楚人秦人巴人灭庸"。秦楚与梁州境内的巴人联合行动，足见秦人在向蜀中开拓疆土之前，早已与巴蜀有往来。再看赋制的起源，鲁宣公十五年（公元前 594 年），鲁国早已"初税亩"，到孔子在世时，可能早已更加推广。"税亩"就是赋制。《论语》:"由(指门生子路)也,千乘之国,可使治其赋也",足见孔子生前已相当风行。至于冶铁的发展,卓氏入蜀后能致富,先前在他们的本土赵国等地,早已有相当基础。考古的发现也正在把铁器的发展逐步往前提早到春秋后期。

至于战国秦汉的作品中出现的舜死于苍梧,禹会诸侯于会稽等地,都不见于《禹贡》,足见后代人对于古史的传说,按照新开拓的地区任意附会古代人的活动,愈演愈烈。而《禹贡》对于楚国南部和吴越境地的山川,仍然比较模糊,正足以证明它写作的年代较早。孔子虽则有过一段周游列国的经验,只是局限于中原。《禹贡》对于南方山川的叙述,基本上局限于大江的附近,也反映出它的作者和形成年代的特点。

《禹贡》的编写,基本上是孔子依据春秋时代他所了解的地理范围和生产条件所写成的古文献,正如上文所指出的以春秋后期的历法装点成尧时代所颁定的一样。因此他所规划的九州,要比较现代的历史地理研究所考证的唐虞时代和夏代的幅员宽广得多,而列入贡品的许多物产,也都是以春秋后期已有的名贵物品为主。但是正如《尚书·尧典》(在古文本所谓《舜典》部分)的"在璿玑玉衡"一语,巧立名目,《禹贡》的贡品也带有这种特点。梁州"镠铁银镂"说不定只是以镠铁两字玩弄名称,而并不指实一种铁制品。扬州的橘柚,所谓柚也未必就是后代所谓柚子。孔子往往在真伪掺杂之中故弄玄虚。《禹贡》所开列的许多物品,在称为尧舜时期的新石器文化条件下,更是不可能全部出现。

总之,我们必须注意,孔子编写《禹贡》,大约是在公元前500年前后。写成禹自己或禹时代作品的方式,竟推前十七个世纪以上。作为宣扬尧、舜、禹的先王之道,不但在我国的封建和半封建时代见效过,甚至在国外也曾经欺骗过一些汉学家。至于借以表现他的政治抱负,由于他自己处于一个分裂动荡的社会,终究无从实现。从地理科学的发展史来看,重要的是《禹贡》里面提出了一些系统性的地理观念,构成中国区域地理最古老的一个典型。在国际间它也是一篇极古老的区域地理作品的先驱。

第二节 《禹贡》的地理基础

《禹贡》对于地理形势的重视,是在作者相当掌握地理资料的基础上,为着装点古老历史时代政治上的繁荣昌盛,和治理洪水的丰功伟绩,自然结合的成果。在我国悠久的历史上,由于传统观念认定它所描述的情况,既是舜、禹时代实施的制度,又是山川形势真实的叙述,尤其夸大了它的历史意义。四十多年前对它的讨论,只是局限于它写作年代的迟早,非但这个问题本身没有能妥善解决;更没有从这一点认识的转变,再进一步分析它的内容。我们必须更进一步探讨它的地理内容里面的瑕瑜互见。

《禹贡》作者善于运用他的有限地理知识,穿插上一些神话性的资料和假设性的成分,竟然体现出下列多种作用:

(1)以少数山川表明九州之间的分界,所用的山限于岱(泰山)、华、荆、衡;水限于河、济、淮和黑水,以及海。冀州在西、南、东三面以河为界,只从邻接的雍、豫、兖三州的界限间接表明。在雍州的定界和荆州的贡道,见到所谓"西河"和"南河",实际上都是按照对冀州的部位来定名。黑水本身的部位不明,其定界作用有名无实。岱和华的分界作用,主要是定点,分界线的走向仍然不明。荆、豫两州间分界标志的荆山，未必是现代指的荆山。荆州以"衡阳"为界的提法，类似梁州的"华阳"，但是后者是全州在华山之阳，衡山①应当接近荆州南界，跨到"衡阳"，就不是以衡为限。除去徐州的"海岱及淮"提到三面的分界，一般都只提到两边的分界，以至其他两方缺少分界标志。例如豫州的东西，东与青、徐两州之间，西与雍、梁两州之间；荆州的东与扬州和西与梁州之间，以及九州内陆的外围，都是界限不明。足见九州的区分，作者只是约略提供一种概念。

（2）各州范围以内，作为知名的山川泽薮，治水经过地点，特殊贡品的产地，少数民族寄居或取道的山川，表面上显得名目繁多。一部分参照分界定点和导水、导山的叙述，可以约略辨认部位。多数只能认定在某州境内，却无从识别它们在各州以内的确定布局。

历代注家所注释的地点，除去少数特征可供印证的以外。往往并不可靠，有时甚至各主一说，徒然引起无休止的争论。

（3）各州的贡道，表面上看，竟然构成一个主要利用水道的运输网，直接或间接通往帝都所在的冀州。当时的地理资料，惟有水道便于表明路线，而陆路难以叙述。但是这个运输网难以发生实际的作用。指出的贡道往往偏于全州的某一边或小部分，尤其像青州的"浮于汶，达于济"和豫州的"浮于洛，达于河"。至于梁州的"浮于潜，逾于沔，入于渭，乱于河"，恐怕作者并不了解中间需要几次长途翻山越岭。原文轻轻一笔用"浮于×"表示利用航运，实际上许多河流，不论由于淤浅或湍急，都不利于通航，尤其是逆流而

---

① 《禹贡》的衡山，可能并不在汉儒所指定的今湖南省衡阳那样遥远。

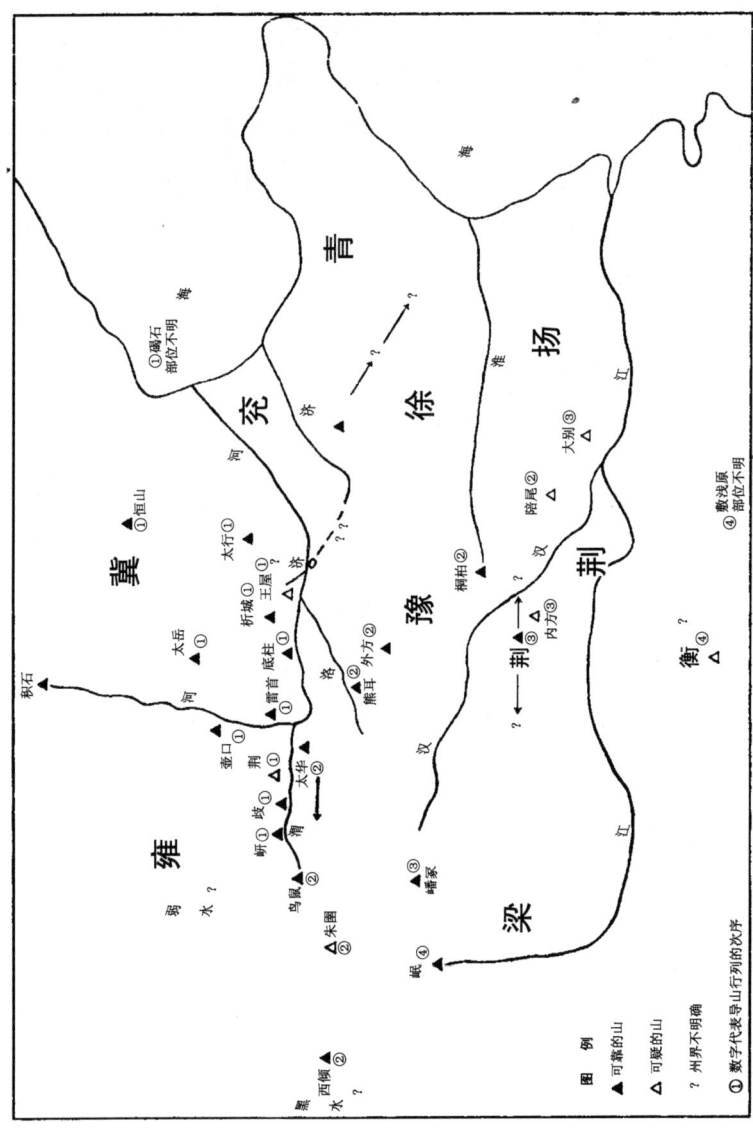

图1 《禹贡》九州导山导水示意图

上的走向。例如雍州的"浮于积石①,至于龙门西河,会于渭汭",既是难以通航,又是偏于雍、冀二州的边界上,更不能起任何作用。至于扬州的"沿于江海,达于淮泗",前一半似乎是指沿江、沿海的陆路,而并非在江海上航行。

(4)导山、导水二大段纯乎是地理,但是《禹贡》叙述这些内容的作用,传统见解总认为显示禹的治水功绩。许多小段的起首都用"导"字,就被认为是指治理。这样极端夸大传说的治理洪水,自然会相应抬高禹的政治地位。历史上还不断引起了种种关于治水的唯心思想。"九州攸同"几句是总结治水的作用。西倾的山名,后代应用于更偏西的山,梁州的"西倾因桓是来"一句的山和水,都无从指实其部位。

(5)五服一段,另外提出一种依据距离帝都的远近而改变赋制和政治影响减弱的地带观念。从孔子在拟订政治规划的角度来估量五服的差异性和九州的相似性显然有矛盾。五服的作用主要表明他意识到在政治文化方面必然会受到距离远近的影响。这样提出的纵横都扩大到五千里的范围,却远超过他写作时期历史发展的实际。因而对于四周边缘的概念,只能提出"东渐于海,西被于流沙,朔南暨"。流沙远在当时的西北方以外,而"朔南暨"一语,两头都缺少明确的界限。

---

① 积石的位置应如何认识,见下文。

第三节 《禹贡》地理的虚实

传统观点以唯心史观为基础,对于《禹贡》的内容,主观认定为全部真实。从它所描述的地理情况来分析,相当一部分的山川名称,以及叙述的特征,后代曾经通用或见到,固然可以认为客观存在。但是作者所收集的地理资料,既有传说故事中的山川名称,还可能间有臆造,而散见于九州的各州。因此对于《禹贡》的地理,必须首先分辨虚实真伪,以利于澄清传统注解中牵强附会的争论。这里我们只能略举几个比较重要的例证。

《禹贡》地理的精华,通常都公认为在导水的一大段,而导山的一大段居其次。导水首先叙述"导弱水至于合黎,余波入于流沙"。它大致符合在干燥或半干燥地区形成的内流水道的特征。但是这一类水道,难道在传说的洪水时期,也会发生"浩浩怀山襄陵"的灾害,而需要禹去导治吗?弱水和合黎的名称实际应用于甘肃河西的水道,是西汉开拓这一带地区之后的发展。春秋时代连河套以上的黄河上游还在"化外",孔子不可能对这条所谓"弱水"有所了解,但是他可能传闻到过一种"余波入于流沙"的现象。

"导黑水,至于三危,入于南海",更是矛盾重重。配合《禹贡》原文的"华阳黑水惟梁州"与"黑水西河惟雍州",似乎表明黑水是在雍州西部而南流经过梁州。汉儒指定弱水之西的疏勒河为黑水,而又称安西西南的一片山峰为三危山,仿佛条件符合。但是对于这条水道,附会成南流入海,显然是出于假想。《尧典》篇(古文《尚书》作为《舜典》部分),讲到"窜三苗于三危",与"流共工于幽州"等并举,作为治四罪的一例,本是传说历史上的故事。《禹贡》在雍州另有"三危既宅,三苗丕叙",与前说似乎相称。但是,归结三危只是传说的地名。汉儒所假定的地位,更在弱水之西,也就更远离春秋时代实际了解的地理视野。既然黑水和弱水都是假象,传统观念认为范围特广的雍州,它的西半都是假象。

不同于上述两水的全部是假,济的水系是半真半假,"导沇水、东流为济,入于河",起句的方式和弱水、黑水一样,不像河、汉、江、淮、渭、洛六水的指实发源地,作者似乎透露其中有真假之分。"导沇水"被理解为在冀州境,但是部位不明。"溢为荥,东出于陶丘北",传统观念认为"入于河"的济会从地下潜流到称为荥的泽里面,再伏潜而"出于陶丘北"。陶丘北以下才是真实的济水。增加上文的几句,目的在于延长济水,使它能和河、淮、江合称为"四渎"。孔孟一派采用这手法使得齐鲁一带的水道提高名声。地上的水道成为地下潜流,这里并不具体说明,但是这一个隐蔽的观念引起了《五藏山经》中(黄)河水潜流说的作伪,造成历久不得解决的争论。

对于水道上源的探索,在历史时期内往往经过逐步向上游推进。西方对于多瑙河、尼罗河等的认识过程都是如此。《禹贡》对于标明发源地的水道、(黄)河与洛都还没有实际达到最上源。例如"导河积石,至于龙门",只是冀州的西河上溯到北方的阴山以南。春秋末期还没有能了解到河套的大曲折,因为要到战国后期才有赵国的势力在那个西北方向开拓。《禹贡》导山的四列,竟然不提积石,正反映出那个山本是孤立在北方。现代青海境内的大、小积石山,都是西汉时代开拓西陲之后,汉儒所移植过去的名称。"导洛自熊耳",传统见解认为有问题,也反映孔子按当时的认识限度来说明。

《禹贡》以岷江为江的正源,可以说也是理所当然。因为金沙江的源远流长,要到明末的徐霞客才有所认识。"岷山导江"一句,只是泛指岷江上源的山。《禹贡》对汉(水)的叙述,反而比江详细,而江汉汇合之后"东为中江"和"东为北江"的叙述,再加上扬州有"三江既入"一语,如何理解三江和是否另有南江,引起过许多争论,都是原文错误和含混所造成。关于沿江的几个大湖对于江水的关系,都认为江的正流注入湖泊而再流出,也还认识不清江湖之间的真实关系。

导山采用列举山名的方式,叙述成似乎由西而东的四列,带有偏东北或偏东南的走向。大多数重复在九州中已经提到过的名山,只是进一步表明它们形成行列的部位。北两列中山名较多,分布的范围也较广。南两列山名稀少,最南一列的"过九江,至于敷浅原"一句,尤其不伦不类。第一列所联系的名山,在冀州境内转折太多。秦始皇认为碣石指昌黎附近的山,显然距离河的入海处太远。按照《禹贡》所称"至于碣石,入于海",又称"夹右碣石入于河",恐怕又是孔子所主观假定。第二列大部分相当于秦岭山脉,上文已经指出,它不提河源所出的积石,可以证明《禹贡》所说的河源,还远远没有达到汉儒所定的积石。末尾的"至于陪尾",也是原文别无对照,诸家的各种推测都无从肯定谁是谁非。

总结前文,所谓"九山刊旅,九川涤源",导水所举的水名固然符合九数,导山的山名超过九数不止一倍。诸家因而提出泛指九州的山川,未免牵强。"涤源"过于夸大治水竟要直达上源,脱离实际。"刊旅"被认为指沿山畅通行旅,也是过于夸大治水的作用。禹治水的传说可能早就是古代的神话,而《禹贡》叙述许多山川等等,只是多方渲染以显示禹的功绩伟大。

第四节 《禹贡》地理的历史影响

《禹贡》这篇最古老的地理意识相当系统化的作品,在我国地理思想发展史上具有重要的影响。

1. 九州区划的流传和作用

(1)九州观念的起源　传统观念历来公认九州区划是夏代的制度,其唯一根据正是《禹贡》。近代的一般历史地图往往也把夏代图画上《禹贡》中九州的分界;实际上,夏代的统治范围还远远没有达到《禹贡》九州的限度。以《尚书》中的《尧典》后半(即古文本的《舜典》)对照,禹的受命治理洪水和汇报《禹贡》的内容,应当都是舜在帝位时的事。那一篇里面,帝尧在位时先有"肇十有二州",改为九州何以不作为虞代的制度?后代儒家把九州认为夏制,因为它被认为禹所创立,而禹继承帝位后必然采用。然而《尚书》的其他各篇和《诗经》的古老诗篇中,都没有九州的迹象。《诗经·商颂·玄鸟》一章,有"奄有九有"一句,其含义似乎指九州。但是其他史料也没有九州曾经在夏代确实成为地方制度的证据。因此,我们可以断定九州的观念和部位是起源于假托成禹时代史料的《禹贡》。它所包括的地域是依据春秋末期所了解的范围。

(2)九州区划的演变　《禹贡》以后,继续有几种作品提出各自的九州区划。它们的州多数沿袭《禹贡》的原名、部位和界限,但是少数的名称和部位、界限都有所改动。

(子)《尔雅·释地》篇 主要改用河、济、江、汉四水标明界限。"汉南曰荆州"似乎带有以荆州兼跨《禹贡》梁州的作用,而梁州并非并入雍州。"济东曰徐州"的提法,远不及《禹贡》"海岱及淮惟徐州"的明确。"燕曰幽州,齐曰营州"采用战国时代的国名;幽州取代《禹贡》梁州的名额,反映作者注重东北方的发展。《尔雅》一书,基本上是战国时代的一种辞典,兼有小型百科全书的作用。

(丑)《吕氏春秋·有始览》 《吕氏春秋》一书,是公元前249—公元前237年间,吕不韦相秦时招集儒生,采集战国时各家传述的故事和各种名词的解释,按题材编次。《有始览》篇说明九州的方式,只是称为"地有九州"。各州的区位简单以所在地的著名封国为标记,完全不带伪托为古代制度的意图。同时其中四个州提到一、二水道以表明部位,五个州按四方加上东南的位置。"泗上为徐州,鲁也",尤其表明儒家的影响。

(寅)《周礼·职方氏》 《周礼》一书。在西汉末年以后才广泛流通,其实际来历,将在第五章提出论证,在封建时代,曾经长期被认为记述西周时代的官制,于是《职方氏》一节中所叙述的九州,也被认为周代的制度。事实上《周礼》的九州,正如《禹贡》的九州,并不代表任何时代的制度。《职方氏》的九州,部位以四方加东南和东北表明,另加河南、河东和河内。"河东"、"河内"在秦汉时已经通用为郡名,西汉还增设河南郡。《职方氏》比较《禹贡》减少的不止梁州,而又减徐州,却在北方和东北加出并州和幽州,反映战国后期东北方向的扩展。虽则在西方少去《禹贡》的梁州,仍然比较《禹贡》的九州和西周的实际领域扩大。

(3) 九州区划的应用

(子) 从理想的假定到实际应用的过渡　起源于《禹贡》的九州区划，经过《尔雅》和《吕氏春秋》的修改，最后形成《周礼·职方氏》的方式。四者比照之下，分界的标志唯有《禹贡》兼用山川，比较明确。西南的梁州，不见于其他三家的著作，作为并入荆州或雍州，却无从确定。总的轮廓有削减西南而伸展东北的倾向。事实上所谓九州全部是假定的区划。《礼记·王制》："凡四海之内九州，州方千里，……州二百一十国"，正表明这个概念本是一种形而上学的假定。后代儒家竭力把九州宣扬成夏、商、周三代的行政区划，首先认定《禹贡》的九州为夏代制度，又认定《周礼》的九州为周代制度。然后硬凑上三国时孙炎注《尔雅》的九州，作为殷代制度。但是上述的各种有关作品的实际来历，都不能证实九州在夏、商、周三代曾经成为地方行政区划。西汉改变秦代创立的郡制，曾经从建立十三州开始，是分州观念成为行政制度的开端。但是区划的方式，比较过去的九州终究变动很大。

(丑) 后代历史地理作品的应用　九州区划在后代久已成为一种学术上的概念，在历史地理或沿革地理的作品中，尤其应用较广。九州观念的发生，是由于春秋战国时代大小诸侯的分国变化无常。以后的改朝换代，地方行政区划也是变化无常，甚至同一朝代或同一帝王，都会随时采用局部的改变。分裂时期，情况更是复杂。只有古老的九州观念，可以作为一种超现实的区划。运用的方式，一般都依据《禹贡》的九州，但是并不严格按照它的分界。通常是以某一朝的若干行政区，部位相当于《禹贡》某一州，就套用该州的名称。运用方式这样灵活，使得各家的主张，对于相当宽广的边缘地段，被划入这一州或那一州，不免大有出入。总之，《禹贡》

的九州体系,包括它所特有的梁州,久已成为我国历史上经常采用的地理区划,而其他几种体系从来没有发生过同样的影响。

2. 为若干地理概念奠定基础

(1)全国地理形势的反映 《禹贡》的地理内容具有反映全国地理形势的作用,这一成果超出作者原来的意图。以上述导山、导水的叙述为主,参照分州的几项要点,久已受到读者的欣赏,认为具有形成一种全局形象的特征。当然内中还包含着许多缺点和错误。至于传统观念,都把上述虚假的弱水、黑水、三危、陪尾等成分,全部信以为真,我们应当分清这一类的真伪虚实。

(2)水道系统概念的倡立 《禹贡》叙述少数水道,先后说明发源的山区,加上依次汇合的支流,流经的湖泊,到最后的入海,个别大水道还提及支流。当然这只是一种雏型的水系概念。支流不说明发源地,但是河的渭、洛两大支,和江的汉这一大支,却单独叙述。河湖关系一概认为入湖又流出。但是后代许多地理志和水道专著,都是在《禹贡》的基础上系统发展充实。

(3)土质分类概念的萌芽 对于土质分类,《禹贡》兼顾到黄、黑、白等颜色,坟垆、壤、涂泥等松黏的差别,和盐碱成分。盐碱性分别以白色和斥卤表明。土色如雍州的黄壤,最是正确。至于徐州的赤埴坟和梁州的青黎,都脱离实际。荆、扬两州的涂泥,大致符合平原部分的情况。

3. 虚假和错误观念的长期流传

（1）《禹贡》关于济的源流所引起的潜流观念　原文不过暗示地下伏流，甚至从大河之北潜流到大河之南，引起了《五藏山经》以及《汉书》等作品，都把潜流的作用移到黄河上游。加以《水经注》等作品的继续宣传，河源问题上的潜流观念，更是影响深远。《禹贡》对于济的两次潜流，虽则只是暗示，实际上是这一种虚假设想的起源。

（2）由于误信《禹贡》为禹自己或禹时代作品而形成的"禹河"观念必须打破　特别是大伾以下大河入海一段的河道，传统观念竟然确信为禹在公元前 2200 年左右所奠定。从那时期起，直到《周谱》一书所记的周定王五年（公元前 602 年）"河徙"，才有大河下游改道的确证。于是认为大河曾经稳定过 1600 年之久，而归功于禹，于是把这段河道称为"禹河"。但是这个传统观念，是依据《禹贡》传自禹或禹的时代。既然《禹贡》是孔子修《书》的作品，所记述的下游河道，实际上还是周定王五年"河徙"以后的路线。在那一次"河徙"以前，完全缺乏历史资料，未必就表明河床长期稳定，竟能长达十六个世纪。因此，传统观念的所谓"禹河"，根本缺乏根据。同时，把大河的下游故道（？）假定为后代的海河一线，也不确当。大河的"播为九河"，分道入海，最北一支，尚且未必那样偏北。海河有它自身的支系，《水经注》所记的河北诸水分道入海，也足以证明它们全部注入海河之前，有一个长期发展的过程。另一方面，后代的黄河有过短期的北流，并不及东流的稳定。海河对于后代集中的五大支流排洪量，有时尚且难以胜任。因此所谓"禹河"稳定论以及北流稳定论都缺乏根据。

总之,《禹贡》不是单单在形成的时间迟早上孤立存在着问题。从写作的条件,内容的理解,到后代的影响,传统观念的唯心思想,问题重重。上述的分析,初步指出我们应当有一整套新认识来代替旧观念,而且辨明这一篇最古老的地理性文献中的真伪虚实。当然,《禹贡》在历史上的影响,主要是凭借传统观念。我们还要在澄清有关条件之上,认清我国地理学继续发展的过程。今后再应用到《禹贡》这类文献的资料时,必须尽可能在批判旧观点的基础上,正确认识它的内容和作用。

另一方面,这些新认识不应当就贬低《禹贡》在我国地理学的历史发展过程中的地位。首先,《禹贡》终究是我国以至世界地理文献中,最古老的系统作品。西方国家最推崇的历史之父希罗多德(公元前484—公元前425年),出生时已经是孔子去世之前五年。第二,《禹贡》的地理尽管有许多主观臆造的成分,九州区划、水道体系、山岳关联形势、五服观念,以及田土的区别、物产的分布、交通的联系各方面,都体现出作者在创立各种地理概念。第三,《禹贡》对于我国地理学发展的前途,多方面具有深远的影响,比较春秋战国时代的其他作品重要得多。无论是它的积极因素还是它的错误观点,都应当连带注意到它们在后代历史上的作用,不宜局限于它对于古代文化的历史影响。

第三章 《管子》书中地理篇章的特征

第一节 《管子》的来历和时代背景

《管子》一书托名于春秋前期齐国的管仲。他在公元前685—公元前645年间相齐桓公,辅助他成为五霸中最早的一个霸主。他开发沿海地区大量产盐,使齐国得以富国强兵。管仲比孔子早一个半世纪,战国时代的法家尊他为先驱。《管子》一书的内容庞杂,有多少成分曾经是他本人的主张,无从断定。书中绝大部分反映战国时代的情况,可能先后由不同作者编写,构成一部管子学派的著作。

根据西汉末年刘向进呈这部书的表文,在校阅宫廷所藏古籍中,共"得五百六十四篇,以校除重复,……定著八十六篇"。后代已有十余篇失去原文,但存篇名。体裁分问答式和叙述式,二者又都有长篇或简短片段。形式上一般都是桓公提问而管仲作答。部分叙述文标明"管子曰",但多数篇章并不这样开头。各篇所代表的思想内容和行文语气,大有出入,甚至公然引用战国后期的情况作为立论的依据。编写的体裁,也是长短不一。内中究竟有多少篇可以确定为管仲自己的著述,或是依据他自己的主张,从来没有人下过定论。

在简单名为《戒》的一篇里面,记述的是在管仲临终时,桓公向他商谈继任人选,以及他死后的情况。但是全书的编次,不能按这一篇来断定前边的都是管仲生前的作品,而以后的都是后人所附加。反正书中具有地理意义的几篇,肯定都是战国时代的作品,只是为了要借重管仲的声望而寄托在这部书里面。部分内容也有浓厚的唯心思想。

《管子》一书大致比较重视实际应用。同样谈到天、地、人的作用,儒家的孟子(孟轲)只是抽象地谈到"天时不如地利,地利不如人和"。在《管子·山权数》篇,管仲对桓公讲,"天以时为权,地以财为权,人以力为权,君以令为权",更能说明每一个成分的主要作用。另外《地图》篇标明为"短语"之一,先在这里连带提出。

《地图》篇的主旨是论述人主、相室和兵主在用兵时的具体分工。但是一开头就指出地图的重要作用:

> 凡兵主者必先审知地图。辕辕之险,滥车之水,名山通谷经川,陵陆丘阜之所在,苴草林木蒲苇之所茂,道理之远近,城郭之大小,名邑废邑困殖之地,必尽知之。地形之出入相错者尽藏之。然后可以……不失地利。此地图之常也。

这里所说明的地图内容,包括自然景象和社会建设,已经相当进步。可惜对于绘制地图的材料、描绘的方法、收藏携带的情况等等方面,丝毫没有提到。战国时代兵家所流传的兵书,以及《左传》和《战国策》记述一些战事的内容,都反映出当时地图已经相当精详。大约二千三四百年前地图已经如此进步,显然在世界各国中特别早。

第二节 《管子·地数》篇

这一篇在形式上仍然采用齐桓公和管子相问对,但是内容往往涉及战国后期的情况,显然是出于后人的手笔而附加在《管子》里面,因此只能按书中的篇章称引,而不论实际的作者。此篇之得名是由于以"桓公曰:地数可得闻乎"为起句,而管子的对答,包括一些地理上数据。关于所谓地数的对话,是本篇的第一大段,我们可以分段引用原文,而分别加以评价。

(1)"地之东西二万八千里,南北二万六千里。其出水者八千里,受水者八千里"。这些数字的来历都没有说明。前一句似乎是指大地全部广度。后一句的出水者似乎指陆地,而受水者似乎指大海。这两者相加,比较前一句的两个总数都还差一万里或更多,却没有说明其余部分的情况。

(2)"出铜之山四百六十七山,出铁之山三千六百九山。此之所以分壤树谷也;戈矛之所发,刀币之所起也。能者有余,拙者不足"。这一段的第一句显然反映战国时代对产铁的开始重视,正足以表明作为管子的话只是一种假托。铜山与铁山的数字,也是来历不明。但是铁山多于铜山,足以反映铁矿分布较广的实际,以及采铁已经相当发达。

(3)"封于泰山,禅于梁父,封禅之王七十二家。得失之数,皆在其内,是谓国用"。封禅是一种向名山的山神行的祭礼,据说是从古以来君王授命的特权。战国时代的方士力加宣扬,秦汉时又多次盛行。据《史记·封禅书》,录有管子向桓公论封禅的对话。

这里所谓的得失和国用，完全是出于迷信。可见本篇作者的思想，兼有庸俗的成分。

本篇中间有两段讲到山中探矿的方法，前一段假托为古代伯高对答黄帝的问话，后一段又是管子对答桓公的问话。这两段的内容实际上是重复，不过一些细目的次序稍有颠倒。如后一段中的下述几点："山上有赭者其下有铁，上有铅者其下有银"，一曰"上有铅者其下有䥐银。上有丹沙者其下有䥐金，上有慈石者其下有铜金"。这是一套大约二千三百年前的探矿经验，未必完全符合客观条件。

不过在伯高的对话中，接上说"苟山之见其荣者，君谨封而祭之，……"建议封山而行祭礼，既带迷信，又是霸占。管子的对话，也提出"苟山之见荣者，谨封而为禁。有动封山者，罪死而不赦"。假托在黄帝时代的原始社会，早已认识到那许多自然资源，完全脱离实际。以管子的对话而论，提到封山似乎是为独占这些自然资源，纯乎是为封建领主的霸占着想。

篇末一段管子的对话，"楚有汝汉之金，齐有渠展之盐，燕有辽东之煮，此三者亦可以当武王之数"。"武王之数"的"数"字可以作为财富来理解。齐、燕两国同样以盐致富，但齐在管仲相桓公时已兴渔盐之利，而燕拓地辽东，是战国后期公元前300年后的发展。渠展的部位不明，但是本篇在这一段的下文提到"煮沸（济）水为盐"，当时黄河最下游偏向东北流，济水入海口在后代黄河口附近。盐业在早期到处利用近海滩地的芦苇煮盐。这一段下文也提到"南（应作西）输梁赵宋卫濮阳"，足见行销邻国是盐业致富的关键。

第三节 《管子》的《地员》篇和《度地》篇

这一篇并不作为管子的说教，而只在篇首加一句"夫管仲之匡天下也"，对于全文不起作用。篇名的"员"字，在古代也指各种数字。"其施七尺"一语，说明下文通用若干施；按齐国的古制，七尺称为施。通篇的内容似乎是战国时代农家的资料，采用不同方式阐述草木品种与土质以及地下水的关系，称地下水为泉。表面上都是有关植被、土壤和水文的资料，但是实质上充满着烦琐哲学和机械唯物论。估计是在战国后期的年代，作者对于自然界的这些情况运用广泛的想像力，有他的独创之处。

说明的方式分为几种。其一："其木宜蚖菕与杜松，其草宜楚棘。见是土也，命之曰，五施五七三十五尺而至于泉，呼音中角。其水仓，其民疆，赤垆历疆肥（坚），五种无不宜。其麻白，其布黄。"这一观察方法，先从地面上所长的树木和禾草着眼，断定地面下泉的深度。呼音似乎是井中不同深度的回音，按宫商角徵（音只）羽分别高低。水仓就是苍或青。赤垆指土质，古义垆是黑土，赤垆可能指黑中带红。这一小节前后都提到宜，足见作者重视土宜，包括水土的作用和土性适用的限度。

原文从五施依次讲到一施，中间插一段说明呼音的五音各自的特征，这一点显然是原书初整理时的错简。下文又按六施依次讲到二十施，不过都叙述得更简略。十六施以上加深到二十施，在说到"得泉"的下文，又以不同理由说到"不可得泉"，显然自相矛盾。赤壤、白壤、灰壤几个名称，原文恐怕是任意用不同颜色作为区别的依据。前段从四施到再施，提及适宜的五谷，比较符合实际。但是一般的论述，都还是主观臆断很严重。

接上一小段，区别："山之上命之曰县泉，其地不干，二尺至于泉；称为复吕，三尺至于泉；泉英五尺至于泉。山之材（旧注作为旁）十四尺而至于泉；山之侧二十一尺而至于泉。"高处和旁侧得泉深度的增加，似乎反映部位由高而下，土层由薄而厚的差别。文中联系到各部分特殊的草木，树木在县泉生檽，复吕生柳，泉英生杨，山之材生格（此字传写错误，无法辨正原字），山之侧品榆。这一段含有垂直分布的意味。

再一小段以"凡草土之道，各有谷造，或高或下，各有草土"，指出生长不同草类的土，可以适合不同谷物的生长。这个观点本可以指导生产，但是接上只说到一种草生长在低于另一种的部位，由低而高，列举"凡彼草物有十二衰"，就是十二种的高低差别。十二种之中，多数的名称又是古怪。主要的特点似乎认识到微地貌的作用，和上一段山岳地面高差大的作用成对照。

后段分述"九州之土"，各种名物，最是烦杂。土类大别为上、中、下三等，每一等之中分为六"物"，每一物又以赤、青、黄、白、黑五色分为五类。例如上土分为五粟、五沃、五位、五蘟、五壤、五浮；五粟等又分别详述五粟等土区所长的许多草木，以及渔牧的发展，再提到人和泉。虽则把所谓三十物，都说成包括五种，实际上并未指出五色不同具有任何不同作用。按照当年的时代条件说成兼顾到"九州之土"，实际上不可能，同时并没有提到具体的布局。

以土壤观念而论，分类的名目这样烦琐，任何一"物"都没有讲清土质本身的特征，只能从所长的草木和其他情况显示差异，也只有首要的粟、沃、位三土比较详细。同时提到"在陵在山，在坟（丘陵)在衍(平原),其阴其阳",联系不同地貌与高度,不同坡面。其实土壤的变化规律不可能这样一致。《地员》篇的这一部分过于巧立名目,反而显得脱离客观实际。

关于地面的流水,另有《度地》篇提供一些见解。例如:"故善为国者必先除其五害。……水一害也,旱一害也,风雾雹霜一害也,疠(指疫病)一害也,虫一害也,此谓五害。五害之属,水最为大,五害既除,人乃可治。"这几句话包括的范围广,仍然和土壤一样,主要是从农业上的作用着眼,但是兼顾到人。

接上也谈到以下几点。"水有大小,又有远近。水之出于山而流入于海者,命曰经水。水别于他水,入于大水及海者命曰枝水。山之沟一有水,一毋(无)水者命曰谷水。水之出于他水,沟流于大水及海者命曰川水。出地而不流者命曰渊水"。这些命名,都依据来源与去路的差别,很有见地,不过以后通用的是干支流等名称,用字不同。更重要的是作者指明了各种水道的特点。下文还提到"因其利而往之可也,因而扼之可也",又讲到"乃迁其道而远之,以势行之"。关于扼水的方法,建议"令甲士作堤,大水之旁,大其下,小其上,随水而行"。最后这一条反映出当时筑堤的土功,早已经非常重视。

上述各篇以不同方式谈论到土壤、水文、植被几种自然要素,和《地数》篇的矿藏结合在一起,可以认为是自然地理方面的萌芽。在战国时代百家争鸣的潮流中,正在另辟蹊径。西方的地理思想,虽则在地球观念上发展较早,对于自然要素的分析,还是《管子》书中的这几篇可以认为具有相当价值的古老文献。它们可能都是公元前300年左右的作品;作者不像是同一人。这些部门后继无人,成为我国地理科学继续发展的一个大弱点。

第四章 《五藏山经》

——幻想与真实的结合

第一节 《五藏山经》的来历

《五藏山经》是从西汉末年才通行于世的《山海经》一书中最古老的部分。这部分五篇的结尾中，有"禹曰……"一段"天下名山经五千三百七十山……居地也，言其五藏"，因此早已通用"五藏山经"的名称，以区别于肯定是西汉时先后加进去的五部分。正像前面探讨过的《禹贡》和《管子》书中的几篇，对于《五藏山经》首先也有必要澄清它的实际来历。

全部《山海经》在西汉时本是宫廷收藏的秘本，从战国后期以来，极少受到称道。西汉晚期刘向和刘歆父子相继担任校阅秘本图书的职务，校读到这个秘本之后，都大为欣赏。哀帝（公元前6—公元前1年）刘欣即位后，歆因字音与帝名相同，为避讳而改名秀。他正在这时用刘秀的名义进呈《山海经》所用的奏章，以后就作为这部书的序文。此后才有抄本流传于外，到晋代由郭璞开始加注。《汉书·艺文志》最早著录《山海经》。班固在东汉初期著《汉书》时，《艺文志》一篇本是依据刘向所编的《七略》。至于司马迁，以他的史官地位应当见到过《五藏山经》，但是只有在《史记·大宛传》中提到过"……至《禹本纪》《山海经》所有怪物,余不敢言也"。这句话显然深有批判意味。

关于《山海经》的来历,刘秀(歆)进呈时提出"禹别九州,任土作贡,而益等类物善恶,著《山海经》"。这样他把《山海经》同《禹贡》并列为禹治水时益的作品。刘秀甚至把书中后出的海外四经等包括在内,更是鱼目混珠。即使以《五藏山经》而论,据本书的总结,共有一万五千余字,篇幅之长相当于《禹贡》的十四倍。但是在儒家经典和春秋战国时代的一般作品中,都没有见到任何方式的引用。

到了近几十年内,《五藏山经》显然受到重视。先前有一个西方的汉学家,认为所有的内容,都可以代表原始社会的迷信,并不注意地理方面的内容。早在本世纪三十年代关于《禹贡》问题的讨论过程中,顾颉刚先生就首次提出了《禹贡》的写作是在《山海经》之后的论点。前一种观点与地理思想无关紧要,而后一种观点是否正确,我们必须进一步加以探讨,切不可轻易作为定论。

解放后在《禹贡(全文注释)》一文中,顾颉刚先生在否定《禹贡》出现在禹时代的同时,也否定《五藏山经》与益的关系。但是他仍然提出"《禹贡》的著作时代正是《山海经》风行的时代,《禹贡》作者敢于突破了《山海经》的神秘观念,……"紧接着又说,"但西北地方处处是高山峻岭,交通十分不便,……就是有志探险的人也进不去,因此《禹贡》作者仍不免从《山海经》中取材"[1],但是并没有提出实证。事实上这里不但存在着一个来历迟早的问题,更重要的是地理思想和地理方法的发展,谁先谁后的问题。我们不妨

---

[1] 见前第二章所引的书。

先就上一段所引用的几个论点,略加探讨。

(1)如何证明战国后期是《山海经》风行的时代?由于对史料不够熟悉,不敢确定《战国策》和这一阶段的诸子作品中是否有称道或引用《山海经》的情况。《吕氏春秋·有始览》,虽则有一些地名见于《五藏山经》,为数极少。《穆天子传》成书更早,也有少数地名见于《西山经》。这些都只能表明这样的地名可能在当时的通俗地理观念中相当流行。但是刘秀进呈《山海经》的表文,和郭璞最早作注时的序文,都没有提及它曾经有过一个"风行的时代"。这一点显然是一种主观设想。

(2)"西北地方处处是高山峻岭",这句话本身不完全符合实际情况,姑且不论。说到"就是有志探险的人也进不去",于是提出"因此《禹贡》作者仍不免从《山海经》中取材"。试问《山海经》的作者怎么能进入《禹贡》作者去不到的地区?再假定这两个作品著作的先后是那样,又何必把《禹贡》的取材于《山海经》局限在西北。实际上除去共同采用古代神话中的三危之类以外,《禹贡》中属于西北的山,为数不多,《禹贡》大多取材于《诗经》,而并非《山经》。

《五藏山经》最后有一段"禹曰,天下名山经五千三百七十山,……"这一段显然是作为从禹时代传下来的伪装。刘向和刘歆父子既然提出了这部书是益等所著,为什么这段话又要请出禹来讲?《五藏山经》的五个总篇,在篇末都结出一个共有多少山、多少里的两个总数。最后又结出全书的总数。但是所引总结的"大凡天下名山五千三百七十,居地大凡六万四千五十六里",实际上和五篇列举的两项数字大有出入。后者合计只有四百四十七山,而总里数竟有八万七千三百五十八里。"禹曰……"一段的前一项,比较《山经》实际列举的山数,夸大十多倍,后一项比较列举的里数减少将近四分之一。两者显然不相符合。

"禹曰"一段的下文,从"天地之东西二万八千里……"起,实际上是照抄上文引用过的《管子·地数》篇的话。通行本到"出铁之山三千六百九十"归入正文,而下文的"此天地之所分壤树谷也"一直到"是谓国用",线装通行本排列成低一格。这些伪装,可能是刘秀(歆)在进呈《山海经》时所附加,不必根据这一情况来断定《五藏山经》本身原来就比《管子》一书晚出。再把从《地数》篇抄袭的整段割裂成"禹曰……"的正文和低一格的不伦不类的附录,不知是刘秀原来的掩饰办法,还是以后其他人进一步加以伪装。

《五藏山经》本身的一些特征,都明确表现出它是战国后期的作品,而且是《禹贡》的几项地理概念的发展。

(1)这样一种专题的长篇著作,显然是战国时代兵家、农家、医家等各部门先后编著专书、争鸣成风的条件下的产物。

(2)这部书对于诸多矿藏的关心,显然是继青铜器文化之后,铁器开始盛行时代的作品。虽则许多山岳只是假象,铜铁在各种金属中产地比较多,而出铁之山更是多于出铜之山,相当符合战国后期采矿业发展的倾向。

(3)作者费尽心机臆造出大量山名、水名,山名之多仍然比较《管子·地数》篇提到的出铜之山还少一点。《五藏山经》的山数总计,只有《地数》篇出铁之山的八分之一。

(4)无论花草果木、虫鱼鸟兽,都说成奇形怪状,并且具有种种异常作用。这些绝不是什么原始迷信,而是作者的想象臆造。其时代背景,正是战国后期的方士在大力宣扬神仙怪异和长生之药。

(5)从地理思想的特征上分析,可以有足够的论证表明《五藏山经》显然受到《禹贡》的影响。同时还增加了一些有关河流发源地的新资料。这些都留到下文一并探讨。

第二节 《五藏山经》的布局与虚夸

《五藏山经》之得名,所谓"五藏",似乎兼有书分五篇和地分五大区的含义。五大区以南、西、北、东、中命名。《山经》一名既可以指五大篇和各分篇的记述,似乎也可以就指每一篇内许多山的一个个行列,类乎现代的"山脉"一名。但是作者只有许多山分隔成为行列的概念,而缺乏山势绵连的意识。《南山经》和《北山经》各分为三列,《西山经》和《东山经》各分为四列,而《中山经》竟多到十二列。因此全书也可以分成二十六个分篇。每一篇《山经》在依次列举若干山名的同时,还说明前后两山之间的走向和相距的里数。每一总篇中各行列依次排列的方位与距离,都没有具体说明。

关于《山经》五大区的方位,原文不够明确,而历来的理解方式也往往存有偏见。以《南山经》为例,三个行列都是由西而东叙述。第一列提到"其首曰招摇之山,临于西海之上"。东端"箕尾之山,其尾踆于东海"。结语还有"自招摇之山以至箕尾之山,凡十山,一千九百五十里"。东海所在,众人皆知,反过来由此往西不足三千里,所遇到的"西海",显然是《山经》作者的空想。《中国古代地理学简史》[①]的《山经今地示意图》,《南山经》部分略去这部分的第一列和第三列,只画上南次二经(即第二列),而限于浙江境内,以见

---

① 侯仁之主编,科学出版社1962年版。

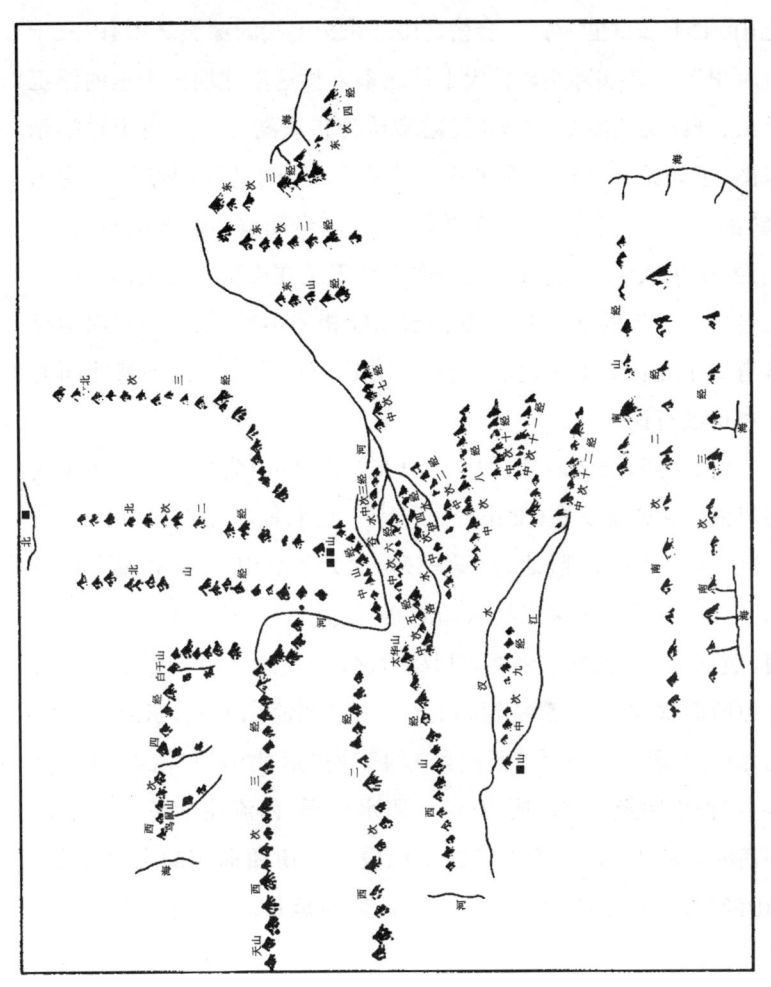

图2 《五藏山经》示意图

于这一列的会稽之山作为定位的依据。按原文南次二经的"凡十七山，七千二百里"对照，会稽之山往东头尾端的漆吴之山有"三千九百里"，比较实际距离扩大十倍之多。从这里往西一千里的浮玉之山，据原文还能"北望具区（通常认为指太湖）"。也见于这幅示意图，正如原文一样没有考虑到南次二经和具区之间还有《南山经》的第一列。《南山经》的原文本意，应当理解为向西延伸到《中山经》的中次十二经之南，而南次三经更是在南次二经之南。南次三经总长六千五百三十里，和南次二经相差不远，第一列的南山经只有二千九百五十里，竟不及次二和次三的半数。三列彼此间的距离也没有说明。

　　《西山经》分为四列，似乎都分布在山、陕两省之间的黄河大峡谷以西。它们都是在《北山经》的大区之西，而不是在《中山经》的大区之西。《西山经》之首（第一列）的太华之山，只离开最东端的山一百零五里。西次二经东端的泰冒之山，"浴水出焉，东流注于河（黄河）"。"西次三经之首曰崇吾之山，在河之南"，似乎是指大河由西而来，经过三度潜流，在这个山之西流出地面，东流经过它的北面折而南流，成为《西山经》的三列与《北山经》之间的大峡谷。"西次四经之首曰阴山，……阴水出焉，西流注于洛"，这是指陕西的北洛水，似乎意味着这个地段是在由西而东的大河之北，《山经》作者似乎把《禹贡》的"西河"向西延长，而且往西移动积石的部位。

　　《西山经》的四个行列，前三列的东端都在黄河中游大峡谷附近，而《山经》说得长短相差很大。它们的简略特点如下：

西山经之首　　　　19 山　　　　2957 里

西次二经　　　　　17 山　　　　4140 里

| 西次三经 | 23 山 | 6744 里 |
| 西次四经 | 19 山 | 3680 里 |

《西山经》最西端的"騩山,是錞于西海",又说"淒水出焉,西流注于海"。另外,西次四经西端的崦嵫之山,提到"苕水出焉,而西流注于海"。中间的二列,长度大大增加,反而不涉及西海。实际上《西山经》的四列中,也只有第一和第四两列的极东段,有一些比较真实的山川。

《山经》的作者,既是在《南山经》和《西山经》采取由西而东和由东而西的两种依次叙述方式,到《北山经》和《东山经》两篇又调换成由南而北和由北而南的两种方式。《北山经》的三列中,头二列夸大的五千五百里左右,中间的北次二经北端的敦题之山,提到"是錞于北海"。北次三经竟夸大到"凡四十六山,万二千三百五十里"。行列的顺序,《北山经》改成由西而东。以似《东山经》分成四列,大致都带由北而南的走向。从它们的第一列中有泰山,而东次四经特短来比照,显然各行列排成由西而东的次序。在五个总篇之中,《东山经》的内容最是简略,好像是指山东半岛一带。这里四个行列的提法,却不像《西山经》和《北山经》,多少有些符合自然形势。至于各行列的长度,尤其是东次二经和东次三经夸大到六千六百四十里和六千九百里,特别表现出《五藏山经》的虚假性过于严重。临海的地位,只有"东次四经之首曰北号之山,临于北海"一句,提得明确。这个"北海"可以认为它和《北山经》所提到的不同。

《中山经》的命名似乎注重其介于《北山经》和《南山经》的诸行列之间。它和《北山经》的分界,不采用《禹贡》冀州的南河,而跨过大河,沿着南河北岸的一些山被认为是《中山经》之首的一列。

这一列西头的山,有一条水"西流注于河",又一个山出的水"南流入于河"。这一列的山向东延伸一大段又折向北,实际上不免同《北山经》的一些山重复,不过纵横的联系方式不同,而名称也不同。从中次二经到中次七经的六个行列,以所讲到的水名或流向来判断,都分布在大河以南,以及伊、洛两大支流的两侧。但是排列的走向,不是由东向西,便是由西而东。例如中次二经和三经,似乎同样是在大河之南,却分向东西排成两列。另外,对于沿着伊、洛两水的走向,也是任意编排。

中次八经和中次十一经,起点都称为"荆山之首"。中次八经的荆山,"漳水出焉"似乎符合现代的荆山,但是走向东北转东南,就难以捉摸。中次十一经联系到湍水和汝水,似乎多少是以外方山、伏牛山一带为背景。

《中山经》里面的其他三列都不过鱼目混珠。中次九经把"岷山之首"称为女凡之山,其水是"东注于江"的支流。"又东北三百里曰岷山,江水出焉,东北流注于海"。这一点好像脱胎于《禹贡》的"岷山导江",但是显然有错误。江水从岷山流出,称为东北流,其误一。"又东北一百四十里曰崃山","又东一百五十里曰崌山",都是"江水出焉,东流注于大江",一概称为江水,其误二。全行列"凡十六山三千五百里",在《中山经》中特别长,但是比较《中山经》的其他行列,显然是突出在西方。中次十经由东向西叙述"凡九山二百六十七里",都没有提到发源的水,在《中山经》的范围不应当有干旱的山区。中次十二经只把全列称为"洞庭山之首",又穿插一些摭拾《楚辞》一类文学作品中的神话。但是洞庭在《楚辞》中只用于湖名。这个分篇实际上并没有任何迹象可以表明它是位于洞庭湖一带的情况。

总之,《五藏山经》的布局,原文含糊不清。历代读者的体会,一直到现代,在有些方面易于发生误解。上文略举数例以说明问题,实际上未经指出的问题也还不少。五大片以内的各条山经,以及从一个山到另一山之间的走向和里程,上文都还没有细细推敲。无论是在五大片的外围或内部,虚夸的特征除上文所约略联系之外,下一节将有更多的补充。

第三节 《山经》地理观念的功过

单纯强调《山经》的原始性,和简单武断《禹贡》取材于《山经》,都是不从作品本身的内容上深入分析的形而上学观点。实际上,《山经》的作者在地理观点上表现出一些显著的进步,不过同时更加发展了一些前人的错误。随着时代的进展,他还吸取了不少新资料,但是一味用臆造的山名铺张渊博,反而弄得大量的假象掩盖了真相。加以历代注家的许多牵强附会,更容易使得读者误入歧途。

《山经》之得名,对于山的面貌和作用,进一步发展了《禹贡》和《管子》的一些特征,包括以下几方面:

(1)企图使得《禹贡》简单列举山名的行列更显得形势逼真《禹贡》的行列只限于依次提到有关山岳的名称。《山经》说明从一个山到另一个山的走向和里程。果真能提供这样的地理情况何等宝贵?但是在当时的条件下,正如全书的绝大多数"名山"一样,只能出于作者的空想。在这样的基础上,作者能以把《禹贡》的四列发展成五藏或五大片,总共二十六行列,虽则主要是出于想当然，中心的大部分还约略配合当时已经认识到的"天下"形势。各山相隔百里以至几百里的说法，还没有构成具体的山脉概念。

（2）扩大《禹贡》导水的山所具有的大小水道发源地的作用 从《禹贡》的只提到少数干流和特大支流的发源地，《山经》联系到其他一些支流，以及支流的支流。正如所列举的山一样，大多数是假象，所举的水从名称、流向等各方面察看，大多数也不可靠。但是有一部分发源的水，不论有关的山是否真实，至少在流向和注入的水道的特征上，可以约略表明作者心目中的部位。另外在同一行列中，有时夹着几个山都说成"无水"，或是两个山之间说成"水行"若干里，显然都是假象。

（3）虚构所有山上矿产草木鸟兽情况，以及少数山上的神怪 《禹贡》只提到些特产或居民，《管子》偏重于草木矿产。《山经》竭力把各种特点在许多山上多方渲染。作者过于强调神奇怪异，反而暴露出全凭幻想。对于全山各部分的差别，有时不但分上下，还分阴阳，"太华之山，削成而四方，其高五千仞，其广十里"，在夸大之中，带有描述地貌陡峻的意味，但是即使像这样的成分，也不多见。反而是许多显然虚假的想象，充斥全书。

（4）借登高望远以联系许多泽泊，或不在本行列中的山 例如："西次三经之首曰崇吾之山，在河之南，北望冢遂（山名），南望遥之泽，西望帝之搏兽之丘，东望蠕（山）。……"西次三经西端的泑山，"是山也，西望日之所入"，指日落处。"南次二经之首曰柜（音巨）山，西临流黄、北望诸毗，东望长右"。

（5）把《禹贡》济水虚构的潜流观念移植到河的上源 西次三经的有关叙述，对于西汉时形成的河出昆仑说具有过渡作用，将在下文另行详细说明。

总之,以上几点足以证明《山经》的思想基础是继《禹贡》以后的发展。山区产矿的观念,《管子》与《山经》似乎带有写作先后的关系,但是也可能共同受到战国后期生产发展的影响。至于《禹贡》取材于《山经》一说,主张者既没有提供具体实例,我们更找不到任何线索。两者同样提到三危,《禹贡》的"三危既宅,三苗丕叙"明明是和《尚书·尧典》的"窜三苗于三危"符合,《山经》却只提到奇禽怪兽。《禹贡》的西倾、朱圉并不见于《山经》,而岐山、衡山的名称,虽则同样见到,部位截然不相同。

河(黄河)源潜流之说,和最下游的禹河稳定一说遥遥相对,同样是我国历史上发生过长期影响的主观思想。前者起源于《山经》,见于西次三经的下列几点:

(1)西次三经之首曰崇吾之山,在河之南。

(2)不周之山,北望诸毗之山,临彼崇岳之山,东望泑泽,河水所潜也。

(3)昆仑之丘,……河水出焉,而南流东注于无达;赤水出焉,而东南流注于汜天之水;洋水出焉,而西南流注于丑涂之水;黑水出焉,而西流注于大杅。

(4)积石之山,其下有石门,河水冒以西流。……

以上几点互相印证,足以表明《山经》夸大河源遥远,费尽心机,既用潜流,又用大泽,都是散布在冀州的西河以西。按西次三经,从东端的崇吾之山往西北六百七十里到不周之山,从此往西北八百四十里,折向西五百里,又转西南四百里到昆仑之丘。再往西二千一百里才到积石之山,距离临近西河的崇吾之山,共达四千九百七十里。这些中间所经过的其他好些山，这里一概从略。

《山经》的作者显然一方面企图篡改《禹贡》的"导河积石"，一方面又不敢过于露骨。他一面强调"出于昆仑之东北隅，实惟河源"，一面又说"积石之山，其下有石门，河水冒以西流"。积石既是在昆仑之丘以西二千一百里，河水说成从山下的石门冒出，就影射河源实际在昆仑之丘而潜流到积石。但是积石的河水竟然"冒以西流"，对于中国的河就风马牛不相及，这样就等于推翻"导河积石"，又不得不提到积石，造成前后矛盾。

《山经》在昆仑之丘，列举四水分流，是全书所仅见。一般的山只提一水，或是山阳与山阴各一水。昆仑之下，"河水出焉，而南流东注于无达"，无达被认为是一个大泽，部位不明。从无达往东，似乎成为潜流。不周之山的"东望泑泽，河水所潜也"，表明河水先从潜流重见于地面，而从泑泽又再度潜流，然后接到西河。这些段河水不论是在地面还是地下，无非是《山经》的幻象。

关于泑泽，《北山经》也直接或间接提到，反映作者又是任意联系，部位不定。先是"北山经之首曰单狐之山，……漨水出焉，而西流注于泑水"。北去二千二百七十里，边春之山，又有"杠水出焉，而西流注于泑泽"。再北去一千七百三十里，敦薨之山，又有"敦薨之水出焉，而西流注于泑泽"。漨水所注的泑水，是否涉及泑泽，姑且不论；泑泽怎样能在南北远隔的两个山之西？

即使把崇吾之山的"在河之南"，假定为泑泽所潜的河水，经过潜流先流出地面，然后东流而南折成为"西河"，仍然存在着几点矛盾。(1)按《西山经》四个行列的顺次，西次三经的山不应当偏北到敦薨之山那样遥远。西次四经指明为(北)洛水发源地的白于之山和泾水的发源地，都是在今陕西北部，西次三经的一系列山地都应当在它们之南。(2)西次四经的(北)洛水和泾水,都指明"入于渭",也就是穿越过西次三经和西次二经的许多山之间。实际上在这两个行列里面,真实可靠的山一个也没有。

总之,《五藏山经》的大多数山名,都是作者臆想中的仙山琼阁,信手拈来,中间却穿插着荒凉到无水、无草木的程度。河水的潜流和走向,因此也难以捉摸。汉代的开拓,继战国时代之后,从黄河上游推展到西域,汉儒就企图把昆仑和潜流等现象都在地面上落实,于是更加扩大《山经》的幻想和客观实际的矛盾。

第四节 《山经》中地理资料的发展

在崇尚虚夸之中,《五藏山经》终究采用不少真实的地理资料,而且显著地反映出从春秋后期到战国后期地理资料的一些新发展。资料虽是不多,穿插在全书的不同部分,代表好几种不同的作用。《山经》的山川名称,凡是简单用一个字作为专名而加上山或水的,多半比较可靠;用两个字再加"之"字联成四字的,大多数都不可靠。但是不能单凭这点差别来一概断定。

《山经》把《禹贡》济水的潜流作用移到了大河,甚至始终不提济这条水。相当于《禹贡》"导沇水,东流为济;入于河溢为荥"的那一道水,在北次三经的谒戾之山,称为"沁水出焉,南流注于河"。沁水一名,显然可靠。"其东有林焉,名曰丹林,丹林之水出焉,南流注于河"。丹林之水似乎就是后代所称的丹河,它现今和沁水最下游的一支汊道汇合,但是在古代可能分道入于河。倒是谒戾的山名是否在战国时代通用,无法查考。所谓"东出于陶丘北"的济水,《东山经》没有直接或间接提到,好像对于这一条儒家夸称为四渎之一的大水,《山经》的作者根本不加重视。

"北次二经之首,在河之东,其首枕汾,其名曰管涔之山。……汾水出焉,而西流注于河"。这一段所指的山和水,都补了《禹贡》的缺漏。汾水在《诗经》中早已多次见到。下文接连提到好几条水都"东流注于汾水"。但是这里隐藏着一些严重的错误。关于汾水的"西流",首先抹去了长距离的曲折南流,或者本可以简单说它南流注于河。同时北次二经的走向,从管涔之山起"又西二百五十里曰少阳之山"以下,所有的山依次叙述,都是一路延伸往北。"东流注于汾水"的支流。实际是在管涔山之南,偏偏把它们列在管涔之北。所以这段叙述,是正确与错误交织在一起。

北次三经在沁水以东折而向北,依次提到淇水、漳水(清漳)、滏水、泜水、虖沱,虽则所举的距离和有关山名,都有可疑之处,水名似乎还都有根据。不过还没有了解到太行以西的上源。《山经》一概认为就在穿越过的这一带山上发源,可以代表一个过渡时期的认识。

《禹贡》的"导洛自熊耳",也正是和虖沱等水的发源地被认为在北次三经中的几个山相似。《山经》作者在中次四经西段,在熊耳之山之后,提到"又西三百五十里讙举之山,洛水出焉,而东北流注于元扈之水"。其提法表明对于洛水的上源,比较《禹贡》向上游推进了一大段,是否完全达到最上源还难以肯定,因为所举的山名并不是实际通用。洛本身直接入河,"注于元扈之水"一语显然错误。

西次四经从为首的阴山,一直往北经过七个山一千一百二十里到孟山,弯向"西二百五十里曰白于之山,……洛水出于其阳,而东流注于渭；夹水出于其阴，东流注于生水"，都是新资料。上文孟山，"生水出焉，而东流于河"。后代确实认为北洛出于白于山，但是《山经》过分推向北去。所谓夹水，相当于现代的红柳河，也还实在有一条水。下文的泾谷之山，虽则走向和距离不可靠，"泾水出焉，东南流注于渭"，却比较《禹贡》的"泾属渭汭"更详确。紧接的"又西百二十里曰刚山，刚水出焉，北流注于渭"，"又西二百里至刚山之尾，洛水出焉，而北流注于河"，显然错误重重。到这个分篇的最西头部分，"鸟鼠同穴之山，……渭水出焉，而东流注于河"，和《禹贡》符合，但是还加上"滥水出于其西，西流注于汉水"。画蛇添足，反而损害了正确性。渭水和汉水根本不是东西的关系。

关于汉水的源流，《西山经》西段"嶓冢之山，汉水出焉，而东南流注于沔"，似乎符合《禹贡》的"嶓冢导漾，东流为汉"。实际上内中还有错误。汉水上游各段，早先分段改名，易于引起纠缠。但是《山经》的上述提法，反而使得最上源的汉水说成沔水的支流，显然不妥。

《禹贡》中后代通用的山名，有许多反而不见于《五藏山经》。有一些虽则采用，其应用的部位和意义各不相同。例如中次九经岷山之首的许多山，水道倾向于入江，这一行列中往东的岐山，决然不同于《禹贡》以周王朝的发祥地为依据的岐山。中次十一经荆山之首一列往东的衡山，远在《禹贡》衡山之北，名同而地不同。北次三经北段"碣石之山，绳水出焉，而东流注于河"，既然接近这一行列的极北端，离河太远，更是离东方的海太远，决然不符合《禹贡》"夹右碣石入于河"的碣石。往北再有雁门之山，更在长到"万二千三百五十里"的北次三经的北头，虽则在山西北部有雁门关，决然不能相提并论。

关于战国时代逐步在形成的"五岳"观念,《山经》还没有一概重视。除去《西山经》夸大太华山的险峻,中次七经举出"少室之山……又东三十里曰泰室之山",历代注家公认后者为《诗经》中多次见到的嵩高,嵩高到后代简称嵩山。泰室、少室的命名,正如太华与少华,后代的道家时而采用。嵩高在《禹贡》中也脱漏,不知是有意还是无意。少室之山提到"休水出焉,而北流注于洛",部位比较恰当。这些差异可以认为《山经》作者有意伪装成特别古老的又一手段。

《东山经》把泰山位置放在这一行列的南端附近,部位很不恰当,再提到"环水出焉,东流注于江",更成问题。不过《水经注》引用称为东流入于汶水,不知是《山经》古本原文,还是郦道元按客观实际而改正。《禹贡》依据古代文献的岱宗简称岱,《山经》却改用通俗的泰山。奇怪的是早已见于《禹贡》的恒山,却不见于《山经》,也不知是有意还是无意。

总之,《山经》的作者正如《禹贡》的作者一样,对于所掌握的真实地理资料,只是偶然提到,未必全部运用。按照当时写作的意图,主观想象的资料,反而占上风。《山经》中只占小部分的出于古老神话的山川名称,例如空桑之山、轩辕之丘、雁门之水等等,读者较为熟悉,也易于以假乱真。但是,《山经》仍然具有地理作品的结构和特征,不像编写年代略早而同样采用一些神话性地名的《穆天子传》,以周穆王的远游为背景,纯乎是一种神话性的故事。

第五节 《山海经》其他部分的简略评价

《五藏山经》成书之后,正当战国末年和秦汉过渡时期,就有另外的十三篇被结合成《山海经》的全书而收藏在西汉王朝的官廷藏书之中。书名另加"海"字,只是由于这些篇号称《海外四经》、《海内四经》、《大荒四经》都按东南西北分为四篇,再加上一篇《海内经》,名称往往带上"海"字,其实它们的内容极少与海相关。这些部分只是《山经》所叙述的各种怪异的拙劣的仿造,尤其是捏造各种怪人,有时还夹杂一些神话或故事。

在这些部分里面,稍稍采用一些地理性的伪装,只是少数名称或叙述方式。除去少数《山经》中和古代神话中的地名,《海内北经》和《海内经》的朝鲜,虽则有商纣亡国之后,箕子迁避到那里的历史背景,前一篇说它"在列阳东海北山南",后者说在"东海之内,北海之隅",都不够确切。《海内西经》插上一个"貊国在汉水东北,地近于燕灭之"。按照注家所指的朝鲜境内涉貊故地,应当见于《海内东经》。

《海内四经》中的《海内东经》,具有两个特点值得注意。(1)前半篇中提到"国在流沙外者大夏、竖沙、居繇、月支之国",显然作者是在汉代风闻到西域以西的情况的条件之下写的,如果插在《海内西经》,即使这样简略,还部位相称,偏偏又是插在《东经》。正文以不伦不类的"会稽山在大楚南"一句结束。(2)后部从"岷三江首大江出汶山"起,叙述二十多条水道。这一部分在《山海经》里面,显得内容不相称,因此个别注家认为就是相传出于汉代的《水经》，但是叙述的方式，系统性不强。北有辽水，南有鬱水，尤其显示出西汉时代的色彩。水名大致可靠，只是"岷三江首大江出汶山，北江出曼山，南江出高山，高山在成都西……"，以南、北、中三江说明江源，尤其暴露出任意作伪。其他发源地的山名也都不可靠。各条水道的入海或入于其他大水道，比较正确，然而"沅水出象郡镡城西"，象郡显然大错。部分水道的说明，杂有神话故事，与《山经》其他资料气味相投。

  这部书里面所有在西汉时增编的几部分，内容处处反映汉代的背景，一味模仿《五藏山经》的怪异，地理内容更其削弱。对于后代发生影响，主要是靠战国时代所流传下来的前半部——《五藏山经》，但是在封建时代，少数学者主要欣赏全书的奇谈怪论。

第五章 其他古书的地理成分

第一节 《尔雅·释地》等篇

《尔雅》一书,旧说原来是《礼记》的一部分,班固著《汉书·艺文志》,附记于《孝经》之后,都是尊为儒家经典的表示。东汉以后终于列为专经。关于这部书的来历,一种认为最古的假定,是归功于周公旦。一种认为晚出的假定,也认为出于刘歆之流。实际上似乎是战国后期收集诸家著作的同类字句,编成一种我国最老的词汇。间或有些起源于西汉时代的文字或短句,可能是汉儒所附加。

全书分为十九章,每章收集与该章主题相关的词或句在一起。其中《释天》、《释地》、《释丘》、《释山》、《释水》五章,或多或少与地理观念有些关系。《释天》包括天文、气象、时令等观念。天文记载若干星座,以及"北极谓之北辰,河鼓谓之牵牛",并且提到彗星和奔星,后者可能指流星。古老传统的烦琐哲学,对于四时的天和四方的风,都有不同的专名。

《释地》篇列"九州"为第一条,对于《禹贡》的划分方式有所修改:(1)略去梁州而增加"燕曰幽州","汉南曰荆州"似乎兼并《禹贡》的梁州,而《禹贡》的青州改为"齐曰营州"。显然兼用战国国名。(2)分界标志都用河、江、汉、济四水,而不再用"山"或"海"。(3)"济东曰徐州"的提法,部位不大正确。(4)原文的提法并不涉及任何一个时代。这一类情况表明《尔雅》的作者不但因袭前人的观念,也在提供自己的主张。接上的"十薮"、"八陵",部分名称的位置不明。但是《周礼·职方氏》的"泽薮",多数是从这一节采用。

《释地》篇对于若干名词的说明,都具有地理意义。(1)"邑外谓之郊,郊外谓之牧,牧外谓之野,野外谓之林,林外谓之坰",这样区别城市四周的带状差别,足以表明历史发展过程中,早已在注意距离远近的不同影响。(2)"下湿曰隰,大野曰平,广平曰原,高平曰陆,大陆曰阜,大阜曰陵,大陵曰阿",代表地形的名称,比较烦琐。但是原隰、冈陵等专名,还常见于《诗经》,足见在古代相当通用。

"东方之美者有医无闾之珣玗琪焉……"一节,可能是《周礼·职方氏》的以医无闾为幽州的山镇所依据。但是这一节的部位观念,称之为东方显然有错误。"南方之美者有梁山之犀象焉",这一个梁山的所在地又是可疑。"西南之美者有华山之金石焉",似乎是"西北"误为西南,但是西北的华山不产金。西北提到昆仑虚,似乎和《五藏山经》的幻想境界相同。

《释丘》、《释山》两篇,几乎都是对于各种形式或位置的山丘,以烦琐哲学的观点定出好多名称,极少实用的价值。《释山》首尾两小段都是两汉确定五岳以前的过渡观念。开头的"河南华、河西岳、河东岱、河北恒、江南衡"又和《周礼·职方氏》的山镇符合,旧说以为《尔雅》依据《周礼》,实际上是伪造《周礼》的刘歆据此以列入《职方氏》。末尾的"泰山为东岳,华山为西岳,霍山为南岳,恒山为北岳,嵩高为中岳",霍山即天柱山,曾一度在汉初沿用为南岳,可能是汉儒所篡入。

《释水》篇先有各种泉和大水分出的支水的许多定名。"水自河出为灉,……汉为潜,淮为浒,江为沱……"一段,接上又重复"江有沱,河有灉……""水注川曰溪,注溪曰谷,注谷曰沟,注沟曰浍,注浍曰渎",表明由小而大的分级,应当说"注川之水曰溪,……""江河淮济为四渎;四渎者,发源注海者也",完全是孔孟的主张。但"河出昆仑虚"似乎受《五藏山经》的影响,背离了《禹贡》的"导河积石"。

《尔雅》由于它本身的性质所决定,主要的作用是反映战国后期成书时的一些地理观念。但是例如九州观念的修改,三国时孙炎为此书作注,首先提出《尔雅》的九州是商代的制度。这是随着刘歆伪造《周礼》而引起的新附会。同时它所采用的若干观念,未必受到后代书籍的采用。但是关于郊野、原隰之类的名称,都能表明古代发展的特点。至于这部书所收集的许多烦琐的专名,随着时代的推移,大多数早已受到自然淘汰。

第二节 《吕氏春秋·有始览》

《吕氏春秋》一书是秦始皇初接位前后,公元前249—公元前237年吕不韦任秦国的相国,召集许多儒生征引各家学说所编成。全书分十二纪、八览、六论三大部分,《有始》篇是八览中以《有始览》为首的第一篇(八览的每一组资料就以首篇的名称作为全组的总名)。全书大致都是采用百家所论的治国之道,以儒家为主。

《有始览》的《有始》一篇,是全书一百六十篇唯一论述天文地理的专章。这一篇的编写方式大致和《尔雅》类似。

《有始》之得名是由于全文从"天地有始,天微以成,地塞以形,天地合和,生之大经也,以寒以暑,日月昼夜,知之以殊形殊能……"立论。主要就是说明"天有九野,地有九州,土有九山,山有九塞,泽有九薮,风有八等,水有六川"。接上又论述"凡四海之内东西二万八千里,南北二万六千里,水道八千里,受水亦八千里",实际上就是《五藏山经》引用的《管子·地数》篇的一小段,文字上稍加修改。

九野以二十八星座划分为各地的所谓地望,这里因按九州而分为九天。《吕氏春秋》的九州说,和《尔雅》一样,并不假托于古老的时代,不过它采用战国早期的九国作为各州的标记,具有相当明确的"近代"意义。改列以周为标志的豫州于第一位,似乎尊崇周王朝,实际上明明把周并列于诸侯。按照所列的国名,大致代表公元前475年越灭吴和公元前468年齐灭鲁之间的形势,但是秦国还没有强盛。"泗上为徐州,鲁也",突出表现儒家的见解。

九山中的羊肠不知所指,九塞只有方城、殽、井陉、居庸部位明确。九薮大致与《尔雅》的十薮相同,只是略去"周之焦护",而个别国名或泽薮名称的字面小有出入。八风按八方分别定名,"东南曰熏风"符合古人的习惯,"东北曰炎风"、"西南曰凄风"之类,都深受唯心思想的影响。

"何谓六川,河水、赤水、辽水、黑水、江水、淮水",显然背离儒家的"四渎",竟然不提济水。辽水配合"北方为幽州、燕也"的发展,较为现实。值得注意的是黑水不像是指《禹贡》的黑水,而和赤水一样,好像是采用《五藏山经》所记,和河水同样发源于昆仑之丘的黑水和赤水。这一章和《尔雅》的几篇,列举若干地理特征,几乎都不能具有完全的可靠性。

总之,《吕氏春秋》这样一部依靠所谓门客编成的书列于战国诸子的作品之中,不足以称为一家之言。在《禹贡》之后,和《尔雅》一样另提出一套九州的部位,足见已经形成一种只作为地理分区的概念,而并不作为任何年代采用过的行政区划。刘歆以后伪造《周礼》,反而和孔子编写的《禹贡》一起加强了九州曾经成为历史上的行政制度的概念。对于澄清九州观念的发展过程,《吕氏春秋》和《尔雅》的资料,虽则只是平凡的记述,都可以反证《尚书》和《周礼》这两部儒家经典的九州作为夏周两代的制度,都不过是出于后代人的假托,而不是历史上的事实。

作为地理区划的概念,所谓九州的划分,在地理思想的发展史上具有深远的意义。不过对于正确理解这一概念的发展过程,澄清各种作品的实际写作年代,是一个极端重要的条件。同时,对于春秋战国这一个在祖国文化开始成熟的阶段,其他地理观念的发生和发展,同样只能在澄清有关文献著作先后的基础上获得相当正确的认识。惟有在这个基础上分析当时所提出的各种地理概念,我们才能正确掌握这个时代各家地理思想发生的先后和前后的影响。在许多关键性的问题上,绝不容许主观唯心主义的观念任意混淆是非。

经过初步的整理,对于春秋战国时代地理思想的发展,各种有关作品之间先后承袭的线索,可以一目了然。虽则在结合现实环境的过程中,往往多少不等地受到主观想象的支配,不同方式的区域地理和自然地理体系,已经在逐步奠定基础。和同时期的西方地理思想相比较,我国在地理分区观念、水道源流观念、土壤分类观念等方面,显然发展特早。

关于春秋战国时代地理思想的发展,正如其他学术一样,我们必须认清当时的百家争鸣受到时代特早和流传困难的种种限制,并没有能一直保存下一些完整的体系。由于各种资料的掌握不够成熟,往往真中有假,或是假中有真。残存的文献和后代假托的作品既会混淆不清,后代读者更会穿凿附会。在这样错综复杂的条件下清理出来的一些线索,可能还遗留下若干问题。

《尔雅》的昆仑虚和《吕氏春秋》的赤水、黑水,都和《五藏山经》有雷同。这些例子可能表明在秦始皇亲自掌权以前,《五藏山经》,曾经流通过一时,但是在其他诸子的著作中,好像并没有多少征引。另有一种可能,是《五藏山经》所采用的出于幻想的山川,在战国后期本是民间流传的故事中所常见。总之,春秋战国时代,地理资料已经在许多家的作品中有所发展,而彼此间的影响,也有许多迹象可寻。

第三节 《周礼》的实际来历与地理观念

《周礼》一书,在东汉初期班固所编《汉书·艺文志》还称为"《周官经》六篇"。荀悦在东汉末年所著的《汉纪》中说:"刘歆以《周官经》六篇为《周礼》。王莽时,歆奏以为《礼经》,置博士"。

经过后代一些专家考证,公认这部书是刘歆为王莽篡汉制造舆论所编成,而伪托为发现于淹中的一种古本,进献后托称为周公旦在周代初期所制定的官制。于是,历代封建统治阶级承认它是周公之典,而通称《周礼》。以后在儒家经典中,它和《仪礼》以及

《礼记》合称为"三礼",一跃而占到超越孔子所传的"古礼经"《仪礼》和孔门传授的《礼记》的地位。实际上这部书是以详细说明各种官职的任务为特征,所以又称为《周官书》。

《周礼》托称共设六官,作者伪装发现的古本中已经缺少《冬官司空》的一门,而补上《冬官考工记》,以表示《周官书》年久残缺①。《天官冢宰》等五部门的头上,都有"惟王建国,辨方正位,体国经野,设官分职,以为民极"一句,标明政治上的作用。大量宫廷、祭礼、巡守、行军等有关的官职,尽量装点周初用礼治的古老形象。当时王莽就以效仿周公辅成王的模样,逐步篡夺西汉皇朝的帝位。

少数官职的任务,显示出这部书的作者具有重视地理条件和地图的特色,这也体现出经过西汉时的发展,更加强了政治往往与地理密切相关的理解。有关使用地图的条文特多,例如:

《天官》部门:
"司书掌邦之六典,……邦中之版,土地之图。"
《地官》部门:
"大司徒之职,掌建邦之土地之图,与其人民之数。"
"小司徒之职,……凡民讼以地比正之,地讼以图正之。"
"遂人掌邦之野,以土地之图经田野,造县鄙形体之法。"
"土训掌道地图,以诏地事,道地慝,以辨地物,……。"
"诵训掌道方志,以诏观事,……王巡守则夹王车。"
《夏官》部门:

---

① 《考工记》可能是战国时传下的专著,论述百工的专职。冬官司工,伪造所属百官的名称、职责更是困难。因此代以《考工记》,亦有掩饰其难于按其他五官编造的作用。

第一篇 地理学著作的创立

"司险掌九州之图，以周知其山林川泽之阻，而达其道路。"

"职方氏掌天下之图，以掌天下之地，辨其邦国都鄙，四夷八蛮七闽九貉五戎六狄之人民与其财用，九谷六畜之数要，周知其利害。"

从距今三千年前的政治文化背景着眼，如果一部"周公之典"竟能具备那么多的地图在使用，真是超凡入圣的措施。这些条文看来正是刘歆受到大汉王朝新发展的影响的大暴露，也是《周礼》出于刘歆伪造的又一铁证。东汉王朝和儒家竟会把它列入古代经典，对于辨明古代政治文化的认识，就增加一重困难。然而作为一部西汉末年的作品，我们仍然应当予以适当的重视。

《职方氏》的职掌中，"乃辨九服之邦国"，是《禹贡》五服的扩大。《禹贡》的五服原来包括所谓王畿甸服，而《职方氏》的九服，是在"方千里曰王畿"以外，围以每服广五百里的九服。换言之，《禹贡》五服总共是方五千里，而《职方氏》的九服达到方万里，或是《禹贡》五服的四倍。这一点又反映西汉疆域的扩大，远远超过西周初期开发的范围。但是《周礼》又在《夏官》部门为首的大司马职掌中，改成"乃以九畿之籍，施邦国之政职"，王畿改称为国畿，外围各服专名相同，一律改称畿。前后名称不同，反而失去一个典章制度的文献应有的统一性。

《地官》部门为首的大司徒职掌中，提到"以天下土地之图，周知九州之地域广轮之数，辨其山林川泽丘陵坟衍原隰之名物，而辨其邦国都鄙之数"，这一小段表明刘歆高度重视地图和地理的作用，他是从政治上涉及这些地理内容的。下文"以土会之法辨五地的物生"，举例说明山林川泽丘陵坟衍原隰的动植物，以及"以土宜之法辨十有二土之名物，……辨十有二壤之物而知其种，以教稼穑树艺"。这一类说法显然还受到《管子·地数》篇的影响，也足以证明刘歆编订《周礼》，在这里还是以《管子》为依据。

书中提到土圭之法，却显得作者弄巧成拙。(1)《地官》部门大司徒的职掌中，列有"以土圭之法测土深，正日景(影)以求地中"。土圭似乎类似日晷，无疑能用以测日影。讲到"测土深"和"求地中"，这种设想很有意义，但是不可能从观察日影来解决。另外，所提到的"日南则景(影)短，多暑；日北则景长，多寒"，句中的"日南"与"日北"恰好说反。夏令日北移向北回归线而影短，冬令日南移向南回归线而影长。所以应当在前一句说"日北……"，而后一句说"日南……"。(2)大司徒主管地官部门，应在下属中设有职掌土圭的专员。《职方氏》之后设有土方氏一职，却是属于《夏官》部门。(3)"土方氏掌土圭之法，以致日景。以土地相宅，……王巡守则树王舍。"他的职责似乎是相宅舍的吉凶。

《职方氏》的职掌所叙述的九州，假托为西周的制度，并且多方表现出不同于《禹贡》的九州。《周礼》的作者完全不顾分界的依据，而采用各州都列出山镇、泽、川、浸四项特征。由此引起几个特点：(1)分界不同于《禹贡》九州，而具体的界限不明。例如"河南曰豫州，其山镇曰华山"，而"正西曰雍州，其山镇曰岳山"。马马虎虎地把华山划给豫州，不知把豫州的西界推进多远；可能是受《尔雅·释山》"河南华，河西岳"的影响。但是给雍州所举出的山镇岳山，注家聚讼纷纭。一说这个岳山就是《禹贡》的岍山，雍州境内有的是更崇高的山岳；实际上是刘歆对于各州的地理只是局限于他的一些书本认识。

(2)《职方氏》撤销《禹贡》的梁徐两州,改为幽并,实际采用改制。"正西曰雍州",似乎归并梁州在内,但是梁州的山川无一见于《职方氏》的地理。原来在《禹贡》青徐两州边境的岱,《职方氏》划为兖州的山镇。青州的山镇移到沂山,而徐州的淮沂也并入青州。荆州的"其浸颍湛",颍似乎应当属于豫州,而"湛"不知指哪一条水。"东北曰幽州,其山镇曰医无闾",越出西周早期的边疆。再加以"其川河泲",显然侵入兖州。

(3)"川"、"浸"、"泽薮",巧立名目,差别何在,意义不明。按照扬州的"其川三江,其浸五湖",似乎"浸"指的是湖泊。但是各州大多同样指河流,而大小漫无标准。青州的"其川淮泗,其浸沂沭",都小于淮而大于泗。雍州的"其川泾汭,其浸渭洛",泾与渭、洛同样是川浸之称,更是失当。按《禹贡》的"泾属渭汭"指泾、渭汇合,"东过洛汭",指河、洛汇合。泽薮方面,扬州的具区和荆州的云梦,都是大湖,而其他一些,甚至夹杂着难以查考的名称。

总之,《周礼》一书的出于刘歆伪造,无论从它流传的情况,或是从它内容的分析,都有充分的证据。各种有关地理的论述,可以表明作者具有相当见解,只是取材不够严肃。少数大小官职的职掌,联系到地理资料和地图的情况,足以表明作者相当关心它们的运用,但是显然还超出了现实发展的可能。至于把这些资料作为西周初年的发展情况,更是脱离实际,我们应当切忌轻易引用。这部书的附在本章中讨论,是由于传统的见解,曾经把它作为儒家重要的经典。而在儒家经典作品之中,只有它是从西汉末年鱼目混珠,才得到后代各皇朝的尊崇。

第六章 第一篇小结

以秦并六国结束的先秦时代,可以分为三个大阶段。具有较为可靠的史料的最早阶段,从公元前第三世纪追溯到商纣与西周的文王、武王交叉的公元前十二世纪后半叶。更向前追溯到公元前二十二世纪的尧,是传说史料比较可信的一千年。更早的传说阶段,只留下不大可信的传说史料。

上文所叙述的包含地理资料的作品,只是流传下来的先秦作品之中的极少数。一般先秦作品,还是作者与年代都能确定的占多数。具有地理意义的那些作品竟然相反,唯有《吕氏春秋》的来历完全明确,而它的编写时间是公元前246—公元前238年之间,已经是先秦时代的末年。

封建时代的传统观念,认为《禹贡》是禹的作品,《五藏山经》是益的作品,都从公元前二十二世纪流传下来。《周礼》从西周初的周公旦传下,作于公元前十二世纪。《管子》出于公元前七世纪的管仲。《尔雅》据说出于孔子门徒所编的《礼记》,起源于公元前五、六世纪。

为着辨明这些文献资料在我国地理思想和地理方法上的作用,上文对于每一篇或每一种作品的来历,依据各自的有关条件提出结论。孔子整理《尚书》,除收集周代文献之外,自己编写追溯到尧舜时的涉及前代的记载,《禹贡》是其中的一篇。这样改定为写作于公元前500年之前的春秋末年,在系统性的地理专篇中仍然年代最早,——更早的只有《诗经》中几个古老诗篇,是从商代和西周时代传下的。

上文论述的其余先秦地理作品《周礼》以外,都是属于战国后期。《管子》学派的《地员》等篇,大致是公元前300年左右所编写。《五藏山经》与《尔雅》可能都是公元前300年以后的作品。长期埋藏在魏国境内汲冢的《穆天子传》,公元前299年就成为魏令王墓内的殉葬品。此书在写作后似乎早被魏王珍藏,反而是在西晋出土之后流传于世,将留到下文第四篇内评介,因为它用旅游记的方式编写。

重新推断这些作品的编写时期,是为着正确认识每一个作品的时代背景,和不同作品之间的先后关系。更进一步必须分析每一篇作品的真假虚实,对这些中国地理学启蒙时期的著作,这一点尤其重要。这样才能判别各种著作的科学水平。在不同作品之间,更应当从地理概念的运用和观察以及叙述方法,判别彼此的影响。综合这些特征,才能体现出先秦时代中国地理学的发展过程。

《周礼》一书既然查明是西汉末年刘歆所伪造,何以列入本篇?一则由于在历史上曾经长期误信为西周的典章制度;二则自从王莽时刘歆奏以为《礼经》,置博士,东汉以后,迄于清代,都承认它是儒家的经典作品;三则按照传统的图书分类,以往都列入"经部"。我们现今必须认清它编写的实际年代,以利于了解它的时代背景和时代意义。关于西汉以后的发展,下文将采用分门叙述的方式,《周礼》不能和其他著作结合,只得附入本篇之末。同时,对于刘歆的伪托,不宜受前代考证家鄙视所谓"伪书"的影响。刘歆在书中所表现的重视收集地理资料和地图,以及编成《职方氏》一节的区域地理，尤其应当作为西汉末期的地理思想的一种典型来加以认识，予以适当的评价。

关于上述各种地理文献，古代传统观念的年代先后，经过大约半个世纪以来，以顾颉刚为首的禹贡学派的改定，引起以下几个问题。

(1)《禹贡》作为战国后期的作品，怎样会在《尚书》的流传过程中途插入？

(2)《禹贡》被认为取材于《五藏山经》，从内容上分析，是否确有根据？

(3)对于《周礼》的来历不加批判，以至内中《职方氏》一节的九服以及许多有关地图的资料，反而要早几乎七个世纪。对于传统观念所认为先秦时代的地理文献，必须通盘采用科学观点澄清来历的迟早。

本篇对于有关先秦地理资料的分析整理，具有这几个目的。(1)澄清每一项地理文献的来历，依据古代传授的过程，与写作的条件及其作用。(2)各篇的内容，尤其是以地理形势相对照，分析出虚实真假，从而打破传统见解的一概信以为真。(3)采用历史条件尽量利用更多的史料与考古新发现。(4)从各种文献的地理资料与观察及整理方法上判断部分作品之间的谁先谁后。(5)综合这样产生的新认识，对于先秦地理文献来历的先后，应当形成一系列新的顺序。

总之，《尚书·禹贡》、《五藏山经》的来历，传统观念所假托的洪水时期，固然远在距今四千年之前，对照我国文字记述的发展，失之过早。重新考证的年代，似乎延迟十多个世纪，各篇的内容都更配合新定年代的历史特征。但是对于这一套新见解，希望地理学界和历史学界能全盘接受,以消除目前存在的矛盾,有时在同一篇新著作中,认为《周礼》早于《禹贡》,尤其应当纠正。同时,传统观念所遗留的误认先秦作品中的"九州",作为假定的年代的行政区划,以及所谓"禹河",长期稳定论,以及济水在地下潜流过黄河之类的唯心思想,必须彻底批判。但是,我们不能轻视《诗(经)》保存着从早于《禹贡》六个世纪的商末周初到春秋时代的诗歌所包含的零散而真实的地理资料,——那才是东方地理资料的起源。

第二篇 地理志和地方志的发展

——西汉至明代

西汉时代（公元前206年—公元后8年），在早年完成统一后继以向边疆各地的扩展。生产与文化多方面得到发展。各种古籍和新著的流传逐渐发达。据近年考古的发现，西汉墓葬的文物已经有纸张的发现。东汉（公元25—219年）早期。宦官蔡伦造纸，于105年进献和帝，获得赞许,造纸业得以扩大生产。于是抄本流传更能打破旧时简重帛贵的限制。有关地理的各种作品，从此加快形成,而且在多方面发展。虽则在历朝衰弱和分裂期间。有时发生衰退情况。但从来没有过像西方中古时代那样长久的"黑暗时代"。甚至有几次少数民族入侵的时期,我国在学术文化的发展方面,也都有特殊的进步。

由于这样的历史背景,从西汉初的公元前206年到明末的1643年,前后长达十八个半世纪,我们将按地理志、地方志、地图、游记和专题研究几方面,分门进行纵的探讨,借以有利于了解每一个门类的发展过程。

由于我国的地理文献异常丰富,我们只能选择重要的典型作品深入分析。历代各种图书目录中所列举的作品,如果后来早已失传,只是偶尔引用以证实其古老的起源,不另详细称引其流传过程。西汉至明末长达将近二千年。其中分阶段的各部门同时发展情况,将在第五篇末尾补充说明。

第一章 《史记》与《汉书》的先驱作用

第一节 《二十四史》的创始与发展

全国性的地理志发展特早,而且长期持续不断,是我国地理学发展史上的一个重要特征。世界其他各国无与伦比。地理资料首先是在历史作品中积累特多,这也是东西方地理学史上的一个通例。在前一篇里面所提到过的《尚书》、《春秋》等书的作用,就表明了最古老的历史性专著,连带着地理专篇或分散的地理资料的显著作用。西汉时《史记》和《汉书》的编著,兼顾到地理资料的系统化,奠定了以后历代编著的断代史,大致都保持这样的遗风,既有系统的地理专篇,又穿插着零散的地理资料。

司马迁在汉武帝(公元前140—公元前88年)时著《史记》,起于以黄帝为首的五帝本纪,而终于汉武帝,是一部上下二千余年的通史。东汉初班固(公元33—92年)编著《汉书》,以西汉一朝为起讫,创立断代史的体例。这一种断代史以后继续在有关朝代结束之后若干年编写。《后汉书》和《三国志》仍然由著者单独完成,和前两书通常合称"四史"。从《晋书》开始,多数改成由以后的朝代特派一些擅长文学的官员集体编撰,短促或分裂的朝代间或采用《南史》、《北史》、《五代史》的方式合编。关于唐代的史书有《旧唐书》、《新唐书》。截止明代共有《二十四史》，加以近代私人编写的《新元史》，又合称《二十五史》。这些通常简称为"正史"。关于以后的清代，在北洋军阀时期曾经另编一部《清史稿》。

各朝代的正史，除《三国志》等少数例外，多少不等有几个地理性的篇章，大致分为五大主流：其一，《史记》创立《河渠书》，以后的史书改称为《河渠志》，兼顾兴修水利和治理水害。其二，由《汉书·地理志》创立的系统，记述各级行政中心的部位和有关地理情况。其三，同样从《汉书》开端的《五行志》，虽则是以唯心主义的吉凶征兆和阴阳五行（金木水火土）相生相克的观念为基础，经常记载水旱霜雹、日月食、地震山崩陨石虫害等异常的资料；可惜，只记年月而地区不明。其四，《史记·平准书》和《货殖列传》，《汉书》改为《食货志》，主要有关经济，因而带有不少经济地理的资料。其五，列传中尤其关于新开拓的边疆或是综合性的《四夷传》，或个别少数民族专传，偶尔还涉及国外的情况。

司马迁是我国历史上最杰出的史学专家，壮年具有丰富的旅游经验，熟悉许多地方的山川形势。他在公元前145年出生于黄河中游大峡谷口的龙门。《史记》书末太史公自序中，自述"二十而南游江淮，上会稽，探禹穴，窥九疑，浮于沅湘，北涉汶泗，讲业齐鲁之都，……过梁楚以归"，出仕为郎中。又"奉使西征巴蜀以南，南略邛笮昆明。还报命"，已是公元前110年。谒父于洛阳。父名谈，原任太史令，死后迁继承父职。因此，他既能抽阅汉皇室的秘藏图书，又得随侍武帝去五岳名山行封禅的典礼。公元前98年遭到李陵降匈奴之祸，受腐刑之辱，但是两年后出狱，仍为中书令。于是发愤继续著《史记》，年六十余，大约公元前83年前后去世，昭帝已经在公元前86年即位。

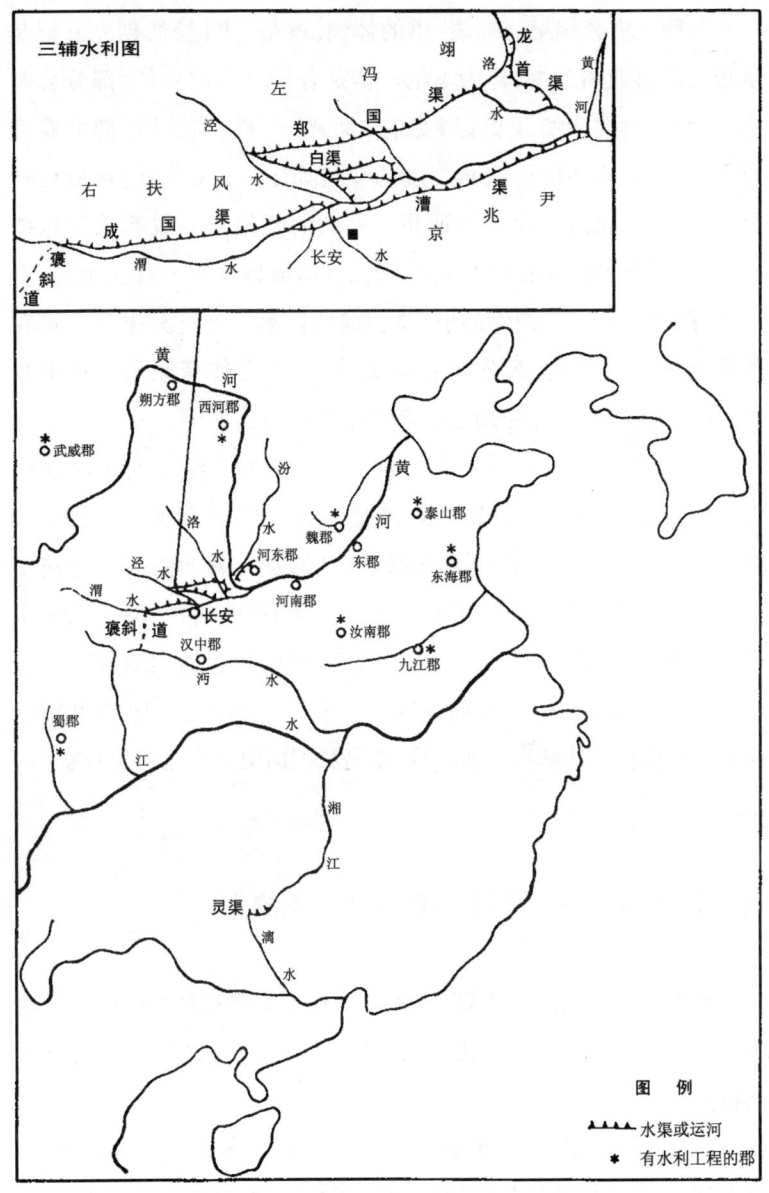

图3 《史记·河渠书》示意图

各种正史分编纪、传、表、书的体例,就是《史记》所创立。纪是以帝王的事业为总纲,称为本纪。传是各种名人的列传,部分合写几人,对于封建诸侯,《史记》另有"世家"一栏。表以各种世系表为主,书以记述各种措施和制度的变化为主。《汉书》改称最后一类为志,自后志的名称更是通用。列朝的断代史一般都采用这些门类,不过名称间或有些变通。《史记》的篇幅原有一百三十篇,五十二万余字,在个人的作品中,是空前的巨著。不过其中有十篇在作者死后早已亡失,部分经后人掇补,都失去作者原意。其中景帝、武帝两纪,显然是受到当权者的压制而原文失传。

班固(公元33—92年)创立的《汉书》,为西汉王朝写成断代史。他对于《史记》的通史体裁,既是多所指摘,对于他父亲班彪续编的《史记后传》数十篇也重加修改,目的是为着加强对于封建王朝的效劳。他也是以典校"秘书"(皇家藏书)的便利,集中二十余年的精力进行编写。公元80年迁官后停顿,最后遇到地方官的非法逮捕下狱,公元92年冤死于狱中。全书一百篇之中,少数几篇是在他身后由他的妹妹班昭所完成,她是我国历史上少见的女专家。

第二节 《史记·河渠书》和《汉书·沟洫志》

关于正史中的地理专篇,本书首先在下文略论《河渠志》与《地理志》两种类型的发展情况。《史记·河渠书》,内容精辟,具有下列特点:

(1)《史记》中引用《禹贡》,全文先见于记述夏代历史的《夏本纪》,所以《河渠书》只是依据《禹贡》概括叙述禹治水的功绩,而以治河(黄河)为重点。在引用《禹贡》"至于大伾,北过降水"两句的中间,改加"于是禹以为河所从来者高,水湍悍,难以行平地,数为败。乃厮(分成)二渠以引其河,北载之高地,过降水",大改了原文的"北过降水"一句。所谓"北载之高地"一说,不知何所依据。对于"厮为二渠"的理解,向来都引用《禹贡》兖州一段中的"浮于济漯,达于河"的漯(音踏),把它假定为从大伾东流入海的第二支。叙述的方式仍然作为历史上的情况,值得考虑的是东流的第二支在西汉时似乎更占重要。

（2）通篇重点在历述"自是之后,荥阳下引河东南为鸿沟,……西方则通渠汉水云梦之野,东方则通鸿沟江淮之间,于吴则通渠三江五湖,于齐则通菑济之间,于蜀,蜀守冰凿离碓"。所谓三江五湖,只能作为笼统联系江湖之间,而无从指明具体的三江或五湖。离碓下提到的"辟沫水之害"一语,不符合实际情况,岷江的支流,无论青衣江或大渡河都还在下游。结语称"此渠皆可行舟,有余则用溉浸,百姓飨其利",显然非常重视生产观点。下文先提到"西门豹引漳水溉邺",再引述水工郑国为秦"凿泾水,自中山西邸瓠口为渠,并北山东注(北)洛三百余里。……渠就,用注填淤之水,溉泽卤之地四万余顷,……因命曰郑国渠"。又武帝时"引渭穿渠,起长安并南山下,至河三百余里,……而渠下民田万余顷,又可得以溉田"。

（3）效益短暂或失败的,只有数起。"穿渠引汾溉皮氏汾阴下,引河溉汾阴蒲坂下,度可得五千顷,……发卒数万人作渠田。数岁河移徙,渠不利"。"其后人有上书欲通褒斜道,……少阪(音板,崎岖山坡)近四百里,而褒水通沔,斜水通渭,皆可以行舡漕,……上沔入褒,褒之绝水至斜间百余里,以车转,从斜下下渭,……道果便近,而水湍石,不可漕(运粮)。""临晋(今陕西大荔)民愿穿(北)洛以溉重泉以东万余顷故卤地,……穿渠得龙骨,故名曰龙首渠。作之十余岁,渠颇通,犹未得其饶。"

(4)关于治黄的大工程:"汉兴三十九年(公元前168年),孝文时河决酸枣东,溃金堤。""其后四十有余年,……决瓠子,东南注巨野,通于淮泗"。经过二十余年的争论,才塞住决口,筑宣房宫于其上,"而道河北行二渠,复禹旧迹"。这是记述黄河灾害和治理困难的开端。所谓"复禹旧迹",实际上只修复决口以前的旧迹。

"后用事者争言水利",列举各地新工程。"朔方西河,河西酒泉,皆引河及川谷以溉田,而关中辅渠、灵轵引堵水"。(在湖北西北部)"汝南九江引淮",引淮堤到九江,是由于在今寿县置有九江郡。《史记·河渠书》重视兴利除害,同时也为西汉农业的发展,提供许多翔实可靠的旁证。

《汉书·沟洫志》是《史记·河渠书》的续篇,改用"沟洫"两字,规模太小,取义并不恰当。前部的三分之一,基本上是照抄《史记·河渠书》。其余大部分的新内容,具有下列特点:

(1)元鼎六年(公元前111年)起叙述引泾增修六辅渠和白渠的由来和过程。两渠完成后的一首民歌,称颂"泾水一石,其泥数斗,且溉且粪,长我禾黍。衣食京师,亿万之口"。

(2)当时由于匈奴不时侵扰,齐人延年(未举其姓氏)上书,建议"令水工准高下,开大河上领,出之胡中,东注之海(即由河套绕道塞北入海)。如此关东(指中原)长无水灾,北边不忧匈奴"。此议富有谋略,但不切实际。它是一种豪迈的科学幻想。

(3)"自塞宣房后,河复北决于馆陶,分为屯氏河。东北经魏郡、清河、信都、渤海入海,广深与大河等,故因其自然,不堤塞也。……元帝永光五年(公元前39年),河决清河灵鸣犊口,而屯氏河绝。"对于河决所引起的改道,叙述得比较明确。

(4)夹叙历次河决后,治理方策多次发生争议。哀帝(公元前6—公元前1年)时,待诏贾让奏言治河有上、中、下三策,首先论述"盖堤防之作,近起战国,……齐与赵魏,以河为境(界),赵魏濒山,齐地卑下"。双方作堤,初时各去河二十五里,以后堤防去水愈狭,愈易发生溃决。此点可供历史地理参考。他的建议是以迁出垦种旧堤间谷地居民以恢复河谷旧貌为上策,以通渠修堤并进为中策,以只重修堤为下策。封建时代的治河,事实上只采用他的下策。

(5)公元1—23年王莽当权时,王横议治河,引用"《周谱》云,定王五年(公元前602年)河徙",以证明"则今所行非禹之所穿也"。《汉书》的这几句引语很重要。一则因《周谱》一书,早已失传,关于周定王时的大河改道,只留下这一孤证。二则此条是大河改道的历史上最古的史料。但是不应当据此以假定早先从来没有发生过改道——后一观点不符合客观规律。

第三节 《史记》、《汉书》的货殖列传

《史记》列于末尾第二篇的《货殖列传》,叙述战国、秦汉间发家致富的名人和各地区风土人情的差别,具有浓厚的经济地理和人文地理的色彩。在引用两小段说明社会发展的历史背景之后,首先以下述一小段表明各地区物产的差异:

夫山西饶材、竹、榖(据《史记索隐》此字指木名)、纑(山中野苎,可织布)、旄(兽类)、玉石;山东多鱼、盐、漆、丝、声色;

江南出枏(亦作柟,音南)、梓、姜、桂、金、锡、连(铅之未炼者)、丹沙(氧化汞)、犀、玳瑁、珠玑、齿革;龙门、碣石北多马、牛、羊、旃裘、筋角;铜铁则千里往往山出棋置(指产地多)。此其大较也。

这里依据物产划分四大区,可以注意的是,南北分为三带。江南以大江为界,只是为了易于辨认。龙门、碣石一线,龙门是作者司马迁的故乡,大概深刻了解更往北去的黄土高原与下文提出的关中的差别。从这里引申到渤海北岸的碣石一线,比较与后人通用依据长城所称塞北,分界过于偏南,正如江南以大江为界的过于偏南一样。中间一带的山西、山东,大致以太行山脉为界,山东则泛指近海各地,而山西偏于内地。

接上讲到战国时代的致富之道,首先引用越王句(音勾)践困于会稽之上,乃用范蠡、计然之策,十年国富兵强,遂报强吴,号称"五霸"。然后逐一说明范蠡、子贡、白圭、乌氏倮、巴寡妇清的致富过程和条件。范蠡既雪会稽之耻,乃乘扁舟浮于江湖,变名易姓,到齐国时称为鸱夷子皮,到陶(定陶)称为陶朱公。"朱公以为陶天下之中(中心),诸侯四通,货物所交易也。乃治产积居,……能择人而任时,十九年之中三致千金。……子孙修业而息之。"这里特别重视陶的中心位置对于向四方发展交易的作用。

子贡学成之后,既出仕于卫国,又"鬻财"(也还是交易)于曹、鲁之间,得以束帛之币聘享诸侯。司马迁甚至认为"夫使孔子名布扬于天下者,子贡先后之也",就是说,他大大起了作用。白圭、周人——指东周洛阳一带。说他"乐观时变,故人弃我取,人取我与"。虽则《史记》只称道他"乐观时变",实际上,他也依靠通往四方交易的地利。

"猗顿用盬盐起,而邯郸郭纵以铁冶成业。""乌氏(音支,汉县名,在今甘肃平凉北)倮(音裸)畜牧,及众(多)斥卖,求奇缯物,间献遗戎王。戎王十倍其偿。""而巴寡妇清,其先得丹(朱砂)穴,而擅其利数世,……能守其业,用财自卫,不见侵犯。秦皇帝以为贞妇而客之。"盐、铁、畜、丹,都利用所在地的特产,加以行销各地,也都凭借地理条件。

"汉兴,海内为一,开关梁,弛山泽之禁,是以富商大贾周流天下,交易之物莫不通……"之下,更细分各地区的发展特征。首先,说明各地区的名称、部位或范围,以及邻接地区。其次,说明自然形势与特产、中心都会、民情风俗。最后总括合并为少数大区的差别作为比较。

首先述"关中自汧(音牵,水名,出扶风县入渭)、雍以东至河、华(山),膏壤沃野千里"。次述周、秦二代在此创立基业。秦迁都雍,就"隙(接近)陇、蜀之货物而多贾(音古,商人)"。后"徙栎(音药)邑,栎邑北郤戎翟(狄),东通三晋,亦多大贾。……治咸阳,因以汉都,长安诸陵,四方辐凑并至而会……"。附述"南则巴蜀。巴蜀亦沃野,地饶卮(音支,即胭脂)、姜、丹砂、石、铜、铁、竹、木之器。南御滇僰,僰僮。西近邛筰,筰马、旄牛"。这些都加强关中的重要性,紧接说明巴蜀一带对外交通的险阻。"然四塞、栈道千里,无所不通,唯褒斜(道)绾毂其口,以所多易所鲜"。然后联系到西方的"天水、陇西、北地、上郡与关中同俗,然西有羌中之利,北有戎翟(狄)之畜,畜牧为天下饶。然地亦穷险,唯京师(长安)要其道"。由于连带巴蜀、滇僰、天水、陇西等地,总结说"故关中之地,于天下三分之一,而人众不过什三(十分之三),然量其富,什居其六"。

次述三河,得名由于"昔唐人都河东,殷人居河内,周(东周)人都河南。夫三河(兼跨晋南豫西)在天下之中,若鼎足,王者所更居也,……民人众,都国诸侯所聚会……"。讲到重要城邑与邻近地区的贸易,列举"杨、平阳陈(旧注认为陈字是衍文)西贾秦、翟(关中、陕北),北贾种、代。种、代——石(邑)北也,地边胡,数被寇。……自全晋之时(战国三家分晋之前)固已患其慓悍,而武灵王益厉之,其谣俗犹有赵之风也"。杨、平阳在汾河中游,战国属赵国,更表明三河到今山西南部。"温、轵(在洛阳北)西贾上党(实际上党在温、轵北),北贾赵、中山。中山地薄人众,……仰机利而食。"

接上夹述两个都会。"然邯郸亦漳、河之间一都会也,北通燕、涿,南有郑、卫。郑、卫俗与赵相类,然近梁鲁,微重而矜节。""夫燕亦勃(海)、砀(石)之间一都会也",其地址似乎就指西周时代的北燕,也就是后代的燕京,但是在秦汉时,是否成为都会无可考。可是所述的形势,符合燕国故地。"南通齐、赵,东北边胡。上谷至辽东,地踔远,人民稀,数被寇。大与赵、代俗相类,……有鱼、盐、枣、栗之饶。北邻乌桓、夫余,东绾秽貉、朝鲜、真番之利。"

"洛阳东贾齐、鲁,南贾梁、楚",以此句引述下列各地区。"故泰山之阳则鲁,其阴则齐。齐带山海,膏壤千里,宜桑麻,人民多文绨布帛鱼盐。临菑亦海岱之间一都会也,其俗宽缓阔达,而足智。……故多劫人者,大国之风也。""而邹鲁滨洙、泗,犹有周公遗风,俗好儒,……颇有桑、麻之业,无林、泽之饶。地小人众,……及其衰,好贾趋利,甚于周人。"齐、鲁桑麻之利,古胜于今;转而好贾,历久不变。

附述"夫鸿沟以东,芒、砀以北,属巨野,此梁、宋也。陶、睢阳亦一都会也。"述及尧、舜、汤生前活动故地遗风，称其"重厚多君子，好稼穑……"。

"越、楚则有三俗。夫自淮北沛、陈、汝南、南郡（今荆州），此西楚也。……寡于积聚。江陵故郢都（楚国故都），西通巫、巴（三峡），东有云梦之饶。陈在楚夏之交，通鱼、盐之货，其民多贾。徐、僮、取虑（读如秋闾，与僮同在下邳，即今徐州东邳县境），则清刻，矜己诺。""彭城（今徐州）以东，东海、吴、广陵，此东楚也。……朐（苏北东海县）、缯（山东峄县）以北，俗则齐。浙江南则越。夫吴……东有海盐之饶，章山（？）之铜，三江、五湖之利，亦江东一都会也。""衡山（都邾，近湖北黄冈）、九江（汉时郡在蚌埠东南定远）、江南（江苏丹阳）、豫章（南昌）、长沙，是南楚也，其俗大类西楚。郢之后徙寿春（皖北寿县），亦一都会也，而合肥受南、北潮，皮革、鲍（咸鱼）、木输会也。与闽中、干越（？）杂俗，故南楚好辞，巧说少信。江南卑湿，丈夫早夭，多竹木。豫章出黄金（据《括地志》："浔阳县有黄金山，山出金"），长沙出连（通链，铅矿）、锡，然仅仅物之所有……"。

更附述"九疑、苍梧以南至儋耳（海南）者，与江南大同俗，而杨越（？）多焉。番禺（今广州）亦其一都会也。珠玑、犀、玳瑁、果、布之凑"。

"颍川（汉以阳翟为郡治）、南阳（皆在豫南），夏人之居也。……颍川敦愿。秦末世，迁不轨之民于南阳。南阳西通武关（在陕西西南部商南县西北）、郧关（？），东南受汉、江、淮。宛（南阳别名）亦一都会也，俗杂好事，业多贾，……交通颍川，故至今谓之'夏人'"。

总结区划，"夫天下物所鲜所多，人民谣俗，山东食海盐，山西食盐卤（池盐），领（即岭）南、沙北固往往出盐，大体如此矣"。此句重视盐之不可少。"总之，楚越之地，地广人希。饭稻羹鱼，或火耕而水耨。……是故江、淮以南，无冻饿之人，亦无千金之家。沂、泗（水）以北，宜五谷、桑、麻、六畜，地小人众，数被水旱之害，民好畜藏。故秦、夏、梁、鲁好农而重民。三河、宛、陈亦然，加以商贾。齐、赵设智巧，仰机利。燕、代田畜而事蚕。"充分表明开发较早的北方，当时远远比较南方富庶，而齐、燕各地蚕桑发达，后代反而衰退。

又一项地区特征的比较："安邑千树枣；燕、秦千树栗；蜀、汉、江陵千树橘；淮北、常山已南，河济之间千树萩；陈、夏千亩漆；齐、鲁千亩桑、麻；渭川（亦在秦或关中，沿渭水）千亩竹。及名国万家（户）之城，带郭千亩亩钟（亩产粮六斛四斗）……。"

最后列举汉代早期各地富户的产业，有些在秦灭六国后被迫远迁他地重振家业，有些是汉兴以后的新业主。"蜀卓氏之先，赵人也，用铁冶富。秦破赵，迁卓氏。……诸迁虏少有余财，争与吏求近处。……唯卓氏曰：此地狭薄，……乃求远迁。致之临邛，大喜，即铁山鼓铸，运筹策，倾滇、蜀之民，富至僮千人。""程郑，山东迁虏也，亦冶铸。……富埒卓氏，俱居临邛。"足见汉代临邛冶铁的发达。"宛孔氏之先，梁人也，用铁冶为业。秦伐魏，迁孔氏南阳。大鼓铸，……因通商贾之利，……故南阳行贾尽法孔氏之雍容。""鲁人俗俭啬，而曹邴氏尤甚，以铁冶起，富至巨万。……贳贷行贾遍郡国；邹鲁以其故，多去文学而趋利者，以曹邴氏也。"

"齐俗贱奴虏，而刁（音刁）闲独爱贵之。桀黠奴，人之所患也，唯刁闲收取，使之逐鱼、盐、商贾之利。……终得其力，起富数千万。""周人既纤（俭啬），而师史尤甚。转毂以百数，贾郡国，无所不至。洛阳街居在齐秦楚赵之中,……故师史能致七千万。"

"宣曲(在长安西)任氏之先,为督道(旧注:一说为职司,一说为地名而不明所在)仓吏。秦之败也,豪杰皆争取金玉,而任氏独窖仓粟。楚汉相距荥阳也,民不得耕种,米石至万,而豪杰金玉尽归任氏。……富人争奢侈,而任氏折节为俭,力田畜……故富而主上重之。"

"塞之斥(边塞斥候卒)也,唯桥姚已致马千匹,牛倍之,羊万头,粟以万钟计。吴楚七国兵起时,长安中列侯封君行从军旅,赍(音跻,供也)贷子钱。……唯无盐氏出捐千金贷,其息什之(十倍)。三月吴楚平。一岁之中,则无盐氏之息什倍,用此富埒关中。"此外,另举"关中富商大贾"数家,"亦巨万",以及其他"治生之道",全篇就此结束。

总之,《史记》中的《货殖列传》,采用重视地区差别与通过各地富户的善于利用不同资源和贸易往来,具有阐明战国、秦、汉间经济地理与人文地理上先后转变的特色,正如《河渠书》的富有自然地理的意义。《汉书》继续编写《货殖传》,大致沿用《史记》对于个人发家致富的资料,而对于有关地区差别的叙述,几乎省略,只致力于修改历史发展的演变过程,因此地理意义所余无几。班固在地理方面的贡献,主要在于《汉书》的增编《地理志》。

第四节 《汉书》创立的地理志

正史书中的地理志,是班固的《汉书》所创立。班氏在《地理志》中，首先夸称"黄帝……方制万里，划野分州"。接上引用《禹贡》和《职方氏》的全文，无形中肯定了它们代表夏周两代制度的作用。这里要注意刘秀(歆)伪造《周官》早于班固，以至后者引用《周官·职方氏》。然后简略叙述春秋战国时分裂兼并的形势，和秦汉的行政区划。"汉兴……武帝攘却胡越，开地斥境，南置交趾，北置朔方之州。兼徐梁幽并夏周之制"，(《禹贡》九州)"改雍曰凉，改梁曰益。凡十三部置刺史"。京兆一带直属司隶部。

第二部分列举西汉时代的全部郡县——这是地理志的主要部分。从京兆尹、左冯翊、右扶风开始，再依次提到外郡，郡名下小注说明属某州。在郡名之后，列有元始二年(公元2年——将近西汉末)的总户数和总口数。除去这一套总表本身的价值以外，许多地名下的小注，具有下列多种作用：

(1)设置的来历和名称的先后更改。少数注明它是"侯国"。长安、茂陵等重要城市特另注明户口。日南郡下注"故(以前)秦(时)象郡，武帝元鼎六年(公元前111年)开，更名"。

(2)名山和祠庙，兼有说明位置的作用。例如新丰下注"骊山在南，故骊戎国"。华阴下注"太华山在南，有祠，豫州山"，为华山特加"豫州山"，足见班固受伪《周礼·职方氏》的影响之深。上党郡注内"有上党关、壶口关、石研关、天井关。师古曰，研音形"。

(3)水道源流，记流经几个郡，长若干里，见于有关县名之下的注文，表明汉代资料大有进步，但是错误在所难免。

金城郡河关注，"积石山在西南羌中，河(指黄河)水行塞外，东北入塞内，至章武入海；过郡十六，行九千四百里。"积石山的名称移到羌中，一方面仍然沿用《禹贡》的"导河积石"，一方面表明对于大河的河道，了解的范围早已上溯到羌中——即现代的青海境。

"关于江的源流,蜀郡湔氐道注《禹贡》崏(即岷)山在西徼外,江(指长江)水所出,东南至江都入海;过郡七,行二千六百十里。"沿用岷江为江水上源,不足为病。流向称"东南",过于简略,长度不足河水的三分之一,错误太大。同郡汶江注"渽水(今大渡河)出徼外,南至南安,东入江;过郡三,行三千四十里。江沱在西南"。江沱不应加,实际上文同郡郫(县)已注,"《禹贡》江沱在西,东入大江"。另外,越嶲郡遂久注"绳水出徼外,东至僰道入江;过郡二,行千四百里"。部位相当于金沙江,但是只提"东至",足见还没有了解到由北南流的长长的上游一大段。

弘农郡卢氏注,"熊耳山在东,伊水出,东北入洛,过郡一,行四百五十里"。此条纠正《禹贡》的"导洛自熊耳",但伊水上流的部位,应称"东南"。此注还提到入洒的育水和洱水,熊耳山一带并不在入洒的流域之内。同郡的上雒注"《禹贡》洛水出冢岭山,东北至巩入河,过郡二,行千七十里,豫州川"。补充对于洛水上源的新认识;特书"豫州川",因上源跨入《禹贡》梁州界。

太原郡汾阳注,"北山,汾水所出,西南至汾阴入河,过郡二,行千三百四十里",汾阳还在汾水中游。同郡上文晋阳注"晋水所出,东入汾"。晋阳是太原郡首县,即今太原市,远在汾阳西北。汾阳的水道是汾水的支流,今名文峪河。关于汾水干支流,大有错误。

(4)矿产等资源有所涉及,但例证较少。例如,京兆尹蓝田下,"山出美玉"。犍为郡朱提下,"山出银"。河东郡安邑下,"巫咸山在南,盐池在西南"。其他还有很多。

篇末总论天下概况,先有小段引用一系列数字。秦以京师为内史,而分天下为三十六郡。汉因秦郡太大,陆续分设各级行政区,至平帝(公元1—5年),共有"郡国一百三,县邑千三百一十四,道三十二,侯国二百四十一"。称为道的地方都散布在一些边疆的郡。"地东西九千三百二里,南北万三千三百六十八里",似乎是按照西汉后期的情况,广大的西域不计在内。关于侯国的封地,分别计算出其中大部分是"邑居道路,山川林泽,群不可垦",较多的地"可垦不可垦",只有小部分是"定垦田",都有统计数字。

次一小段提到水土风气,与民间风俗。"汉承百王之末,国土变改,民人迁徙。""成帝(公元前32—公元前7年)时刘向略言其地分,丞相张禹使属颍川朱赣条其风俗,犹未宣究,故辑而论之,终其本末著于篇。"好像下文按照战国时的分区所述内容,也就是依据刘向、朱赣的资料。

分区情况详细的叙述,都按照春秋战国时期的著名封国各自最大的范围,而不符合任何年期同时的情况。说明的方式,一方面指明当时流行的所谓分野关系,以二十八宿中的某几个星座为各区的地望,一方面指出西汉时所包括的几个郡的地区,以说明其具体的部位。由于许多内容涉及这些封国的古代历史,就带有古代历史地理的意义。这一特点超出《汉书》自己规定的断代限度,而填补了《史记》在地理志方面的空白。

秦地一节中,在灭六国以前,历述秦国从公元前897年受封于周时的陇西的秦亭秦谷成为附庸,逐步开疆拓土,提高爵位的过程。又称"于《禹贡》时跨雍梁二州,……为九州膏腴。始皇之初,郑国穿渠,引泾水溉田,沃野千里,民以富饶。汉兴,立都长安"。下文所举地理情况兼顾到汉代的发展,大致如下:

濒南山,……多阻险。

天水陇西,山多林木,民以板为室屋(足见当年与近代的荒山秃岭迥异）。及安定、北地、上郡、西河，皆迫近戎狄。

自武威以西，本匈奴昆邪王、休屠王地，武帝时攘之，初置四郡，以通西域，隔绝南羌、匈奴。

巴蜀广汉本南夷，秦并以为郡，土地肥美，有江水沃野，山林竹木蔬食果实之饶。南贾滇、僰僮，西近邛笮马牦牛，民食稻鱼，亡无凶年忧。

武都地杂氐、羌，及犍为、牂舸、越巂，皆西南外夷，武帝初开置。民俗略与巴、蜀同。而武都近天水，俗颇似焉。

以后依次叙述魏、周、韩、赵、燕、齐、鲁、宋、楚、吴、粤诸地，关于地理情况都有类似的说明，不另一一引述。在篇末吴地、粤地两段中，越、粤两名都有同音误用之处。吴地一段，在叙述春秋战国时的吴的悠久历史之后，讲到"为粤王句践所灭，吴、粤之君皆好勇"，以及"本吴、粤与楚接"，都误把越称为粤。粤地一段，虽则指明"今之苍梧"等九郡，"皆粤分也"，接上就提到的"共君禹后（代），……封于会稽。……后二十世至句践。……遂伐吴，……后五世为楚所灭，……"都是越国的事。这里又是误把越联系到粤地之内，应当是在吴地一段内叙述。对于闽君摇的附入粤地，还可以因他在汉初受封为粤王而找到借口。以字面而论，粤地一节中所提到的"秦南海尉赵佗亦自王，传国至武帝时，尽灭以为郡云"，当时的国名称为"南越"。也足见粤与越两个地名，在秦汉间易于混淆，下文"中国往商贾者多取富焉。番禺，其一都会也"，足证广州在商业上发达特早。此处称中国，因为南越等地先前被认为异域。

最后列述从合浦徐闻通往海外的几项发展：

（1）"南入海得大州，东西南北方千里，武帝元封元年（公元前

110年)略以为儋耳、珠崖郡。民皆服布如单被,穿中央为贯头。……自初为郡县,吏卒中国人多侵陵之。……元帝(公元前48—公元前33年)时,遂罢弃之。"足见当时海南岛文化的落后,和各地开拓的困难。

(2)"自日南障塞、徐闻、合浦船行"若干日或数月,"贾(商)船"以及"蛮夷贾船"可达之地,接连叙述了将近十处,并且说明了一些交易的情况。由于原文只提行程的日期长短,而不联系航程的走向和中途转折,关于这些地名的具体部位,现代少数历史地图上引用得是否正确,还值得进一步探讨。例如黄支国原文指明"其州广大,户口多,多异物",显然也是一个大岛,个别历史地图把这个地名写在印度南部马德拉斯的部位,条件并不符合。《汉书·地理志》最后还提到"黄支之南有已程不国,汉之译使自此还矣"。当时我国商船大概并没有直达印度,可能还局限于南海的范围。至于少数商品正如《史记·大宛列传》所提到的邛竹杖蜀布,早就达到身毒(音乾笃,即印度),可能是通过外族商贾的转手。西汉时的通航偏重南航,似乎没有穿过马六甲海峡而进入印度洋。

第五节 《史记》、《汉书》专传举例

附带再引证一下《史记》的《大宛列传》和《汉书》的《西域列传》以及《张骞列传》,这几篇可以作为列传中地理资料占有特殊作用的典型。张骞是我国历史上最早的探险家,首先开通西汉时向广大的"西域"扩展的道路,他的探险当时被称为"凿空"。《史记》就在《大宛列传》中详述张骞先后两次取道河西走廊和天山南麓,

穿越南疆西侧的葱岭(即阿赖山脉),发现了今锡尔河上源附近一带的大宛国,并且从此转道到它西北的康居和它西南的大月氏。回朝之后,引起了汉武帝分头向西南夷和西域进行大扩展。《汉书》的《张骞李广利传》,叙述张骞的功业,基本上采用《史记》的《大宛列传》有关的部分,而补充在他身后发展的情况。《汉书》所增加的资料,主要见于《西域列传》,在采用《史记》说明的西域形势之后,详述继起发展的情况。

战国以来久已在中国北方不时来侵扰的匈奴,当时向西南侵入今新疆境,原在敦煌、祁连间的月氏族被迫西迁到今阿姆河上源一带。汉武帝企图联合月氏夹击匈奴,张骞应募偕同胡人堂邑父出使,约在公元前137年从陇西出发。中途被匈奴拘留了十年多,候机西逃,先到大宛转到大月氏。后者新主初立,无心报复。骞等停留年余不得要领,取道南山归汉,终究了解到西域诸国的许多情况。此行经过十三年之久,他是我国历史上第一个伟大的探险家。

张骞不但对于西域诸国的发展形势多所了解,地理方面也有所发现,而且有引起重视的间接影响。他不但重视那里政治上的分裂,而且对于地理特征既有认识,兼有误解。据《史记·大宛列传》:

(1)"于阗之西,则水皆西流,注西海;其东水东流,注盐泽。盐泽潜行地下,其南则河源出焉,多玉石,河注中国。"盐泽即罗布泊。分水界所称"于阗",应指葱岭。

(2)又说:"而汉使穷河源,河源出于阗,其山多玉石,采来。天子案古图书,名河所出山曰昆仑云。"有两点值得注意。一则此句首先假定于阗的于阗(今和阗)河为黄河的河源。二则具体说明昆仑山之得名,是出于汉武帝的钦定。《史记·大宛列传》的这两条,就把《五藏山经》所虚构的河源潜流说改变成为后代河水重源说,落实在西域。这是《史记》的一大错误。这正是我国以后两千余年,河源问题上争论不休的起源。《大宛列传》的末尾,有"太史公曰:《禹本纪》言河出昆仑。昆仑其高二千五百余里,日月所相避隐为光明也;其上有醴泉、瑶池。今自张骞使大夏之后也,穷河源,恶睹《本纪》所谓昆仑者乎? 故言九州山川,《尚书》近之矣。至《禹本纪》、《山海经》所有怪物,余不敢言之也"。这一评语很能表达出司马迁明辨《尚书》与《禹本纪》的优劣,而且对于河出昆仑说并不以为然。

关于部分西域国家,叙述相当扼要,但相隔的里程过于夸张。例如"大宛……去汉可万里,其俗土著耕田,田稻麦,有蒲陶酒,多善马,……有城郭屋室(以此表明不同于匈奴等行国)。其属邑大小七十余城,众可数十万。其兵弓矛骑射。其北则康居,西则大月氏,西南则大夏,东北则乌孙,东则扜罙(音汗弥)于阗"。乌孙、康居、奄蔡都是行国(即以游牧为业)。"奄蔡……临大泽,无崖,盖乃北海云。"实际是在里海东北。"安息……以银为钱,钱如其王面(即铸有国王像)。画革旁行以为书记。"(指用薄羊皮书写,而文字横行)后两者都因深受希腊文化影响,马其顿帝国曾在公元前四世纪末期扩张到这一带,但是不久分裂。

张骞在"凿空"之后,对于当时西部边境以外的形势,就提供汉武帝一套进一步扩展的开拓计划。骞曰:"臣在大夏时,见邛竹杖、蜀布,问曰安得此,大夏国人曰,吾贾人往市之身毒(音乾笃)。身毒在大夏东南可数千里,其俗土著大与大夏同,而卑湿暑热云。其人民乘象以战,其国临大水焉。……有蜀物,其去蜀不远矣。今(遣)使大夏,从羌中,羌人恶之,少北,则为匈奴所得。从蜀宜径

(捷),又无寇。……天子欣然,……乃令骞因蜀犍为发间使,四道并出,……于是汉以求大夏道始通滇国。"

《汉书·西域列传》综述由武帝到王莽时期一个半世纪中的情况,在分国的叙述中,时期的重点迟早不一。一开头说明,"本三十六国,其后稍分至五十余,皆在匈奴之西,乌孙之南。南北有大山,中央有河;东西六千余里,南北千余里。东则接汉,阸以玉门、阳关,西则限以葱岭。其南山东出金城,与汉南山属焉"。分国之多,是由于多数乃以绿洲为中心的小国。西限葱岭,只是大致以西汉设置都护的管辖权而论。葱岭以西,国界大致较为宽广,在传中一部分称为大国,也还包括在本篇以内。在分别说明各国情况时,本篇一大缺点,是对于葱岭东西诸国不按部位定顺序,而采用了东西诸国夹叙的方式。

关于西域的水道,得到了进一步的了解。"其河有两源,一出葱岭山,一出于阗。于阗在南山下,其河北流与葱岭河合,东注蒲昌海。蒲昌海,一名盐泽者也,去玉门、阳关三百余里,广袤三百里。其水停居,冬夏不增减,皆以为潜行地下,南出于积石,为中国河云。"这次初记葱岭河和蒲昌海之名。以蒲昌海冬夏不增减立论,假定为潜行地下通中国河。明知蒲昌海又名盐泽,必然水咸,而河水不咸,显然相通之说是武断。河出昆仑和潜流通中国河的谬说,从此竟然流传得影响深远,把黄河河源问题,引入歧途。

但是另一方面,《汉书·西域传》还有许多精彩的记述,我们必须结合客观实际的复杂性来认识。例如罽(音寄)宾一条,详细叙述当地多种情况。这一国的国境是在辛头河(即印度河)上游西流,折而南流的大转折的一带。"罽宾地平,温和,有目宿,杂草奇木,檀、槐、梓、竹、漆;种五谷、蒲陶(今称葡萄)诸果。粪治园田,地下湿,生稻,冬食生菜。其民巧,雕文刻镂,治宫室,织罽,刺文绣……","起(西域)皮山南,更不属汉之国四五,……又历大头痛小头痛之山,赤土、身热之阪(山坡),令人身热无色,头痛、呕吐,驴畜尽然。又有三池、盘石阪,道狭者尺六七寸,长者径三十里。临峥嵘不测之深,行者骑步相持,绳索相引。二千余里乃至县度。畜队,未半坑谷尽靡碎……。"大小头痛之山都指葱岭,使人发生高山病。"县度"山名,指现代兴都库什山脉。从葱岭到县度说成相距"二千余里",过于夸大。绳索牵引必然分段,每一段不至于太长。

从以上引证的一些资料,可以见到《史记》、《汉书》中重点的五篇,地理内容异常丰富。上文的引述只限于举例。其他带有地理资料的专篇,为节省篇幅起见,未便一一评介。总之,早在司马迁、班固的著作中,随着我国历史上各方面的进展和扩大,地理范畴不但在不断累积有价值的新资料,而且在发展新观点——只是中间所掺杂的错误,尤其是关于黄河的河源,以后长期发生阻碍进步的影响。这样的许多新资料,不但对于研究当时我国的地理重要,而且开始关系到域外的地理。

第二章 《后汉书》与以后的正史

第一节 地理志传统的长期继续

从记载东汉（25—219年）断代史的《后汉书》起，正史中的各种著作，大致都继承《史》、《汉》两书的规模。所以除去分裂时期的若干种，地理方面包括五行等志以及所谓外夷传在内，系统的地理资料大体上具有世界各国无与伦比的长期性和连贯性。唯独河渠书的一门，中断最久，直到金（1115—1234年）、元（1277—1367年）、明（1368—1643年）三史，才重新编有专篇。分裂时期如南北朝，仍然有几种断代史，又有几个朝代结合的南史和北史。四夷传分别联系有关的外族——当时的一部分外族已经逐步演变成为我国内部的少数民族，而相当一部分却一直是属于外国。

《后汉书》是东晋时范晔（398—445年）在432年后所编著。范氏被判死刑，只完成原书的本纪和列传。书中十志是后来在675—680年间由刘昭为全书作注时补入。十志的正文，据考证是出于司马彪的《续汉书》。其中的地理志改称《郡国志》。对于这篇《郡国志》编写的原则，作者提示出以下的见解。

"《汉书·地理志》记天下郡县本末，及山川奇异，风俗所由，至矣。今但录中兴以来郡县改异，及春秋、三史会同征伐地名，以为

《郡国志》。"这样显然压缩了志中的地理内容,而加强了历史意义。三史是指《史记》、《汉书》和《后汉书》本身,也就是春秋以来的盟会战争遗址。

由于历朝的郡县设置常有变动,而对于当代的许多措施以及官员调动关系密切,地理志的传统,除去陈寿的《三国志》等少数短促分裂时期的著作以外,都长期继承下去。这里只要特别注意以下两点:

其一,唐代初年所编的《晋书》,综括西晋(265—316年)和东晋(317—420年)以及北方的十六国(304—439年),号称"唐太宗御撰",是由后代帝王指派文人集体为前朝修史的开端。《晋书·地理志》的内容,基本上偏重于承袭《汉书》的体例,对于九州或分州的历代建置增加较多的叙述,小注偏重秦汉以来和东晋偏安的变化。偏远各郡之下,极少注明地理资料。如同江夏郡安陆所注"横尾山在东北,古之陪尾山",纯乎是《禹贡》注家的假定。宣城郡陵阳明明是在江南,所注"淮水出东北入江",显然有错误。太康元年(280年)的各地户口数字,终究是具有相当意义的新资料,只是限于多数的郡一级。以后一直到《明史》的地理志,记载的方式都是大同小异。

其二,唐代开始有《元和郡县志》一类的地理志专书,因此后代追述唐代历史的《旧唐书》和《新唐书》,大致都是依据这种专著的资料。宋以后的各朝代都有同样条件。断代史中的地理志,当然不及专著的详细,但是正史一类的书,流传较广,久已有便于查考的优点。由于蒙古族势力最强盛时期,分片治理,《元史》地理志的范围,只是以直属燕京的各省府州县为限,比较前代地理志差别不大。

第二节 《新唐书》专传关于河源的发现

　　《史记》、《汉书》把西域方面于阗河的发现,以潜流重源的观念误解为"河"的上源之后,《新唐书》①的《吐蕃传》和《西域传》的吐谷浑一节,都有汉代羌中积石山以上新发现的记载。这几篇都注明由宋祁编写。有关的资料比较简略,但是以往或是没有加以重视,或是理解不够恰当。怎样正确认识这些资料是我们的一个课题。

　　《西域传》吐谷浑一节,提到"(侯)君集、(李)道宗行空荒二千里,盛夏降霜,乏水草。……阅月,次星宿川,达柏海上,望积石山,览观河源",见于贞观九年(635 年)唐军大破吐谷浑的作战过程中。当时唐军分兵两路,君集、道宗一路,《西域传》在上文说过"登汉哭山,战乌海",而紧接的下文又说"执失思。力驰破虏车重,两军会于大非川、破逻真谷"。这是他们行军经过的范围。

　　吐谷浑在隋代和唐初占有今青海省东部,唐军从东、北两方向西、南两方进攻。侯、李两将都是行军大总管之下的行军总管(共五人),"行空荒二千里",通常认为侯、李身历其境,其实在行军条件下必不可能。但是当地居民必然在向上游河源推进,从而获得所记情况的消息。《新唐书》所举的地名,显然都在汉儒定名的大积石之下。从柏海只能"望积石山"②,足见还是离着一段,也就因

---

① 此书主要由欧阳修、宋祁等编写,宋嘉祐五年(1060 年)完成进呈。
② 这个积石指青海省同德西南,在河西的积石山。

而误认这个积石真是河源。星宿川更是过柏海所经过,虽则名称与元初发现的星宿海近似,非但川与海不能混为一谈,部位显然不同。

关键似乎是在"达柏海上"。柏海一地,在吐谷浑一节,和《吐蕃传》中,曾屡次提到。就在这一次的作战计划讨论中,曾引用"道宗曰,柏海近河源,古未有至者",又引用"君集曰,……柏海虽远,可鼓而至也"。两说似乎矛盾,可能距离当时的边界不是太远。"达柏海上"一语本身,似乎指一湖泊,但是也可能只是指一地点。

《吐蕃传》,"长庆元年(821年)……以大理卿刘元鼎为会盟使,……明年,请定疆候(边界),……元鼎逾湟水,至龙泉谷,……与(黄)河合。河之上流,由洪济梁西南行二千里,水益狭,春可涉,秋夏乃胜舟。其南三百里三山,中高而四下,曰紫山;直大羊同国,古所谓昆仑者也,虏曰闷摩黎山,东距长安五千里。河源其间,流澄缓下,稍合众流,色赤;行益远,它水并注则浊。故举世谓西戎地曰河湟"。此次比较唐初一次要迟将近两个世纪。

在这一段记载中,刘元鼎自己的行程,只限于到龙泉谷谷口下与河合的河岸,可能是从现今的西宁到贵德。沿河上溯的情况,也是得自传闻而并非亲历,但是表明在当地居民中,了解的限度又有推进。贵德以西有龙羊峡,洪济梁好像是峡口上游的一个津渡。溯流而上,确有一段"西南行",所谓"二千里",当时是否了解到那样长的距离还可疑,因为下文接着有"其南三百里"。

闷摩黎山一名所指的大山,可能当时指阿尼马卿山脉东西尽处的三个余峰,由于河水形成一个锐角的大弯曲,从下游遥望,更像是上源的尽头。至于套上昆仑的名称,是古代学者任意搬用山岳名称的惯技。这一个手法本可以对于"河出昆仑说"发生新作用,但是,事实上并未动摇昆仑在西域的主张。关于一般河水的混浊,在唐代以前早已司空见惯,上源具有由清变浊的情况,起初更引起惊奇。水量深浅的时令变化,实际上受降水量和融雪的双重影响。

第三节 《宋史》等的河渠书——关于黄河的治理

元代中期设官编著的《宋史》和《金史》中,重见《河渠书》一篇的整理。《宋史》综述统一的北宋(960—1127年)和偏安的南宋(1127—1279年)的历史,《金史》所述的金代(1115—1234年)基本上和南宋同时。成书的时间,《金史》是在1343年,而《宋史》却在1345年。宋代继承五代(907—960年)十国(902—979年)的分裂动荡时期,只得到比较短促的统一,而久因于辽、金两国的入侵。我们所以特别提出《宋史》和《金史》,是因为这两部正史,在《河渠书》专篇长期中断之后同样重新出现。编写的主旨不同于《史记》、《汉书》的重视水道的开发利用,而更是偏重于黄河以及其他水道在治理方法上的争议和措施,但是同样涉及许多地理条件。

《宋史·河渠书》总共分为七篇,头上的两篇半都是关于黄河。最重要的是采用了元代初年实地勘察河源地区的记载,因为这一部正史的编写,反而是在元初这一项探险任务完成之后。它既澄清了河源的所在地和实际情况,又开始了正式使用黄河的名称,(同书《地理志》等部分也这样)其原文如下:

黄河自昔为中国患,(《史记》)《河渠书》述之详矣。探厥本源,则博望(指张骞,因受封为博望侯)之说,犹为未也。大元至元二十七年(1290年),我世祖皇帝命学士蒲察笃实西穷河源,始得其详。今西蕃朵甘思南鄙(边)曰星宿海者,其源也。四山之间,有泉近百泓,汇而为海,登高望之,若星宿布列,故名。流出复潴,曰哈剌海,东出曰赤滨河,合忽阑、也里术二河,东北流为九渡河,其水犹清,骑可涉也。贯山中行,出西戎之都会,曰阔即、曰阔提者,合纳怜河,所谓细黄河也,水流已浊。绕昆仑之南,折而东注,合乞里马出河。复绕昆仑之北,自贵德、西宁之境,至积石。所称昆仑,即《新唐书·吐蕃传》的闷摩黎山。下文在叙述至兰州,绕朔方,折而南出龙门,抵潼关,东出三门、集津,过虎牢,而后奔放平壤,……

距海三二千里,恒被其害,宋为特甚。

《元史》在明初据元代十三朝《实录》汇编,于洪武二年(1369年)进呈,在《地理志》之下列入《河源附录》。其与《宋史》出入之处如下:

(1)"至元十七年,命都实为招讨使,佩金虎符,往求河源。"笃实改译为都实,而年期提早十年。

(2)"按河源在土朵蕃甘思西鄙,有泉百余泓,……故名火敦脑儿。火敦,译言星宿也。"蒙古称湖泊为脑儿。下文九渡河亦记原名"也孙斡论"。

(3)在九渡河下四五日程处,记"土人抱革囊,骑过之。聚落纠木干象舟傅毳革以济,仅容两人"。其地有聚落名纠木干,居民早已用皮筏。"自是两山峡束,……其深叵测。"

(4)"朵甘思东北有大雪山,名亦耳麻不莫剌,其山最高,译言腾乞里塔，即昆仑也，……山腹至顶皆雪，冬夏不消，土人言，远年成冰。"把昆仑一名更向上游移植，并没有能像《禹贡》的积石一名随着黄河上移而成为通常应用。积雪远年成冰，具有理解冰川形成过程的意味。

《宋史》一段的重要：(1)驳斥汉代张骞出使西域以来，所形成的河出于阗之南的昆仑，而从盐泽潜流到积石的谬论。(2)最早公布元代至元二十七年考察河源的所在地，经流路线和支流汇合。考察是在1290年，而《宋史》的完成是在1345年，及至明代编著《元史》而在《地理志》等部分述及此事，更要迟几十年。(3)从经流各地自然条件的差别，说明河患集中于下游而易于反复的原因。(4)黄河的专名在唐宋间逐渐部分使用，可能起自民间。《宋史》似乎首先正式采用黄河的称号，元代显然更倡导采用新名称。

主持考察的蒲察笃实，是女真人，蒲察是他的所属氏族，笃实一名，《元史》改译为都实。学士的称号可能表明他以后的官位，当时他是在充任乌斯藏路（即青藏区）的招讨都元帅，三次到过吐蕃，奉命西穷河源是其中的一次。元世祖忽必烈在蒙古大力扩张期间，兼顾到河源的实情，不仅表明他对于河源的传统观念有所怀疑，可能有意要通过否定汉武帝所审定的河出昆仑说，以树立他在中国人民中的威信。编写《宋史·河渠志》的作者，既是体会到统治者的这些用意，也善于提供一篇简短可贵的地理资料。

从地理观点分析，原文在九渡河提到"其水犹清"，到纳怜河提及"水流已浊"，充分反映出参加勘察的人员，不但到达了星宿海，又特意登高观察，并且一路在注意水流清浊的变化。但是在合纳怜河之后，提到"绕昆仑之南"，又提到"绕昆仑之北"，这里所谓的"昆仑"，显然有意移植了这个久经惯用的名称，从而表明西汉以来流传的河出昆仑说的错误,是错认了昆仑的部位,但是这个意图并没有能生效。所谓"奔放平壤,吞纳小水以百数,势益雄放",和下一段的"既出大伾,东走赴海,更平地二千余里,禹迹既湮,河并为一,特以堤防为之限;夏秋霖潦,百川众流所会,不免决溢之忧",都过分强调了入河支流的大量增加。实际上由于长期修堤而河身淤高,除去极少数较大支流之外,在最下游的一段,早没有百川吞纳的可能。

关于治理黄河,记载宋代历次溃决的地段和造成的灾害,治理过程中的争议和具体措施,以及治河所应用的一些技术资料都相当详细。历次决口,如果能迅速堵塞,情况比较简单。逢到严重的决口,既会引起是否堵塞的争论,又会提出引向他方的倡议,在志中所引述的一些奏稿中,各种观点都从有关的地理条件提供论证。

《宋史·河渠书》论述护堤的工事,下列几项足以表明宋代的河工已经相当进步:

(1)"说者以黄河随时涨落,故举物候为水势之名。自立春之后,东风解冻,河边人候水,初至凡一寸,则夏秋当至一尺,颇为信验,故谓之信水。"以下有桃花水、麦黄水,以至十月的复槽水等,大致仍然通用。"非时暴涨,谓之客水。"

(2)"其水势,凡移徙(音洪)横注,岸如刺毁,谓之札岸。涨溢逾防,谓之抹岸。埽岸故朽,潜流漱其下,谓之塌岸。浪势旋激,岸土上陨,谓之沦卷。"

(3)"水退淤淀,夏则胶土肥腴,初秋则黄灭土,颇为疏壤,深秋则白灭土,霜降后皆沙也。"

(4)关于孟州以下,分段设置埽场,以孟秋预调大量各种制埽材料,并说明制埽和置埽方法,由孟州、开封一直到临近河口的滨州,棣州设埽的数目或名称。但埽岸间有久废者。

首段的末尾所提"若江、若淮、若洛、汴、衡漳,暨江、淮以南诸水,皆有舟楫溉灌之利者",分记的情况,都比较简略。记述的方式,实际上偏重北方诸水,重点在汴、洛。汴河自隋唐以来,在黄淮间成为通漕运的运河。《河渠书》叙述了它先前的鸿沟,鸿沟扩展的过程,和历次溃决和疏浚的过程。江水记都江堰,关于李冰凿离堆"避沫水之害",指明《史》、《汉》原来的提法不正确,但这里所提的"今阳山江、大皂江皆为沫水",依然错误。

淮郡诸水中述及始建于唐代的通州、楚州沿海捍海堰,年久颓圮,宋代在天圣改元(1023年)后重修,每遇风潮怒盛,屡有冲决之患。在后梁开平中(约908年),割据浙江下游的吴越王钱氏首倡在临安(杭州)附近修护岸石塘。南宋偏安后,多次扩修石塘,以御海潮冲击。西湖也是钱氏称王时首置撩湖兵千人,专司开浚。宋元佑中(约1088年)扩大疏浚,使居民不至饮用受江潮影响的咸水。运河也可以依靠湖水的调济,而且减少泥沙浑浊的江水的侵入。

《元史》和《明史》的《河渠书》治理水患的记载,大致与宋代相仿,不另详述。

以上从清代之前的《二十四史》中选择一些地理资料,足以表明在我国悠久的文化发展过程中,地理情况的记载,长期累积了系统性的专篇。它们所提供的内容涉及到许多方面。不同时代的新发现,既能引起新的正确的认识,也能引起对于传统的错误观念的新附会。例如,元代对于黄河源的勘察,可以称为世界探险史上的重要发现,我们应当特别重视。但是,尽管《宋史》和《元史》的记载都那样明确,并且远远比较《新唐书》在《吐谷浑传》和《吐蕃传》

中，记述军事和会盟行动中顺道见闻的情况详细，仍然没有能把西汉以来的河出昆仑说彻底打破。关于这一种唯心思想与唯物思想的斗争，我们将在地理专著的一篇中进一步探讨。

第三章　地理志专著的演变

第一节　早期发展的过程

地理志专著,最早的几种,久已失传,只是在《隋书·经籍志》中保留下一些线索。继南北朝的长期分裂之后,隋代(581—618年)恢复统一,李唐(618—907年)代兴,后者对于编制《隋书》等几种史书颇为重视。《隋书》于贞观十年(636年)先完成纪传,652—656年续成十志。十志中的《经籍志》,仿照《汉书·艺文志》,分类著录各种书目。除当时保存流通的作品之外,还列入少数早已亡佚的前代名著。《经籍志》的这一特点,对于各门学术最初的发展情况,具有提供线索的作用。

《隋书·经籍志》采用魏晋以来通用的经史子集四部著录图书,地理归入史部。在地理书目之后的总叙中,特别说明下列几种的要点:

> 晋世(265—316年),挚虞依《禹贡》、《周官》,作《畿服经》,其州郡及县分野封略事业,国邑山陵水泉,乡亭城道里土田,民物风俗,先贤旧好,靡不具悉,凡一百七十卷。今亡。
>
> 齐时(479—502年),陆澄聚一百六十家之说,依其前后远

近,编而为部,谓之《地理书》(一百四十九卷)。

梁(502—557年)任昉又增陆澄之书八十四家,谓之《地记》(二百五十二卷)。

陈(557—589年)时,顾野王抄撰众家之言,作《舆地志》(三十卷)。

这些书除第一种早已失传外,其余几种在唐代以后也都年久失传。它们的编写方法,大体上可以把北魏(386—534年)郦道元的《水经注》作为典型。他们收集资料的范围极广,包括历史、文学、游记等等,只要与大小各地方有关,所以不限于地理情况。所谓山陵水泉,城乡道里,固然与地理有关,民物风俗可能但是未必都有地理意义。至于"先贤旧好",以人事联系于地方,除去一些与当地建设有关的事迹以外,对于地理并没有意义。这些书可以具有一种保存许多古老作品中一些零星资料的作用,但是前后各书中不免有许多重复,而作者当时的新资料恐怕反而稀少。

同一段总叙还说明隋代的特殊发展。"隋大业(605—616年)中,普诏天下诸郡,条其风俗物产地图,上于尚书(官名)。故隋代有《诸郡物产土俗记》一百五十一卷,《区宇图志》一百二十九卷,《诸州图经集》一百卷",多少接近地理志。值得注意的是,采用各地方主管单位呈报的材料汇集成书,这一种图志不但附有地图,而且偏重于当代情况。

进入唐代(618—907年),在居于高位的阶层中,也接连有人对于编著地理志产生兴趣,唐宗室魏王(李)泰,于贞观十二年(638年)请学者五人撰《括地志》。据《玉海》卷十五《唐括地志》一条,说明此书"分道计州,缮缉疏录,凡五百五十篇,历四朞(年)成"。

第三章 地理志专著的演变

贾耽，从八世纪后期到九世纪初期，历任京内外要职，《旧唐书》本传提到"耽好地理学，凡四夷之使及使四夷还者，必与之从容，询其山川土地之终始，是以九州之夷险，百蛮之土俗，区分指画，备究源流"。这些都足以表明他具有地理学家的风度。又说："自吐蕃陷陇右积年，国家守于内地，旧时镇戍，不可复知。"乃画"《陇右山南图》"。在呈献的表文中，述及"诸州诸军，须论里数人额；诸山诸水，须言首尾源流。图上不可备书，凭据必资记注，谨撰《别录》六卷。又黄河为四渎之宗，西戎乃群羌之帅，臣并研寻史牒，剪弃浮词，罄所闻知，编为四卷。通录都成十卷"。

兴元元年(784年)后，耽编绘《海内华夷图》，又撰《古今郡国四夷述》四十卷。据称"中国以《禹贡》为首，外夷以班史发源；郡县记其增减，蕃落叙其衰盛"。原序指出"《周礼·职方氏》，以淄、时为幽州之浸，以华山为荆河之镇，既有乖于《禹贡》，又不出于淹中"。这样坦率地批判《周礼》的内容和来历，贾耽提出得最早。关于它的来历"不出于淹中"是怀疑它为什么不像《仪礼》一样在汉代初年出现。又指出"前地理书以黔州属酉阳，今则改入巴郡。前西戎志以安国为安息，今则改入康居。凡诸疏舛，悉从厘正。……缘边累经侵盗，故墟日致堙毁。旧史撰录，十得二三，今书搜补，所获太半"。对于边境形势的变化，具备奋发图强的志愿。

由于《古今郡国四夷述》一书偏重历史地理，晚年又著《贞元十道录》四卷。《权载之(名德舆)文集》有贞元十八年(802年)为这本书作的序，提到"其首篇自贞观初，以天下诸州分隶十道，随山河江岭，控带迂直，割裂境界，而为都会。……《六典》地域之差次，四方贡赋之名物，废置升降，提封险易，因时制度，皆备于编。而又考迹其疆理，以正谬误，采获其要害，而陈开置"，下文列举贾氏对于行政区划所提出的一些建议,这里从略。

唐代是我国历史上文风极盛的一个时期,地理志的发达正是当时百花齐放之中的一个方面。但是当年各种著作的流传,只靠手抄本,所以流通的数量往往有限。以后每逢时局不太安定,这些早期的作品又都先后失传。唯有在不同时期的其他作品的注解中受到引证,可以约略表明那些早期地理志的特征。除原注以外,在清代曾经先后有人为个别失传的地理志引用的条文,选录成为辑本。据王庸《中国地理学史》①"近在敦煌发现写本《贞元十道录》残页,《鸣沙石室佚书》中有影印本"。下一节所论述的著作较迟而流传下来的作品,必然还沿用了贾耽等作品的观点、方法以及部分内容。

第二节　唐代的《元和郡县志》

从九世纪初到十三世纪末,还流传下几种相当完整的古本的地理志。最老的是晚唐元和年间(806—820年)当宰相的李吉甫所编的《元和郡县图志》——这是作者晚年的作品,作者的序文就是元和八年(813年)呈进时的奏稿。全书按唐制分为十道四十七镇(节度使的方镇),每镇有图,冠于各镇之前。南宋淳熙二年(1175年)程大昌的跋就指出图亡志存,以后原志的四十卷又亡失六卷半。陇右道唐初原列第六,修志时已经被吐蕃沦陷,所以移于最后。

---

① 商务印书馆1938年初版,1955年重印,第198页。

《元和郡县志》的作者从实践中深切体会到地理在政治上大有作用。他在序文中提到"以为成当今之务,树将来之势,则莫若版图地理之为切也。所以前上《元和国计簿》,审户口之丰耗,续撰《元和郡县图志》,辨州域之疆理"。多方面应用数字,是这一部志书的显著特点。一则各郡都标明开元年间(713—741年)与元和年间的户数,有许多还标明乡数。前后相差大约一百年左右,后一项户数几乎普遍减少,有些甚至减到前者的十分之一以下,恐怕所采用的资料有问题。虽则唐代的经济当时正在由盛转衰,元和的数字竟会那样大减特减,恐怕所提到的《国计簿》的正确性大有可疑。另一方面,可能反映土地所有权的趋向集中于少数地主阶级。

二则用多种方式标明方向距离。京兆府和各州郡都标明府境或州境,东西若干里,南北若干里。又标明八到,按八个方向分别通到某地若干里。各地所记的山川关隘,名胜古迹,大致都标明距离所属郡县(城)的方向里数。这些说明未免显得单调,而且未必正确。有些地区之间,单强调距离还掩盖了关山阻隔的影响。但是这些说明可以大体上表明出各地部位的差异,也足以反映原来所配制的地图的面貌。

此书选录前人的作品,有些段落非常精彩。例如河北道怀州河内县,"太行陉在县西北三十里。连山中断曰陉。《述征记》曰:太行山首始于河内,自河内北至幽州,凡有八陉:第一曰轵关陉,今属河南府济源县。……第二太行陉,……第五井陉,……第八军都陉,在幽州。太行陉阔三步,长四十里"。这一段的要点是对太行山极早形成了山脉观念。《隋书·经籍志》地理类有"《述征记》二卷,郭缘生撰",据它前后所列的著作,可能属于西晋(265—316年)时期。但是唐代韩愈的诗尽管有"云横秦岭家何在"之句,竟没有见到这本志在关内道提到秦岭。

关于潼关、函谷关一带的形势,作者也善于把自己的观察和前人的论述,灵活结合。例如:

关内道华州华阴县下一段,"潼关在县东北三十九里,古桃林塞也,……关西一里有潼水,因以名关。又云,河在关内,南流冲激关山,因谓之冲关。谨按秦函谷关在汉弘农县,即今灵宝县西南十一里故关是也。今大路在(河?)北,本非钤束之要,……而邮传所驰,出于南路。……河潼上跻高隅,俯视洪流,盘纡峻极,实谓天险。河之北岸则风陵津,北至蒲关六十余里,河山之险,逦迤相接。自此西望,川途旷然"。其描述何等生动。

河南道陕州灵宝县下一段,"函谷古城在县南十里。秦函谷关城,汉弘农县也。《西征记》①曰,函谷关城,路在谷中,深险如函,故以为名。其中劣通,东西十五里,绝岸壁立,崖上柏林荫谷中,殆不见日。关去长安四百里,日入则闭,鸡鸣则开,秦法也。东自崤山,西至潼津,通名函谷,号曰天险"。

以上两段的内容,本应当连成一片,由于此书全部按地方系统编次,形成前后割裂,一般读者不容易把它们联系到一起。

河流的叙述,从发源的山,说明流向;中途各县说明由某县入境,一般说明流向,间或采用在县何方、相隔若干里的方式,最后说明注入何处。但是有关各县按统属关系叙述,同一河流的出现,显得零乱分散。较大河流上所架大桥,都有记述。例如河南道内,陕州陕县,"太阳桥长七十六丈,广二丈,架黄河为之,在县东北三里。

---

① 《隋书·经籍志》地理类,仅次于《述征记》下注:"《西征记》二卷,戴延之撰",大约与《述征记》同时。

贞观十一年（637年），太宗东巡，遣武侯将军丘行恭营造"。河南府洛阳县，"天津桥在县北四里，隋炀帝大业元年（605年），初造此桥以架洛水。……然洛水溢，浮桥辄坏。贞观十四年，更令石工累方石为脚"。凡是通漕运的水路，往往还记述粮仓的地址。

各县之下，一般注有"赤"、"畿"、"紧"、"望"，前两者直接或间接属于首都，后两者在各道居于特殊地位。唐代以长安（另有万年同在一城）为首都，洛阳为东都。普通各县之下的"上"、"中"、"下"，表明户口之多少。贡赋一项所注贡品，有许多不是当地所能生产，似乎有缴纳规定品种的任务。各地区主管机构所在地，志中称为州理或县理，相当于近代的州治或县治。

作者在序文内评论前人"饰州邦而叙人物，因丘墓而征鬼神，流于异端，莫切根要"。这一个见解，非常正确，但是他有时不免自相矛盾。过分迷信晋代出土的《穆天子传》一书，在志中不少县内提到周穆王（公元前1001—公元前952年）游览过的地点。例如陇右道肃州酒泉县下，"昆仑山在县西南八十里，周穆王见西王母，乐而忘归，即此山"，仍然落入神话故事的圈套。这样一部地理志，不免还存在着其他缺点，不另一一提出。

总之，《元和郡县志》流传到现代，已经是一部超过十一个半世纪的古老的地理志。由作者自己观察的一些地理现象，或是引述前人的记载，虽则都局限于零星片段，往往相当生动精确。从九世纪初期来衡量，无论在范围或内容上，肯定是一部国际上杰出的地理书。以后仿编的几种地理志，都反而不及它的精彩。

第三节　宋元间的地理志

宋初乐史编著《太平寰宇记》，基本上承袭《元和郡县志》的传统。乐史是五代末年到宋初的学者。宋太宗（976—997年）在初即位时用太平兴国的年号（976—983年），书名用太平就是由于正在这几年间编成进呈。全书共有二百卷之多。《寰宇记》之得名是由于最后的二十九卷记四夷，带有世界地理的意味。这部书稍有残缺，只差七卷，都是属于四夷部分。

关于写作的抱负，乐史在所上表文中自称"万里山河，四方险阻，攻守利害，沿袭根源，伸纸未穷，森然在目"。当时后晋所割以赂辽的幽燕十六州，未入版图，他依据贾耽《十道志》和李吉甫《元和郡县志》补入，以表示收复失地的宏愿。又因五代时郡县割据，更名易地，补述各地沿革。至于沿用唐制的十道，虽则是由于宋初改制还在更张之中，因袭前人旧作，未免也是图省便的一法。

乐史自负"至若贾耽之漏落，吉甫之阙遗，此尽收焉"，实际上他就是在各州郡大量收集生前事迹或死后冢墓有关的人物的资料。清代《四库全书提要》竟称许它"盖地理之书，记载至是书而始详，体例亦自是而大变"。这一评语纯乎出自不了解地理特征的文人，他们徒然欣赏"卷帙浩博"。唐代正在健康发展的地理志，从此又被引入歧途。乐史之流对于地理的认识，完全局限于他们所谓的"地里"，也就是位置的差异，而丝毫不了解各地形势的特征和作用。

配合从《元和郡县志》以来的将近二百年间，经历五代十国期间的变化多端,当然乐史的主要贡献,是补充了这一时期内地方行政区划上的许多改变。十道的编次和各道内部的重点,都依照宋代初期的形势有所调整。户口还采用《元和郡县志》开元年代的户数,而另列宋初的主户和客户,这样既可以表明增减的变化,也反映当时人口流动量的规模。这一个跨朝代的作品,因此显得别开生面,但是套在唐代十道之下的宋代州县,对于历史地理并不切合实用。乐史煞费苦心扩充篇幅,实际上利少害多。

时隔百年,在元丰年间(1078—1085年),又有《元丰九域志》问世。据《玉海》十五卷,"元丰三年十月……李德刍上《元丰郡县志》三十卷,图三十卷"①。《九域志》的成书,是在元丰八年诏令李德刍重行删定,而且指派王存等两人审其事。因此,《元丰九域志》的删成十卷,是地理志由私编转变到官编的过渡。编订的动机是由于历年来"壤地(即辖境)之有离合,户版(即户籍)之有耗登,名号(如各地的紧望……之类的等级)之有升降",力求配合当时的现状。这一措施也足以表明地理志确已成为行政上适合实用的参考书。《九域志》改为有志而无图。

《元丰九域志》全部采用北宋(960—1127年)一代的行政区划。当时不断遭受北方外族的侵袭,而南方的少数民族地区也不易安定。因此,对于行政区划的叙述,"总二十三路,京府四、次府十",下分州、军、监、县。主客户数与《太平寰宇记》相比,大有出入。关于府州以下地方行政的建置,限于本朝的改革。乡镇古迹、名山河渠等项,只在各县名下用小注列举,而不加说明,因此极端简略。曾经设置而撤销的省废州军,以及位于少数民族地区的所

---

① 《宋史·艺文志》:关于此书附图,称"图三卷"。

谓化外州和羁縻州,一般只列名称,而不加说明,甚至难以查考它们的部位。此后还有欧阳忞的《舆地广记》三十八卷,从前也常有引用。

《九域志》的一大特色,是关于所谓"地里"一项,说明更加细致。一则对于府州辖境,改变历来旧志,笼统说明东西若干里、南北若干里的方式,而改用府治或州治通往四方边界的里程。略举不同方向通往几处外地的里程,都从有关方向的"界首"(就是边界)起算,加上前一项通往边界的里程才相当于旧地方志所列举的里程。但是合计的里程,间或和旧志不相符合。府或州的所属各县下,都注明离治所的方向和里程。总之,这部地理志对于查明各地的部位,可以具有一种手册的作用。

元代大德元年(1297年)刻本的朱思本著《九域志》,八十卷,明代以来未予重版,原刻本久已残缺,而且成为稀有珍本。朱氏当年还以制图闻名于世。他不但沿用《元丰九域志》的九域一名,而且把元代的省、府、州、县分隶《禹贡》九州。他在自序中说明"自嬴秦破九州为郡县,中古以下,迄而不改。……暇日因取郡集,参考异同,分条晰理:一以《禹贡》九州为准的。乃以州县属府,府属都省,以都省分隶焉"。历来的地理志,在当代的较大行政区之下,往往首先说明属于《禹贡》的某一个州或兼跨某两个州,这部书更以《禹贡》九州为主要的分区,以说明都省府县的部位。

第四节　官编《一统志》的起源

朱思本的这部私人著作,在历史上没有能发挥多大作用,其原因不在于本身的得失，而在于正逢着官编的地理志的出世。早在元世祖至元二十三年（1286年），已经下诏指派陈俨、虞应龙等汇编《大元一统志》。这一部宣扬元代大一统的官书，起初在成宗大德七年（1307年）告成，以后还继续扩大到600册，1300卷。虞应龙事先曾经编成一部《统同志》进呈，他依据元初的疆域范围，收集史书传记所载地理建置沿革、山川源泉以及各地人物。

《大元一统志》采用的资料空前广泛。唐宋以来地理书既是推陈出新，宋元间州县地方志也在逐步发展，再加以各地官府上报的文书，这部《一统志》的缺点是内容异常芜杂。各州县大致都说明建置沿革、四至八到、坊郭乡镇、名山大川、土产风俗。对于僻远地区的乡镇一项，往往列举少数村名，而部位不明。大量篇幅无非罗列古迹寺观、名宦人物等项，部分资料可以从宋代新兴的州县志等书转抄。

由于民族矛盾的影响，《大元一统志》流传的年代极其短促。1368年明太祖即位于金陵，收复燕京，强烈反对"元氏以夷狄入主华夏"。这一套大部官书，官府拒不收管，私家无以保藏。经过长时期的失散，清代收集残本，只遗留下十五卷，可以约略见到它的一些编制特点。另外散见于其他著作引用的条文，曾经收集成辑本四卷。

明代抗元光复失地，将近百年以后，1457年英宗第二次秉政，才"遣使编采天下郡邑图籍，特命儒臣大加修纂"，历时三年，在天顺五年（1461年）完成《大明一统志》。于是官修的《一统志》仍然从元代继承下来。关于大行政区的名称，元代因为称皇朝的政府为中书省，而把外地的高级机关称为"行中书省"，简称"行省"。明代改称布政司。这一部《一统志》的编次，首列北京、南京与中都

(凤阳),然后编到各布政司。实际上仍然和以往的地理志一样,主要是按府或州来统领属县,详细说明。比较旧志改进之点如下:

(1)目录前有全国总图,分区图间有脱略。

(2)说明各府部位一律改用由府治在某一方向至某府所属某州或某县界若干里。这样就兼有间接从四至的里程表明出辖境的广度,以及边界所邻接的府县的作用。同时开列各府至京师和南京的里程。

(3)山川、湖泊、井泉,罗列得更加详细,并且在专名之下注明部位与特征。但是大小山岳不按一定走向依次叙述,大小河流不分主流、支流。在"外夷女直"(今东北)一区,"长白山"下注"在故会宁府南六十里,横亘千里,高二百里;其颠有潭,周八十里,南流为鸭绿江,北流为混同江(即图门江)。东流为阿也苦河",反而在简略之中掌握到山川形势的特点。

(4)"关梁"一节,描述重要关隘和桥梁,间或联系山谷形势和风景。对于交通路线的作用,阐述不够充分。

(5)"外夷"部分的内容,结合了明初郑和下西洋所发现的许多地区。对日本的叙述仍然是陈旧虚夸的资料。

*　　　　*　　　　*

地理志的发展,在《元和郡县志》放一异彩之后,不幸到宋代转入偏重于各地在历史上有关人物的方面。尽管篇幅有增无减,都无补于质量的提高。关键在于乐史以后,不论私人著作或设官合编,都缺乏相当正确的地理观点。由于地方行政区划的不断改变,元明两代官编《一统志》编印最重要的一个特点,是在当代提供全国大小各行政区的情况。成书后的及时印刷推广,也有利公私各方的查考。但是贾耽、李吉甫等少数作家个人的地理见解,是唐代作品较为精彩的决定因素。宋代以后的作品,在编制方式上不免萧规曹随,易于固步自封。

第四章 《三通》的地理专篇

第一节 唐代杜佑的《通典》

《三通》是传统习惯统称这三书的简便方式——唐代杜佑的《通典》、北宋末郑樵的《通志》和元代初年马端临的《文献通考》。三者的共同特点是综合前代的正史以及其他文献中有关各种典章制度的"志",扩大成分门别类编写专篇,形成学术性的大部参考书。它们同样都有地理性专篇,但是编写的方式和观点并不一致。内容的广泛近似西方后来发展的百科全书,只是没有采用词典式编排小题材的规格。它们的规模和体例以后成为各种"类书"的典型。

杜佑的《通典》是在贞元十七年(801年)完成进献。当时他早已位居宰相,而在学术上也有杰出的成就。先前在开元末年(约730年)曾经有过刘秩著《政典》三十五篇。杜氏所包罗的内容更是广泛,而且在许多重要问题上善于提出鲜明的观点。全书分为二百卷,共列八门,地理门分为《州郡》、《边防》两篇。

《通典·州郡》篇的主要作用是打破历代正史地理志的局限于本朝,而叙述各行政单位在前代的沿革,一般追溯到春秋战国的归属,总共包括三百二十九个单位。杜氏依据历代正史等书的资料,由近及古,追溯各地区行政建置的演变,打通了断代史偏重本朝的局限性。这篇系统的叙述可以认为是我国最古老的沿革地理。鉴于历朝大行政区的变化无常,杜氏采用了《禹贡》的九州而稍加变通,作为基本的分区;这是他的重要创举。

杜氏选用来历最早《禹贡》九州的理由,一则由于作为夏代的制度,二则由于所依据的山川可以认为自然分界。后一特点使得它成为长期适用的一种粗略的自然区划。但是杜氏又采用了几项修改或校正:

(1)豫州改称荆河州,原因是唐代宗名豫,必须按封建时代的常例避讳。荆河的得名是由于《禹贡》原文的"荆河惟豫州"一句。

(2)由于后代疆域的扩大,一方面指明"其雍州西境流沙之西,荆州南境五岭之南,所置郡县,并非九州封域之内也"。另一方面,对岭南一带划为"古南越",因此"九州"实际上加成十州。

杜氏对于前人的著作或主张,提出不少独特的见解。例如在雍州的末尾,附加"议曰"一段,评论几点传统的见解,尤其是对于郦道元《水经注》中作为主文的"水经"有所怀疑。经过一系列细致的分析,他断定《水经》是汉顺帝(126—144年)朝以后的作品。更其重要的是对它的内容的指责,"详《水经》所作,殊为诡诞,全无凭据",打破庸俗观念的信服《水经》。郦氏的取材包含诡诞成分,实际上主要是在注文而不在经文。但是杜氏有他的卓见。

《州郡》四这一章的末尾,加有两小段附议。附议一是最早力辨(黄)河出昆仑说的错误,重点还是针对《水经注》和作为它的主文的《水经》。他毅然排斥盐泽与积石之间存在着地下潜流相通的假定,足见杜氏对于水道的流通坚持唯物主义的观点。

他还提到"今吐蕃中河从西南数千里向东北流",可能依据唐代在吐蕃和吐谷浑双方的联系中所了解的大河上源情况，但是对于那一部分河源的长度，仍然过于夸大而模糊。

附议二申辩建都关中之利。他既是以西周汉唐的史实为证，又以"洛四战之地""蒲坂土瘠人贫""江陵本非要害"相比拟。这个问题上的利害得失，杜氏偏重于以往的历史经验，而又显得在对外政策上偏重退守而怯于进取。他的观察显然都是局限于当时的形势。

《通典》的《边防》篇从历代史书的四夷传采辑资料，突出边防上的作用，而在地理门加以阐明，也是别开生面。作者处于唐代由盛转衰的境地，在《边防》篇的序言中，显然对于汉唐盛世的扩张政策不以为然，力戒劳师远征。篇末评议对待边外异族的政策，对于采用和亲纳币等手段，多方引用前人的论点，以证实其不足以安边。另外，鉴于南北朝时代的形势，极力声斥容许五胡内迁的失策。

《边防》篇按照各地区的位置编次有关资料，大致能显示出边界附近和边外遥远地区的地理形势。但是既然取材于史书，无法避免历史资料的充斥。关于各地区地理情况的叙述，详略虚实很不平衡。传统性的虚夸资料不在少数。例如东夷中提到"文身……在倭国（日本）东北七千余里"，"大汉……在文身国东五千余里"，都是来自远道传闻，缺少实际的根据。

第二节　北宋末期郑樵的《通志》

《通志》的作者郑樵是北宋末期学识渊博的学者。他曾经游览许多名山大川,搜奇访古。在南北各地每逢遇到藏书家,见到罕遇的书籍,总是借阅读尽才走,毕生致力于编著《通志》二十略,内中有《地理略》、《都邑略》,以及《四夷传》。金人灭辽,进陷汴京,高宗(1127—1163年)南渡,即位建康(南京)。曾经下令进《通志》,正巧郑氏约在1130年病卒。

《地理略》分成四部分。序的一节,提出"所以《禹贡》分州,必以山川定经界,使兖州可移而济河之兖不能移,使梁州可迁而华阳黑水之梁不能迁"。这句话正是杜佑采用《禹贡》九州的理论基础。所谓州名可移可迁,是针对南北朝时盛行的、在江南移置北方的州郡。这一办法,虽则表现北人南迁时怀旧的思想,实际上也是隐瞒丧失国土的伪装。讲到山川定为经界的不可移,实际上仅仅以所举的两州为例,河的下游至北宋前早已几次移徙,而黑水根本上不知所在,是《禹贡》全部山川中的大疑问之一。但是郑氏重视以山川划界的见解,在古人中还是不可多得。

四渎一节,大致以江、河、淮、济分叙,但是实际的叙述,汉先于江,而河居最后。全文似乎受《水经注》和《汉书·地理志》的影响较深。在黄河的河源问题上,郑氏似乎不同意杜佑的现实主张,而墨守郦道元所宣扬的《山经》和所谓《水经》的唯心体系。他依然讲:"河水自西域来,其大源有三:正源出昆仑山东北陬而东行,一源出天竺葱岭,一源出于阗南山……。"他的昆仑一源还是依据《五藏山经》。下文"金城兰州也,遂转而北,过武威、凉州也",似乎把武威和唐代设置的威州混为一谈。但是,如同在支流洹水下,首先引用"杜云出汲郡林虑县东北,……郦道元谓出长子,谬矣"。在枝节问题上,对郦氏纠正得很恰当。

部分较大河流提及长度,标明"班云",都是依据《汉书·地理志》。其中江的长度反而不及淮,郑氏也只轻轻加以"谬矣"的评语。郑氏本文"灞水出永兴蓝田县终南山金谷东,经临潼县,北流入渭,然《长安志》云灞水从上洛界入汉"。这条水道经长安东入渭,在长安应当妇孺皆知。宋本《长安志》竟然误称"入汉",真是不可思议,郑氏特意加一个"然"字提出,带有作为反证的意味,显然并非直截了当地加以驳斥。加以"临潼县北"四字,入渭处更明确。另外关于渭北的洛河,称为"洛水出同州蒲城县洛水谷,谷在荆山,……其水东南流,至耀州富平入渭",错误百出,不知从何而来。此类错误,在古人书中辗转传抄,难以尽免,当今读者,必须尽可能辨明是非。

历代封畛一节,和《通典》的《州郡》篇相似,阐述沿革地理。但是郑氏倒过来说明由古及近的演变过程。对于《禹贡》九州,只认为"禹平水土,还为九州",而"夏氏革命,又为九州",对于杜佑所主张的九州区划可以历久不变,不肯加以附和。但是在本节之末,也述及九州分划的界限。州郡建置的沿革只叙述到隋唐为止。内容详略,也比较《通典》大有出入,不另详论。显然对于宋代江山的摇摇欲坠,深感不安。

开元十道图一节,首先有序语称"唐开元十道图,其山川之所分,贡赋之所出,得《禹贡》别州任土之制,远不畔古,近不违今,载之《六典》为可书也"。郑氏以宋人而深切怀念唐制,更暴露出对于宋代的前途缺乏信心。正文采用开元十道的区划,仿照《禹贡》九州的体裁,按着唐代的情况叙述各地的发展,形成一篇可称为"近代化"的"新禹贡"。其主要特点如下:

(1)每一道首先说明在古九州中相当于某一州或跨某几州的境地,包括指名的唐代的州府共多少,并且说明四方界限。

(2) 列举境内名山、大川和赋、贡的品物。除正文所列名称之外，另加小注说明山川的部位、物品的产地，以及其他特产。

(3) 邻近边境的各道，还附带说明前来朝贡或受控的远方夷族。

十道之后说明天下之州府与羁縻州（羁縻州分置于边疆）的总数，和大小行政区的类型。京兆等三都、潞扬等大都督府、单于等大都护府、安南等上都护府、凉秦等中都督府、夏原等下都督府，以及所谓四辅州、六雄州、十望州和许多边州，都列举州名。辅州近京都，雄州与望州都在各道居于重要地位。上、中、下州之分，大致按四万户上下，二万户以上，和不足二万户区分。区别县的称号，在三都城内的称为京县，城外的称为畿县，分散在各州有望县八十五，在注中指明县名和所属的州。一般的县，六千户以上为上县，二千户以上为中县，一千户以上为中下县，不满一千户为下县。这些说明，对于理解《元和郡县志》等唐宋地理著作中关于州县分级的标号，是一份年代较早的系统说明。

《通志》在《地理略》之后另编《都邑略》，其主旨鉴于靖康之难，宋室南迁，评议宋初建都汴京的失策。郑氏首先在《都邑序》的一段，提出"建邦设都，皆凭险阻，……城池必依山川以为固"的原则。依据历史发展的倾向，又指出"中原依大河以为固，吴越依大江以为固；中原无事则居河之南，中原多事则居江之南"。他认为历代建都之地，唯有长安、洛阳以及建业（今南京），比较宜于长久之计。但是他以"周定王五年以后，河道堙塞，渐移南流"为依据，武断"虽黄帝之都，尧舜禹之都，于今皆为河北，在昔皆为河南"。他完全凭他的主观想象，来推论大河原来的部位，其错误的严重超出一般古代学者的偏见。

正文叙述由三皇到隋代的历朝建都地点的变迁，较为简明。周诸侯都一节，部分情况复杂，对于春秋战国的都市地理，更有参考价值。四夷都一节中，只有部分既说明国境部位，又指明都邑，大多数限于国境所在，其中相当一部分不大可靠。取材的时代性不明确也有问题，例如岭南夷一条，"南粤都南海，今广州也"之类，显然是汉代早期的情况。又如"扶桑都在大汉国东二万余里，地在中国之东土，多扶桑木，故以为名"，内中部位的提法，显然前后矛盾。因此，《都邑略》的内容比较贫乏，远不及《地理略》的特具一格。《通志》后部另有《四夷传》七卷，从正史中的断代叙述改成通史叙述。四夷各有短序一篇，综述历代边境形势。

第三节　宋末元初马端临的《文献通考》

《文献通考》的著者马端临，生于宋末元初，其父廷鸾曾经做过南宋的宰相。他自己专心于学术研究，仿杜佑和郑樵的著作，编成这套大部书。全书的专题分为二十四考，共三百四十八卷。《舆地考》九卷和《四裔考》二十五卷，列于全书之末。元初扶植道教，饶州路高级道人王寿衍奉命寻访道行之士。延祐六年（1319年）以此书进呈，称"其书与唐杜佑《通典》相为出入，杜书肇自隆古，以至唐之天宝（742—755年）。今马氏所著，天宝以前者，视杜氏加详焉；天宝以后，至宋宁宗（1195—1224年）者，又足以补杜氏之阙"。当即由江浙官府誊写刊印，因此在《三通》中，流通较为便利。

《通考·舆地考》全部采用杜佑的古九州和古南越的划分方式，由于无须避唐代帝王名的讳，改杜氏荆河州为豫州。考一称为总叙,综述黄帝以来的天下形势。篇末述及"至冀之幽朔,雍之银夏,南粤之交趾,元(原)未尝入宋职方,而史所不载者,则追考前代之史以备其阙,而于每州总论之下,复各为一图"。分州各篇,在综述州境内的历代州郡形势后,仍注明古某"州历代沿革之图",这是马氏的又一贡献。不幸在现存的《通考》版本中,这种沿革图久已失传,大概是由于图幅只能描绘而不易刊印的缘故。

如雍州篇内附述的议论,颇为卓见。在永兴军(京兆府)后,附议建都形势,除引述几家见解外,马氏自称"然愚尝论之,汉唐都于长安,西北皆邻强胡。……然则汉唐之于夷狄也,或取其地以为我有,或役其兵以为我用,则密迩寇敌之地,岂果不可都哉?盖宋之兵力,劣于前代远甚。……靖康后女真南牧,……不一二年间,逾河越淮,跨江蹯浙。……在兵弱,非关于地之不广且险也"。这是一段批判自然环境决定论的有力论证。

同篇积石军之下,详引杜氏《通典》和北宋末欧阳忞《舆地广记》两家对于河出昆仑说的非议。杜说已见前。欧阳的书著于政和(1111—1117年)年间。后书评"山海经固已迂怪诞妄,而班固所载张骞穷河源事,亦为臆说",后又引唐刘元鼎为会盟使,长庆(821—824年)中在吐蕃所亲见的河水上流。马氏附加"按古今言禹导河始于积石,而河源出自昆仑,其说皆荒诞。唯《通典》及《舆地广记》所言辨析详明,故附二段于积石军之后"。其立场颇为鲜明。

《四裔考》的唯一特点,就在于命名废弃了传统的"四夷",从而消除了藐视外族的错误。这一改进当然是迫于元王朝入主中国的形势。而且《通考》正和《通志》一样,对于辽、金、元三代有关的民族,都避而不论。《通考》另有一点值得注意,是在"倭"的标题下,注明"日本"的新国名。但是内容仍然表现不出在隋唐时代对日本往来频繁的条件下,关于这个邻邦所在地的部位的认识有任何进步。

《三通》的编著从晚唐到元初,前后经历五百余年,大致和私人编著地理志的时期相差不多。但是上文所引述的各段,足以表明《三通》的地理专篇更能表现出三个作家各有自己的地理见解。无论在黄河的河源问题,或是唐宋的建都问题上,他们所提出的不同观点,都暗示一种争鸣的态度。这些地理专篇,虽则都是以正史中的地理资料作为依据,三家对于地理观点的运用都有所提高。以自然条件的客观实际或是国防上的基本策略来衡量,很容易分清唯物思想和唯心思想,或是进取思想和退守思想,也就是进步思想和落后思想的差别。至于传统观念的重郑轻马,只是反映出评论者自身的往往偏重表面上或形式上的优劣,而不重视从实质上深入分析。

第五章 地方志的发展过程

第一节 宋代以前的背景

关于局部地方的地理志,也是起源于东汉。章帝朝(76—88年)议郎杨孚曾著《交州异物志》。三国时吴人万震著《南州异物志》。出仕于吴国的沈莹著有《临海水土异物志》,周处著有《阳羡风土记》①,南朝宋代山谦之撰《吴兴记》和《南徐州记》。按《隋书·经籍志》,六朝时代另有许多类似的作品②,新旧《唐书·艺文志》都有著录。但是原书有许多在隋唐时代早已亡佚,只是极少数经诸书注文引用。这里值得注意的是,在地方志出现以前八九百年的长时期中,无论地区范围的大小,或是记述内容的广狭,大有出入,而作者都是出于个人的观点和体会。同时它们的流传,但凭民间爱好者的传抄,因此在动荡不安的时期,易于先后亡佚。

西晋(265—316年)后期的常璩,编有《华阳国志》,在流传到现代的地方志中,最是古老。但是从内容衡量,只能把它作为地方

---

① 严可均:《风土记辑本·序》,称其内容"亭邑、古迹、山川、节候、风俗、舟车、器服、物产、果实、草木、鸟兽、虫鱼,品类略备"。
② 王庸:《中国地理学史》第三章第一节三《异物志与风土记》,五《各州郡地记》,都从古书目中引述大量书名。

志的先驱。"华阳国"无论名称或是它的范围,历史上从来没有自成一国。作者创立这个名称,只是把两汉时代的益州,假定为相当于《禹贡》的"华阳黑水为梁州。"全书十二章,大部分偏重于郡县建置与历史人物。不过前四章划成《巴志》、《汉中志》、《蜀志》、《南中志》,带有地方志的性质,分别说明境内的郡县,以及历代的沿革。常氏晚年出仕于五胡十六国中的成汉(304—347年),该国是以蜀郡为中心,并没有包括益州的全境。

地方志定型成为郡县志,大致是在宋代。留传下来的或是受到过称引的最古老的文本,《长安志》始于北宋,其他地区大致都是属于南宋的范围。北宋经过辽金的入侵,战祸频仍,北方遗留下的这一类的作品极少。南宋各地郡县志发展较快,还受到木板刻印术快速传播的影响。每一种志书编成后获得刻印,更是有利于流传到后代。明代以来,虽则郡县志的内容及不到许多重要典籍,如果是当时的原版,还因为它的刻印精美而作为稀有的善本书保存。

地方志的名称大概配合历代地方制度的演变。秦并天下,创置三十六郡,郡下设县。唐分天下为十道,道下设州,州下设县。宋改道为路,元改称行中书省,简称行省。明改布政司。宋代中级地方,兼用府或州,州府之下设县。元明对中级与初级地方名称,大致与宋相同。因此宋以来的地方志,通称府志或县志。

南宋时府县志发展的范围已经相当广泛,至今遗留下来的,可以举下列三例:

(1)历代最受重视的《吴郡志》①,名义上的主编人范成大,在1160—1190年间历任要职,因而书以人出名。实际上这一部书的

---

① 吴郡即今江苏省苏州市,以及邻近几个属县。

内容较为简略，而且偏重于地方史资料。详情见下文第二节。

（2）《临安志》三种，分别以偏安的年号标明。

（子）乾道（五年，1169年）《临安志》，周淙主编，存1—3卷。临安就是宋代的杭州，南宋定为行都。为此，首章"行在所"详述行宫官署的设置，并且附有地图。以下叙述历代沿革，州境四至八到，县镇城社，户口兼采唐宋旧地理书资料和当代数字。管领下各县的有关各卷都已经残缺。

（丑）淳祐（1241—1251年间）《临安志》，施谔主编，原志久已失传。

（寅）南宋末年咸淳（1265—1274年间）《临安志》，潜悦友编，略残。在增编新资料之外，园亭、坊巷等项，仍然是以周志为蓝本。

（3）宋本《四明志》，宝庆四年（1228年）罗濬编。此本近年已有影印本，分装十册。四明旧有图志，也是编成于乾道五年，相隔已七十余年。其范围大致相当于清代的宁波府。四明在宋代早已成为海运的港口，因此《郡志》列有"市舶"一节，叙述海运管理机构的变迁，和邻近各地的市舶务。海外的关系着重于高丽。

府县修志的工作，显然在元代也还继续，而且扩大到北方。但是正像地理志一样，由于明代的反元风气，元代的地方志到明代已经极少见到。现今只有在明代所修郡县志中偶尔提起，才约略见到它们的踪迹。

第二节　南宋《吴郡志》的特征

《吴郡志》在地方志中久享盛名。这部书原本的内容，截止于南宋绍熙三年(1192年),在现存地方志中成书特早。此书向来被称为"宋范成大撰",又因范氏历任显要,文才卓著,因而书以人出名。范氏是绍兴(1131—1162年)年间的进士,吴郡人,晚年致仕回籍,被推任这部志书的主编。但是书成后受到过部分当地人士的指摘,认为并非范氏的手笔,以至未能及早刊印。绍定二年(1229年)赵汝谈序,因而提到"曾未四十年,而向之风波,息灭澌尽",才能在郡守李寿明的主持下刊印。赵序指明郡士龚颐等三人曾参与编写,从内容上衡量,各个项目的编写方式确有出入。刊印之前,新郡守又令校官增补百万仓、嘉定新邑等绍熙年间以后的建置。

全书项目繁多,而详略相差太多。例如头上的卷一包括沿革等四项,而郭外寺(庙)一项独占四卷。全书分为三十九项,五十卷。地理意义较大的项目,包括沿革、山、虎丘、桥梁、川、水利、土物。此外,学校、营寨、官宇、仓库、古迹、宫观、寺庙、冢墓,大致也带有位置的说明。但是,桥梁、坊市都只限于列举名称。各个项目的记述方式和文笔工拙,似乎反映出赵序所举三人的不同效用。部分项目,都以小注的方式,引用前人的诗文,可能也是个别作者的特征。

这部书虽则以《吴郡志》题名,大多数项目都是偏重于郡城吴县。一般项目极少涉及其他属县,而在专述属县的一卷中,原书的五县和后人补加的嘉定,仍然非常简略。内容只提到各县县城距离吴县的方向里程和少数名胜,以及有关的历史掌故。

专项叙述的简略,可以把山、川两项作为例证。山的一项,以姑苏(姑胥)山、灵岩、天平、香山等,以及太湖中的洞庭为一卷、而虎丘独占一卷。一般都述及距离郡城的方向里程,个别提到高度,但是偏重历史掌故和有关诗词。川的一项注重太湖与几个小湖，以及太湖沿岸的销夏湾胥口、木渎、越来溪等小河。重要的运河只在城内东南隅的采莲泾，提到位于"运河之阳也"，竟然忽略了它的通航要道的作用。

全书内容最丰富的水利一卷，特别具有地理意义，将在第五篇第三章中加以评介。

第三节　明代府志举例

郡县修志一举，在明代颇为发达。保存的原版以外，现代的影印本或翻印本也较多。从这些志书中，我们可以具体了解三方面的情况：(1)郡县志先前发展的过程；(2)通用的体例；(3)地理观念上的进步。下文酌量选定几种志书的内容作为例证。许多地方志还用历朝的年号标明编纂的时期先后。

郡县志在宋、元、明时代的先后发展，大致可分为三种情况：

(1)延迟到明代才开始修志。嘉靖（壬寅，1542年）《瑞金县志》①林序："自(南)宋绍兴(1132—1162年间)置邑，历于今五百有余年矣"，乃询于故老，质之学校，提纲属目得八卷。又嘉靖（壬子，1552年）《略阳县志》②序："略故无志也"，为应郡志征求纂修。前者联系到征集资料的方法，后者表明由郡志的督促而突击完成。

---

①　瑞金在江西省东部。
②　略阳在陕西省南部。

（2）隆庆（元年，1567年）《赵州志》①，知州蔡懋昭在《图引》中述及"前知州事张清尝汇编之而不及六邑。正德初（约1510年）知州程遵乃以六邑事总编之而各为一卷"。此两志似乎都是明代旧作品，已佚。据蔡志的李序，蔡先此宦游临淄、新河，曾经为此两县修志。任职嘉善时参加过修浙江省志。在赵州，蔡氏又"合六邑会约成书"。

（3）弘治（壬戌，1502年）《徽州府志》②汪序，"徽州为古新安郡，旧有宋淳熙乙未（1175年）罗愿之志，端平乙未（1235年）李以申之续志，元延祐己未（1319年）洪焱祖之后续志，明洪武丁巳（1377年）朱同隐总括三志又续为一书。"这是修志起源较早而次数较多的一种典型。

嘉靖（元年1522年）《彰德府志》③崔序，彰德旧有《相台（宋旧名）志》十二卷，元续志十卷，评之为"宋志事略具而文义芜鄙，元以下亡（无）观焉"。所指旧志的弱点，与上文所述的情况，大致符合。为此旧志无助于新志的编撰。

在体例上，府志与县志的差别，主要就在于地区的广狭。府志都要以综述全府的情况为首要，然后依次涉及所属各县。县志只是集中于一个县的范围。除去基本的地理内容之外，分列项目的多少，资料选择的得失，叙述方式的优缺点，往往因负责人的经验和见解而有所不同。凡是由当时的地方长官充任主编的志书，内容大多较为平庸，而专人负责的志书易于表现出一些特长。

---

① 今河北省赵县及其邻近，相当于府的地位。
② 今安徽省南部歙县及其邻近。
③ 今河南省东北部安阳市及其附近。

地方志的内容，往往会见到一些精确而深刻的认识，因为编者自己对于当地的环境比较熟悉，或是间接从当地人得到有价值的资料。下文可以看到几种府县志在地理观察上的贡献。反过来看，即使编写得具有一些精彩的内容，各种府县志都不免充满着有关人物的各种庸俗资料。实质上地方志兼有地理志和地方史的特征。

明代府县志中最特殊的一部是正德（六年，1511年）《琼台志》①。它是包括海南岛全境的一部重要作品，有关地理的章节很有独到之处。各卷卷首的下角都刊明"郡人唐胄编集"，作者确实熟悉当地情况，而完全不提当时的地方长官。在内容上，《琼台志》的最大特色是特加气候一节，其中既说明"地处炎方，多热少寒"的特色，还详细说明风候。志中指明"周岁皆东风，秋夏飓风"。小注中的"飓风者，具四方之风也"，这样短短的一句，既说明飓风的特征，又表明我国"飓风"一名的造字，原来就有科学根据。足见深受影响的海南岛居民，在四五百年前早已认清"飓风"的一些规律。注中又指出它"或一岁累发或累岁一发"。另外还讲到潮候每月和四时的变化，以及海溢的影响。

本志的又一特点是关于户口，采用西汉到元的六个朝代，以及明代洪武二十四年（1391年）和正德七年（1512年）的数字，排列成表。各县的资料中都分记民（汉）黎（族）户口和田地，最后一次还细分男、妇和军民杂役，对于研究汉族的迁居岛上和黎族的发展，也具有重要意义。总之，《琼台志》在许多方面，都不同于一些庸俗的地方志。

---

① 琼台是琼州的别名。

上文提到过的弘治《徽州府志》,设置沿革部分,在两个特点上尤其要注意。其一,在本府一条的末尾,注文细述唐宋地方制度的分等制,这是难得见到的系统说明。"按唐制郡县有七等之差,郡则辅雄望紧上中下,县则赤畿望紧上中下。京都所治郡为辅,县为赤,旁郡为畿,望以下以户口多少,资地美恶为差。宋制除辅雄赤畿外,只有望紧上中下之差。凡县四千户以上为望,三千户以上为紧,二千户以上为上,千户以上为中,不满千户为中下,五百户以下为下。元制江南路分上下二等,州县各分上中下三等。十万户之上者为上路,十万户之下者为下路。当冲要者虽不及十万户亦为上路。五万户之上者为上州,三万户之上者为中州,不及三万户者为下州。三万户之上者为上县,一万户之上者为中县,一万户之下者为下县。"此注联系到唐、宋、元三朝的差别,极为难得。

其二,本志林序与凡例,都述及宋元以来,下逮明初,皆称《新安郡志》,此次改称《徽州府志》,以符合当时制度,视为创举。对照设置沿革,新安一名起源于晋代,以后曾多次改用其他名称,偶或重用新安之称。宋元旧志大致因袭新安旧名,是由于虽多次改名,民间依前通用,就历久从俗。徽州一名实起于北宋末,但元明间属县曾小有变动。明初修志依然墨守陈规,使本志主编者得以正名自负。

此志编纂于《大明一统志》之后,内容时而与《一统志》对照。山川一项中,婺源县善山、恶山下注,"按《一统志》以善恶二山属之祁门,《郡志》则属之婺源。而祁门县志不载,婺源县志载之。盖《一统志》之误也。"又注"二山隔溪对峙,……俗谓之妻婿山"。但关于黄山等名山,都偏重于神仙释道的神话故事,以及文人吟咏,对于当地名胜的风景,缺少亲切的描述。

嘉靖《彰德府志》也有专人独编的特色，署名"崔铣辑"，辑字表明自歉为只是做了辑录资料的工作。部分资料为零散编集，阅读时互相印证，有助于了解许多情况。下列几点尤其值得注意：

（1）安阳县洹（音桓）水"在县北四里，俗曰安阳河"——现今普通地图上仍然用后一名称。关于它的源流，志中引述《水经注》和李宗谔《图经》两说。前说"洹水出上党洹氏县洹山，山在长子县东，过隆虑北，黄水注之，又东北出山"。后说"洹水源出林虑西北，平地涌出，初甚微小，东流九十里至安阳界，泉脉渐大。又曲屈东北流六十里至州北，入洹水县界，今曰洹氏县"。《水经注》称洹水出今山西境内，《图经》予以更正，崔氏以为"《图经》未达斯旨，故疑《水经》，误也"，对于上游实况有失稽考。又称"洹水洑发于林虑，浸发于安阳，亡（无）可疑矣"，竟以伏流为《水经注》的错误曲解。《图经》把洹氏县说成在洹水下游，按本志万金渠一条，"自安阳南引洹水入邺，自邺入临漳，东至洹水县"，《图经》所举流向大致可靠，但并非东北。本志上文在龙山一条——龙山"在县西四十里，……山东南有村曰善应，洹水洑流出焉"，显然认为另一"洑发"。

对照林县的说明"前汉《地理志》曰隆虑，隶河内郡。应劭曰，有隆虑山在北。后汉避殇帝（106年）讳，更曰林虑"。关于洹水，只提到"在县西北五里"。关于黄水，先说"在县西北二十里。《水经注》曰，源出黄华谷北崖下，……东流至谷口而洑，东北十里复出，地名柳渚，渚周四五里，……又东入于洹"。这里又提到伏流的问题，殊为可疑。

（2）安阳在历史地理上的重要特点之一是"殷墟"所在，本志引《水经注》，"又东北出山，连经殷墟东北，过邺城（临漳）南"。彰德

137

府一条,首先就提到"河亶甲居相"(公元前1534—公元前1525年),注中叙述商代诸王五迁,"夫汤始居亳,仲丁迁嚣,亶甲自嚣徙居相,祖乙居耿,盘庚归治亳"。北魏天兴元年,以为天命所相,改邺都为相州。关于殷墟文物的出土,本志述"宋元丰二年(1079年)夏大雨,水溢啮亶甲冢穿,野人探取得古铜器,质文完好无蚀,众疑触法,碎而鬻之。已平冢灭迹,铜器遂无复出者"。对于古代文化遗址,古代学者单纯注重凭吊的幽情,并不以湮没无踪为遗憾。

(3)本志列于最后的杂志一卷内,"烸(煤)爨(音窜)"一节记安阳龙山产石炭,也是我国用煤早于欧洲的一证,可能在修志的1522年之前,久已风行一时。当然,关于煤的利用,我国另有更早的记载,但是,此节证明"安阳县龙山出石炭,入穴取之无穷。取深数十百丈必先见水,水尽然后炭可取也。炭有数品,其坚者谓之石,软者谓之烸,气愈臭者燃之愈难尽"。足见这一带对于采煤早已具有长期的经验。据本志卷一,"龙山在县西四十里,周回十里,高五里"。

(4)卷八邺都宫室志一章,详记三国时曹魏(220—264年)和南北朝东魏(539—550年)先后建都于邺城的规模,颇为详尽。实际上到明代久已荒废,志中在临漳县的各条中,都没有联系到任何邺都遗址。但是这一章的记述,也足以表明即使在分裂时代的封建王朝,尚且浪费大量的人力物力,经营宫室园林。

隆庆《岳州府志》编于明穆宗(1567—1572年)的末年,志中秩官表,任主编的同知已经是第二位。凡例末条提及实由郡人搜集改订。编制体例仿正史,列有州郡纪、年表、专题诸考和列传,重人物而轻地理。舆地资料一概列入卷七职方考。内中有一个在一般方志中见不到的优点,就是各县山川的叙述方法,具有相当广泛联系的系统概念，可以略举数例如下：

（1）"岳州府①在湖广会城（武昌）西五百一十里。以天岳山名其曰岳阳，则谓天岳之阳也。"注中引《岳阳志》，"以岳州名者，因幕阜也；幕阜一名天岳。"岳阳一名，在宋代尤其著称，但是由于幕阜之称为天岳不大通用，远不及衡阳的易于理解。

（2）"平江（县）居万山之中，其山之最巨且峻者，莫如幕阜（注中述及三国时吴太史慈伐刘表从子，曾幕于此山而得名，并叙述山中风景区），而连云、岱华、道岩亦皆邑之名山。……其川之水莫大于汨，汨者众水之所归也"，下文列举两岸诸支流。

第四节　明代县志举例

县志的撰述者，应该更熟悉当地情况，但是偏重宣扬人物的影响严重，往往使得地理情况的部分反而讲得简略。较为优秀的县志，在明代作品中可以从下列诸条中看见到一些特征。

永乐（1403—1424年）《乐清县志》②，编纂的年份不详，据卷八仙释一节记述僧慧心在参与《永乐大典》工作后，于永乐十六年（1418年）去世，显然修志工作的完成，总是在永乐年间最后几年。县境多山，卷二专志山川，山的一节叙述的方式条理分明，全节分为两部分：

（1）按县城四周的各个方向，说明部分峰峦的形势。例如"县

---

① 民国后废府，置岳阳县，解放后成为岳阳市，在湖南省北部。
② 在浙江东南部沿海。

后山一名翔云峰,在县治后,历台之仙居及永嘉县楠溪西北而来,皆高山大谷,至县后杂窠若翔云然,县治建于山麓。""九牛山、谢公山在县治东偏上,有九大石横列,远望若九牛然。山之顶又名大尖山,山南谢灵运曾游,名谢公山。""丹霞山旧名白鹤山,在县治西偏北,接崧溪。西抵白石山,色多丹,本名赤岩山。"余不尽录。

(2)县东依次列举黄塘、窠奥、大崧小崧、芙蓉诸山的距离和特点,然后详述雁荡的形势。"雁荡山去县东(应作北)九十里,在山门乡。……大抵此山数百里,谷邃峰叠,行不能遍,分东西谷。……古今游者率至道傍而止,故奇胜之高远芜没者甚众,如所谓雁荡不惟不到,亦不识也。……有客扪磴历险至其处,始见荡,归著行记,于是人知有荡矣。"但不详始见于何时。下述宋兴国二年(977年)以后佛教寺院初兴建的过程。下文详记全境诸山部位,间有风景描述。

川的部分兼述沿海形势,可举下述两例:

(1)"北港川去县东一百三十里,在山门乡。水出自雁荡山顶九折诸溪,下与杨公奥、盘山、卢奥诸水合流二十余里,南入(瓯)江"。

(2)"白沙海去县东南横亘三百余里。居县之东为白沙、赤水,……转至玉环而止;居县之西为石马,……至象浦而止。南望海之外则有青屿、倪奥、灵昆,东望海之外则有玉环、鸡笼、洋青、鹿西横列海旁,历历可数。海居县东,至岐头折而南,波涛崩激汹涌,凡海舰西入郡城,至此必舣舟,谓之转岐云。"列举许多岛名。

嘉靖(五年,1526年)《浦江志略》①,毛凤韶修,具有两个特点:

---

① 在浙江钱塘江下游支流浦阳江的上游。

编者是当时的知县本人,而全志确实简略到只有二册(形式上分为八卷)。八卷仿史书分为八志,每一志包括几种资料,都是在少数大字的条文之下另注小注。疆域志分为六项,县邑一项,主文只提到唐代初置浦阳县的年份,关于从邻县析地建县以及更改县名的起因和定名的依据,都在小注中说明。按照一般体例,附录中的历代沿革、境界和驿程三节,应当是疆域志的重要内容,竟然一概作为小注,此书的简略真是矫枉过正。

民物志的土产一项中,五谷下注"邑土高硗,五谷多早种乃有获"。又桑下注"浦民少植桑,故丝缕全无所出;或曰地不宜也,然亦视栽培之力何如耳"。此项在附录中,详列稻类、麦类等多样品种,并注明成熟期。木类有桑,而虫类却没有提到蚕。浙江的产丝范围虽广,浦江县位于浦阳江上源的山区,农业生产不免较为落后。财赋志的税粮一项中,农桑下注"九千五百四十九株,每株科丝三分五厘二毫九丝一忽",足见当时在税收上并没有因产量极少而放松,而在一般叙述中竟认为"丝缕全无所出"。

民物志的风俗一项中,批评的几点在旧志中不可多得。例如"信鬼神重淫祀"一条,细论佛道以延福禳灾,愚弄群众,实际上这是全国的通病。虽则编者纯乎是用儒家的观点,终究有利于破除迷信。"多溺女"下注"民家生女者虑嫁奁不足,辄溺之",没有考虑到重男轻女的旧思想的危害。"不配使女"注"民家使女服役,终其生不配",这是封建社会地主官僚的残酷剥削劳动力,压迫妇女的又一方式。至于"尚火葬",注中说明浦江民风"或贫不能葬,或畏恶疾传染,往往付之火化"。当时以官办义冢纠正,但此点足证火化不仅通行于佛门,而在部分贫苦人民中也久已风行。这几点的思想比较进步,地理意义似乎限于这一县的特殊性。

万历(六年,1578年)《通州志》①,在当时以扬州府属的通州为主,而兼领东侧的海门,因而附志海门。按今地应当还包括南通市和南通、海门两县。今南通市是明代的通州县治所在地。由于这一个地区的若干特点和这一部县志记述方式的配合,虽则这部书大部分内容芜杂,在某些方面,它在地方志之中具有显著的进步性,而且至今具有较大的参考价值。以下几个要点尤其值得重视。

(1)修志时通、海两县的辖境,和上文所述大概对照的现代有关地区相比,实际上还有出入。疆域志的疆域一节,在说明通州各个方向到达指明地点,或边界的距离或广度时,提到"此皆旧划,而狼山、文安、永兴三乡,虽濒江,本沃壤,乃今蚀已过半。清斡上乡已割属海门"。通州位于长江口北岸,据此在明代万历前后,正在经历一个江岸受到侵蚀下沉的阶段,因而沃壤的土地在减缩。卷一舆地图中的通州四境图,也注明上述三乡的没江地,分布在狼山一带丘陵的东西两侧。海门新旧县总图,注明海门旧县治和礼安、崇信等乡没入江。海门沿革表记述"至正(1341—1367年)中江逼,乃徙县礼安乡。……后江日内蚀,正德九年(1514年)迁余西场,……实通州境,是时海门已无饶土。嘉靖十七年(1538年)飓涛作,溺人万计,境日蹙。越五年,……又西徙三十里,曰金沙,治焉"。近年南通设市,南通县移设于此,而海门的县治以后又东南移。以后的发展反映江岸的下蚀,已经转变成为上升和淤涨。

海门从通州境地分设新县,据志中通州沿革表,始于后周显德五年(958年)。据本志通州古迹图,沿海一带范公堤是宋代天圣元年(1023年)范仲淹所策划修建,距修志时已经有五个半世纪。

---

① 在江苏,近长江口北岸。

堤址以外滩地的伸展，竟然没有表明，似乎尚未开发。海门的辖境因此也就更显得逼狭，而人口也日益削弱，但是明代万历以后，滩地又向东大有伸展。关于旧堤的情况，本志只在海的一段，述及"始范公堤捍海古岸，岁久不败，虽飓涛不能破。岸内为草荡，潮入则草荡隔"。但《宋史·河渠书》早说过此堤"自后浸失修治，才遇风潮盛怒，即有冲决之患。自宣和（1119—1125年）、绍兴（1131—1161年）以来，屡被其害"。

（2）关于两县境内盐业的发展，虽则有所叙述，仍然不够重视。在山川一节海的一段，述及"海去州治东北九十里，背而负者二百余里。东去海门县七十里，北去者二十里。诸盐场星布于上，居人皆亭户"。至于盐场的名称，但见于物土志的贡赋一节。值得注意的是，当时通州的金沙、西亭、余江、余中、石港、余东、六场，以及海门吕四场，即使具体的产盐条件已经有些改变，它们的名称仍然见于现代地图，而且大部分还在产盐。同时作为兼有地方史作用的县志，竟然没有提到这一带盐业的历史背景，未免是一个严重的缺点。

山川节的河渠一段，首先提到"通盖泽国云。江海为郡之利害恒相半；盖江潮淡利灌溉，而海潮咸卤甚害。大要水利以闸为命"。这里片面注重农田水利，而完全忽视了海潮与盐业的密切相关。下文"运盐河的命名运取转饷，盐取转盐"，转到了盐的运销，而仍然不考虑盐的生产。然后详述了运盐河的路线，以及沿线六闸的利害关系。后段叙述通州北部横贯吕四、余东西中，及金沙石港诸场的串场河，涉及当时开凿的动机和争议。编者提出成潮害农与私盐影响税收以外，甚至涉及破坏风水，以至士子连年不登第，企图加以反对，实际上难于生效。足见封建社会的部分建设，都要经过民间的进步力量和官场的顽固力量斗争的过程。

疆域志的机祥一节,仿正史的五行志而列于形胜、山川之前,在郡县志较为罕见。除少数迷信的现象之外,在水旱灾异中,记述宋元以来历次灾情相当详细,例如"嘉靖元年……七月二十五日,风雨大作,海溢,石港等处尤甚"。"十八年(1539年)七月通州、海门各盐场海溢,高二丈余,溺死民灶男妇二万九千余口,漂没官民庐舍畜产不可胜计。"历次大风雨海溢,大致都是由于台风过境。另外,也记述了"隆庆二年(1568年)地震"。这些资料都富有地理意义。

郡县志由宋代定型以后,从不少志书中记述的以往旧志,足以证明元代有所发展。但是由于民族矛盾的尖锐,以及旧志质量的缺陷,元代旧志反而不及宋代旧志的受到保存。进入明代,郡县志的编纂既是长期风行,部分原本得到好几处大收藏家的妥善保藏,以及社会上的分散流通,影响更其扩大。这一项发展成为我国历史上的一个显著特点。

当然郡县志往往只含有零星片段的地理资料,至多编成比较系统化的地理性章节。但是部分郡县志中可以找到不少比较精湛细致的叙述,阐明当地的一些地理特征,和密切配合这些特征的发展情况。不过同时也有庸俗的作品,不能充分表达出当地的特征。这样的发展不平衡在所难免,因为一般编者,对待郡县志的态度,正如正史一样,只认识到体例上的应当具备疆域或地理方面的内容,而体会不深。然而,即使只有少数编者在地理资料的处理上具有特殊贡献,仍然是地理学发展史上的重要方面。甚至比较平庸的郡县志所收集的资料,只要读者善于选择分析,也可以对于今后的各项科研工作产生一定的作用。

第六章　第二篇小结

关于地理志和地方志在我国悠久的历史时期中发展的过程，让我们再做一次综括的回顾。上文为便于说明几种类型的作品前后相承的过程，采用了分章阐述的方式。这样只能表现出不同类型形成和发展过程中的重要特点，和各个时期的历史条件和作用。如若把每个类型各自的发展特点和不同类型的平行发展关系联系起来看，我们可以见到一幅更生动、更复杂的图景。

从战国末期的《吕氏春秋》到司马迁著《史记》，在秦始皇专政和秦汉间动乱的影响下，将近一个半世纪文化的发展比较消沉。《史记》不但是我国史学史上的重要标志，在地理学史上也有突出的成绩。但是对于黄河的河源，首先误信了潜流学说。班固著《汉书》，在地理篇章方面，既有地理志等一些进一步的发展，却是同时更加强了黄河河源问题上的错误。于是《五藏山经》原来的弄假，竟然被联系到于阗河而成"真"，从此引起了一直持续到十九世纪的争论。错误见解深入人心的关键，当然不仅仅由于《史记》和《汉书》，在本书第五篇等部分，将要另加申论。《史记》、《汉书》的地理专篇，在后代的正史中，仍然常有编写，不过编写的方法间或有所修改。

两汉时代流传下来的地理作品较为稀少。但是我们要联系在第一篇末提到的所谓《周礼》一书，是刘歆在西汉末年之前不久所伪造的,正好是比《史记》晚出,而比《汉书》早出大约七八十年。略早于《史记》,还有两种凭借一些地理见解传布唯心思想的作品。其一是汉高祖之孙、淮南王刘安招集门客所编的《淮南子》。其中的《地形训》一篇,大致是仿照《吕氏春秋》的《有始览》编写。其一是东方朔的《十州记》,这是一部设想普天下散布十大州,而称我们自己所在的州为神州的作品,但是带有战国以来方士的神仙观念。

西晋以后,地理志在许多正史作品中前后相承,似乎构成一个体系。由各家分别编写的总地志或地方志,纷纷问世,南北朝时,总地志尤其风行,到唐代贾耽和李吉甫,盛极一时。不幸贾氏的作品都没有能流传下来,而现存的总地志就以李吉甫的《元和郡县志》为最古,也是最精。宋代开始,地方志又从不同体例的风土志等作品,逐步定型成为府志或县志,由有关府县不定期编制。《三通》中地理专篇也是唐宋两代和元初的重要贡献。

在我国历史上,外族的入侵历史不妨碍文化的进步,南北朝时既是如此,元代也是如此。都实(或笃实)的奉命考察黄河上源,和官编《大元一统志》的创举,在地理学史上尤其值得注意。后者由于内容比较平庸,和原本在元末以后几乎失传,只构成官编《一统志》的起源。都实的考察在当时没有公布,保留到明代编成的《宋史》和《元史》中才公开发表。这样公布的史料,虽则在明清时代没有发生巨大影响,但我们应当认识到它的科学价值。

本篇所提到的几类地理志和地方志,前者大多数附在正史和《三通》中,单独编成的专门著作比较晚出;最古老的专著早已失传。地方志向来都是以单行本问世,宋代以后,大多数由当地主管官员直接或间接主持。带有地理志的大部书和地理总志一类的书,在历史上往往收藏在高级的政治机关,以及大藏书家手中。地方志在宋代以后,成为官书,除上交部分志书以外,当地的官署或学者总还有保存。因此,像明末的旅行家徐霞客在他的长途旅程中,所到之处,往往首先查访当地的地方志。

在我国古代的地理作品中,各种地理总志和地方志的发展占有首要地位。它们多数还是属于资料性的叙述,但是当时部分内容也能运用比较正确的地理观点进行分析。至于有一些主观唯心的错误见解,无论是受春秋战国时代的古代作品的影响,或是由于当时观察方法的失当,我们不应当单纯看作学术发展史上的缺点和阻力,而应当注意在不同时期中出现的正确理论与错误认识斗争的过程。

在地理志和地方志的长期发展过程中,两汉、隋唐和宋元明三个时期,许多进步的特征比较集中。在这三个时期,一些优秀的作品都具有深远的影响。但是在我国的历史上,文化的发展尽管有高潮与低潮的段落,从来不像欧洲那样遇到所谓黑暗时期。我们还要注意,从西汉到明代,在地理学上也还有其他多方面的发展,分别在以后的三篇中叙述。

我国不同时期,不同形式的地理志作品的发展,对于地理思想和分析整理方法的演变,提供最重要的例证。上述的评价,只是局限于少数典型的作品和内容。具体著作之丰富,世界上任何其他民族、其他国家都不能相比。甚至著名的外国图书馆,为此也都珍藏一些这方面的作品。为着从中分析出我国在地理学上成长的形迹,上文还只阐述了部分例证。至于这些历代地理资料,为我国历史地理的发展提供了基础,是它们所引起的一个重要作用。在这一点上有关的情况,将在以后讨论。

关于地理志方面,另有一点值得说明,就是在我们的文化遗产中,所谓名山志一类的作品,范围比较县志更小,内容往往更是详细,为什么完全略去?这一类作品往往偏重于介绍山中的寺庙和有关的人物,宗教意味太重,而地理成分有限,所以宁缺毋滥。

第三篇　历代地图的演变
——西汉至明末

第一章 汉代地图的广泛应用和新出土帛图

第一节 地图的历史渊源

地理学史的探讨,既要分析地理志的内容和作用的各种变化,也应当分析地图有关情况的变化。地理志用文字来记载和阐述各地的地理特征,而地图用图画来表明各地的地理形象,同样是地理学观察方法和记述方式的具体成果。但是在长达二三千年的历史过程中,保存下来的古地图寥寥无几。为此,关于地图发展的历史,往往无法认清它们的本来面目,而只能利用一些有关的古代记述资料,或是依据一些名家制图的记载,和地图曾经多方应用的史料。

汉代开国的序幕就有一条涉及地图的重要记载。在汉军攻入秦朝的首都咸阳时,萧何收下秦代的图籍,为奠定汉代的基业立下第一功;以后刘邦即帝位,就选拔他担任相国。所谓图籍,显然包括秦灭六国时所获得和秦始皇统一天下所收集的各地地图和户口、赋税等册籍。地图从粗略逐步改进到精确,从来就是受到历代的政治家和军事家多方运用的资料。文字的叙述不可能体现出地图上所表达出来的地理形势。

在汉代以前的各种史料中，有关地图的记述比较稀少，但是可以追溯到西周初期周公旦在公元前1109年营建洛邑时的选址。《尚书·洛诰》提到为选择洛邑的地址，曾经占卜过涧水东、瀍水西，也占卜过瀍水东。以后选定在涧水东、瀍水西。于是《洛诰》说："伻来，以图及献卜"，伻指使者，图的作用总要简单表明洛水和涧、瀍两支流的部位，而献卜是报告占卜出来的卜辞。

到春秋末期，《论语·乡党》一篇，描述孔子在不同场合的态度和表现，提到了"式负版者"。历来的注家都认为"版"是指一国封疆的图版，以后转变成"版图"这一名词，就表明国家的疆域。"式"字指表示敬意，有如现代的在一定场合向国旗致敬礼。当时的地图是刻在木板上面，运送时由专人背负。所谓"式负版者"未必是孔子一个人的特殊作风，也可能代表当时士大夫阶层的一种风气。

到了战国时代，有关地图的资料显然增多。《管子·地图》篇的内容已经在上文第一篇有所论述。《战国策》一书中也有好几处提到地图。例如苏秦以合纵向赵王游说，提及"臣窃以天下之地图案之，诸侯之地五倍于秦"。这句话表明当时已经有一种七国的总图标明着各国的境界，而且苏秦一流的政治活动家都有机会看到。

又如同一书中记述荆轲为燕王谋刺秦王，"献督亢地图于秦"以便接近秦王。他暗藏匕首在图内，等秦王阅看将毕，才拔出匕首图谋行刺，因而"图穷匕现"成为通用的一句成语。督亢是燕国的一个地名，这件事表明献图就具有献地的意义，又表明当时的地图为数极少，但是重视得似乎具有代表领土主权的作用。

《汉书·地理志》在琅玡郡长广的实养泽下，注"秦地图曰剧清池"。这句注文所提到的秦地图，可能是秦代统一以后的地图，因为琅玡郡离秦国很远，不会是秦始皇以前的秦国古地图。但是琅玡既是在早先的齐国境内，也可能是根据秦代所收藏的齐国旧地图。琅玡这个地名，早在春秋时代已经通用。《汉书》所依据的图上，还能见到"剧清池"这样的地名，足见内容较为详细。

第二节　汉代地图的掌管和应用

关于汉代的发展，让我们再从萧何说起。《汉书·萧何传》："沛公（刘邦）至咸阳，……何独先入收秦丞相御史律令图书藏之。沛公具知天下阨塞，户口多少，强弱处，民所疾苦者，以何得秦图书也"。他接收律令图书的功绩，了解天下"阨塞"或是险阻，主要依靠地图，而户口多少通过文书或册籍，民情疾苦通过律令。秦并六国，早已把列国的律令图书集中于咸阳，所以这一项措施，大有利于刘邦的得天下。

关于汉代图书的收藏，杜佑《通典·职官》八，在秘书监下说明："汉氏图籍所在，有石渠石室，延阁广内，贮之于外府。又有御史中丞居殿中，掌兰台秘书，及麒麟、天禄二阁，藏之于内禁。后汉图书在东观。"西汉建都长安，中丞所掌在宫内，而石渠在外府。记载汉都建置的《三辅黄图》一书，曾记"石渠阁，萧何造。其下砻石为渠，以导水，若今御沟，因为阁名。所藏入关所得秦之图籍；至于成帝（公元前32—公元前7年），又于此藏秘书焉"。可见石渠由萧何一手修建，以收藏秦之图籍，但是由于西汉一代收集民间献呈的秘本日益增多，到西汉末期，又移来部分"秘书"。后汉定都洛阳，所以又称东汉，于是图书集中在东观。

西汉末年刘歆伪造的《周礼》一书,在若干官职的详细说明中,对于掌管和使用地图,多方面有所渲染。例如"大司徒之职掌建邦之土地之图,与其人民之数,以佐王安抚(顺)邦国。以天下土地之图,周知九州之地域广轮之数,辨其山林、川泽、丘陵、坟衍、原隰之名物,而辨其邦国都鄙之数,制其畿疆而沟封之,设其社稷之壝而树之。田主各以其野之所宜木,遂以名其社与其野"。接上还提到"以土会之法辨五地之物生,⋯⋯以土圭之法测土深"。

关于地图的发展,《周礼》的不少官职似乎都能应用地图以执行所指明的各种行政措施。这种见解在历史上极不平凡。按照《周礼》所假托的西周初期(公元前1100年左右),对于上述各种细节,历史上从来没有能找到可靠的佐证。即使以西汉时代而论,下文将提到分封诸侯的邦国时,确实往往用到地图,但是图上是否能表明上述的许多地理特征,仍然难以找出可靠的例证。像大司徒这一类条文,对于《周礼》只是假托为西周时代的作品,正是有力的反证。以西汉王朝作为它的时代背景,反而更恰当。然而作者刘歆相当重视地理条件在政治上的许多作用,我们应当承认它具有时代意义,而并不是偶然的偏见。

《周礼》的部分内容认识到一些地图和地理特征的作用虽不同于《禹贡》的联系客观环境,仍然表现出一定的地理思想水平。按照在第一篇已经考证的刘歆伪造的过程,这些内容也可以作为西汉末年地理思想的一种标志。但是他只凭主观设想,片面性非常突出。"田主各以其野之所宜木,遂以名其社与其野"一句就站不住,各地所宜的树木固然有不少品种,如果社名以此为限,岂不过于单纯而易于雷同,而且不切实际?总之,《周礼》代表一个空想的封建政治制度。

关于汉代使用地图的许多情况，《史记》、《汉书》和《后汉书》都有记载，这里可以略举以下几例：

（1）分封诸侯时按舆地图　《史记·三王世家》："奏未央宫。太仆臣贺行御史大夫事昧死言，太常臣充言，卜入四月二十八日乙巳，可立诸侯王。臣昧死奏舆地图，请所立国名。"《后汉书·光武帝纪》："（建武十五年）初，巴蜀既平，……奏议曰，……臣请大司空上舆地图，太常择吉日，具礼仪。"此外，如同书《邓禹传》："光武舍城楼上，披舆地图，指示禹曰：天下郡国如是，今始乃得其一。"

（2）诸侯王和大将使用舆地图　《汉书·淮南王传》："日夜与左吴等按舆地图，部署兵所从入。"同书《江都易王传》："具天下之舆地及军陈（阵）图。"《后汉书·马援传》："援又为书与嚣将杨广，使晓劝于嚣曰，……前披舆地图，见天下郡国百有六所，奈何欲以区区二邦，以当（挡）诸夏百有四乎。"

除去从前代接收的地图之外，在汉代必然会按照新的统治情况和范围，不断绘制新地图。虽则关于这一方面，正和秦以前一样，史书上缺少具体的记述，上文从《汉书》引用的两条，似乎都指汉代的新图。近年在长沙郊区马王堆汉墓出土的帛图，尤其是西汉时代的珍贵文物，正可以证明汉代地图已经具备的若干特征。

第三节　长沙马王堆出土的稀有帛图

全国解放以来，考古发掘工作空前发达。长沙郊区马王堆的发掘，继一号汉墓之后，1973年12月从二、三号汉墓又获得大批珍贵历史文物。从未见过的三幅绘在缣帛上的地图①，就是在三号墓内的一个漆盒中发现的，另外还有几部用篆体字写在缣帛上的书，其中一部内容类似《战国策》，一部称为《春秋事语》。三号墓原主查明是利仓之子，似乎是图中有关防区的守将。按墓中出土的一件木牍的记载，有"十二年二月乙巳朔戊辰"字样，似乎下葬的年份是汉文帝初元十二年（公元前168年）。墓中的地图当然年期更早，确实是举世罕见的珍品。

近年来丝织品的出土，甚至有早到战国时代的，帛书却在西汉墓葬中也还稀少。马王堆这样的帛图在我国的考古发现中竟是第一次。这三张地图足以表明西汉早期分散各地的守将部下，按照直接或间接了解的当地情况，以及当时的制图技术所制地图能以达到什么样的水平。它们是世界制图史上最古老而又详确的地图，在距今二十一个世纪时，已经为我国的制图史提供了光辉的一页。

帛图在墓葬中埋藏了二千一百多年，修整工作经过克服不少困难，才能让我们认清它们的本来面目。第一幅整理成96厘米×96厘米的全图之前，本是直行四折，横行八折，被叠成12厘米×24厘米的小帛片32层。由于历年受到压叠和潮气的渗入，有些几层粘连，有些边缘残损。经照相拍片，按照折叠次序查明部位拼接，才能显示出帛图的全貌，并且描制复原图。原图没有标明名称，整理小组审定为地形图，又叫作《西汉初期长沙国南部地图》。

---

① 《文物》月刊1975年第2期和1976年第1期，连载几篇有关这三幅地图的整理过程和内容分析的报告，分别由马王堆汉墓帛书整理小组、谭其骧、詹立波提出。另附原图两幅的照相。本节综合节录，不另详注来源。

1979年出版了《古地图（马王堆汉墓帛书）》，由马王堆汉墓帛书整理小组编著。

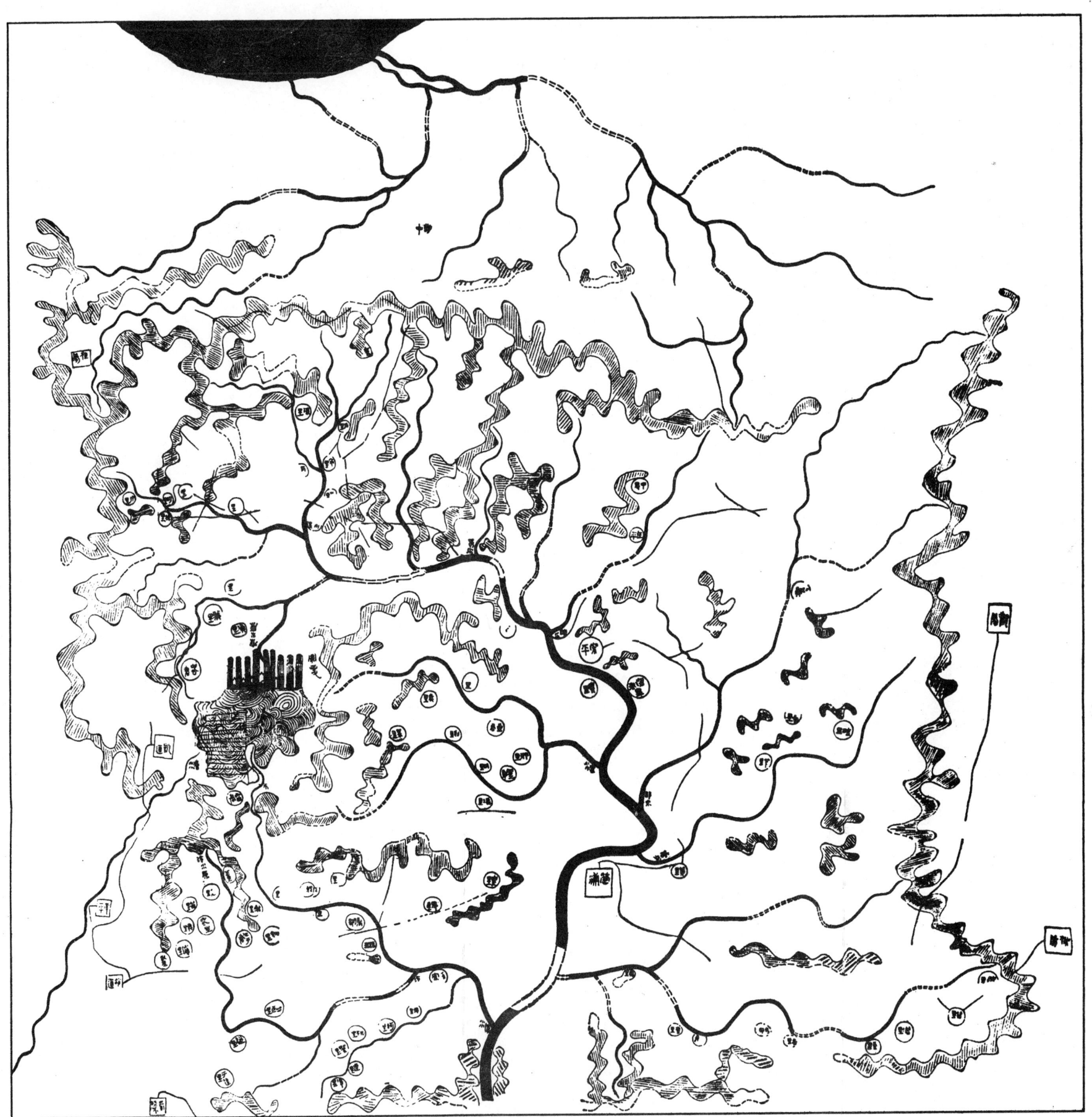

图 4　马王堆三号汉墓出土帛书地形图复原图

第一章　汉代地图的广泛应用和新出土帛图

　　第二幅长98厘米，宽78厘米，全图原来按四个横排，每排七层，叠成28片。和第一幅一样，全图原来是用两个帛片缝合制图。由于图内突出标明几个都尉的驻军地点，整理小组简称为驻军图，似乎就是《汉书》所称的军陈（阵）图的类型。第三幅初步曾经定名为城邑图，还没有发表详细的特征，似乎和第一幅有许多相似之处。根据前两图所占部位的示意图，驻军图偏重地形图的中部和东部南部①，而不包括北部和西部的宽广地带。

　　通过这一套意外长期保存得还能辨认出内容的帛图，我们应当深入分析当时制图的作用、采用的方法和绘制的水平。关于这几张图的作用，《文物》的几篇报告已经指明，当时汉皇朝还在收复秦始皇曾经统治的南越一带。乘着秦汉间中原动荡，赵佗自立为南越王，一度公然反抗。汉军准备南进的主攻路线，是在西侧的湘江上游一路和东侧的舂陵水以东的一路；"深水"一路越过南岭，取道北江上游的"桂阳"，是两者之间的次要防线。

　　湘江上游的潇水一支，当时称为"深水"，这一带驻军的中心在帛图上称为"深平"，显然也以深水得名。深平只是较大的乡里（村），沿着深水的最近一个县城是在防区北侧的"营浦"。营浦以上深水本身，形成环绕九疑山南侧和西侧的弧形带，包括深水两侧大小支流的河谷，散布着许多乡里。地形图对于多数乡里，注明户数，但是又注明"今毋（无）"或"今毋人"。这些显然是驻军自己调查的资料，相当一部分都成无人之境，不知是否因驻军需用民房而居民被迫他迁；也不知这里的耕地听其荒废，还是驻军采用屯田的

---

① 图中所画驻军图的范围偏大，原图并未跨过南岭有多宽的地界，也没有包括九疑山一带山地的全部。

方式继续生产。营浦以外，地形图上另外画有七个县城，都是分布在图面的东西边缘。

驻军图的范围限于深平城以南的深水上游和大小支流的河谷。河道以外，只画些零散小片的山地，甚至在地形图上地位最显著的那片深水源所在的九疑山，也没有画上。南段边境的山岭也是空白，而南越境内的西江上游离得更近。这幅图的主要特征是徐、周、司马三个都尉军部的驻地，用特殊符号标明。东侧接近图边另有"桂阳囗军"四字（中间一字在原图无法辨认），似乎指今郴县①。其位置南北间大致相当，而东西间画得离深水源太靠近。乡里比地形图上更多，深平附近户数下注明"不反（返）"，也是他迁。另外有些不注户数，可能是新建。

关于当时制图的方法，在缺少任何说明的条件下，我们只能根据图面的若干特征，予以约略推测。驻军图上标明上南左东，这是我国古代制图的传统——上南下北，左东右西，这和指南针"南面称王"等古代观念相符合。因此地形图虽则没有把方位标明，也采用这个方式。英国李约瑟著《中国科学技术史》第五卷《地学》，曾经提到以上方为南，似乎并不是起源于中国，而是起源于阿拉伯各国。马王堆帛图的出土，对于这一个假定提供最有力的反证。

我国历史上最通用的说明各地位置的方式，是依据沿着某一条水道在哪一个特殊部位。水道系统也就是历来绘制地图的基本格局，有如近代西方地图上的经纬线网。在马王堆出土的帛图上，大深水的干支流的布局，正是绘制每一幅图的出发点。各条水道

---

① 《中国古今地名大辞典》，商务印书馆1931年版，第708页："桂阳郡，汉置，……即今湖南郴县治。"另条"桂阳县，汉置，……即今广东连县治。"两者同名，并非同地。

的名称都写在图上的尽头,或是各条支流注入深水的口上,非常容易认清。另一头还特别注明"深水原"(源)和"冷水原"。东西两边和南越境内,也都画有水道;虽则没有注明名称,部位大致相称。

山岭的分布,用双线条勾出曲折的宽带,中间加上较粗的道道;这种画法可以认为是长大山岭的符号。长短不同的山地,大体上随着若干水道的上源横过来画,或是夹在两条大致平行的水道的中间。帛图在这方面画得很详细,也是范围较小而就地取材的特色。九疑山用若干平行弧线的小片,表示峰峦重叠,一则由于这个山区带有块状的宽广形势,一则似乎同作者的重视深水源有关。

帛图的居民点和驻军地都用一定的符号。居民点中的县城用大方形,而乡里(村庄)用小圆形,名称写在里面。深平在地形图上用大圆形,而在驻军图上用大方形。驻军地用长方形,稍带曲折。在深水与满水合流的河湾,另有大三角形带有箭楼的城堡,里面标明"箭道",外面又注"复道",可能是深水地区驻军的总指挥部。

帛图的另一重要特点是分为三种颜色。除一般都用黑色之外,水道都用田青色,而居民点、驻军地,以及表明道路的虚线或实线都用红色。这样也显示出制图过程的三道程序,第一步画水道,第二步加山地,第三步再加图上的主要成分。至于居民点和驻军地的分布,都是约略表明方位关系和距离远近。

讲到绘图的水平,马王堆出土的帛图,在距今二千一百年之前,竟然能具有上述的许多特征,足见地图的发展,经过历代长期积累的经验,已经相当精细。而且这几张图只是长沙国南部一个地方部队所绘制,可以代表当时比较普通的水平。按照那幅地形图的内容,连得敌占区的主要水道,也还能表现出西江、北江、东江汇合的形势。当时总能照抄一种现成的蓝本,而省略一切不必要的地名。

对于这样古老的地图,在正确性方面不应当要求过高。帛图能显示出深水一带的山川形势、驻军地、居民点等项的相互关系,就是相当成功地达到了当时制图的目的。但是这些地图的绘制,既是在西汉初期正在开拓的边境,我们不妨指出一些内中存在的缺点或弱点,略举数例如下:

(1)深平以上的深水,比较现代地图上的这一段,东西间的距离显然过于夸大。写明"深水原"的一支,在上游各支流之中,并不符合源远流长的条件,甚至反而特别短。后一点当然不能归咎于制图人员,它的来历还是由于推重从九疑山发源。

(2)地形图上山岭的分布,只能作为一种象征性的绘法。东、西、南三方面都画得相当平直,比较真实情况的走向,许多部分出入很大。山名一概从略,也许有些名称当时还没有确定。

(3)南越境内只画河流和小段海湾,也带象征性。这一带地区东西间的距离大致和深水上游地区相称,南北间的距离过于压缩。驻军图上在南岭之南,画有由西向东流的水道,似乎作为西江,尤其过于靠近。这些距离不相称的缺点,显然受到帛图所用帛料的限制。

在纸张通用以前的古代,帛片既可以和竹简、木简并用,作为传抄书本的材料,更是一般绘画和绘制地图的必要材料。帛片这一类丝织品,在通常保管的条件下,没有能流传到后代。埋葬地下的遗物,新近在马王堆的发现,是先前从未见到过的稀世珍品。从这样的出土实物所能了解到的古地图内容,比较书本上简略的传述更是具体生动。然而地下的帛图,像马王堆三号汉墓那样保存得能以辨认,非常难得。类似的新发现只好寄望于今后的考古发掘。

第二章 裴秀制图的实践与理论

在我国制图史上,第一个因这方面的特殊贡献而著名的专家是三国、西晋间的裴秀。他在曹魏后期已经官位较高,西晋时官至司空,卒于泰始七年(公元271年),时年四十八岁。据《晋书·裴秀传》,"(武)帝受禅,……以秀为司空,……又以职在地官,以《禹贡》山川地名,从来久远,多有变易。后世说者,或强牵引,渐以暗昧。于是甄擿旧文,疑者则阙,古有名而今无者,皆随事注列。作《禹贡地域图》十八篇,奏之,藏于秘府。"

这套地图经过上奏而"藏于秘府",以图得到帝王的称赏,只有部分文臣可以有阅览的机会。原来的意图,以为这样有利于传世久远,实际上以后遭到时局变乱,更是易于失散。对待《禹贡》的观念,裴秀总是遵循儒家的传统,但是他能"疑者则阙",力避牵强附会的通病,"古有名而今无者,皆随事注列",有他的独到之处。

《晋书·裴秀传》引用他的自序,有助于了解他编图的动机和方法。"今秘书既无古之地图,又无萧何所得,惟有汉氏舆地及括地诸杂图,……虽有粗形,皆不精审,不可依据。""萧何所得"到西汉末年恐怕早已失传。所谓汉氏舆地,比较马王堆出土的西汉初期帛图,水平相差多少,难以从他的评语来衡量。对于《禹贡地域图》的编制,他另有一番抱负,不同于一般的地图,更不同于所谓"括地诸杂图"。

自序接上说起倡导收集和校验地图的活动。"大晋龙兴,……文皇帝(司马昭)乃命有司,撰访吴蜀地图。蜀土既定,六军所经,地域远近,山川险易,征路迂直,校验图记,罔或有差。"这一番经验,显然是他以后提出制图六论的重要依据,不过自序就转到《禹贡地域图》的绘制。他说:"今上考《禹贡》山海川流,原隰陂泽,古之九州,及今之十六州,郡国县邑,疆界乡陬,及古国盟会旧名,水陆径路,为地图十八篇。"

从访求、校验吴蜀地图,联系编制《禹贡图》十八篇,简略说明的内容,并不能使人具体认识到他的编绘方式。篇数似乎暗示《禹贡》原文的叙述,每一州各占一篇,而所谓"今之十六州……及古国盟会旧名,水陆径路",又每州一篇。这样也就形成我国最早的一套历史地图,古今对照;地图以外,可能每篇还有较多的文字说明,因此称为十八篇,而不单纯是十八幅。

唐虞世南《北堂书钞》卷九十六,图九《方丈图》,另有涉及裴氏制图的记述。"《晋诸公赞》云,司空裴秀,以旧天下大图,用缣八十匹,省视既难,事又不审。乃裁减为《方丈图》,以一分为十里,一寸为百里,从率数计里,备载名山都邑,王者可不下堂而知四方也。"但是这幅图的内容缺少说明。所谓旧天下大图,当时究竟大到何等程度,因为每匹缣的尺码不明,难以估计。

对于裴氏的这幅《方丈图》,这一段介绍也太简略。图上的内容,只提到"备载名山都邑",难以断定它所指的天下,是限于《禹贡》的九州,还是包括张骞通西域以来所了解到的远方?以这幅图开方计里的方式而论,似乎确实是当时的世界地图,兼顾到九州以外。至于"王者可不下堂而知四方",可能是一幅悬挂在高堂上的大挂图。其作用仍然是只在宫廷供王公大臣的参考。

第三篇 历代地图的演变

《水经注》谷水注:"京相璠与裴司空彦季(应作季彦)修《晋舆地图》,作《春秋(土)地名》,亦言今太仓西南池水名翟泉。"《隋书·经籍志》也提到"《春秋土地名》三卷,晋裴秀客京相璠撰"。前一说提到《晋舆地图》,显然是当时的现代地图,而限于晋代疆域,就是本国地图。按后一说京相璠是裴秀的门客。从裴氏的其他贡献推论,"修《晋舆地图》"应当是他居于主持的地位,而京相璠协助绘制。总之,裴氏在制图工作中的实践,并不限于《禹贡地域图》一种。裴氏主编的各种地图,具体工作是否都由京相璠襄助,也无从确定。

裴秀在我国制图史上居于特殊地位,主要是因为他通过上述的历次实践,还提出过一系列理论。这些主张也是见于《晋书·裴秀传》,从他的《禹贡地域图》的自序中引来。

> 制图之体有六焉。一曰分率,所以辨广轮之度也;二曰准望,所以正彼此之体也;三曰道里,所以定所由之数也;四曰高下,五曰方邪,六曰迂直,此三者各因地而制宜,所以校夷险之异也。……然远近之实,定于分率;彼此之实,定于道里;度数之实,定于高下、方邪、迂直之算。故虽有峻山巨海之隔,绝域殊方之迥,登降诡曲之因,皆可得举而定者。准望之法既正,则曲直远近,无所隐其形也。

这一套制图六论,尤其是六体之中的后三点,对于地图的精确性提出了高度的要求。虽则裴氏对于在地图上表现出这六点的辩证作用,主观上认识到它们的重要性,在缺少地球观念和精密测量技术的条件下,企图从制图方法上达到这些要求,恐怕难以一一实现。但是这套理论既然是在《禹贡地域图》的自序中提出的,以裴氏的身份,绝不会单单在纸上空谈。

分率与准望在六体中最受裴氏的重视。分率就是上述《方丈图》的以一分为十里,一寸为百里;《禹贡地域图》的分率,在自序中没有说明,恐怕比《方丈图》更小。这样表明的分率就是西方的所谓缩尺。准望就是考校方位,它在地图上所用的方法,就是按规定的分寸画成平行的横直线构成方格,借以表明任何两地之间的方位关系。也就是以图上的方格为准,观察各地的四至八到。但是在图上所表明的四至八到,未必能完全符合地面上的实际情况。

道里可以按图上的水陆道路的长度,以分率推算,但是由于实际的路程受高下、迂直的影响大,所能推算到的数据,往往比实际的路程差得多。高下、方邪、迂直三者,所指的许多特征不难理解,而关于山川、道路、疆界等项,裴氏采用什么样的方法使它们可以在地图上表现出来,并未具体说明。恐怕他只能把一定限度以内的高下、方邪、迂直,在图上或图外另加注记。

裴氏所制的地图,也是属于帛图一类,尽管交到宫廷禁地,反而不能经久流传。原图以外也没有详记绘法和内容的记述。因此关于裴秀制图的理论和实践,我们所能了解到的只是零星片段。然而在后代的历史上,他是最早的一个被推崇为制图的名家。在他以前的制图史上,只有关于若干种地图的记述,而缺少关于它们的来历的资料。所以裴秀至少是我国制图史上一个划时代的名家。

第三章 隋唐间制图的发展

第一节 从概况图到边防图

从汉代到隋唐,各种地图大致都在继续流传。常见提到的是所谓图经、图记之类的发展,其中既有一定地区的地图,又有比较详细的叙述。晋代常璩的《华阳国志》卷一《巴志》里面,提到后汉桓帝(147—167年)时,巴郡太守但望上疏曰:"谨按《巴郡图经》境界,南北四千,东西五千,周万余里,属县十四。"一郡十四县竟然被说成范围如此广大,不知是传说的问题还是制图的问题。偏僻的巴郡当时既然有图经,足以表明这一种图经的起源一定更早,而各地的发展一定更广。

《隋书·经籍志》列有"《(北)周(557—581年)地图记》一百九卷",可能汇集各地的图幅较多,而志的部分篇幅大,已经在开创隋代大编图志的风气之先。列在它后面的冀州、齐州、幽州三种图经,都只有一卷,大概都是只加简要的说明。编写较早的《水经注》和较迟的《文选李善注》等书,也都引用一些不见于其他书目的图记之类的文献资料。这一类作品传抄较为困难,似乎时间性的作用更有局限性。

这一篇《经籍志》的地理类总叙,按照传统观点,系统说明了

《禹贡》以来地理著作的发展过程,末后提到"隋大业(605—616年)中,普诏天下诸郡,条其风俗物产地图,上于尚书。故隋代有《诸郡物产土俗记》一百五十一卷,《区宇图志》一百二十九卷,《诸州图经集》一百卷,其余记注甚众"。足见当时对于收集各方地图和地方资料,已经发展成为各级官府的系统性工作。

关于隋代《区宇图志》的特点,在其他古书中略有记述。唐代张彦远的《历代名画记》,著录《区宇图》一百二十八卷。虽则卷数比较上述《区宇图志》差一卷,而名称也差一志字,一般都公认为指同一种书,可能其中的图幅不单纯是地图,也带有写景的图。宋代的类书《太平御览》卷六〇二"著书"一目之下,引隋《大业拾遗》"(虞)世基乃钞《吴郡序》,付诸郡以为体式,……卷头有图,别造新样。纸卷长二尺,叙山川则卷首有山水图,叙郡国则卷首有郭邑图,叙城隍则卷首有公馆图。其图上山水城邑题书字极细"。姚振宗《隋书经籍志考证》一书,在《区宇图志》的注文中,曾引用此条作证。如果这样的推断可靠,图志一类可以兼有地图和图画,而所用的材料,已经在把纸卷代替绢帛,后一点表明造纸业进步的作用。

唐代(618—907年)国力重振,较为持久,但后期又陷于外受边患,内遭分裂。制图工作随着国势的变化,唐制内地分为十道,曾经在当时和后代,被认为可以和《禹贡》九州相比拟。声威远震时没有引起制图的发展,反而在边警重开后,激起一些制图的创作。上一篇地理总志中所提到过的《元和郡县志》,原来各郡有图,因而称为《元和郡县图志》,还是隋代《区宇图志》的遗风。这部图志的作者李吉甫,虽则无法使他所编的地图流传很久,志书的文字却成为地理志中杰出的名著。

《十道图》是典型的唐皇朝行政区划图。《旧唐书·经籍志》和《新唐书·艺文志》著录下列几种：

(1) 武后末年的《长安(四年,704年)十道图》；

(2) 玄宗《开元(三年,715年)十道图》；

(3) 宪宗《元和(806—820年)十道图》。

这三份图绘制的过程和内容的差别，都缺少具体的说明。唯有《元和十道图》确定也是李吉甫所编。南宋时的《直斋书录解题》一书，仍然著录最后这一种，足见它至少流传了三个世纪以上。

在此同时，制图的方法也有相当发展。除贾耽的贡献留到下文详述外，我们先提下列几种情况：

(1)《新唐书·艺文志》，著录"马敬寔《诸道行程血脉图》一卷"。具体的时期不易查考，其特征显然是一种水陆交通图。

(2) 据唐《吕和叔①文集》卷三《地志图》序，作者李该，"博达之士也，学无不通，尤好地理"。此图可能也是元和(806—820年)年间的作品。序文说他"乃裂素为方仪，据书而画，随方面以区别，拟形容之训解，命之曰《地志图》。观其粉散百川，黛凝群山，……然后列以城郭，罗乎陬落，内自五侯九伯，外自要荒蛮貊。禹迹之所穷，汉译之所通，五色相宣，万邦错峙"。序中所称"裂素为方仪"，裂素似乎仍用绢帛，而方仪就是开方计里。"粉散百川，黛凝群山"，意味着山川的画法，都略施彩色。加上城郭村镇，郡国边区，也还是一般的地图。

在边境形势逐步吃紧之下，有关边防的地图时而有所发展，略举数例如下：

---

① 吕和叔，名温(约776—815年)，卒年四十。

(1)《旧唐书·元载传》:"大历八年(773年),蕃戎入邠宁(今关中西部)之后,朝议以为三辅以西无襟带之固。而泾州散地不足为守。载尝为西州刺史,知河西、陇右之要害,……兼图其地形以献。"

(2)《新唐书·李德裕(833—847年任宰相)传》:"乃建筹边楼,按南道山川险要与蛮相入者图之左,西道与吐蕃接者图之右,……乃召习边事者与之指画商订,凡虏之情伪尽知之。"在筹边楼左右两边画上地图。似乎是壁画。

(3)《新唐书·吐蕃传》:"乾元(758—759年)后,陇右、剑南西山三州七关军镇监牧三百所皆失之。宪宗(806—820年)览天下图,见河湟旧封(封疆),赫然思经略之,未暇也。……明年(大中五年,851年),沙州首领张义潮奉瓜沙、伊、肃、甘等十一州地图以献。"

(4)《旧唐书·魏元忠传》:"时有左史盩厔人江融撰《九州设险图》,备载古今用兵成败之事。元忠就传其术。"

第二节　贾耽的特殊贡献

上文第二篇中已经叙述过贾耽善于收集地理资料,以及撰述地理志的重要贡献。他的文字撰述正是配合两种地图的编绘。在呈献《陇右山南图》的表文中,提到了采用裴秀创为制图六体的新意。同时说明"陇右一隅,久沦蕃寇,职方失其图记,境土难以区分。辄扣课虚微,采缀舆议,画《关中陇右及山南九州等图》一轴"。这轴图的关键在于依据当时的现实形势。

这幅图虽则从陇右兼顾到山南九州，重点还是在西北，因为陇右失陷，西域的联系既被阻断，关中的安全也受威胁。所以贾氏在表文中尤其着重"洮、湟旧墟，连接监牧，甘、凉右地，控带朔陲。歧路之侦候交通，军政之备御冲要，莫不匠意就实，依稀象真"。凡是图中难以直接表明的情况，都在上一篇所提到的《通录》十卷中详述。

另一幅《海内华夷图》，在后代更是经久受到重视。据《旧唐书》，此图成于贞元十七年(801年)。呈献的表文述及"兴元元年(784年)，伏奉进止，令臣修撰国图。……谨令工人画《海内华夷图》一轴"，足见从奉命到完成，经过十七年之久，总是有许多内容不能轻易落笔。一方面以贾氏的职位，只能以公余之暇从事准备，一方面就是以上一篇提到的撰述他的《古今郡国县道四夷述》相配合。

表文说明此图"广三丈，从(纵)三丈三尺，率以一寸折成百里。别章甫左衽(指华夷各民族)，奠高山大川。缩四极于纤缟，分百郡于作绘。宇宙虽广，舒之不盈庭，舟车所通，览之咸在目"。这幅图按它的分率与裴秀的《方丈图》相同，图面的广度和长度竟然扩大三倍，主要是由于多增加四夷的分布范围。图幅过于广大，全部张开查阅恐怕困难，可能也要采用折叠而展开的方法，分片翻看。提到"纤缟"，表明原图还是用丝织品画成。内容似乎包括四夷。

贾氏还在表文中提到"古郡国题以墨，今州县题以朱。今古殊文，执习简易"。这样在同一幅图上表明古今两种情况，便于对照，是我国制图史上又一创举。后代绘制历史地图，常用这种朱墨套色法，也就是现代通用的底图填图法的先驱。

第四章 宋代制图的多样化

第一节 制图发展的动力

唐、宋两代之间所谓五代十国的时期,经过半个多世纪的动荡不安,文化事业不免停滞不前。宋代(960—1279年)虽则继续遭受外患的威胁,文化事业重又繁荣。制图工作也随之而进入一个向多方面空前发展的时期,比较唐代开拓了一些新的途径。

宋代的行政区划,改为十八路以取代唐制的十道,因此这个朝代的总图往往改称为十八路图。沿袭隋代的旧制,曾经下诏要求各州在闰年进呈地图或图经,以利于及时掌握新情况,或订正旧图的缺漏。这一制度执行多久,尤其是南渡后是否继续,不太清楚。南宋王应麟的《玉海》,在十四卷中特别记述宋代多种地图绘制的来历,可以略举下述几例:

(1)《淳化天下图》"至雍熙(984—987年)中,吴晋悉平,奉图来献者州郡几四百。淳化四年(993年)诏画工集诸州图,用绢一百匹,合而画之为《天下图》,藏于秘阁"。此图用料特多,显然分为若干幅——类似地图集。"又令诸州所上闰年图,自今再闰一造"。

(2)《景德山川形势图》 "(景德)四年(1007年)七月戊子,诏翰林院遣画工分诣诸路,图上山川形势,地理远近,纳枢密院。

每发兵屯戍,移徙租赋,以备检阅"。

(3)《熙宁十八路图》 "仁宗初,晏殊以十八路州军三百六十余所,为图上之。"又记,"熙宁四年(1071年)二月甲戌,召集贤校理赵彦若归馆,管当画天下州军、府、监、县、镇地理。先是,中书命画院待诏,绘画上之,欲有记问者,精考图籍,故命彦若。六年十月戊戌上《十八路图》一,及《图副》二十卷。"时间大致相同,当时晏殊任宰相,虽则记述的细节,稍有出入,显然是指同一《十八路图》,而《图副》是所附的说明。

(4)沈括《天下州县图》 "熙宁九年(1076年)八月六日,三司使沈括言,《天下州府军监县镇图》,其间未全具,先曾别编次一本,稍加精详,欲再于职方借图经地图等图章,躬亲编修,从之。"元祐三年(1088年)图成。此图又称《守令图》。

在上述宋代总图中,关于沈括的《天下图》或《守令图》,从作者本人的作品中,还可以得到一些有意义的资料。他的《长兴集》卷十六《进守令图表》一文中,提及"今画《守令图》,并以二寸折百里,其间道路迂直,山川隔碍处,各随事准折。内废置郡县,开拓边境,移徙河渠,并据臣在职日已到文案为定。后来系臣罢职,别无图籍修立。大图一轴,高一丈二尺,广一丈,小图一轴;诸路图一十八轴,并用黄绫装裱。副本二十轴,用紫绫装裱"。小图和大图似乎不但分率缩小,内容可能详略不同。按这一段说明,此图并非一幅,而且有分路图;后者也可能比较大图详细。

沈氏《梦溪笔谈》补笔谈卷三,内有一节:

地理之书,古人有《飞鸟图》,不知何人所为。……如空中鸟飞直达,更无山川回屈之差。予尝为《守令图》,虽以二寸折百里为分率,又立准望、牙融、傍验、高下、方斜、迂直七法,以取鸟飞之数。图成,得方隅远近之实,始可施此法。分四至八到为二十四至,以十二支、甲乙丙丁庚辛壬癸八干、乾坤艮巽四卦名之。使后世(此)图虽亡,得予此书。按二十四至以布郡县,立可成图,毫发无差矣。

他的"制图七法"比较裴秀的"制图六体"的差别,就在于以所谓牙融和傍验代替裴氏的道里,可惜他没有加以说明。道里的意义原来很简单明了;牙融一词却不易理解,傍验似乎是一种辅助方法,两者如何体现出道里的长短难以确定。"二十四至"显然是纵横各分为十二大格,以便查明部位;其中一路用子丑—戌亥的十二支,另一路在天干的十数中取其八而另加四卦,也是十二格。沈氏在距今九个世纪时,已经在地图上这样标明行格的次序,确实便于查明各郡县的部位。

宋陈振孙《直斋书录解题》卷八,也登录一些地图,例如:

(1)王象之《舆地图》:"《纪胜》逐州为卷,图逐路为卷,其搜求亦勤矣。至西蜀诸郡尤详,其兄观之漕夔门时所得也。"即文字记述按州编写,而地图则十八路每路一卷。

(2)《地理指掌图》:"《地理指掌图》一卷,蜀人税安礼撰。元符(1098—1100年)中,欲上之朝,未及而卒。书肆所刊,皆不著名氏,亦颇阙不备。"

除一般地图之外,专题性质的图也有发展。在郑樵《通志》中,《艺文略》有《天下至京地理图》,《图谱略》记"有"。另一《诸路至京驿程图》,《图谱略》记"无",后者表明已失传。作者姓名和绘制年代都不详。《玉海》十四卷,"苏轼为《指掌图》,始帝喾迄圣朝,为图凡四十有四。其序曰:……图其疆域,著其因革,刊其同异"。显然这是一套沿革地理图。但是,《朱子(熹)语类》提到"《指掌图》非东坡(苏轼别号)所为"。似乎对于作者不能确定。

第二节　边境地图的重视

宋代恢复统一,未能控制强邻,以至西北两方的边境,时而遭受入侵的威胁。因此各种边境地图,随时有所创作。首先吃紧的是北方辽国(契丹)的边境。《玉海》有如下的记载:

(1)"太祖(960—975年)以《幽燕地图》示(赵)普,普曰:此曹翰为之。"见卷十四。

(2)"至道元年(995年)府州折御卿大破契丹,图山川地形以按视焉。三月内杨守斌以地图来上,帝阅视久之"。同上。

(3)"嘉祐二年(1057年)四月辛未,通判黄州赵至忠上《契丹地图》及《虏廷杂记》十卷,言虏中事尤详"。见卷十六。

另据《宋史·沈括传》,"使行至契丹,……凡六会,契丹知不可夺,遂舍黄嵬而以天池请。括乃还。至道图其山川险易迂直,风俗之纯庞,人情之向背,为《使契丹图抄》上之"。事在熙宁八年(1075年)。《通志·艺文略》登录为"沈括《使辽图抄》一卷"。同书《图谱略》另录《大辽对境图》、《大金接境图》,并且记"有"(表明原件当时保存)。沈括自绘辽境沿途形势,而《通志》所记两图,都是辽、金边境图。

西北邻接西夏和吐蕃,边境形势也受重视。《玉海》卷十四记有两幅《河西陇右图》。其一,据《宋史·郑文宝传》:"咸平(998—

1003年)中命相府召询策略,文宝因献《河西陇右图》。……序曰:淳化(990—994年)初掌漕陕右,周览河陇,编寻方志,广问象胥。探月支日逐之穹庐,讨金城玉关之瓯脱。列于藻绘,焕然在目。"原图看来也兼用彩色,范围跨到玉门关以西。其二,祥符七年(1014年)知制诰郑度"奏事便殿,上(即帝)问山川形壤之制,内出缯(即帛)命工别绘。度因言已图汉所置五郡(酒泉至金城),复究寻五郡之东南,自秦筑长城,唐置节度,绘其山川道路区聚壁垒,为《河西陇右图》以献"。

同书还录有军用图,例如,"《祥符山川城寨图》……三年(1010年)四月,先是,曹玮、张宗贵上《泾原、环庆两路州军山川城寨图》。己未(日)上出以示王钦若等曰:处置得宜,储备详悉,华夷山川城郭险固,出入战守之要,尽在是矣。宜令别绘二图,用枢密印,一付本路,一留密院,令诸将按图以计事"。又记《鄜延边图》,"元丰六年(1083年)七月壬申,知延州刘昌祚,以鄜延边而东,自义合西至德静,绵亘七百里,堡寨疏密不齐,烽燧不相应。乃立为定式,凡耕垦训练,战守屯戍,强弱分地望,图山川形势上之"。

同书又在《元祐职方图》下引"旧有《西界对境图》,自兴师西讨,诸处所奏(有)异同。元丰五年(1082年)六月己未,诏画《五路都对境图》"。《对境图》的要点,大概是随时表明边界的变动情况。

南方边境记述的地图极少。《玉海》卷十六《景德交州图》,说明"景德三年(1006年)七月壬戌,沿海安抚使邵晔上《邕州至交州水陆路及控制宜州山川四图》"。《宋史·邵晔传》称誉此图"颇详控制之要"。水陆交通图的发展反映宋代海上运输的发达。

第三节 木刻图与地图刻石

宋代不断注重地图的应用,题材内容在发展,但是绘制全用手工,极少传抄复本。大多数地图集中在帝王的宫廷,在军政工作中发生有限的作用。至于分散在各地军政机关的图幅,从来没有在各种目录里面登记。通常所用的裱画方式,在需用时悬挂或在桌面展阅,查看不太方便。曾经在南北朝初期做过的木图,在宋代又有多次试做。

早在大约五世纪中期,南朝刘宋的谢庄,首先做过《木方丈图》,可能依据裴秀的《方丈图》。据《宋书》中谢庄本传:"制《木方丈图》,山川土地,各有分理,离之则州别郡殊,合之则宇内为一。"从这句简单的说明,只能确定它有按大州分片拼图的特点,全图的规模显然采用《禹贡》的九州,而不是南北朝时行政上的分州。至于山川地名,在木板上是采用书写绘画的方式,还是加工刊刻,无从确定。

北宋沈括在《梦溪笔谈》卷二十五自记:"予奉使按边,始为木图,写其山川道路。其初遍履山川,旋以面糊木屑写其形势于木案上。未几寒冻,木屑不可为,以熔蜡为之;皆欲其轻易赍(带)故也。"他曾经在熙宁七年(1074年)出任河北西路察访使。宋李焘《续资治通鉴长编》卷二百六十七,也记"括初至定州日,与其帅薛向畋猎,略西山唐城之间二十余日,尽得山川险易之详。胶木屑熔蜡写其山川以为图,归则以木刻而上之。自此边州始为木图"。

以上两小节互相参照,足见沈括在河北西路任察访使时,在定州一带尤其经过一番实地考察。其利用胶木屑和熔蜡,表明山川形势的木图,实际上是一种立体模型,至于高差坡度等方面,只能概略示意。据李氏所记,沈括用胶木屑和熔蜡,还是在现场察看后的初稿,而以后进献的木图却经过加工雕刻。此法还曾经推广到北方各州。

南宋光宗(1190—1194年)时,据《玉海》卷十四,"黄裳作舆地图,以木为之"引用《朱文公(熹)集·答李季章书》:"又闻黄文叔(裳)顷年尝作地理木图以献,其家必有原样,……或恐太大,难以寄远;即依谢庄《木方丈图》,以两三路为一图,而傍设牝牡(榫头),使其犬牙相入,明刻表识,以相离合。"朱氏又一答李书,述及"比近自用胶泥起草,似亦可观。若更得黄图参照尤佳"。

关于黄氏早年在地图方面的兴趣,另有下文苏州石刻地图的底本,都只有间接的资料。他仿制木图,按朱氏所知的制法,具有以二、三路的大区分片,而各片连接处做上榫头的特点,便于装拆搬动。但是他没有提到地图本身内容的特点。朱氏改用胶泥起草,类似沈括的用木屑或熔蜡,可能也是地形的示意图。

木刻图以外,宋代还有石刻图的新发展。虽则重要记述和儒家经典的石刻,秦汉以来风行已久,地图的刻石到宋代还是一种创举。石刻图非但具有保存悠久的可能,而且可以制成字帖式的拓本广为流传。碑刻本身尽管固定,拓本却便于传到远方。这是印书术兼印地图以前的又一重要发展。

西安历史博物馆内的碑林,创建于十一世纪北宋时代,集中四世纪北魏以来的北方刻石。那里收藏着的《禹迹图》和《华夷图》两块石碑。据碑上的题记,同样是刻成于阜昌七年,只是月份不同。按阜昌的年号是金人大举侵入北宋的北京(大名)、东京(开封)一带时,扶立的伪齐帝刘豫所僭用。阜昌七年相当于南宋高宗绍兴七年(1137年),正在同一年内,刘豫的帝号就被金人废除,上述两碑的刊刻,恐怕主要还是在金人侵入汴京的所谓"靖康之难"(1126年)以前,而其地点就在汴京。甘心降敌的刘豫,只是在时间上巧合刻工的完成。

这两幅石刻图虽则沿用裴秀、贾耽两个著名原作的名称,未必完全符合传说的两家原图的内容。在原作早已失传的条件下,这两种刻本显然只是依据辗转传抄的复本。石图的分率既是缩小,内容必然更是简略。

由于石碑的保存完好,八个半世纪前的这两幅图,还可以从它们的拓本直接了解到地图的内容。在马王堆汉墓的帛图近年出土之前,这样的拓本,在好长时代是直接能了解的最古老的地图。对于这些拓本,我们应当深入分析一下它们的优缺点。

《禹迹图》在图名下加着两套说明。小注称"每方折地百里",就是指陆地部分全部开方计里的方格。海上未画方格,使得海陆分明。三行大注称"禹贡山川名,古今州郡名,古今山水地名"。《禹迹图》之得名,可能是由于依据裴秀的《禹贡地域图》的轮廓,但是在内容上"禹贡山川名"之外,增加了"古今州郡名"。实际上"古今山水地名"最适合于这幅图的特征。

这幅图上许多河流的布局和海岸的形势,比较近似实际情况。海岸的主要缺点是没有画上辽东半岛,和山东半岛西部的南北广度不足,杭州湾之南多出一个大湾曲,而海南岛东西间过于宽广。河流大致还正确,不过有些走向或弯曲有不同程度的偏差。南部的多数较大河流都还是空白,甚至缺少广东的东江。

沿用"禹贡山川名",在水道方面,尤其是大伾以下的大河入海

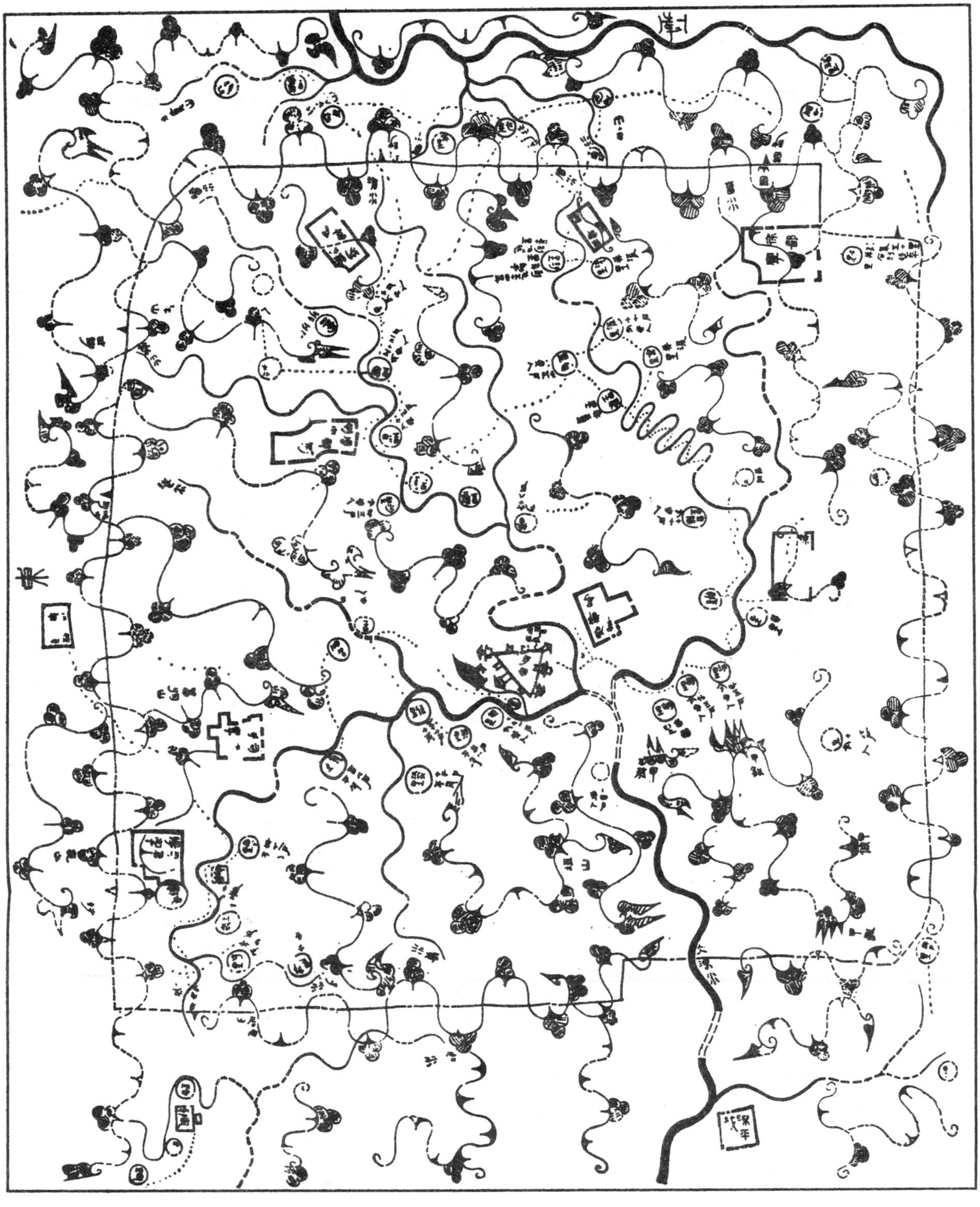

图 5 马王堆三号汉墓出土帛书驻军图复原图

段、济水以及黑水,和后代的大量地名结合在一幅图上显得很不协调。黑水一头见于图的西北一角,另一头又见于图的西南一角,以求强合《禹贡》的分见于雍、梁两州,而又称南入于海,完全不符合地面上的实际。大河入海段和济水,依据《禹贡》的叙述,不符合后代的变迁。但是,这幅图上的大河在沧(州)之北入海,而子牙河以北的现代海河四大支流,都分别直接入海,和上文第一篇中提出的推论相同,也符合《水经注》的记述。

图上的山名,只用地名的写法而不加符号;有些只写名称而不加山字,不容易和州郡名辨别。《禹贡》所讲到的山名,尤其是《导山》一节里面的,都可以在图上见到。但是,例如以"陪尾山"填于桐柏东南,又以"内方山"填于陪尾之南,都缺少根据,似乎只是随着《禹贡·导山》的文句排列。另外,如南岭的五岭、九疑、天台、茅山等后代的山名,标明的也不在少数。

图上并没有写上《禹贡》九州或是后代行政大区的名称,只是罗列许多州郡的本名(不加州郡等字)。这些地名具有浓厚的唐代色彩,反映出深受唐代通用地图的影响。河套北岸的三个受降城和南方的安南府,以及东南的泉、漳等地名,尤其具有这一特点。但是东、西、南、北四京和京兆,都是按北宋的制度。由此可见刻图时所用的底稿,却是北宋时所改定。

《华夷图》的格局大不相同。下角的小记虽则提到"唐贾魏公①图",比较贾氏的《海内华夷图》大小悬殊,可能是一种加上不少宋代注记的传抄本。例如图名右侧关于契丹"即今称大辽国"的一段,就是宋代注记的一例。图名所指的"四夷",实际上只在图的

---

① 因贾耽生前受封为魏国公而简称魏公。

四边记述四方诸民族的名称，极少数略加说明。图中的朝鲜半岛，也只是写上几个国名。

《华夷图》对于华的部分，山水地名大致都依据宋代的名称。州郡名以外，还兼用宋代驻军的名称。例如山东的"宣化"，指的是当时在小清河北岸所设的宣化军，在解放前的高苑。北宋推崇道教，图上对于泰山、嵩山等五岳，都称为东岳、中岳等。但是，在东北的辽东，注有"舜之营州，汉辽东郡，唐安东府"，河套北注有"唐安北府，中受降城"，穿插少数古地名。

这幅图的大轮廓比较粗略。山东、辽东两半岛都没有画成突出海上的陆地。朱崖（海南岛）之西的海岸延伸往西，漫无限制。黄河已经在上源应用这个名称，但是走向在河套以上和西岳附近以下都欠正确，甚至夸大了河南（洛阳）、东京（开封）与河岸之间的距离。岭南的水道，西江干支流以外，北江显得细小，而东江更是空白。

图上有两个特点值得注意。其一，山岳采用一个或两个三角形符号，在秦岭、太行等地带略具山脉的形势。但是名称和符号往往不够密接，而符号太多，名称和一般地名无法分清，就显得杂乱无章。其二，图的西北角上有弱水的插图和蒲昌海、于阗河水系两个插图。插图的方式，使它们表示得很清楚。但是插图与正图之间，没有划出界线。

图上的长城画得东西两端都有错误。东端一直延伸过了辽水，达到高丽、沃沮之北。西端穿越河套的一段，只是在黄河上游之东，折向西南伸到了熙州东北。在弱水的插图上，却有一段长城从居延泽延伸到玉门关，插图的长城显得不能和正图的长城西端衔接。至于黄河下游北方的滹沱、桑乾等四条大水道，都还画成各自直接入海。

另一座地图刻石是保存在苏州旧孔庙。据王致远题于图下端的跋,此图上石于南宋淳祐七年(1247年)。同时说明底本得于蜀。因官于浙右,"摹刻以永其传"。而图稿原来是"兼山黄公(即黄裳)为嘉邸翊善①日所进也"。王氏的短跋之前,刻有长跋,先提到周秦以来各国分合的变迁,再论国朝创造王业的艰巨,结语劝勉嘉王以此图为规复失地的中兴龟鉴。黄裳早年在嘉王邸任翊善,是在孝宗末年(1189年)。足见当年从制图到刻石,都具有爱国主义思想。

这是一幅大宋政治地理图,具有把各路首府刻成阳文,以区别于一般地名用阴文的特点。少数驻军中心也用阳文字。由于所有的地名都带长方框,图面显得非常拥挤。河套之西的凉州、甘州等地,实际上是几片插图,只能作为通向龟兹等地所经过,而不能代表实际距离。山岳的符号采用重叠的折皱线条,比例上过于夸大。部分山岳还加上平行直线作为松林的符号,造成垂直面与平面混杂的矛盾。相形之下,大小河流的线条太细,看图时不够清晰。

上述三种地图刻石的经久保存,既可以使我们充分了解它们的底图本身所具有的优缺点,也可以通过它们估计宋代一般地图表现各种情况的水平。当时对于我国海岸的轮廓、主要山川的布局以及一般州郡的部位,都可以得到不同程度的明确,而在绘制的方法和可靠的程度上还大有出入。开方计里的图上更是易于辨认各地的部位,但是这种绘法的应用,仍然不够广泛。同时对于距离遥远的异方殊域,往往难以在地图上具体表现。

---

① 嘉邸指嘉王府。翊善,官职名,侍从讲授。

第五章 元明间地图的进步

关于元、明两代地图的发展,我们不必叙述一般的情况,因为有关的资料,元代较为稀少,而明代的变化也不太大。下文只就几个典型的作品,说明这个将近四个世纪的特征。

第一节 朱思本自编《舆地图》

元代地图作品中杰出的一种是朱思本的《舆地图》。当时席卷金、宋的蒙古族统治阶级,仍然因袭宋代推崇道教的传统,借以麻痹广大汉族人民。朱氏是一个出身于道教中的活动的学者,而在制图工作中成名。据《铁琴铜剑楼书目》[①]卷二十二,"《贞一斋杂著》一卷,诗稿一卷,元朱思本撰。思本字本初,江西临川人。学道(江西)龙虎山中,从张仁靖真人扈直两京,又从吴全节居都下。……尝以周游天下,考核地理。竭十年之力,著有《舆地图》二卷,刊石于(龙虎山中)上清之三华院,惜今不传"。

明罗洪先据朱图而自编《广舆图》,书中引述朱思本的自叙,有

---

① 清瞿镛编,咸丰七年(1857年)江苏常熟瞿氏刊。

以下一段。

> 予幼读书，知九州山川。……后登会稽，泛洞庭，纵游荆、襄，流览淮、泗。……由是奉天子之命，祠嵩高，南至于桐柏，又南至于祝融，至于海。往往讯遗黎，……量校远近，既得其说，而未敢自是也。中朝大夫，使于四方，……则每嘱以质诸藩府，博采群言。随地为图，乃合而为一。自至大辛亥（1311年），迄延祐庚申（1320年），而始成功。其间山河绣错，城连径属，旁通正出，布置曲折，靡不精到。若夫涨海之东南，沙漠之西北，诸蕃异域，……姑用阙如。

朱思本由于各方游历和博采群言，得以随地为图，合而为一。实际上总是依据新得资料，订正旧地图。为使图幅内容充实，宁可省略遥远的诸蕃异域。据罗氏《广舆图》自序的附记，"朱图长广七尺，不便舒卷"。上文所提到的称为两卷，可能是因宽度太大，分成两半。上清的刻石，恐怕也是这样。至于图中的得失，因原图不能见到，未便细论。清姚际恒《好古堂书目》，还著录"《朱思本舆图》大本一本"——所谓大本可能指大幅。这一个清代中叶依然保存的孤本，不知以后怎样下落。

第二节　罗洪先增补的《广舆图》

罗洪先在《明史·儒林传》内，提到他"考图观史，自天文地志，礼乐典章，河渠边塞，战阵攻守，下逮阴阳算数，靡不精研"。足见他熟悉地图。这条标题的叙述方式，在同书的《艺文志》有著录。他在嘉靖八年（1529年）举进士，隆庆（1567—1572年）初卒。所增编的《广舆图》一书，有嘉靖四十年（1561年）和四十五年（1566年）的两篇序，可见是他晚年积累的成果。

罗氏在朱思本《舆地图》的基础上增编，曾经在自序后附记中声明："今据画方，易以简编。"其实际作用是把原图的大幅，按画方分成小幅而装订成书本。另一方面，正如陈组绶《皇明职方地图》的大序，叙述过朱、罗两图的渊源。"元人朱思本计里画方，山川悉矣，而郡县则非。罗念庵（字洪先）先生因其图更以当代之省府州县，增以（驻军）卫所，注以前代郡县之名。"扼要来说明，就是以朱图为山川海陆的图底，而使军政中心符合明代制度。

然而在朱图的元代区划改成明代区划以外，罗图还增补许多具有新内容的专图，而包括的范围也更扩大。罗在自序附记中提及全书共有"两直隶十三布政使司图十六"，"（北方）九边图十一"，"洮河、松潘、虔镇、麻阳诸边图五"，"黄河图三"，"漕（运）河图三"，"海运图二"，"朝鲜、朔漠、安南、西域图四"。罗图增编的内容，兼顾到边防、水系、航运和当代或前代的藩属。资料虽是依据朱图以外的旧图，效用可以超出旧图的限制。罗氏的推陈出新，并不限于承袭朱图的轮廓。

第三节　陈组绶《皇明职方地图》

《皇明职方地图》的作者，除去留下这部作品之外，其他事略在一般史料中都没有能找到踪迹。从书中的大序，可以看到它是罗洪先图几十年后的一种修订本。大序说明修订的主旨如下：

(1) 旧图于郡县惟记其名，不书其险，所以郡县可考，而山川之险阻莫测。京省郡县，全在责实之内，故凡逋逃薮泽，不可不图。

(2) 旧图于边墙图其内，不绘其外，所以图以内易见，而图以外难知。九边之要，全在谨备于外，故外夷出没，不可不详。旧图边镇不分，大宁、开平、兴和、东胜四边虽失，犹二祖之版图也，乌可遂弃而不问？

(3) 旧图漕河太略，无海防而有海运，无《太仆图》……以知马政。

(4) 旧图在万历(1573年)以前，今历二世，朝代异则沿革异。

以上所提到的旧图的缺陷，固然言之成理，但是面临明末内外交迫的形势，为封建统治阶级服务的意图，所画的"逋逃薮泽"和"外夷出没"，究属有限。国力衰落而失陷的边镇，虽然按照旧有版图画上，哪里料到明代的整片江山都在遭遇危机？增补漕运、海防的要地，以及兼顾马政，既反映明代形势的复杂，也表明作者对于地图内容的改进，在朱、罗两家之后，又有独到之处。

明代流传下来的地图，另有《郑和航海图》一种，将在下一篇内和有关的旅游记一并讨论。关于明代其他门类专用地图的发展，还有待于进一步探索有关资料。例如由于治理水患的需要，曾经绘制好几种黄河运河图卷，记述沿河堤埽、运河闸坝、水道变迁等情况。潘季驯在万历十八年(1590年)所制《河防一览图》尤其著名。潘氏自嘉靖四十四年(1565年)至万历二十年(1592年)的二十七年间,四次主持治河工程,对于沿河各种情况非常熟悉,并且著有《河防一览》一书。一图一书都是潘氏多年精心治河的心得。

第六章　第三篇小结

本篇的上述各章节,探讨我国的地图发展史,截止于明代末年,只是说明了不同时代的一些特征或重要典型。在地图的绘制和使用方面,我们应当还认识到在前后相承的情况中,有一些在前代提到过的特点,到后代可能还在持续;尤其是元、明时代,可能还在重复一些唐、宋时代的特点。同时我们也应当联想到上一篇所提到的地理志和地方志的发展,一部分也都带有地图。

从西周初年到明代末年超过二十七个世纪,我国地图的绘制和使用,在东西方各国中,原本进步得非常突出。在开头五六个世纪的萌芽时期以后,从春秋后期到西汉初年的过渡,就进入两汉、魏、晋、隋、唐、宋代和元、明几个发达阶段。不过所提供的论证,无论是关于典型的作品或重要的作家,只有文字记述的资料,详略不一。当然这些资料的采择和分析是否得当,不免存在着一些问题。

宋代的三个地图石碑,刻石的年代迟者距今七百余年,早者距今八百余年,都还相当于欧洲文化衰落的中古时代。它们的底图,至少代表宋代较早的作品,《禹迹图》和《华夷图》还多少反映出晋初裴秀和唐代贾耽制图的遗迹。至于长沙马王堆新出土的帛图,竟是公元前第二世纪西汉的文化遗产。石碑拓本和帛图复本的照片,对于不同时期古地图的制作方法和内容优缺点,都有莫大的帮助。

地图绘制的可靠程度与有关地区地理形势的熟悉程度密切相关。为此,西汉的地图以马王堆帛图为例,似乎已经达到相当高的水平。西晋初年,裴秀拟订制图六体,尤其重视分率和准望,也就是使每幅地图全部依据统一的比例尺和开方计里的纵横平行线定方位。他的这套理论,既把对于地图的要求具体化,又把制图的方法系统化,可惜流传下来的说明过于简略,而他自己的作品也久已失传。以后虽则在宋代曾经得到沈括的推崇,历代各家制作地图,只有少数采用开方计里的方法,因此我国的制图法没有能进一步提高。但是裴氏采用开方计里制图法,接近西方的托勒密(Ptolemy)时代的水平,深受现代东西各国地理界和史学界的重视。

正确性的提高既是受到限制,地图绘制工作的长期发展,主要就是徘徊于地图内容上的各种选择。同时这一个变化特征,往往是局限于我国所谓内地的各部分。虽则各时代的地图,也有不少包括辽阔的边疆,以及更其遥远的大陆地区或海外,那些部分的地图更容易长期受到旧传统观念的牵制,而不一定能反映随时变化的新形势。但是由于许多地区缺少自己的古地图,我国旧有的地图仍然具有独特的参考价值。

通过长时期的实践,我国的制图工作在技术方面没有能摆脱旧传统的束缚,其主要原因是当时关心制图方法的学者,寥寥无几。正如许多记述资料所反映,绘制的工作都是托付给画院的画工,或其他类似的助手。西汉以来,许多地图都画有青山绿水,在今古地名并用时,又分别以红黑两色书写表示区别,都是受到绘画的影响。

由画工绘制的地图,在我国印刷术发达的宋代,刻板印图的技术,也就在世界上发展特早。刻图的最早起源难以断定,在流传下来的宋板书中,极少数十二世纪中叶的刻本中已经插有地图。例如杨甲的《六经图》,约在1155年左右成书,内有十五国风地理说等内容,除后代翻刻本外,宋本现由北京图书馆珍藏。傅寅在1160年左右所著的《禹贡说断》,原来有导山导水图;这部书以后有好几种翻版,地图已经失传。

  早期的刻板印图,一般不免较为粗略,而且全图只印成黑色。十五国风地理图,兼用古地名与宋代地名,不容易分清它们的时代意义。大小水道只画单线,无从分别主次。傅氏的附图把水道一律画成双线,过于夸大宽度,而分布的形势也不及宋代其他地图的接近正确。唯独黑水画成单线,似乎作者自己也怀疑这条水道的画法未必妥善。但是刻板印图的发展,总是扩大地图在社会上流通的一个重要关键。

  在我国地图的发展过程中,基本的一个弱点是没有能结合早已有所发展的测量技术。除去大小不等的古代建筑,反映出历史上的测量技术成效卓著以外,唐代杰出的科学家僧一行,在开元九年至十五年(公元721—727年)间,曾经派南宫悦在河南滑县、开封、扶沟、上蔡观测日影长度和北极高度,并且计算四地之间的距离,推算出子午线一度的长度为351.27里(唐代一里折合454.36米)。这也是世界上一次很早的子午线测量,而且兼有纬度观念。元代郭守敬也进行过类似的观测。可惜他们都偏重于天文观测上的应用,而没有具体推算地面上各个不同地点的部位。

  西方的地图在哥伦布1492年开始发现新大陆后,到十六世纪后半就引起制图学的空前发展。葡萄牙的航海业绕过好望角向东猛进,到明代末年就有天主教传道士携带西方绘制的地图进入我国。但是在明末,他们的影响主要还限于澳门以及南京、北京少数地点。西方的地理思想和地图在我国境内的传布，主要是在清代，因此这里只是简略点明其时代意义。

第四篇 举世闻名的游记
——战国至明末

第一章 《穆天子传》

——神话性的旅游记

第一节 晋代出土的战国作品

《穆天子传》一书经历过不平凡的曲折。《隋书·经籍志》称之为《汲冢书》,列于史部起居注类。在这一栏的叙文中,特意提到"晋时又得《汲冢书》,有《穆天子传》,体制与今起居注同,盖周时内史所记王命之副(本)也"。初出土后,荀勖作序,首先说明"古文《穆天子传》者,太康二年(281年)汲县民不准(人名)盗发古冢所得书也,皆竹简素丝编"。同时出土的还有古本《竹书纪年》,已失传,今所传《竹书纪年》是宋代人的伪作。

荀氏序文又说:"汲(今河南汲县)者战国时魏地也。按所得《纪年》,盖魏惠成王子令王之冢也,于《世本》盖襄王也。按《史记》六国年表,自令王(去世的)二十一年至秦始皇三十四年燔书之岁八十六年,及至太康二年初得此书,凡五百七十九年。"秦始皇焚书是在公元前213年,往前推86年,是公元前299年。据此推算,这部作品的写作,必然稍早于魏令王的墓葬。

传统见解向来把这部作品认为历史纪实,我们首先要弄清楚它是否有足够的根据。对于这部作品中所称的穆天子,被认为西

第四篇 举世闻名的游记

周时代的第五代君王,公元前1001—前952年在位。王姬姓名满,穆王的称号是死后的谥法。作品以《穆天子传》作为命题,而卷一更有"帝曰穆满……",不可能是他出游时的实录。这样长篇的追记,也不可能产生于西周那样早的年代。

荀勖的序另外提到"《春秋左氏传》曰,穆王欲肆其心周行于天下,将皆使有车辙马迹焉,此书所载则其事也。……与太史公记同"。《左传》是战国初期的作品,反映有关穆王出游的故事,可能是当时的一种民间传说。这种传说正如许多子书中常见的故事和寓言一样,类似一种神话,而并非可靠的历史事实。尽管提到少数人物或地点,只是借用来妆点成一些近似历史背景的假象。

《穆天子传》这部神话故事的特征,是采用广泛旅游的方式来叙述。这正和西方古希腊荷马史诗中的主要神话故事一样。不过《穆天子传》似乎不是全部出于同一作家之手,而是三家的创作凑成的专题集。全书六卷,前四卷叙述主要转向西方的远游,后二卷叙述两次向东的出游;文笔各不相同,似乎是另外两家的作品。三次都以南郑为归宿或出发点,但是叙述的内容各有不同的特征。

前四卷所记的远游的神话性最是明显。例如一日的行程,"天子之马走千里,……天子之狗走百里"。所谓"八骏之乘",都有赤骥、盗骊等名称。八骏分驾两车,由造父等四人为御(赶车人)。两乘这样快得超群,往往还先出发,随从的所谓"七萃之士"和"六师"之众必然迟到。每当天子命驾先发,驰驱千里,特意调去护卫的六师,万里追随,尽管时而提到上下会合,实际上常时远远落后。何须这样劳师动众?

前四卷头上,"至于□(字迹模糊,以□代替)筋天子于盘石之上,天子乃奏广乐","雨雪,天子猎于钘山之西阿","天子北征于犬戎,犬戎口胡觞天子于当水之阳"。所记的饮宴于盘石之上,风雪中在钘山之西阿打猎,北征犬戎,而其首领设宴款待,在情节离奇之中还有几分可能。从"天子西征骛行至于阳纡之山,河伯无夷之所都居"以下,"河伯号之帝曰穆满","天子升于昆仑之丘,以观黄帝之宫","天子觞西王母于瑶池之上",并且详加说明,显然都是神话,其他不另引证。

结合历史事实,有时简略影射,只是似是而非。例如前四卷开头似乎有大段缺文,所以没头没脑就是一句"饮天子蠲(音涓)山之上"。应当首先提到出游的用意和出发的地点。第二句就是"戊寅天子北征,乃绝漳水",似乎早已走了大段路程。第四卷末尾在叙述全部行程之后,叙述"吉日甲申,天子祭于宗周之庙",那是在西周的镐京。接上说"乙酉天子□六师之人于洛水之上",作者或是误以洛水代渭水,或是误以成周(洛阳)代宗周。

前四卷最后还加上"丁亥天子北济于河口羝之队以西,北升于盟门九河之隥,乃遂西南,……吉日丁酉,天子入于南郑"。穆王筑祇宫于南郑,具体的位置一说在镐京之南,仍是近畿邑,近年的历史地图,也有画在镐京之东的一说。但是从宗周到南郑,绝没有绕道到"洛水之上"的必要,随从出游的六师,也没有移驻"洛水之上"的理由。宗周与南郑同在关中,而且在渭河之南,又何须"济河而北",再是"乃遂西南"?

关于前四卷的行程,"自宗周瀍水以西,至于河宗之邦阳纡之山,三千有四百里",其起句就表明作者确是根本上没有弄清宗周的位置,而误以瀍水以西的成周代替。细述沿途各地的里程之后,总计"宗周至于西北大旷原一万四千里,乃还,东南复至于阳纡七千里,还归于周三千里",竟然缩短成一万里。但是总加的一句却说"各行兼数三万有五千里",似乎指加上各地往邻近出游的里程,也有到一万一千里。夸张是神话故事中必然存在的特征。

五卷以"宝处曰天子四日休于濩泽"开头,六卷以"之虚皇帝之间乃囗先王九观,以诏后世"开头,上面显然都有缺文。这一特点,可能还是作者故意使得这些故事显得古老的一种伪装。五卷叙述天子在各处饮宴、射猎、钓鱼,虽则提到水名或泽名,唯独洧水等极少数可考。

"桑中"、"林中",以及一些山和丘,地点都无从确定。在这一卷内,尽管在叙述不同类型的活动,指明游历的方式,限于偶然用到"北游"、"东游"等字样。唯一重要的典故是七萃之士高奔戎请生捕虎,"天子命之为柙,而畜之东虞,是为虎牢",这是后代为虎牢关命名的依据。

六卷在卷首提到"天子饮于潄水之上",后部又有"天子东征钓于潄水",再加一些西征的行程。重点放在"天子舍予泽中,盛姬告病"等,泽中不知何地。盛姬一病不起,就详述丧礼的铺张,以及"天子永念伤心"。末尾的西征行程,又夹有"西济于河",似乎绕道北去,然后西南或南行"入于南郑"。虽则首部说起一下"天子乘渠黄之乘",也没有日行千里的威风。

总之,《穆天子传》一书,前四卷一气呵成编成的历史性神话,具有相当风趣。其地理背景,基本上类似《五藏山经》,此中特点,将在下一节分析比较。五、六两卷可以说是狗尾续貂,想像力和写作技术都远不及前四卷。在埋入魏令王冢时,全部作品可能完成得不太久,流传不广,所以在战国前期,从没有别的作品,加以称道。晋代出土后,荀勖以黄纸誊抄一份,连同竹简原本,藏入内府,以后经郭璞作注,才流传于世①。

第二节 《穆天子传》中的山川与《五藏山经》

关于《穆天子传》所记旅游的神话性,最明显的确证是它的类似《五藏山经》中的若干山川为地理背景,而并不依据我国大西北的真实山川,这一种共同特点的指明,并不表明《山海经》曾经风行一时,而表明这两部作品中的幻想山川曾经在战国时代相当流行。这一种在民间流行的观念,成为这些作品的共同根源,及至结合于作品里面的时候,只是异曲同工,而并非完全一致。

《穆天子传》四卷全游程的小结,尤其具有近似《五藏山经》西次三经中的片段的风格。其原文如下:

> 庚辰天子大朝于宗周之庙,乃里西土之数(计其道里)。曰,自宗周瀍水以西,至于河宗之邦阳纡之山,三千有四百里。自阳纡西至于西夏氏二千又五百里。自西夏至于珠余氏及河首千又五百里。自河首襄山以南至于舂山、珠泽、昆仑之丘七百里。自舂山以西至于赤乌氏舂山三百里。东北还至于群玉之山,截舂山以北,自群玉之山以西,至于西王母之邦三千里。自西王母之邦北至于旷原之野,飞鸟之所解其羽,千有九

---

① 郭璞,西晋时人,《山海经》等古籍,最早都是由他作注。随元帝(317—322年)过江,后为王敦所杀。

百里。(自)宗周至于西北大旷原一万四千里,乃还。东南复至于阳纡七千里,还归于周三千里。各行兼数三万有五千里。

《穆天子传》结合穆王游行的旅程,而且穿插川、泽和特殊氏族作为分段的标志,比较《五藏山经》的单纯叙述由前一山到后一山的依次叙述,似乎不大相同,但是格局非常类似。

有一些细节更显出这两部作品的神话具有共性。例如《穆天子传》卷二,"辛酉,天子升于昆仑之丘,以观黄帝之宫"。《五藏山经》西次三经,"西南四百里曰昆仑之丘,是实惟帝之下都,神陆吾司之"。后者指明昆仑之丘是河水、赤水、洋水、黑水所出;往西到积石之山,又提到"河水冒以西流"。前者在卷一先提到"天子西济于河□,……以饮于枝洔之中,积石之南河"。卷二,"遂宿于昆仑之阿,赤水之阳"。中途的舂山,未见于《五藏山经》,但下文"庚辰济于洋水,……觞天子于洋水之上","甲申至于黑水,天子乃封长肱于黑水之西河"。两书所提到的四条水的名称恰好一致,但是部位不同。

卷三的"天子宾于西王母,……天子觞西王母于瑶池之上",以及互致颂词等等,是传统的西王母神话中重要的典故。中间还提到题西王母所居为"西王母之山",但是四卷的小结和二卷末尾都只称为"至于西王母之邦"。对照《五藏山经》的西次三经,在玉山一条称"是西王母所居也"。接上说"西王母其状如人,豹尾虎齿而善啸",同一个所谓西王母,一则说成美貌仙子,一则说成奇丑凶神,都是幻想的人物。

《五藏山经》把西王母所居之山称为玉山,《穆天子传》二卷在"至于西王母之邦"之前,经过黑水之后,曾经"至于群玉之山"。

后者并且叙述"容口氏之所守曰群玉田山,口知阿平无险……。天子于是取玉三乘(车),玉器服物,于是载玉万只。天子四日休群玉之山,乃命邢侯待攻玉者"。这样就把群玉之山说成遍地皆玉,而且大量运走。

《穆天子传》中的各种地名,另外还有少数见于《五藏山经》,不另细述。值得注意的是,虽则阳纡之山、黄鼠之山、瓜纷一山一类,不见于《五藏山经》,在加一个之字的方式上,正和后者相同。许多泽名也是与后者用字不同而气味相同。另一方面,卷一所提到的"北绝漳水"和"北循滹沱之阳"和夹叙的蠲(音涓)山、钘山合在一起,并不完全符合这两条水的真实部位。和《五藏山经》的北次三经相比,虽则见到同名的水,也还见不到同名的山。

由于上述的一些特点,足见《穆天子传》和《五藏山经》的地理成分,都是幻想超过现实。它们一方面依据战国时代民间流传的各种幻景和神话,一方面各自从中进一步发挥铺张。在地理资料早期零乱的条件下,主观想象的山岳川泽就可以任意摆布。历代注家还极力把古代作家幻想的山川,附会成为后代所了解的某些真实山川,甚至以这两部作品的内容细目彼此引证,殊不知同样是空中楼阁。

查魏国称王始于公元前334年。《穆天子传》倘若是魏国的文人所作,成书后进献于统治者获得赞赏,以至在公元前299年成为殉葬品,其成书的年期可能是在公元前340—310年之间。他创造出大西北的广大幻想境界,似乎早于《五藏山经》半个到一个世纪。及至晋代出土之后,逐步扩大流传,在社会上所产生的影响较大,因为穆王旅游的神话故事,早已有《左传》等书称道。《穆天子传》的山川只作为万里远游的地理背景,迥然不同于《五藏山经》的以山川的布局为主要题材。所以，这两部作品对于山川的认识和描述，虽则大有类似之处，但是本身的结构和作用又截然不同。

第二章　晋代法显的《佛国记》

——天竺取经的旅程

第一节　世界最古老的真实旅游记

自从汉明帝在公元 65 年派遣使者去西域求佛法,熟悉佛法经典的西域高僧,不断有人东来,而国内的高僧也逐渐有人去西域各地取经。在下定决心取道西域而深入到天竺(古代对于印度的通用名)的僧人中,法显是最早顺利达到目的而回来的极少数人之一,追记他的全部旅程的《佛国记》,无疑是世界上最古老的一篇空前艰险的万里远游的旅行记。有些版本的跋文,也指出古时曾经称之为《法显传》。

法显生于东晋和南北朝初期,《高僧传》只提到"后至荆州,卒于辛寺,春秋八十有六",没有指明死在哪一个年份。因此,在他经历十五年之久的旅游时,约计年龄多大成为一个问题。《中国古代地理学简史》把他说成"以六十五岁的高龄……出发",回青州时"已是七十八岁的老人了"[①],这个估计难以置信。这样的假定,不知有何根据。归途避免翻山越岭,而宁愿冒航海的风险,可能反映

---

① 侯仁之主编:《中国古代地理学简史》,科学出版社 1962 年版,第 22 页。

他是五十左右上路,而十多年后,已经年过六旬,于是决意改走海道回来。

法显原在长安。北方由于西北少数民族的入侵,已经在分裂先后更迭的十六国。当时长安受羌族后秦的统治,所以他在《记》中所用年号称弘治二年出发,即公元399年。在总结全旅程时,又说,"法显发长安,六年到'中国'(指中天竺的佛教圣地),停六年还,三年达青州"。又称"是岁甲寅,晋义熙十二年",两者不合。他在甲寅回青州,还是晋义熙十年(公元414年)。他在青州留住一冬一夏,"南下向都",似乎由陆路到建业(东晋首都),"留共冬斋,因讲习之际,重问游历",于是记述成书,才是义熙十二年初。

《高僧传》称他为"宋江陵辛寺释法显"。法显到达建业后四年的公元420年,东晋亡,刘裕即帝位,采用宋的国号,是南北朝时代的刘宋。法显由建业移居江陵(即荆州),在辛寺完成他的译经工作,按照年达八十六岁,可能还工作了十五年左右。《高僧传》把他称为宋代人,必须在这一时期内有重要贡献。倘若回青州早已是七十八岁的高龄。到刘宋初建国二年就去世,怎会以刘宋时的高僧闻名于世?

叙述法显求经行程的《佛国记》,传统的理解认定它只是由他口述而第三者加以笔录。这是又一个误解,引起的因素是全文都称他的名字。在记文的结语中,说到"窃惟诸师未得备闻,是以不顾微命,浮海而还,……故竹帛疏所经历,欲令贤者同其闻见"。最后一句可以表明,他在到建业之后,除去在"讲集之际"口述之外,"竹帛疏所经历",就是他亲自编写。至于文中一直用名字,本是习惯上自谦的一种表现,不应认定为他人的记述。

末尾另有一段"是岁甲寅"以下的文字,确实是其他人的附记,只是为了对法显表示钦佩。因此说到"迎法显道人,……因讲习之际,重问游历;其人恭顺,……于是感叹斯人,以为古今罕有"。这几句的语气,显然和上文所引的"窃惟……"等语,截然不同,不应当混为一谈。至于甲寅的纪年,应当是丙辰。正是由于《佛国记》是出于法显自己的手笔,所以通篇的叙述和描绘,都显得异常亲切。虽则全文只有一万字,内容处处写得生动。

东汉时佛教从天竺(印度)经由西域传入中国,我国的僧人以后反过来去西域求经,再进一步而去天竺,大概在法显之前发展得不久。法显结伴和中途相遇的同道,人数极少,能以久留天竺而饱学返国的高僧,法显是最早的开路人。在两汉时代张骞、班超等开拓西域的一批探险家之后,法显是最早渡越西域边境高山而深入印度的少数新兴的探险家之一。在他的同路人中,最远只有一人和他一起到达印度恒河中游佛教圣地的"中国",竟然决定终生留在那里。法显更是不避艰险,毅然取海道回来。一路经过的各地,各民族语言不通,全靠学会印度古代的梵文在僧侣中交谈,学习佛教经典,因此他又是我国历史上的第一个留学生。

佛教创立于公元前第六世纪后期,早已分为大乘、小乘两教派。法显抱有"欲令戒律流通汉地"的宏愿,因此出发前已先习梵文,为通过西域和天竺各国做准备。一路上留意佛教风俗,瞻仰佛教古迹,加以沿途经历的阻力,途程进展有时多所延搁。但是他留住天竺的"中国"三年,"学梵书梵语写律"(即佛经),到多摩梨谛海口(恒河口),又住两年,写经画像,泛海到师子国大洲(岛),又住两年。旅程中停留在这三个地区的时间,约占一半,主要是为"留学"致力于收集经本、抄写和画佛像。

当时陆路的旅行,全靠徒步跋涉山川,因此对于沿途的景象,感受深刻。他所采取的入印路线,关键性的一个特点,是从西域南部的于阗,直接通往辛头河,这个河名是法显对于现代通称印度河的异译,实际上只到了印度河上游。这段路线的位置大体上相当于近年来我国和巴基斯坦联合兴修的喀喇昆仑公路的路线。但是印度河流域一带,当时和恒河流域等印度次大陆的地区一样,普遍盛行佛教。具体的情况留到下一节中讨论。

第二节　法显精辟的地理观念

　　法显以佛教信徒远道求经礼佛,所到各地,当然都重视佛教发展的情况,和重要的佛教名胜古迹;但是对一路上少数地段的地理景象,也有不少的叙述,而且表现出他具有细心观察的能力。这方面的各种理解和描述,正是我们所要收集整理的资料。为节省篇幅起见,在沿途经过的各地区中,只能选录一些精湛的论点作为例证。

　　关于沿途经过的地点,在我国境内的一段,大致都可以确定。一到印度次大陆境内,虽则有前人做过的路线图可以参考,但是由于未能得到印度次大陆比较详细的历史地图对照,对于法显所举地名的位置,可靠性不免还存在着好多问题,有待于历史地理的研究加以澄清。目前只能把原文所提到的各地之间大致的走向与途中时间,和普通地形图上所能了解到的山川形势与距离,酌量判断原有路线图的正确程度。

　　法显的旅程,按经过地区的特征,可以分为几个阶段。各阶段他都能体会到当地景象的要点。

1. 关于西域的沙漠区。

(1)"敦煌太守李浩供给度沙河(僧人在生活上依靠私人资助或各地寺庙照顾),沙河(沙漠)中多有恶鬼热风,遇则皆死,无一全者。上无飞鸟,下无走兽,遍望极目,欲求度处则莫知所拟。惟以死人枯骨为标志耳(指时而有人经过所遗留)。行十七日计可千五百里,得至鄯善国,其地崎岖薄瘠。俗人衣服粗(意即略)与汉地同,但以毡褐为异。"

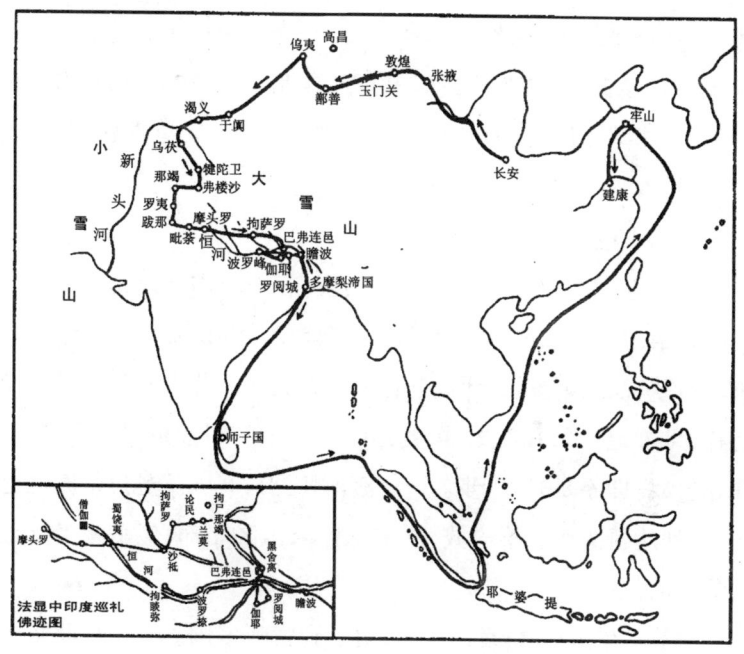

图9　法显天竺取经路线图

(2)"住此(鄯善)一月复西北行,十五日到㛭夷国。……㛭夷国人不修礼仪,遇客甚薄。"

(3)"(从㛭夷国)西南行,路中无居民,涉行艰难,所经之苦,人理莫比。在道一月五日,得到于闐;其国丰乐,人民殷盛。"

2. 关于度葱岭①高山区,显示出山北、高脊和山南的差异,以及所度小雪山的位置问题。

(1)"于是(自于闐)南行四日入葱岭山到於麾国安居(似尚在山麓带)。安居(佛教例行的夏令清修,又称夏坐)已止,行二十五日到竭义国(高于於麾国,可能介于昆仑山脉与喀喇昆仑之间,未必到新头河上游),其地山寒,不生余谷,唯熟麦耳。……其晨辄霜。……其国当葱岭之中。"

(2)"从此西(应作南或西南)行,向北天竺,在道一月,得度葱岭(可能指喀喇昆仑的山口)。葱岭冬夏有雪,又有毒龙,若失其意,则吐毒风雨雪,飞沙砾石。遇此难者,万无一全,彼土人,人即名为雪山人也。"

(3)"度岭已到北天竺。始入其境,有一小国名陀历。……于此顺岭西南行十五日,其道险阻,崖岸险绝。其山唯石,壁立千仞,临之目眩;欲进则投足无所,下有水名新头河。昔人有凿石通路施傍梯(即栈道)者,凡度七百,度梯已,蹑悬絚(即索桥)过河。河两岸相去减(即不足)八十步。……渡河便到乌苌国。"越过喀喇昆仑山区,到达新头河上第一城,还在克什米尔区北部,似乎相当于现代崩季的位置。

(4)"(在乌苌国)夏坐坐讫,南下到宿呵多国。……从此东下五日行到犍陀卫国。……自此东行七日有国名竺刹尸罗。"(此点提法是指所闻而不是所到)"从犍陀卫国南行四日到弗楼沙国(旅

---

① 近人对于法显、玄奘所经过的葱岭,间有认为取道于帕米尔高原者,实属欠妥。行旅往来,必然避离险峻而趋向某些山口河谷。

伴中三人从此地"还秦土"),……西行十六由延便至那竭国界醯（音牺）罗城,……从此北行一由延到那竭国城。"细抄这一段路线的曲折,是为着表明它大致是在克什米尔高原西部,而且还在印度河之东相当距离。这一情况,和下文涉及的小雪山的位置密切相关。在近人著作中,那竭国被认为即阿富汗的喀布尔,既不符合法显叙述的走向,他也没有那样绕道的必要。入北天竺境以后,法显时而采用当地通用的"由延"①一名计算里程。

(5)记中称住那竭国,冬二月,法显等三人同行。再度小雪山,"雪山冬夏积雪,山北阴中过,寒暴起人皆噤战。慧景一人不堪复进,口出白沫,……于是遂终。……复自力前进,得过岭南,到罗夷国"。此地可能在今斯利那加附近。《中国古代地理学简史》所附的法显西行路线图,认为这一带高山是在阿富汗高原东侧。关于这一种拟定小雪山位置的方式,我们认为大有可疑。一则上文已经说明,按照《佛国记》所叙述的路线,法显并没有绕道到印度河之西;二则阿富汗高原东侧并没有突出向东延伸的支脉,在法显等从山北到山南的旅程中必须度过。按照上一段所叙述的路线,法显所经过的小雪山可能只是克什米尔高原中部由西北斜向东南横亘的山岭,间有高到雪线以上的峰峦。他们过了冬二月就走,时令太早,天气暴冷,似乎是他的旅伴一病不起的主因,而不是高山病。

(6)"住此（罗夷国）夏坐,坐讫南下行十日到跋那国。……从此东行三日复渡新头河,两岸皆平地。"在新头河的正源从高地降到平原而南流的地区,法显既然没有绕道到这条河流之西,所谓

---

① 印度的里程单位。以后玄奘改用踰缮那,说明:"一踰缮那四十里矣,印度国俗乃三十里。"(见《大唐西域记》)由延与踰缮那的关系不明。

"复渡新头河"绝不会指这条正流。过小雪山东行,他要经过几条新头河的大支流,这里必然是法显误认了这些大支流之一,作为他在到达乌苌国时的新头河的下游。紧接说,"过河有国,名毗荼,……从此东南行减八十由延,经历诸寺甚多。……过是诸处已,到一国,国名摩头罗。又经捕那河,河边左右有二十僧伽兰(佛寺)"。捕那河可能是印度河最东一条大支流萨特累季河的古代别名。

3. 过捕那河后,进入天竺境内的所谓"中国",这是法显的主要目的地,也是《佛国记》的精华所在。关于这一带的旅程不另详述,大致都在恒河附近一带。

(1) 在这一个"中国"地区范围之内,正是佛教的发祥地和发展重心,因此佛教圣地和名胜古迹极多,都是法显等所要虔诚瞻仰的。在拘萨罗国舍卫城的祇垣精舍,当地僧众见到法显,都热情称道"我等诸师和尚相承以来,未见汉道人来到此也"。

(2) 从波罗捺国东行,摩揭提国的巴弗连邑,是法显访古留学的重心。记中说明"法显本求戒律(即经典著作),而北天竺诸国皆师师口传,无本可写。是以远步乃至中天竺,于此摩诃衍僧伽兰"得到许多经偈,部分"亦皆师师口相传授,不书之于文字"。"故法显住此三年",道整"遂停不归"。后者只图个人清修,而法显力求归国传布大乘正法。

(3) 在"中国"时的几种观察和其中存在的问题。

(a) 自到新头河至南天竺,迄于南海四五万里,皆平坦无大山川。此处所述的新头河,似乎是指记中的"复渡新头河"。对于恒河平原到"迄于南海"的幅度,夸大了好几倍。"皆平坦无大山川"一语,既不了解南天竺的形势,也轻易减少恒河的重要性。实际上法显多次活动在恒河附近,他是由于"中国"一带无大山而误加了"川"字。

(b)"中国寒暑调和,无霜雪。人民殷乐,无户籍。官法唯耕王地者乃输地利,欲去便去,欲往便往。王治不用刑",恐怕都是言过其实。还有"中国寒暑均调,树木或数千乃至万岁",也是过度夸大。

(c)社会情况方面,"旃荼罗名为恶人,与人别居,若入城市则击木以自异,人则识而避之,不相唐突"。又说,"唯旃荼罗猎师卖肉耳"。当时天竺盛行素食,因此唯有旃荼罗中的猎师有肉可卖。

4. 在泛海归国途中,经过恒河口的多摩梨谛国,停两年,到达师子国,又停两年。

(1)"于是载商人大舶泛海西南行,得冬初信风,昼夜十四日到师子国(后代统称锡兰岛)。彼国人云,相去可七百由延。"信风一名,当时在印度已通用,具有科学意味。在我国地理资料中,法显采用最早。由恒河到师子国的距离,似乎比较实际情况还夸大四至五倍,但是比较上文所引的"四、五万里"缩减很多。

(2)法显住此国两年,更求得一些梵文经律。他了解到"其国大,在洲(岛)上,东西五十由延,南北三十由延左右"。称为"国大",是和当时天竺境内的一般小国相比。斯里兰卡(锡兰岛)南北长,而东西狭,与法显所述比例正相反。"小洲乃有百数,其间相去或十里、二十里,或二百里,皆统属大洲,多出珍宝珠玑。"归属师子国的小国多而广,也是过于夸大,但采珠和产宝石,确属可靠。"于此玉像边见商人以晋地白绢扇供养",足证汉地与师子国之间早有贸易往来,而对于法显也更促动归计。

5. 搭乘商人大船,分为两段航程,都饱经风险,历时将近一年。

(1)"即载商人大船,上可有二百余人。后系一小船;海行艰险,以备大船毁坏。得好信风,东下二日,便值大风,船漏水入。……如是大风昼夜十三日到一岛边,潮退之后,见船漏处即补塞之。……海中多有抄贼。……如是九十日许乃到一岛国名耶婆提,……停此国五月日。"这个岛可能即今爪哇。

　　(2)"复随他商人,大船上亦二百许人,赍五十日粮,以四月十六日发。……东北行……一月余日夜鼓二时,遇黑风暴雨。……于时天多连阴,海师相望僻误,遂经七十余日,粮食水浆欲尽。……今已过期多日,将无僻耶?即便西北行求岸,昼夜十二日(达)长广郡界牢(劳)山南岸,便得好水菜。……即乘小船入浦,……又问此是何国,答言,此青州长广郡界,统属刘家。"至此方得安然登陆。总计由天竺返航旅程,包括耶婆提岛的候船,前后足有一年。

　　通过《佛国记》的全面分析,对于这一篇五世纪初期的旅游记,我们可以得到以下几点结论。(1)法显渡荒漠,越峻岭,游佛国,涉重洋,早在十五个半世纪以前,完成了一次历时十五年(计算到南下入都甚至可以说十七年)的空前艰险而收获丰富的长途旅行。(2)全篇分散的地理观察,体现出作者亲切的观感,对我国历史上的边疆地理和域外地理,都有贡献。同时,这些资料也可以作为一份简略的探险记录。(3)《佛国记》除去结尾一小段的补记,都是法显本人的手稿,有必要纠正认为他自己限于口述内容的传统观念。《佛国记》不但在东方,而且在世界上,是一部最古老而内容充实的旅游记。(4)在取道北天竺的途程中,前人讲解的经过地点的位置和旅途走向,存在着一些不符合《佛国记》原意的问题,都在上文和附图中更正。

第三节 北魏僧惠生等的取经记程

北魏时佛教盛行,神龟元年(518年)太后遣洛阳崇立寺僧惠生向西域取经,并遣俗人宋云任使者同行。据称两人留乌场国(即《佛国记》的乌苌国)约两年,正光二年(521年)回洛阳。当时建都洛阳,寺庙极多。东魏武定五年(547年)杨衒之所编的《洛阳伽蓝记》,在书末的第五卷"闻义里有敦煌人宋云宅"下,摘录《惠生行记》,并据另一僧人的《道荣传》略加补充。

宋云、惠生以十一月就道,出北魏西境至赤岭,"不生草木"。当时河西一带已为吐谷浑国所并,"路中甚寒,多饶风雪,飞沙走砾"。两人取道于阗,计里称"从吐谷浑西行三千五百里至鄯善城","从鄯善西行一千六百四十里至左末(今且末)城",显然都夸大一倍以上。"案于阗国境东西不过三千里",也成问题。

这一份记录中最重要的一点,是在法显之后一个世纪,进入天竺的途径仍然是在现代的喀喇昆仑山脉中的山口。紧接于阗国境的一句,叙述"神龟二年七月二十九日入朱驹波国"——似乎就是《佛国记》的子合国。此国"人民山居,五谷甚丰,食则面麦。……风俗言音与于阗相似,文字与婆罗门(即天竺)同"。

"八月初入汉盘陀国界,西行六日登葱岭山。复西行三日至钵盂城,三日至不可依山,其处甚寒,冬夏积雪。……自此以西,山路欹侧,长坂千里,悬崖万仞。……如此四日,乃得至岭,依约中下实半天矣"。汉盘陀国正在高山上,可能是《佛国记》于麾、陀历两国似已合而为一。"八月天气已冷,北风驱雁,飞雪千里。九月中旬入钵和国,高山深谷,险道如常。……国之南界有大雪山,朝融夕结,望若玉峰。"

"十月之初至嚈哒国,土田庶衍,山泽弥望,居无城郭,游军而治,以毡为屋,随逐水草。夏则随凉,冬则就温"。显然是高山南坡一个上下移牧的民族。"按嚈哒国去京师二万余里",又是夸大一倍以上。"十一月初入波斯国,境土甚狭,七日行过,人民山居,资业穷煎,风俗凶慢。"波斯境并没有伸展到阿富汗高原之东,所经之地,可能当时成为波斯的附属国。惠生等的行程没有向西深入到波斯。以"七日行过"之地称为波斯境更是不相称,显然有错误。

"十一月中旬入赊弥国。此国渐出葱岭,土田硗埆,民多贫困;峻路危道,人马仅通一直一道。从钵卢勒国向乌场国,铁锁为桥,悬虚为渡,下不见底,旁无挽捉(即法显所过新头河索桥)。……十二月初入乌场国。北接葱岭,南连天竺,土气和暖,地方数千。"旅途时间,已达一年又一个月。惠生、宋云的旅程,实际在乌场国结束。

《洛阳伽蓝记》的摘录,在乌场国兼采三家记述。"至正光元年(520年)四月中旬入乾陀罗国,土地亦与乌场国相似",当时宋云等留在乌场国,此小段和乾陀罗国等地的资料,都采自《道荣传》,此僧留在天竺的时间较长。"复西行三月至辛头大河河西岸上。……复西行十三日至佛沙伏城,……复西南行六十里至乾陀罗城",其向西或西南绕道,都不同于南行,又提到"至那迦罗阿国。"但道荣最后也到那竭城。他的路线似乎从乌场国顺着新头河偏向西南,多经过平原而少走山区。

总之,此三人的求经和出使,继法显之后,只是限于北天竺。所记的行程足以证明他们仍然在用从于阗度越葱岭,或今喀喇昆仑山。关于经过地区的地理特征,足以和《佛国记》互相引证。三人有关的原材料早已失传,《洛阳伽蓝记》提供一部分稀有的间接记述,在我国历史上的旅游记中别开生面。

第三章 记述玄奘在唐初环游印度的两大名著

第一节 《大唐西域记》与《大慈恩寺三藏法师传》

在法显之后好几百年内,不避艰险去印度观摩佛教名胜,访求佛教经典的高僧,络绎不绝。不论是在访印期间或是在回国之后,唐代初期的玄奘最是名传中外。他出生于隋代仁寿二年(602年),十三岁出家,稍长,游历长安、成都、荆州、相州等地从名师学经论。立志步法显后尘西游,屡次申请无效,贞观元年(627年)私自从长安出发;有诏沿途禁阻,冒险偷渡玉门关。贞观十七年,回到于阗,上表奏明,奉诏沿途迎接,于十九年春正月入长安。

返回时太宗正在准备出征辽东,玄奘奉诏往洛阳召见。为翻译所得佛教经典六百余部,面授回长安弘福寺进行的旨意。当时从各地召集具有文才以及通晓梵文的高僧二十余人襄助。玄奘向他们细述西游经历和各地见闻,大量的资料表明他一定有详细的笔记。助手中比较年轻的辩机,遵旨编成《大唐西域记》十二卷,当即进呈御览,书名显然夸大唐代统治西域的影响。另一襄助译经的慧立,除详记游印路程和见闻,还追记奘师西游以前身世,并且以后继续编写到他的葬事,称为《大慈恩寺三藏法师传》这本传记的稿本,共分十卷,秘藏到作者病重,交给门徒彦悰,由后者加以笺释,才留传于世。所有旅途的记述,两书同样是依据玄奘的口授。①

关于玄奘西游印度的全部过程和旅途观感,必须把《记》和《传》互相参照,才能充分了解他旅途重复的细节和艰险的全貌。《大唐西域记》采用方志的格式,对于各地的情况,大多叙述细致,但是只能在各地编次的先后中表明玄奘到达的程序。辩机在简述唐代的历史背景和印度传说的四洲的引论之中,只是约略提到"玄奘辄随游至",以及"越重险而款玉门"。转入正文只是以"出高昌故地,自近者始"作为起句。当时鞠文泰自立为高昌王;及至玄奘东返长安,高昌早已被大唐征服,因此称为故地。实际从长安启程是贞观元年,而三年是从高昌再次出发。

归途列举的国名,以瞿萨旦那国结束。小注"唐言地乳,……旧曰于阗,讹",《三藏法师传》至此国国名下也引此注文。但后者述及于阗王迎入王城,玄奘即向唐太宗修表说明"还达玉阗",因大象溺死,请派驼马迎带回经本。两书下文都附带叙述到"纳缚波故国,即楼兰地也"。关于高昌出发以前的经历,以及纳缚波以后的详情,惟有参照《传》文所记的细节,才能了解到玄奘"私往天竺"的险情。由于此举"冒越宪章",《记》中避而不谈。

《西域记》笔者辩机,在书末说明,关于所记诸国,"书行者亲游践也,举至者传闻记也"。例如卷一,目录列有三十四国之多,所提出的叙述方式的差别,以及和《三藏法师传》对照,非亲践的竟然超过半数。但是内中也有个别的交代不清,例如"西至缚喝国",《传》也提及亲践,而《记》并未写明"行"若干里。靓货罗国较为重

---

① 两书所用地名,间有同音异字,如伽或迦,羯或碣,弥或迷。

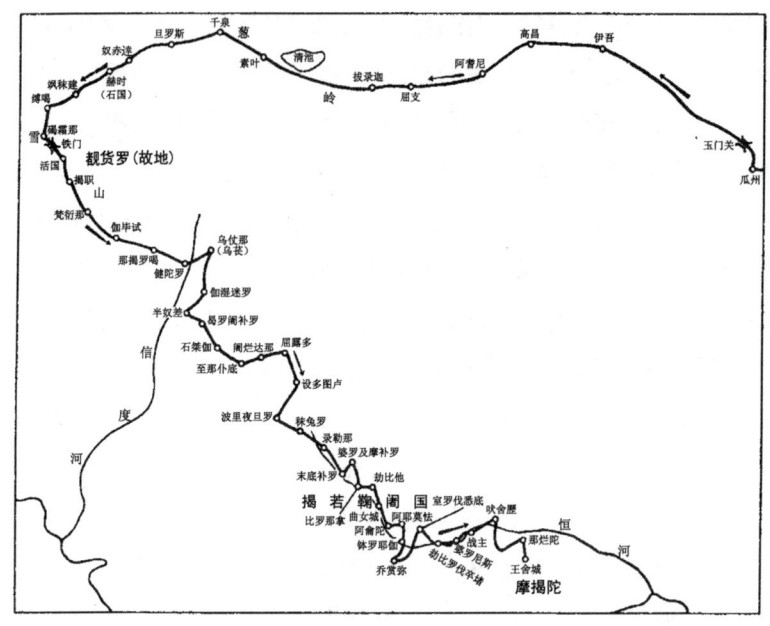

图 10　玄奘印度求经路线图之一(627—631 年)，
从长安出发到达摩揭陀国(据《大慈恩寺三藏法师传》)

要,《记》在碣霜那国一节,有"出铁门至䩭货罗国",因为已经分为二十七国,没有列入目录。实际经过的素叶、千泉等城,特别标明行程,但是《记》文归入"跋禄迦国",而不列入目录。屈霜你迦国之下有三个国,《记》只称至,《传》列为"过",按语气还是实际经过。飒秣建国之下,《记》称至的两国,《传》就略而不谈。《传》用至或过都是亲践。《传》记述传闻之地较少,在南印度达罗毗荼国,讲到僧伽罗国(即法显的师子国),正文明言"又闻……",更是清楚。不过这一卷的情况非常特殊。

另外还有两种情况,唯有《三藏法师传》叙述详确。(1)在玄奘译为"殑伽河"的恒河一带，除初到中印度时经过外，《传》中说明在他环游印度半岛两岸各地后，又第二次重到摩揭陀等国。由于临时受到迦摩缕波国国王的邀请，他从恒河谷往东，达到恒河东北，然后第三次经过摩揭陀而启程回国。《西域记》对于后两次停留时的活动和收获，只是在有关各国中合并叙述，时间先后不明。《传》中前后分别叙述，尤其像曲女城大会等活动，都是举行在玄奘建立声望，和准备返回大唐前夕，时机的意义才更明确。（2）在中印度各地，佛教圣迹特多，玄奘除分别瞻礼以外，更访求名师学习经论，抄录经本。因此，初去时在迦湿弥罗停留两年、那烂陀寺长达五年，其他各三四月至一年余，共约九年半。二次回到那烂陀寺，又停留两年这些情况，更是只有在《传》中可以查考，而《记》中只字不提。至于玄奘的声望由于向小乘教派和外道争辩，宣扬大乘佛法而日益受到尊敬，《传》中更是记述得井井有条。

但是这两部书关于玄奘游印的记述，同样是依据玄奘的自我介绍。《西域记》在各卷头上写明"三藏法师玄奘奉诏译"。由于编写的体例不同，两书互有得失，我们应当取其所长。许多特点会在下文引用的片段中体现。译名用字，当时自有标准，虽则有许多生僻难认，只能依据原书。同时值得注意的是天竺与印度两种称法，已经在并用。引述当时印度人对我国的通称，"支那"、"至那"、"脂那"，两书前后用字都小有出入[①]。值得注意的是在佛家典籍传入日本的影响下，日本常用"支那"。也曾经相习成风。

[①] 支那等字样两书多次用到。《记》卷五答复戒日王引语，"然，至那者前王之国号。大唐者我君之国称"。《传》涉及同一次对答时，用"脂那"。但"支那"更通用。"前王之国号"一说，实际上是一种推托的说法。

第二节　玄奘游印的路线和过程

玄奘立志游印深造,是由于早年自愿出家时已有文化基础,出家后立即随同早先剃度的二兄听长老讲经。《记》在十二卷的记赞中,提到"负籍从学,游方请业,周流燕赵之地,历览鲁卫之邦,背三河而入秦中,步三蜀而抵吴会"。依据《传》中所记路线,《记》中过于夸大范围。要点是他早有游历的经验和治学的宏愿。同时《记》中"以贞观三年仲秋朔旦,褰裳遵路,杖锡遐征",简单说明他的启程,因为是违禁私行。实际从长安启程是贞观元年,而三年是从高昌再次出发。

慧立在秘藏稿本内,详记玄奘出长安,达高昌,情节生动。"贞观三年秋八月"一段,末句特指明"时年二十六也",年龄暗示实际是在元年。分程经秦州、兰州到凉州,都督已奉命严禁西行。幸得当地寺院支持,昼伏夜行达瓜州,又幸得州吏放行,并且从一个老胡人①买到识得西路的老马。距玉门关十里许,瓠卢河两岸宽丈余,自愿护送的少年胡人斩木填沙,驱马而过。绕道过关后,此胡人曾拔刀相胁,终于遣返。关外五烽都有守兵禁阻西行,而又是只有那几处能取到水。第一、二烽守兵察看到他,都射箭迫使入烽,幸校尉知情放行。指示绕道觅野马泉,失道不遇,所带储水袋又失手倾覆。忍受干渴,到第五夜忽遇青草,又到一池,人马都得酥息。这样度过莫贺延碛,再走两天到伊吾,遇到高昌王使者回去报告法

---

① 通称北方少数民族。

师行踪,于是遣使迎接。高昌王固留年余,玄奘甚至绝食,才厚赠放行。

从高昌出发,玄奘采用西去的大道经过阿耆尼、屈支等国,所注旧名都是汉代所通用。由跋禄迦国(旧姑墨,今阿克苏)西北行度石碛,越凌山(今别迭里山①),当时认为"葱岭北原"。至大清池,即现代的伊塞克湖,湖面尚在海拔 1609 米的高度。玄奘往返期间,葱岭以西,还在突厥控制之下,素叶城唐代通称碎叶,突厥可汗曾经作为行政中心。《传》中在叙述素叶到飒秣建的风俗时,几次提到事火不信佛,都是指波斯传来的拜火教,唐代称为祆(音仙)教。

至碣霜那国境西南行两百余里入山,又东南山行三百余里入铁门,第二次度越一重峻岭。覩货罗国旧境的二十七国,少数分占的缚刍河谷,现今称为阿姆河谷,玄奘经过上游的一段。所经活国,《传》称活国"居缚刍河侧,即覩货罗东界"。《记》称由活国"西至缚喝国",似乎同其他几国一样是传闻所记,但下文指明"从缚喝国南行,百余里至揭职国",显然是亲践。"东南入大雪山,……行六百余里,出覩货罗国境,至梵衍那国,……在雪山中也。""从此东行入雪山,逾越黑岭至迦毕试国",这样又第三次完成翻越崇山峻岭,绕道经阿富汗东北一角到印度河上游河谷。

东进越黑岭入北印度境,首先到滥波国。由于玄奘重视瞻仰佛教古迹,行程迂回曲折,转向东南的大平原之后,仍然时而插到北方的山区边缘。到《记》卷四的第五个国设多图卢才到达北印度

---

① 李健超:《唐代凌山地理位置考辩》,见西北大学西北历史研究室,《西北历史资料》,1982 年 1 月。

的东界。到了健驮罗、乌仗那国，才接触到法显初入印度所过之地，但法显译成健陀卫国、乌苌国，都在信度河（法显称新头河，即今印度河）上游。《记》所叙述的北印度十六国，都是分布在五河平原的北部和邻接的山麓地带。位于最东部山麓附近的迦湿弥罗国，大乘经论保存较多，又有精通佛学的高僧，《传》中指明玄奘因而停留两年；到阇烂达那国也停留四个月。

波里夜旦罗国以东，一直到碣朱温祇罗国，当时划为中印度。这一部分《记》中叙述了三十个国家，从卷四的十五国中的后十国，到卷十的十七国中的前三国，约占全书的一半。在卷五末舍厘国之后的弗栗恃国和尼波罗国，《记》中都有叙述，而《传》中只字不提。前书对于弗栗恃国，虽则是采用记行的方式，究竟是否亲至可疑。至于尼波罗国（即今尼泊尔），《记》以记至的方式叙述，而内容全是得自传闻，缺少亲见的资料，足见玄奘并未绕道前往。至于《记》中所述内容，却是我国最早的关于这一地区的详确资料。卷五的羯若鞠阇国，那里的曲女城西临殑伽河，对于当时的佛教活动，具有特殊地位。

摩揭陀国（法显译为摩揭提），独占《记》的第八、第九卷。在这里巡礼佛教圣迹，正是一个密集的中心区，又有佛学的大师，玄奘尤其钦佩戒贤法师，因此留居那烂陀寺学习，第一期就有五年之久。在以恒河平原为中心，而兼跨南北两侧高地的中印度，摩揭陀国是偏在最东头的南部。从这里往东，只有三个邻国归入中印度，最近的伊烂拏钵伐多国，《传》有时简称为伊烂拏国，因面临恒河有伊烂拏山而得名，那里有名师两人，玄奘也停一年。

包括恒河三角洲及其邻近地区的东印度当时范围狭小，只分为六国。《记》里面首先叙述的迦摩缕波国，从恒河平原过来，偏在

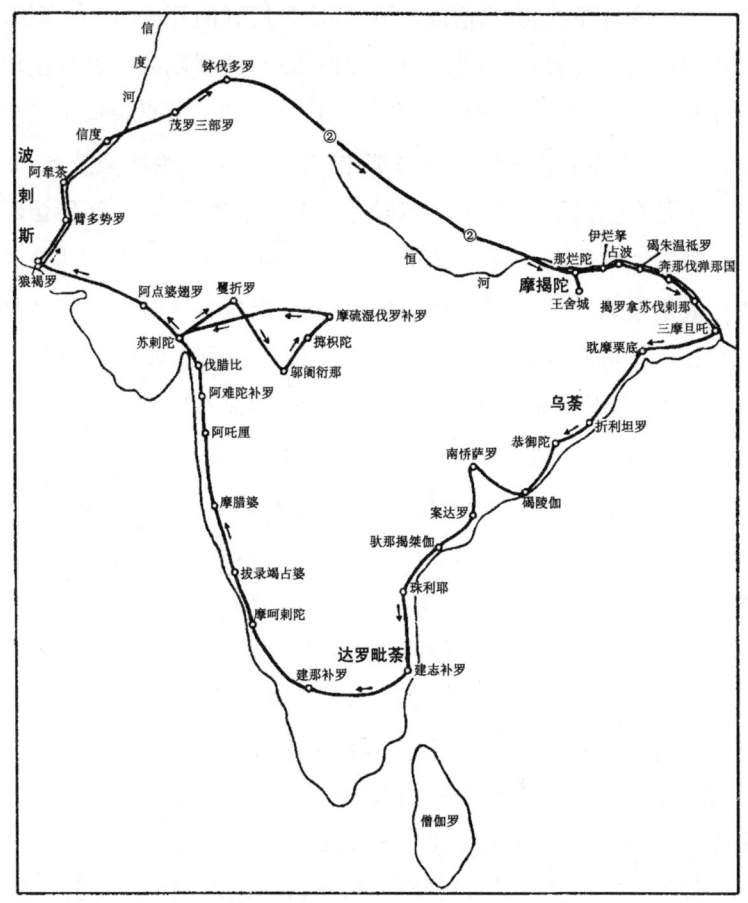

图 11　玄奘印度求经路线图之二(637—642 年)，
从摩揭陀环游五印度回摩揭陀

东北。按《传》的叙述，玄奘第一次到摩揭陀国之后并没有到那里去。《记》的顺序也不完全符合玄奘的旅程。出中印度实际先到羯罗拏苏伐剌那国，然后依次经过《记》所叙述的其他四国。

在三摩旦吒国,听到僧伽罗国(即法显所到的师子国)有高僧,先想走海路去,据《传》说"逢南印度僧相劝"改走陆路。经过南印度东岸最北头的羯陵伽国,却折"西北山林中行千八百余里至㤭萨罗国"(《传》称南㤭萨罗),两书都注"中印度境",距离又是夸大。这一国是在恒河平原之南,距河较远。折回东海岸附近,又历访四国。到达驮毗荼国,"自此南行三千余里,至秫罗矩吒国",《记》还用行表明亲践,而在半岛范围以内,距离怎能那样遥远? 下文又有"从此入海东南可三千余里至僧伽罗国"。《传》对此两国都记"闻……",只是距离同样夸大。《传》的记闻显然较为可靠。从驮罗毗荼转向西北斜穿到西海岸附近,又历访划为南印度的七国。

在半岛西岸附近向西北行,到阿难陀补罗国以北,进入了西印度境。但是据《传》从苏剌陀国东北行折东南,又折东北,所到的邬阇衍那和掷枳陀两国,都注为"南印度境",而且这一点《记》也符合。这两个国比较上文所提到的南㤭萨罗,位置更是偏北,足见注中称为"中印度境",看来是"南印度"之误,而且这个错误可能是由于玄奘误记。至于从这一段路线转东北所到的摩醯湿伐罗补罗国,注为"中印度境",确实接近恒河平原。因此,在南印度方面,亲践者共有十五国,西岸附近较多,而也有少数深入内地。

向西折回苏剌陀国而继续西进,历访西印度境和印度河下游诸国。《记》的编次把信度国列在前面,而南北兼顾,不及《传》所叙述的行程先后都顺路。在印度河口附近临海的狼揭罗国,连带叙述到波剌斯国,只加上"非印度境",就是更偏西的波斯。那里的情况,《记》的一段较为详细。同时,两书在这里都还插叙拂懔国和西南海岛的西女国,但是没有列入《记》的目录,显然都是出于传闻。经过下游附近四国到信度国,又经一国到北印度的钵伐多罗

第三章 记述玄奘在唐初环游印度的两大名著

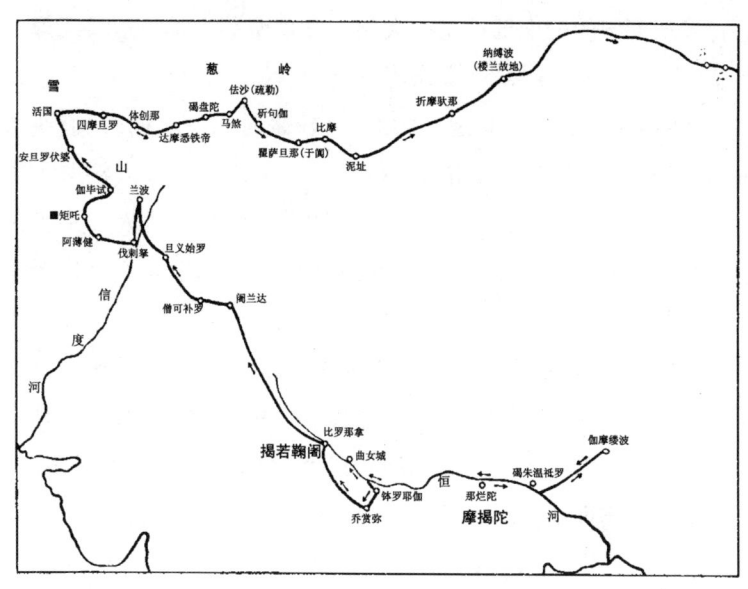

图12 玄奘印度求经路线图之三(743—745年),
访伽摩缕波,赴曲女城大会和返回长安

国,虽是在五河平原北部,初到北印度时并没有经过。《记》称为钵伐多国。据《传》称,这里也有二三大德,因而又就学两年。

玄奘的旅程从这里回到摩揭陀国,第二次留在那烂陀,继续钻研佛学理论和参加各项活动,又占两年之久。由于多次运用大乘佛法破小乘和外道的论点,和感化迦摩缕波国鸠摩罗王,玄奘在印度的名望大大提高。东印度最东北的迦摩缕波国,据《传》是在这一阶段受到鸠摩罗国王的邀请才去。接上到羯朱温祗罗国谒见才从讨伐东印度几个国回来的戒日王。《记》中有关这些谒见中的言谈,都是这次重到时,涉及东印度的新情况。贞观十六年腊月,应戒日王邀请参加曲女城宣扬大乘的盛会,并且推玄奘为论主,又同

223

赴钵罗耶伽国的七十五日无遮大施。然后坚辞东返。戒日王厚赠行资,和大象一头载经本、佛像等行装。

从钵罗耶伽出发,归途的路线,比较来时大有不同,只有少数地点重新经过,有几处又因讲学停留一二月不等。经迦湿弥罗国过信度大河。因遇风渡船倾侧,失去经本五十夹。遣人去乌仗那国补抄一部分。为参礼圣迹,又迂道南行到伐剌拏国。北返经迦毕试国翻越雪山,到达活国。从这里就改走缚刍河(即阿姆河)上游河谷一带的新道,经过《记》列入卷十二的一些国,比较十多年前所走的路线大大缩短。在碣盘陀国境,山中逢群贼,象被逐溺水死。出葱岭经佉沙国,"旧曰疏勒",然后转到于阗,向唐太宗上表,申请指令地方官员照顾回长安。关于沿途各地的记述。两书都在"纳缚波故国,即楼兰(故)地"结束。

第三节　玄奘的地理观念与实地观察

玄奘出于提高佛教理论的虔诚,不避艰险,远游印度。对于我国地理学的发展,经过长途往返,既留下许多实地观察的体会,又在介绍游印收获的资料中,包括了印度的世界观念。后一点在中外文化交流史上,继佛教的传入中国之后,印度佛教文化所包含的学术观念也扩大传播;然后随着唐代对于日本方面文化交往的密切,甚至还传往日本。在此以前北魏时代的郦道元在他的《水经注》中,曾经整理过有关印度的大河发源观念,将在下一章内加以论述。

《西域记》介绍印度的世界观念,集中在卷一的前部,从叙述唐代在本国的历史地位,申述到唐代的国土在印度的世界观念中的地位。据称索呵世界有四大洲,分布在东西南北,而中、印各地都是在南瞻部洲。这一洲有四主,"南象主则暑湿宜象,西宝主乃临海多宝,北马主寒劲宜马,东人主和畅多人"。下文对于人主之地,象主之国,更有详文称道。关于印度的文化和社会情况,卷二前部又有详细的介绍。

在实地观察方面,关于度沙碛的行程,仅见于《三藏法师传》卷一。其要点如下:

(1) 从此(指瓜州)北行五十余里,有瓠芦河,下广上狭,洄波甚急,深不可渡。上置玉门关,路必由之,即西境之襟喉也。关外西北又有五烽,候望者居之,各相去百里,中无水草。五烽之外,即莫贺延碛。

(2) 自是孑然孤游沙漠矣,惟望骨聚马粪等渐进。顷间,忽有军众数百队满沙碛间,乍行乍止,皆裘褐驼马之象,及旌旗槊纛之形。易貌移质,倏忽千变,遥瞻极著,渐近而微。(荒漠中确会出现此种幻象。)

(3) 师从此路径向第四烽,……可于此去百里许,有野马泉,更取水。从是已去,即莫贺延碛,长八百余里,古曰沙河(漠)。上无飞鸟,下无走兽,复无水草。……时行百余里失道,觅野马泉不得。……是时四顾茫然,人马具绝。……是时四夜五日无一滴沾喉,……马忽异路,制之不回。……又到一池水,甘澄镜彻。……更经两日,方出流沙,到伊吾矣。

关于山岭形势的观察,《记》在有关的国也略有叙述,但是不及

225

《传》的生动细致。这里再从《传》中摘录如下：

（1）渡小碛至跋禄迦国（注：旧曰姑墨——即今阿克苏），停一宿，又西北行三百里，渡一碛至凌山，即葱岭北隅也。（**按此处所称凌，即现代所谓冰川，玄奘且能正确说明其成因。**）其山险峭，峻极于天。自开辟以来，冰雪所聚，积而为凌，春夏不解，凝沍污漫，与云连属，仰之皑然，莫睹其际。其凌峰摧落横路侧者，或高百尺，或广数丈。由是蹊径崎岖，登涉艰阻。加以风雪杂飞，虽复履重裘，不免寒战。将欲眠食，复无燥处可停，唯知悬釜而炊。席冰而寝。七日之后，方始出山，徒侣之中，馁冻死者十有三四，牛马逾甚。

（2）（至迦毕试国境送法师度雪山。）行七日至大山顶。其山叠嶂危峰，参差多状，或平或耸，势非一仪。……自是不得乘马，策杖而前。复经七日，至一高岭，岭下有村。……至夜半发，仍令村人乘山驼引路。其地多雪涧凌溪，若不凭乡人引导交恐沦坠；至明昼日方渡凌险。……明日到岭底，寻盘道复登一岭，……此岭最高。……是日将昏方到山顶，而寒风凄凛，徒侣之中，无能正立者。又山无卉木，唯积石攒峰，岌岌然如林笋矣。

《西域记》卷十二活国一条下，综述葱岭形势，联系较广。"从此东入葱岭。葱岭者，据瞻部州中，南接大雪山，北至热海千泉，西至活国，东至乌鎩。国东西南北各数千里，崖岭数百重。幽谷险峻，恒积冰雪，寒风劲烈。地多出葱，故谓葱岭；又以山崖葱翠，遂

第三章　记述玄奘在唐初环游印度的两大名著

以名焉。"所述分布范围,过于夸大。

另外关于高山间的湖泊,两书也都有叙述。在跋禄迦国一条下,《传》述及"出山后至一清池(下注:清池亦云热海,见其对凌山不冻,故得此名,其水未必温),周千四五百里,东西长,南北狭。望之淼然,无待激风而洪涛数丈"。《记》在卷一同一国大清池下注:"或名热海,又谓咸海。"正文又有"四面负山,众流交凑,色带青黑,味兼咸苦。洪涛浩汗,惊波汩急",此清池指今伊塞克湖。当时所谓热海、咸海,并非作为专名,而《传》以"对凌山不冻"说明热海一名之由来,很有见地。

《传》卷五商弥国下,"从此复东,山行七百余里至波跋(《大唐西域记》作'谜')罗川,川东西千余里,南北百余里;在两雪山间,又当葱岭之中,风雪飘飞,春夏不止。……中有大龙池,东西三百里,南北五十余里,处瞻部洲中,地势高隆。……池西分出一河,……与缚刍河合而西流赴海。……池东分一大河,……与徙多河合而东流赴海"。波谜罗川是缚刍河的上游。这里所提到的大龙池似乎指疏勒附近新疆边境之西的哈拉库勒,但是东西两侧流入徙多河(即塔里木河)和缚刍河的说法,存在着误解。《记》卷十二商弥国下,内容相仿,还提到波谜罗川"狭隘之处,不逾十里",当然是指河谷。

旅游记叙述沿途的见闻,目睹的情况既不免带有片面性,耳闻的说明更不免是非混杂。对于古代的旅行家,我们不应当过于苛求。在玄奘传下来的两书中,存在着一个不能不指出的严重缺点,即所用里程的数字,往往过于夸大,动辄五百里,以至千里以上。但是各处夸大的程度,从半数左右到二三倍,甚至一二十倍以上,不易捉摸。例如"清池"的"周千四五百里",夸大约一倍。波谜罗川的大池,说成"东西三百里",实际上在葱岭一带高山湖泊,东西达得到一百里的也找不出来。印度半岛的东岸,总长度不足三千里,而据两书从达罗毗荼国都城(大致近今马德拉斯),"南行三千余里至秣罗矩吒国",注明南印度境,仍然是在半岛南部。"从此(秣罗矩吒国)入海,东南可三千余里,至僧伽罗国(锡兰岛)",但是,这是一般古代作品中的通病,正如一讲到战争,就有八十万大军一样。

总之,玄奘是中外历史上稀有的旅行家,而《记》、《传》两书也都是不朽的地理名著。从叙述的方式来评价,《三藏法师传》的主体,确实是他出访西域印度的旅游记,不过全书是他的传记。《西域记》采用地方志的编写形式,只是由于兼顾到各地之间的行程,以及各地风光的记述,带有旅游记的意味①。关于玄奘旅印行程的订正,既需要把这两书互相对照,更需要设法参照唐代初期印度的历史地理资料。《西域记》十二卷,除去首尾两卷,都是讲印度各地,而首尾两卷也有涉及印度的部分,因此也可以作为我国最古老的一部外国地理专书。

---

① 《西域记》撰者辩机,在结束书末的记赞中,谦称"年方志学,……幸籍时来,属斯嘉会",应按卷二印度学习的进度,"业成后已,年方三十,志立学成"加以理解。

第四章 蒙古族初兴时的《长春真人西游记》

第一节 长春真人与《西游记》的来历

在佛教流行期间,我国固有的迷信,逐步发展成为道教——一种局限于我国境内的独特的宗教,宋徽宗(1101—1125年)尤其热衷于扶植道教。北方沦陷于金人统治之后,有号称重阳子的王喆在山东创立所谓全真教,实际上是道教的别支,上层领导吸收通常的吟咏作为宣传工具。"长春真人"名丘处机(1148—1227年),他师事王喆,接替后者在全真教中充当领导。

宋、金南北对峙将及百年,十三世纪初期,蒙古势力崛起于北方。蒙古侵金,1215年左右取得金西京(今大同)、中都(今北京)一带。但成吉思汗又转向西征,横扫蒙古高原西部与西域的畏吾儿、西辽一带,于1222年灭花剌子模回回国,进逼印度。当时,为以后统治汉族做准备,他似乎在考虑笼络道教的势力,而自己又有壮士暮年的感觉,对道家的养生之道发生兴趣。

以后忽必烈灭金,继以灭宋,建立元代政权,改用至元年号(1264—1294年)。佛、道两教互相诋毁。释祥迈所撰《至元辨伪录》,指出太祖(即成吉思汗)近侍刘仲禄上言"丘公行年三百余岁,有保养长生之术"。这一点就是揭太祖十四年己卯(1219 年)五月,仲禄在乃满(亦作蛮)国兀里朵(在金山或阿尔泰山附近),奉命迎丘师的动机。其时丘居于山东莱州昊天观,而金元帅张林已于六月以山东登莱等十二州降宋。仲禄在十二月抵达东莱,丘竟同意于次年二月起程先到燕京,其时丘年已七十三。

丘应召西游,带有在全真教中居于高级地位的门徒十九人。《长春真人西游记》一书,是由门人中最擅长文学的李志常撰述。据近人王国维所编《长春真人西游记注》的序言,"长春将殁,命门人宋道安提举教门事,尹志平副之。未几,道安以教门事付志平。太宗十年戊戌(1238 年),志平年七十,又举志常自代,宪宗即位(1251 年),以志常领道教事,戊午岁(1258 年)卒。"书中所记,志常也都身历其境。这本书早先只在道教的《道藏》中间流传。

丘处机本人长于吟诗,《西游记》中采录许多篇沿途的作品。当时成吉思汗所重用的辽国后裔耶律楚材①,别号湛然居士,正在随从西征。在他遗留的《湛然居士文集》中,据王国维考证,所有用"和人韵",以及少数标明为"和王君玉韵"的诗四十四首,都是用丘的原韵,而事后似乎有意掩饰这一重关系。但是这一情况可以作为丘等到达成吉思汗行军前方的一个旁证。

第二节 绕道蒙古去西域的行程

长春一行到达燕京后,上表请求留此守候车驾回师,未能获

---

① 博学通文,随从成吉思汗西征,著《西游录》,较为简略。

第四章 蒙古族初兴时的《长春真人西游记》

准,终于在1221年农历二月出发,尚在寒冬之末。长春西游回到云中时,还有诏称为"以百岁左右之人,……奔驰万里"。随从门徒,也都是年在半百以上。为此,这一行程的特点是全部乘坐马车,而随从人员骑马,并且随带牧区食宿应用的配备。这样的长途旅行与法显、玄奘等辈,大不相同。

上年五月,他们已经移居德兴龙阳观,"观居禅房山之阳"。金国的德兴,是在桑乾河上的涿鹿。八月又应邀移居宣德州(今宣化)。长途旅行二月八日出发,"十日宿翠屏口",就是从宣德到北去不远的张家口。"北过抚州",就在张北境。"东北过盖里泊,尽丘垤咸卤地,始见人烟二十余家。南有盐池,池迤逦东北去"。在内蒙古高原的东侧边缘地带,逐段有小泊或盐池。记中所称盖里泊,只表明距翠屏口五日程,其具体部位不易确定,原文的含义,应当认为过盖里泊和相当距离的丘垤咸卤地,才见到二十余家居民。而在他们的驻地之南有盐池,他们可以赖以采盐,并和外地来的商人交易。

"三月朔,出沙陀(沙漠),至鱼儿泺,始有人烟聚落,多以耕钓为业。时已清明,春色渺然,凝泊冰未泮。"此鱼儿泺可能指今辽宁西北边境的达里诺尔,旧图曾经又称为达尔泊——蒙古语称为诺尔。王国维引《蒙古游牧记》,"达里诺尔……所产滑子鱼,每三、四月间,自达里诺尔溯流而进,填塞河渠,殆无空隙"。这一情况,表明滑子鱼在咸湖中成长,但春间都游到淡水中产卵,所谓"耕钓为业",当以捕鱼为重。由抚州至此,行程经历二旬,不足千里,一则途经沙漠,二则每遇风沙,必然中途休息。

"三月五日起之东北,四旁远有人烟。……又二十余日方见一沙河,西北流入陆局河。……渡河北行三日,入小沙陀。四月朔至斡辰大王帐下,冰始泮,草微萌矣。"当时绕道到蒙古高原东北角上的斡辰大王帐下,是配合政治形势的要求。其驻地好像是在贝尔池之北不远。陆局河在《辽史》上称为胪朐河,《金史》作龙驹河,即今克鲁伦河。"十七日,大王以牛马百数,车十乘送行。马首西北,二十二日抵陆局河,积水成海,周数百里。"所谓"积水成海"就是指呼伦池。

"并(克鲁伦)河南岸西行,……五月朔停午,日有食之。……行十有六日,河势绕西北山去,不得穷其源。其西南接鱼儿泺路。"长春一行,经过从北方下来而转往东去的克鲁伦河大转折处,继续西行。从鱼儿泺通到那里的驿路应当从东南来,原文说西南,可能是在接触点附近转成西南,因小段误以为全部。"又行十日夏至,量日影三尺六七寸,渐见大山峭拔。"此大山当是指土拉河两岸的山。"其旁山川皆秀丽",显然取道土拉河上游一带西行,当时的史料称为浑独剌河,还见到古城遗址。

"六月十三日至长松岭后宿。松栝(音括,即桧)森森,……多生山阴涧道间。……十四日过山渡浅河。"此山指土拉河西南的都兰哈拉山,浅河指土拉河支流霍鲁哈河的上游。"十七日宿岭西时,初伏矣,朝暮亦有冰霜。……山路盘曲,西北且百余里,既而复西北,……西山连延,上有乔松郁然。山行五六日,峰回路转。……寻登高岭,势若长虹。……俯视海子,渊深恐人。"这一段都是度杭爱山的景象。所提到的海子,应当是杭爱山北侧活伊图塔米尔河上源的一个小泊。一条驿道经过近旁的山边,穿越往西去的尊莫都山口。

"二十八日泊(即宿)窝里朵之东,宣使往奏禀皇后,奉旨请师渡河,其水东北流",此河指色楞格河支流赤老图河的上源,当时有

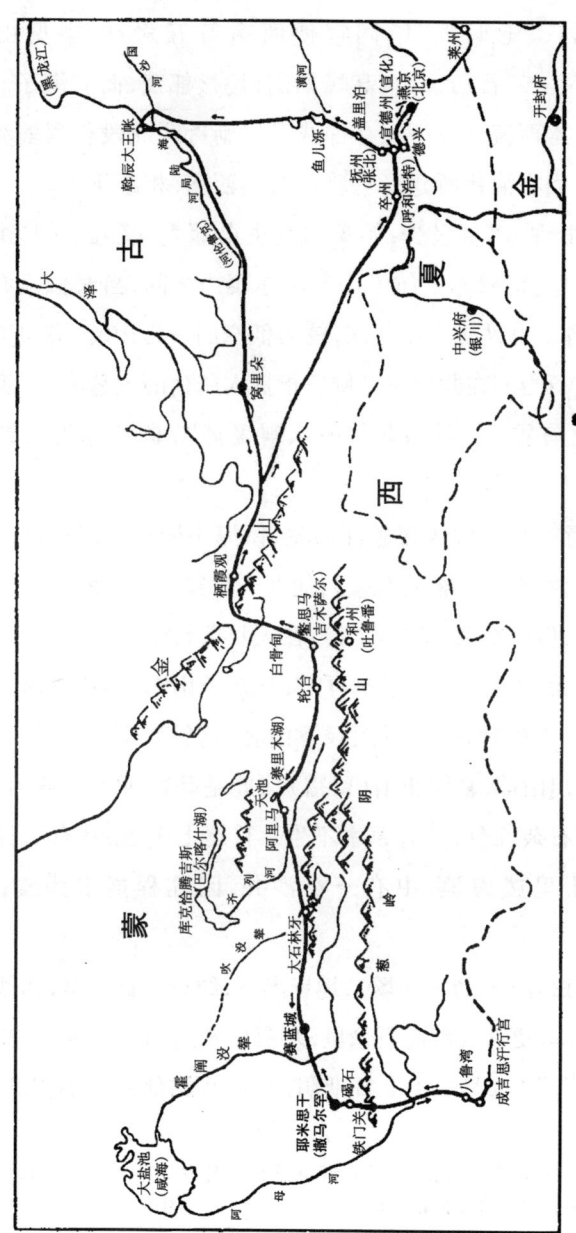

图13 《长春真人西游记》路线图

夏令行宫。"七月九日,同宣使西南行五六日,屡见山上有雪。……又三二日历一山,高峰如削,松杉郁茂,而有海子。南出大峡,则一水西流。……北有古城曰曷剌肖。"此段行程横渡杭爱山,曷剌肖当在清代所建乌里雅苏台偏西南,相距不远。"西南过沙场二十里许,水草极少,始见回纥决渠灌麦,又五、六日逾岭而南,至蒙古营,宿拂庐。"杭爱山与阿尔泰山之间,当时似已有回纥族移居耕作。此两重大山之间,较为低窄的一带山岭,有贝赤金山口,长春一行当即在此经过。拂庐指贵人所住的大毡帐。"迤逦南山行,望之有雪。""雪山北……八剌喝孙",是尊称为田镇海的驻地。

长春意欲在此候成吉思汗回銮,镇海不同意。因前途行军困难,留两车,特在此建栖霞观使门徒九人留守。田镇海同行,"中秋日抵金山(即阿尔泰山)东北",当在大贝斯台山口下。"少驻复南行,其山高大,深谷长坂,车不可行,三太子出军,始辟其路。乃命百骑挽绳,(上山时)县辕以上,(下山时)缚轮以下。约行四程,连度五岭,南出山前,临河止泊(留宿)",此是登察河①。"渡河而南,前经小山,石杂五色,其旁草木不生。首尾七十里,复有二红山当路。又三十里咸卤地,中有一小沙井,因驻程挹水为食,旁有青草。"

"前至白骨甸(乃古战场),地皆黑石,约行二百余里,达沙陀北边,颇有水草,更涉大沙陀百余里,东西广袤不知其几千里,及回纥城方得水草。""八月二十七日抵阴山后,回纥郊迎至小城。"《记》

---

① 注家往往认为度山就到乌伦古河,或古时所称龙骨河,那里过于偏西,而且山岭过高,不宜通车。登察河稍偏东。

第四章　蒙古族初兴时的《长春真人西游记》

称"此阴山前三百里和州也",此书称天山为阴山。和州在吐鲁番附近,位于天山之南,长春一行所至,在山北东西间的相当位置,西行历两小城至"鳖思马",《元史·地理志》称别失八里。

沿阴山北迤逦西行,"重九日至回纥昌八剌城",《元史》称为彰八里,"八里"意为城堡。"有僧来侍坐,……僧云,剃度受戒,礼佛为师,盖此以东,昔属唐故。西去无僧,回纥但礼西方耳",即崇信伊斯兰教。"并阴山而西,约十程,又度沙场,其沙细,遇风则流,状如惊涛。……南际阴山之麓,逾沙。又五日,宿阴山北。诘朝南行,长坂七八十里。……晨起西南行约二十里,忽有大池,方圆几二百里,雪峰环之,倒影池中,师名之曰天池。"注家以赛里木泊当之。"沿池正南下,左右峰峦峭拔,松桦阴森,高逾百尺,自颠及麓,何啻万株。众流入峡,奔腾汹涌。……二太子扈从西征,始凿石理道,刊木为四十八桥,桥可并车。薄暮,宿峡中,翌日方出,入东西大川",才到伊犁河谷。"九月二十七日至阿里马城",《元史》称阿力麻里。

"又西行四日,至答剌速没辇",即伊犁河。因驿道在河北,距河稍远,至此方于"十月二日乘舟以济。南下至一大山(乃是天山山脉迤逦而来),山北有一小城。……七日度西南一山,……十有六日西南过板桥,渡河。晚至南山下,即大石林牙。"王国维注,此城辽代称为虎思斡尔朵,相当于今苏联哈萨克境楚河上游的伏龙芝。"沿山而西,七八日山忽南去,一石城当途,石色尽赤,有驻军古迹。……又渡石桥,并西南山行五程,至寨(通用作赛)蓝城。"西行南折后,《记》中漏列度卡腊山脉东头的逾岭行程。所记渡石桥应当是在逾岭之后,过锡尔河的支流。《明史·西域传》提到赛蓝在达失干(今塔什干)之东。十一月初,门徒一人病故。

"又历一城,复行二日,有河,是为霍阐没辇",即锡尔河。"由浮桥渡,泊于西岸。……其河源出东南二大雪山间,色浑而流急,……河之西南绝无水草者二百余里。""仲冬十有八日过大河,至邪米思干大城之北。"邪米思干,《记》中在前文作寻思干,《元史》称撒马尔罕,在今苏联乌兹别克境内。因前途阿母河舟梁为土寇所坏,大雪山又道阻,宣使传令在此住冬。详记几次在郊外游览园林的情况。又述五月朔日食,在陆局河午刻见其食既,至金山,人言已时食至七分,而此中辰时六分止。《记》中引用《春秋》孔颖达疏,月体映日则日食,而且注意到由东方来的时差。

次年土寇已灭,舟梁复整,二太子发军来迎。"三月十有五日启程,四日过碣石城。……众军挽车两日方至前山,沿流南行,军即北入大山(应作即上大山北坡)。……七日舟济大河,即阿母没辇也。乃东南行,晚泊古渠上。……时三月二十九日也,……又四日得达行在。上遣大臣喝剌播得来迎时,四月五日也。……上约四月十四日问道,……将及期,有报回纥山贼指斥者,上欲亲征,因改卜十月吉。师乞还旧馆(即邪米思干)。"关于再次前往行宫所在地,并向成吉思汗讲道,从略。

由于成吉思汗安排军前召见,多次推延,以及便于过冬,1223年三月十日才启程东返。仍途经阴山、金山,五月初到达金山北栖霞观。五月七日起,全体道众分三班出发,每班六七人。行程记述简略,只能稍知梗概。十六日过大山,山上有雪甚寒。东南过大沙场,可能是由博尔专山口的驿道度金山。"夜宿河东",河名不明,似乎较为细小。"又经沙路三百余里,水草绝少,(车)马夜进不息,再宿乃出(沙陀)。地临(西)夏人之北陲,庐帐渐广,马易得,后行者乃及(丘)师。"归途绕道阴山以北而南下达长城。六月二十一日宿鱼阳关,注家据《辽史·天祚纪》和《金史·地理志》,认为当在云内郡柔服县夹山下,今山西右玉县境。至此已进入蒙古得自金人的地区。七月"九日至云中"(今大同)。"八月初东迈杨河,历白登、天城、怀安,渡浑河,凡十有二日至宣德。"其后在德兴龙阳观住冬。甲申(1224年)之春,乃度居庸而南,留居燕京。

丘处机这次西游见成吉思汗之后,曾被尊称为"神仙"的全真教主持人,回燕京四年余,就在七月去世,年八十。他的门徒李志常所写的《长春真人西游记》,叙述到他的丧葬,也就以旅游记为主体,而略兼传记的作用。这本作品详略的程度,介于法显的《佛国记》和关于玄奘的两本书之间。虽则年代较迟,比较在西方享受盛名的《马可·波罗游记》还早六十多年。马可·波罗(约1250—1324年)在1271年从意大利出发来东方,受到元世祖忽必烈的赏识,1295年取海道回国;以后在一次战争中被俘时自述而被写成游记。内中有许多涉及我国广大地区的内容,在西方享有盛名。此两书涉及共同经过的地区,可以互相对照。

第三节　丘李两氏对于沿途地理景象的观感

《长春真人西游记》一书,虽则有最远的一小段路程,和玄奘等一些去印度求经的僧人重复,其特点是由于绕道到蒙古高原的北部,更是独具一格。有关作者这次旅游经历之地,山川形势和物产风俗,都比较生平习以为常的地区,大不相同,所以书中也带有许多有关地理景象的观感。中途在有几处地方,尤其是邪米思干,停留较久,更有利于各方观察,由于乘车上路,不及玄奘等的长途步行登山涉水,易于印象深刻,但是很注意沿途气候物产的特征。

出翠屏口(张家口)不远,"北渡野狐岭,登高南望,俯视太行诸山,晴岚可爱。北顾但寒沙衰草,中原之风,自此隔绝矣"。又云:"自此无河,多凿沙井以汲。南北数千里,亦无大山,……忽入大沙陀(漠),其碛有矮榆,大者合抱;东北行千里外,无沙处,绝无树木。"经陆局河(克鲁伦河)时提到,"其地朝凉而暮热,草多黄花,水流东北两岸多高柳,蒙古人取之以造庐帐"。

过金山南白骨甸时,"师曰,何谓白骨甸。(镇海)公曰,古之战场,凡疲兵至此,十无一还,死地也;顷者,乃满大势,亦败于是。遇天晴昼行,人马往往困毙;惟暮起夜度,可过其半,明日晌午,得及水草矣。……当沙岭百余,若舟行巨浪然"。过沙陀后,斜向西南,到达"阴山(天山)后,……小城",可能是今奇台,注意到各地都一变而盛产葡萄,制葡萄酒。

关于邪米思干的叙述,既可以代表西域一带的情况,更表明绿洲大城的特色。"由东北门入其城,因沟岸为之。秋夏常无雨,国人疏二河入城分绕巷陌,比屋得用。方算端氏之未败也①,城中常十万余户,国破而来,存者四之一。其中大率多回纥人,田园不能自主,须附汉人及契丹、河西等;其官长亦以诸色人为之②。汉人工匠,杂处城中。有冈高十余丈,算端氏之新宫据焉,……其葡萄经冬不坏。又见孔雀、大象,皆东南数千里印度国物。"

此书正文所记,大致都是出于李志常的手笔。丘氏本人的作用,只是反映在所引述的沿途写作的诗词。一般作品借景生情,虽

---

① 新遭成吉思汗征服。
② 蒙古族强盛后重用的少数民族,又称为色目人。

第四章　蒙古族初兴时的《长春真人西游记》

则有时描述细致,往往偏重在表达道家思想。但是有时也善于反映当地的特殊风光。例如在蒙古高原东部盖里泊以北的纪实诗,描述得深有意味。"坡陀折叠路弯环,到处盐场死水湾,尽日不逢人过往,经年时有马回还。地无木植惟荒草,天产丘陵没大山,五谷不成资乳酪,皮裘毡帐亦开颜。"

这一本旅游记的主要特点,在于它大部分记述蒙古高原的旅途,类似的作品极其稀少。上文在制图一篇中提到过的宋代沈括,原来著有《使辽图钞》,在他的《梦溪笔谈》中也屡次提到,不幸久已失传。上文提到的丘氏在邪米思干等地所遇到的耶律楚材,随同成吉思汗西征,曾经著有《西游录》十卷,也早已失传。此书经其他书中引用,近人有选辑本,各条记述,都过于简略。

长春一行竟然乘车远游,在蒙古高原一带具有特殊便利。翻山越岭,幸而有成吉思汗调派的随从军卒。当时成吉思汗进军到伊犁河谷西南,也创立了修桥平道的条件。以这一本游记比照前文论述的《穆天子传》,后者所夸谈的穆王日行千里和登上高山,终究是超越现实的幻想和神话。

第五章 郑和下西洋随行人员的旅行记和航海图

第一节 七次下西洋在我国航海史上的意义

我国的航海业,明朝以前,早已有长久的历史,至迟起源于秦汉。继隋、唐时代的特殊发达之后,宋、元两代以来,已经在东南沿海的几个港口设置市舶司,管理海外贸易。但是航海业原来都是民间的活动。明成祖(1403—1424年)夺得帝位,采用永乐为年号,立即在南京附近的龙湾建立宝船厂修船,永乐三年(1405年)起,始派遣宠信的太监郑和统率大规模的船队下西洋。这是我国历史上空前的兴建造船业和官办航海业;而所谓七次下西洋,最后的一次是在宣宗宣德五年(1430年)出发,三年后结束,时间过于短促。

宝船厂设在南京附近,那里造船工业久已有相当基础,而木料的来源也比较近便。准备下西洋的船舶规模较大,一般长达44丈,最宽部分18丈,扬12大帆。每一船上可容兵卒船工等四百余人。全船队先在长江口内南岸的浏河口集中,待命出发。例如第一次在1405年出航,共有大船62艘,共载士卒27800人。以后船数稍减,每次多少不同。

第五章 郑和下西洋随行人员的旅行记和航海图

明代初期的这一措施,具有双重目的。一则夺得帝位的燕王朱棣乘着内战胜利的余威,特意遣使到"西洋"去宣扬。南海(或南中国海)方面,从西汉以来,每逢我国强盛的时期,久已发生过相当广泛的政治影响,传统的习惯号称南洋。所谓下"西洋",是取道马六甲海峡开拓到以后西方人所称印度洋的沿岸各地。明成祖的政策只要求各地的君长接受大明的封典,不像先前已经散布在这一地带的阿拉伯人,以及大约一世纪后来到的葡萄牙人和西班牙人的势力,长期占领殖民地。

二则装载大量丝绸、瓷器、茶叶等中国特产,在途经各地交易各种珍宝和香料等特产。当时形成了不定期集中经营的外贸活动。所有几次航行的成本,总可以获得相当可观的收益。运回的珍宝和特产,部分留归皇室,部分也可以出售。由于以上的双重作用,明成祖特选得宠的几个太监统率,而以郑和为首。由于"西洋"的西部沿海早已是阿拉伯人的老家,而他们的势力向东又已经扩张到爪哇国;郑和等的受到重用,部分原因也是他们都信阿拉伯人所信的天方教,就是伊斯兰教。

全船队出发时称为大艅,经过占城(越南归仁)、爪哇等地,到达满剌加(今称马六甲)和苏门答腊岛北端的亚齐,改编成所谓分艅,例如少数船舶折往暹罗(今泰国)、榜葛剌(今译孟加拉)等地。从锡兰岛往西,又分道以印度西岸和波斯湾为一路,阿拉伯半岛南岸和红海为一路,经溜山国(今马尔代夫)往非洲东岸为又一路。每一次的大艅不一定在所有这些航道上都派遣分艅。

这样劳师动众的大航行,应当可以遗留下使人喜爱阅读的旅游记。据查考留传到现在还有马欢的《瀛涯胜览》和费信的《星槎胜览》两书,作者都是郑和的随从人员。还有巩珍的《西洋番国志》,曾经失传,最近依据一个手抄本重印。巩氏只参加最后的一次航行。下西洋时用过的《郑和航海图》,幸而到明代末年,茅元仪在所编《武备志》一书中,收集在卷二百四十里面。

第二节　马欢和他的《瀛涯胜览》①

关于马欢随同郑和下西洋的由来和他的特长,《瀛涯胜览》的序文中可以见到具体的说明。古朴的后序说:"宗道(马欢的别号)乃越(浙江)之会稽人,皆西域天方教(徒),……善通译番(阿拉伯)语,遂膺斯选。三随轺鞯(指郑和出使),跋涉万里。"正统甲子(1444年)马敬序,提到"三入海洋,遍历番国。……而独编次《瀛涯胜览》一帙以归"。在永乐十四年(1416年)的自序中也说"永乐十一年,……余以通译番书,亦被使末。……于是采摭各国人物之丑美,壤俗之异同,与夫土产之别,疆域之制,编次成帙"。

马欢的三出海洋,可以断定是下述三次。(1)自序所指的似乎是七次中的第四次,这一次郑和在永乐十年奉命出使,而在十三年七月还朝,但大艘的出航可能延迟到十一年初。(2)书中阿丹(今亚丁)国下,提及永乐十九年的大艘,派有分艘前往。这是郑和奉命出使的第六次。(3)天方国(阿拉伯)一节记默加(今译麦加),述及宣德五年(1430年)的大艘遣派分艘到古里,又派通事七人,"附本国船只到彼,往回一年"。这是第七次下西洋。至于书末所

---

① 此书除旧版本外,有冯承钧校注本,中华书局1955年重印;1934年商务印书馆初版。

记"景泰辛未(1451年)秋月望日会稽山樵马欢述",是最后定稿付印的日期。

这本《瀛涯胜览》所具有的旅行记的特色,有几分类似《大唐西域记》。全书都采用分国叙述的方式,而从前一国到后一国,一般都说明航行的走向和日程,但是由于海上的特点不易掌握,往往过于简略。作者既不能了解有些段途中的转折,也没有弄清进度的快慢和途中的风险。书中完全缺少法显在《佛国记》中所描述的生动、危急的航海经验。

马氏一书更能体现出他主要都依据亲身的经历。全书只举出二十国,比较《明史·郑和传》所提到的三十余国还差小一半,显然是由于作者只叙述自己所参加的分艓到达的各国。郑和等使节对于各地君长所施的赏罚,以及商品交易的情况,部分记述比较具体。另外还涉及各地民族、宗教、风俗、物产、服装、住房等特征。但是有一些神话,故事是从旧书上抄来的,并非新得到的资料。关于各地移居的中国人,书中都有记述。

天方国应当是作者所亲到,而且去内地朝圣。所记默加的恺阿白礼拜寺,是伊斯兰教最重要的圣地,尤其具有史料价值。这个礼拜寺到1626年曾经重修,比较马氏所记的规模,不免有所改变。但是书中竟把从马(码)头秩达(今译吉达)到默加(麦加)和从后者到蓦底纳(麦地那)的走向,都误作"西行"(应当是东行和北行),又把后一段长好几倍的行程和前者同样说成"一日"。

关于航海的途程,在叙述的方式上问题更多。例如同一节说,"自古里国开船,投西南申位,船行三个月方到本国马头,番名秩达"。在上文祖(今译左)法儿一节,"自古里开船投西北,好风行十昼夜可到",两相比较,所记的航行时日与航程长短很不相称。

阿丹一节,"自古里国开船投正西兑位,好风行一月可到",也有同样问题。关键似乎是由于在阿丹(包括在祖法儿)滞留的时间,而秩达又加上在阿丹滞留的日数,都不是限于本段航行的时间。航向提到用时辰或八卦的名称,是按当时罗盘上标记走向的方式——阿丹的兑位就是用的卦名。天方国一节所举航向,也没有指明进入红海的大转折。

另一方面,也有把航行时间说得相当确切的情况。例如暹罗国一节,"自占城向西南,船行七昼夜,顺风至新门台海口入港",但是只提到"向西南",忽视了最后有转折。这一段航程的时间,和占城国一节所记的"自福建福州府长乐县五虎门开船,望西南行,好风十日可到",速度大致相同。这一节列在全文之首,而第一句"其国即释典(佛经)所谓王舍城也",竟把印度的佛教圣地移用于今越南南方境的占城,大误特误。但是这种误解由来已久,有关占城的传说早已以讹传讹。

锡兰国裸形国一节,首先记述今安达曼群岛、尼科巴群岛一带小岛。"自帽山南放洋,好风向东北行三日,见翠蓝山在海中,其山三四座;唯一山最高大,番名桉笃蛮山。"翠蓝山当时作为这一系列海上群山的总名,而桉笃蛮是最高一山的专称。后者也就是安达曼一名的来历。帽山指苏门答腊岛极北边附近小岛之一,"东北行"不及简单作为北行正确,不过这里海上的风向,夏令半年易于偏向东北。溜山国一节"自苏门答腊开船过小帽山,投西南好风行十日可到"。小帽山可能即上文所引的帽山。溜山国诸岛似乎包括今马尔代夫群岛和拉克代夫群岛。"投西南"应简称"好风西行","有八大处,溜各有其名",列举此中早在开发的八大溜。"传云三千有余溜,此谓弱水三千。"意味着航行易于出险。此处遍布珊瑚礁,三千之数,以高出海面者计算,依然夸大。以"弱水"相比,并不恰当。

此书所记全国情况,有一些足以填补正史外夷传和一般域外地记之不足。关于民族的分布,马氏非常注意回回族的阶级地位和社会影响;而另一方面也述及广东以及漳州等地迁往南洋的侨民,和印度锁里人的地位,以及佛教的影响。部分国家的生产情况,叙述得也比较详细,尤其是对于当时采购的特产。但是对于龙涎香之类的生产,显然杂有种种迷信。所述郑和等特使处理的赏罚,足以表明大艅的下西洋对于宣扬大明国威所起的作用。

作者马欢所参加的三次下西洋,既是在书中于不同国别的记述中连带说明,关于大艅本身,满剌加国一节,所记大艅建立基地的情况和作用,尤其重要:

> 中国宝船到彼,则立排栅如城垣,设四门更鼓楼,夜则提铃巡警。内又立重栅小城,盖造库藏仓廒,一应钱粮顿在其内,去各国船只回到此处取齐,打整番货,装在船内。等候南风正顺,于五月中旬开洋回还。

最后一点,说明帆船适应季风转向的作用。

此书末尾的后序作者古朴说:"今观马君宗道、郭君崇礼所记经历诸番之事实,……皆西域天方教(徒),……而二君善通译番语,遂膺斯选。""崇礼尚虑不能使人之尽知,欲锓梓(刻板印刷)以广其传,因其友陆廷用征序于予。"对于本书的编写,郭氏是否参与,在马氏的序文并未提及。似乎郭氏只是热情赞助本书的刻印流通。但是在郑和等下西洋的随从人员中,当时能指派各地天方

第四篇　举世闻名的游记

教信徒担任阿拉伯语的通译,是出航顺利的重要保证。

第三节　费信和他的《星槎胜览》[①]

《星槎胜览》一书,相传称为费信的作品,其实他的原著早已八次被人改编。他参加下西洋活动的条件,比较马欢大不相同。自序中说到"洪武三十一年(1398年)先兄籍[②]太仓卫,不几而早世,信年始十四,代兄为军。……偷时借书而习读。年至二十二,永乐至宣德间,选往西洋,四次随征"。由于长兄先在长江口范围的太仓卫入军籍后早死,他十四岁就去顶替,显然家境贫寒。年幼好学,以军籍参加大艐,还能把出航的观感,记述成书。

费信所参加的四次随征,据书中前集的目录,是在永乐七年、十年、十三年和宣德六年,相当于郑和等出使的第二、第三和第四次,以及最后的第七次。其中第三和第七次与马欢相同,但是分艐不同,费信最远只到波斯湾口上的忽鲁谟斯,而并没有去天方国。他不通阿拉伯语,部分资料只能依靠第三者。随征四次,历时约二十三年。

自序作于正统元年(1436年),费信已经年近半百。序中说明"历览诸番人物,风土所产,集成二帙,曰《星槎胜览》。前集者亲监目识之所至也;后集者采辑传译之所实也",足见此书作为下西洋的旅游记只限于前集的部分,共记二十二国。后集虽则也有天方

---

① 此书有冯承钧校注本,商务印书馆1937年版,中华书局1954年重印。
② 指军籍,太仓卫近长江口。

国等三处的资料是从他下西洋的旅伴中得来,多数是从其他类似的旧书中抄来,而且多数是属于"南洋"的范围,甚至还包括琉球。这本书叙述异国风光,在作者家乡的昆山、太仓一带立即受到过当时的文人归有光等的欣赏。由于原著文字质朴,还有几家分别加以润饰改写,甚至每一国都题咏一首诗篇。这些改作,虽则行文比较修饰,往往失去原文的真意。

占城国一节,首先叙述所参加的永乐七年的大艅规模,"驾驶海舶四十八号",比较《明史·郑和传》所述六十二艘少得多,但士卒人数相同,约计每一船的人数从450人增加到560人。冯承钧的校注指明此书的另两种版本缺少"二万七千余人"六字,可能这次的人数随着船数减少。"是岁秋九月自太仓刘家港开船,十月到福建长乐太平港停泊,十二月于福建五虎门开洋。张十二帆,顺风十昼夜到占城国。"这一段比《郑和传》详细。太平港停泊可能有双重作用,一则增加准备交易的商品,二则等候顺风。

关于翠蓝屿,马欢只在锡兰国一节的头上简略附述,"其山三四座,唯一山最高大,番名按笃蛮",显然是指位置偏北的安达曼群岛。费信特意另立翠蓝屿一节,"其山大小有七门,中可行船",冯承钧认为只指尼科巴群岛,可能还是连带安达曼群岛。此处和其他如柯枝等地的居民裸形,是热带开化较晚的若干民族,在亚洲南部比较其他热带地区更罕见;况且书中所记都是五百年之前的情况。"宣德七年壬子十月二十三日,风雨水不顺,偶至此山泊系三日夜",足见这种地点只是偶然停泊交易,"山中之人驾独木舟来货(售)椰实"。

锡兰国一节,马氏的结语只提到"王常差人赍(应作赍,音箕,即携带)宝石等物,随同回洋宝船进贡中国"。费氏却详记"其王亚烈苦奈儿负固不恭,谋害舟师,我正使太监郑和等深机密策,……生擒其王,至永乐九年,归献阙下。寻蒙恩宥,俾复归国,四夷悉钦"。

榜葛刺国(今译孟加拉,当时相当于印度的西孟加拉)一节,开头一句"其处曰西印度之地",应当称为东印度。也提到永乐十年和十三年,都有封赏国王、王妃之举。"有港曰察地港",马欢译为浙地港,冯承钧以恒河大三角洲东侧的吉大港当之,读音似乎相近,从当时通往恒河下游的路线来考虑,未必适合。这一类问题必须对照印度的历史地图。

关于佛教和回回的分布。或则写明僧尼,或则描述服装。暹罗国一节,提及"妇人多为尼姑,道士皆能诵经持斋,服色略似中国之制,亦造庵观之所"。对照《瀛涯胜览》的"崇信释教,国人为僧为尼姑者极多,僧尼服色与中国颇同",费氏提及道士有错误。道教起源于我国,从来没有传布到国外。

费信和马欢的两本游记,虽则写作的条件和各自的行程,具有相当差别,他们的取材和写作方式,却大同小异。此两书同样流传下来,内容里面有些细节,可以互相订正。书中记述的南洋和"西洋"沿海各地,包括不少岛屿在内,也为古代的域外地理文献,别开生面。

第四节　巩珍和他的《西洋番国志》

郑和下西洋随从人员的第三本作品,即巩珍的《西洋番国志》,原来流传得不及前述二本广,似乎当时没有刻版,只有抄本代代相传。清代乾隆年间 1772—1782 年开《四库全书》馆,纂修保存历代重要文献的《四库全书》,并另编《四库全书总目》。《西洋番国志》在"史部地理类存目七"一栏内可以见到。此书与《瀛涯胜览》同样列有摘要。不过存目的书都不录原书全文。最近《中外交通史籍丛刊》中,《西洋番国志》据北京图书馆收藏的抄本刊印①,才能见到全书。原书流传的情况,在校注本的序言中,向达有详细的说明。

巩珍所参加的郑和出航,正如他在自序中述及,是宣宗接位之后的一次,也就是七次下西洋的最后一次。这一次马欢与费信也都同在随行人员之中。巩氏自序称"凡所纪各国之事迹,或目及耳闻,或在处询访,汉言番语,悉凭通事转译而得"。全书所录地区与所记内容,都与马欢的《瀛涯胜览》大致相同,显然他曾经受到马欢的影响,而费信则独具一格。巩珍虽则年龄比马欢小得多,行文却是流畅。《瀛涯胜览》与《西洋番国志》这两种作品在流传中发生的文字错误和脱漏,还具有互相影证的作用。

这本书《自序》的末尾记着:"时大明宣德九年(1434 年)岁在甲寅孟春之月吉旦,养素生金陵巩珍寓金台之馆舍谨志。"据此,他是南京人,而向达的注认为金台是北京。序文前段提及自己的参加第七次下西洋,声称"时愚年甫出幼,备数部伍,拔擢从事于总制之幕,②往还三年"。他投军的年龄可能比费信稍大,参加下西洋时却拔擢为大䑸的幕僚,不同于费信的作为军卒开始。第七次下西洋的时间,据祝允明(1460—1520 年)《前闻记》,以宣德五年闰十

---

① 《西洋番国志》,向达校注,中华书局 1982 年版。
② 巩氏出身行伍,及至下西洋,不同于费信的还是以军卒的身份。

二月六日自南京之龙湾开船,六年二月二十六日到福建长乐港,宣德八年七月六日还京。① 巩氏《自序》称他的作品完成于宣德九年孟春,足见其定稿是在回国后的半年之内,在记述郑和下西洋的三种文本中,完成得特别早。

《西洋番国志》所记述的各国或地区,完全与《瀛涯胜览》相同,甚至顺序也相同。译文在目录中只有"那姑儿"不同于马欢的"那孤儿国",而且不称为国。以费信的《星槎胜览》相比,差别甚多。费氏对"那姑儿"改称"花面国",因为有面部刺花的风俗。马、巩二书同样只在锡兰国一节的开头顺带述及翠蓝山的情况。而费氏另立翠蓝屿一节。前二书同称"小葛兰国",费氏译成"小唄喃国";对"祖法儿国",费氏译成"佐法尔国"。足见同样参加宣德年间的最后一次下西洋,巩珍的收集资料有赖于马欢,而费信所依靠的是另一个通事。

但是在各节内容引用的译名,《西洋番国志》比较《瀛涯胜览》,仍然有不少同音异译或同名异译的实例。仅仅以最后三节而论,在阿丹国一节马氏的阿剌壁语,巩氏用阿剌必语。在天方国一节,马氏的秩达(今通译吉达),巩氏用秩沓;马氏的默伽国,巩氏用默加国。人名如马氏的马哈嘛圣人,巩氏用马哈麻圣人。马氏的"一种缠花树"(冯承钧注"国朝典故本作绵"),巩氏用"亦有似棉花树"。忽鲁谟斯国一节,马氏的"此处各番宝货皆有,更有青、黄、红雅姑石,并红剌,祖把碧,祖母剌,……",巩氏用"其处诸番宝物皆有,如红鸦鹘、剌石、祖把碧、祖母绿……"。

巩珍的《西洋番国志》本身不足为奇,但是他的一篇《自序》,很

---

① 冯承钧《星槎胜览校注序》,第6页。

有独到之处。除首段阐述宝舟出使的盛典,以及上文引述的拔擢入幕之外,正文有关当时航海情况的特征,非但说明下西洋船队活动的细节,也足以代表元明时代帆船的规模。这方面的叙述,马欢与费信都只字不提。其内容可以分为下列几项:

> 经济大海,绵邈弥茫,水天连接,四望迥然,绝无纤翳之隐蔽。惟观日月升坠,以辨西东;星斗高低度量远近。
>
> 皆斫木为盘,书刻干支之字,(指示罗盘定向)浮针于水,指向行舟。经月累旬,昼夜不止。海中之山屿形状非一,但见于前,或在左右,视为准则,转向而往。要在更数起止,记算无差(计时),必达其所。
>
> 始则预行(指行文)福建广浙(地方官),选取驾船民梢中有经惯下海者,称为火长,用作船师。乃以针经图式付与领执,专一料理;事大责重,岂容急忽。
>
> 其所乘之宝舟,体势巍然,巨无与敌;篷帆锚舵,非二三百人莫能举动。趋事人众,纷匝往来,岂暇停憩。缺其食饮,则劳困勿胜。
>
> 况海水滷咸,不可入口,皆于(沿途)附近川泽及滨海港汊,汲取淡水。(宝舟自带)水船载运,积贮仓艄(疑应作艄——指船尾),以备用度;斯乃至急之务,不可暂弛。
>
> 至于当洋正行之际,烈风陡起,怒涛如山,危险至极。……

上述各项,足以表明巩氏在航海途中观察的周密细致,确有独到之处。只是由于语言的障碍,对于出访各地,难以亲自了解,在正文里面反而不能运用他的卓见殊识。而记述郑和七次下西洋盛大壮举的旅游记,虽则共有三种创作,并不能充分体现出海外各地风光的特色。以至对于当时大艅下西洋的壮举,也没有能提供更丰富多彩的资料。

第五节 《武备志》保存的《郑和航海图》

对于郑和下西洋的航海事业起过作用的另一份重要地理文献资料是一个手卷式的《自宝船厂开航从龙江关出水直抵外国诸番图》——简称《郑和航海图》。这一幅航海图,显然是明代初期从前代的舟师传下来指导航程的工具。这幅图得以流传到现代,是由于明代末年茅元仪所编的一部《武备志》,收录在卷二百四十。由于编入书本刻印,全图割裂成版本双摺式二十页。另外还在图末附有《过洋牵星图》四页,全都是属于"西洋"的范围——可能是转译当时阿拉伯人通用的资料。

《武备志》一书,先在明代天启年间(1621—1627年)刊版,崇祯元年(1628年)进呈。明版原书存本极少。由于该书涉及东北边防,清代曾经列入禁书。鸦片战争以后,迫于帝国主义的威胁,为配合加强国防的需要,道光年间(1821—1861年)晚期,此书又得刊印;近年来有《郑和航海图》单行本,经向达整理[1]。

据向达在单行本中所写的序言,茅元仪大约生于1580—1650年期间。他的祖父茅坤就是一个军事家,具有作战经验,而且熟悉

---

[1] 《中华交通史籍丛刊》,中华书局1961年版。原图用《武备志》影印本版,下文引用页数即按《武备志》页次。

海防。元仪也当过副总兵防守觉华岛①。他所编著的兵书,还不限于《武备志》一种。全书的内容,偏重于采录各家的资料,因此会把《郑和航海图》包括在内。茅氏把这一卷的序言用"航海"作为标题,称道"其图列道里国土,详而不诬,载以昭来世,志武功也"。这一点表明他收集这份航海图来保存的主旨。

从地理学史的角度来考虑,这幅地图的重大意义并不限于它对于郑和下西洋活动的直接作用,而兼有代表罗盘仪在海上通用以后,作为东方航海图的典型的作用。在十五世纪后期葡萄牙航海家沿着非洲西海岸南下探险终于绕过好望角之前,东方和西方的海道既没有任何联系,航海图各自成为一个体系。罗盘仪我国发明较早,郑和下西洋时可能已经通用了两世纪以上。正如上文的地图篇曾经指出的,这幅航海图可以代表我国航海业在宋代以来所使用的地图。

这种地图具有不少特色。首先一点是图上的方位,并不像一般地图那样依据图纸上的上下左右,而是大致依照主要往返航道由右向左前进,同时把沿途的陆地或岛屿分布在航线的上下。因此转折很大的海岸线和部位差别较大的不同岛屿,都会画得相当平直。图上所画的陆地,实际上只包括帆船准备停泊的口岸邻近地段,以及辨认安全航道的岛屿和山丘,而其他许多地段都被省略。最后这一点使得许多相隔遥远的地方,在这种图上竟然会接连在一起。按照地图的分类,这一种图只能称为粗略的示意图。

东方航海图的再一个特色是缺少统一的缩尺。航道的不同分段既是缩尺大小极不一致,甚至中间还有许多段在图上根本见不

---

① 即辽宁兴城县南十二里菊花岛。

第四篇 举世闻名的游记

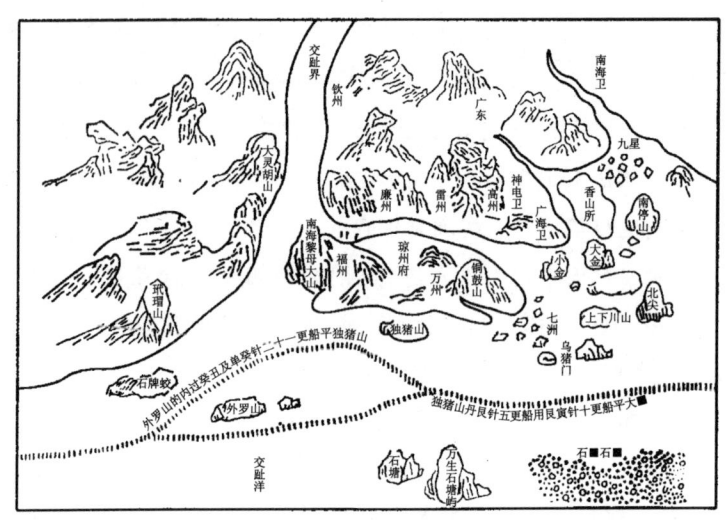

图 14　《郑和航海图》片段（据向达《郑和航海图》一书）

到。河道的广狭、海岸的长短，以及岛屿的大小，也不容易彼此比较。由于这些特点，位于波斯湾口小小的忽鲁谟斯岛会夸大许多倍，加以画上山岳形势，更是显得雄壮。苏门答腊岛直长的缩尺，比较爪哇等岛夸大好几倍，而宽度的缩尺相差悬殊。

全图的前半，从南京宝船厂到广东琼州岛，比较详细而且便于阅读。但是间有错误。例如在第九页前半，"连江卫"之下有"定海所"是对的，但是被当作它北面的"定海卫"是错的。琼州岛上"南海黎母大山"内侧，所写的"福州"显然也是错误。图上所画的部分岛屿和山丘并没有填上名称。图十页航道旁的小注所提到"船平乌邱山"，不同于"船平大武山"的山名，具体见于图上。

图的十六页后半至十八页前半，显然采录明代以前南洋（今南海）广大范围的通用航海图，线路分布之广，实际上超过郑和下西

第五章 郑和下西洋随行人员的旅行记和航海图

洋时取道经过的需要。由于海面狭缩，而马六甲海峡加宽，和马来半岛两岸先后画成半边海岸等影响，一般形势都不容易显示南洋四周的特征。顺着暹罗国（今泰国）大湾画得较为平直的变形，图上的吉兰丹港似乎就是半岛东岸的吉兰丹河口，彭航港是彭亨河口，图上的谈马锡可能就是半岛南端的大转折处。再顺着过去所见到的满剌加，就是现代改译的马六甲。这种航海图完全以海上所见到的海岸和岛屿为目标，并不讲求表示出陆地的形势。

当时的西洋，即印度洋，在这幅图上只占十八页后半至二十二页，压缩得更其不易辨认。头半页的后半，大部分是马六甲海峡的北端，但是上部已经是缅甸沿岸，图上特别画着两个塔的八都马，似乎就是仰光。十九页上部是孟加拉湾东部到恒河三角洲。"榜葛剌"就是当时对"孟加拉"的古老译名。图的中部是安达曼群岛，主要的一个称为"安得蛮山"。

图的最后三页挤满着印度洋西部各地，部位压挤得迥然不同于客观实际。印度半岛的东岸全部省略，只见到极南端"翼城"附近的一小段。但是二十页后半最上端所画的一段狭长海湾，标着"辛剌高岸"等名称，似乎也指半岛东岸。二十页最后边，锡兰岛上的地名别罗里，据《瀛涯胜览》是马（码）头，"高郎务"与"礼金务"两名有山的符号，而没有标明指山，可能也指地名。小葛兰、柯枝国、古里国等一带，都是在半岛西海岸。同页中部的许多岛屿名称加一溜字，是指半岛南段西南的拉克代夫群岛和马尔代夫群岛。原来南北延伸的小岛画成东西延伸，面积非常夸大。这一带就是马欢等所称的溜山国。下部沿海的麻林地、木骨都束等地都是在非洲东岸的北段。

最后两页是阿拉伯海沿岸各地，上部从印度半岛西岸的北段向右延伸到伊朗高原的南岸一带,图的左侧边缘达到波斯湾口。位于现代阿巴斯附近一个岛,当时称为忽鲁谟斯,是一个重要马(码)头。下部画着阿拉伯半岛,从阿曼湾附近延伸到阿丹,海岸线画到转入红海,但是没有标明转进红海的航道,也没有标明天方国及其港口秩达。

  图上的航线分别用符号和文字标明。符号都用约两毫米的横线连成虚线,大概是照描通常的航海图。文字沿着下西洋所准备采用的部分线路,紧靠符号指明:(1)罗盘定向的部位,(2)标明在某一岛的外侧经过,(3)本段航程所取终点的港口名或国名。由于我国古代的罗盘仪在南北线和东西线的四向,和东南西北等四向,各分八格,以八卦名称标明①,另外中间分成小格,分别用干支(即子丑等十二字和甲乙等十字)等字标明。

  向达的《郑和航海图》一书,对于图中地名的古今译文的对照,有更详细的说明,这里避免重复。本文更注重说明原图在制图方法上的特色和阅读这幅图卷的方法。我们应当从了解这种图的绘制法来辨认图中的内容,而避免以为简陋和杂乱,轻易加以否定。同时这幅航海图的存在,足以表明在明初永乐时期,不论是当时皇帝的决策,或是郑和等的毅然执行任务,都不是盲目探险,而是事先已经获得前人所积累下来的深入"西洋"的航行工具图。由于图上航道的定向是指示依据罗盘仪磁针认定方位,通常也称之为针路图。

  《武备志》附录在"航海图"之后的《过洋牵星图》,只是一种航

---

① 即乾、坤、震、巽、坎、离、艮、兑,按其顺序指南、北、东、西、东南、西南、东北、西北。图上常见的艮指东北,巽指西。

海业应用的图解,而不属于地图的类型。图中心的大帆船只是一种为航海业服务的标志,重要的是上下两端所画的几个星座。《武备志》所附录的四个半页,在向达的《郑和航海图》中转载的次序,不知是否严格依照原书。转载的第一图,没有说明所应用的航程,但是图中所举的丁得把昔和沙姑马山既然是与第四图相同,应当是配合古里国往忽鲁谟斯的航程,而列在第四图之前或后。第二、第三图标明"锡兰山回苏门答刺"[①]和"龙涎屿往锡兰",一指东行,一指西行。这些图显然是"西洋"当地的航海业,在缺少罗盘仪的条件下,为"夜则观星"所使用,——按星象的高低指示,在东进或西进时所取的偏南或偏北方向。这些图只表明在郑和等进入"西洋"范围的航行中,曾经借助于早已熟悉那里的航道的阿拉伯人的这些图解。

  上述的两种旅游记,内容比较简略,和郑和七次下西洋的规模相比,似乎不大相称。据《明史·郑和传》所列的三十七国(包括占城、真腊、暹罗、爪哇等少数南洋地区在内),马欢和费信的书,主要只讲各自所参加的分艅所达到的范围,加以航海路过,见闻都很有限。但是在我国的地理著作中,终究独具一格。《郑和航海图》必须和下西洋的远洋航运连带评价,所以从上文的第三篇保留到这里详细分析介绍。

[①] 注意当时的"苏门答刺",是现代所称苏门答腊岛上的小国之一,在岛的北部。龙涎屿小岛是在苏门答腊岛北端的西北,相距不远。

第六章 明末杰出旅游家的《徐霞客游记》

第一节 在旅游中培养的地理专家

旅行活动往往都是偶尔在短时期内占重要,只是由于记述沿途的见闻具有特殊的见解而受到重视。唯有明末以别号闻名于世的徐霞客,从 1607 年二十二岁出游邻近他的家乡江阴的太湖开始,几乎年年出游,1640 年从云南回去,不幸次年正月病没,才五十六岁。除去少数几次似乎没有作记,或是没有留下游记之外,历次所写的游记,在他生前就受到许多知名人士的称道传看。清兵入关的次年(1645 年),江阴也遭到兵灾,加以其他挫折,《徐霞客游记》一书的手稿,早已有一些残缺。

经历二十多年的实践,霞客从一个普通欣赏风景的游客,先是成为一个在各个风景名胜区善于寻奇探幽有所发现,而且生动描述、引人称羡的游记作家。不久他就能进一步分析各风景区的若干特征和它们的成因,而且引证几个风景区的各具特殊风格的成因。同时又注重山岭绵延的形势,水源发育和水系分合的布局,溶洞和潜流的作用,稀有草木的特征。晚年从五十一岁秋季起的四年间,经浙、赣、湘、桂、黔而入滇,既是发展成长途考察,而且对于好几条河流历来误解的干支关系,都经过周详的考察加以订正。深入到滇西的少数民族区,对于边疆地理也作出了空前的贡献。

霞客原名弘祖,字振之,他的别号很能体现出一生爱好旅游的精神。他所以能长期献身于旅游,在江苏江阴,生活上全家可以依靠祖代传下的田产,而业务上博览群书,不求仕进。但是交往的当代名士,不在少数,对于他常加鼓励。他旅游的方式非常简单朴素。早年的游览往往结合亲友一人作伴,后来只是结合一个熟识的僧人,另外再带一二仆人,后者主要是为了肩挑行装。路上除经过通航水道时而乘船之外,极少用牲口代步。长途步行,登山涉水,往往不避艰险。途中多半投宿寺院吃素炊。

晚年远去西南,曾经遭遇不少的挫折。老僧静闻有志于朝滇北鸡足山,因而结伴同行,经过广西桂平时得病,竟死于南宁。霞客把遗体火化后,还带着遗骨到鸡足山埋葬。于是只有一主一仆,但是在到达鸡足后,仆人又私自逃脱。末后一个脚趾的病加重,行走不便,丽江木太守派人用山轿送回,五个月到湖北黄冈,又经那里的官府派船送到镇江回家。据他的一篇墓志,到家后的半年一直不能见客,他在游记中曾经怀疑足病是一种与西南山区的瘴气有关的风病。由于一病不起,他没有能把西南游的大量游记重加整理。

《徐霞客游记》一书,早先只有少数手抄本。清乾隆三十八年至四十七年(1773—1782年)四库全书开馆,采集各本详加校正。作者的族孙徐镇,在乾隆四十一年首次刻板印刷。地质学界前辈,丁文江整理的版本①,正文前自编《徐霞客先生年谱》一篇,分游记

---

① 丁文江编:《徐霞客游记》两册,附图一册,商务印书馆1928年。1980年上海古籍出版社出版《徐霞客游记》两册,附图一册,据北京图书馆收藏明末季会明抄本五册,有所补正,但《滇游日记》仍用通行本《粤西日记》中,后一书增补特多。

原文为十九卷,书末卷二十录霞客诗文和友人吟咏。以及其他有关资料。另编游记附图一册,编有路线图三十四幅。近年上海古籍出版社采用的抄本,内容有所增补改正。

徐氏游记的原文,自始至终,是用日记的方式;许多生动的描述和精湛的体会,都散见于日记中。有时也联系先后的观感,详加分析。早年的游记只存十八篇:在丁文江所编的二十卷中,只占头上的两卷。晚年往西南考察的四年游记却占十七卷。按徐氏原本的分篇,浙游、江右(江西)和楚游(湖南)各一卷,粤西(广西)三卷,黔游(贵州)两卷,而滇游(云南)独占十一卷(内中滇游一早已失落,只录短文)。因此全书的精华是在西南的广西、贵州、云南境内。他曾经提到"志在峨嵋",但是由于川滇边境连年发生兵祸,始终没有能入川。生前友好为他作传和墓志铭,提及的"北抵岷山,……南过大渡河","出石门关数千里,……穷星宿海"等等,都是浮夸。

丁文江所编的年谱,有一份徐霞客游迹和游记的对照表,稍加订正,可供参考(见第262—263页表):

游记的残缺,早已查明是以《滇游日记》手抄本的第一册为最重要,另外还有若干片段。上列详表中注明无游记的缺项,多数游程较近,可能正如丁文江氏在他所编年谱中下的结论,"殆当时原无记录,与残缺无与"。但是,卷二十黄道周七言古诗陈仁锡跋,"霞客游之奇,无如盘山一游"[1]。霞客游九鲤湖日记,首先提到过"余志在峨嵋,……若罗浮衡岳次也"[2]。峨嵋终于未得一游,盘山

---

[1] 丁文江编:《徐霞客游记》卷二十,第26页。
[2] 丁文江编:《徐霞客游记》卷一,第28页。

罗浮应当原来有记。残缺的原因主要是作者未及在生前全部整理,而身后出借又遭遇过火灾和兵灾。幸亏大多数卷内的残缺还比较零星,我们既可以欣赏到他一生的大部分游记,并且可以从中学习他的科学精神。

第二节　短篇游记的精华

徐霞客早年出游,都以欣赏风景名胜区为主,不辞远道,不避艰险。关于历年活动的情况,陈函辉墓志有一段扼要叙述,下文的游迹、游记对照表主要依据这一段资料。它首先说明,"记在壬申(崇祯五年,1632年)秋,以三游台、宕(天台、雁宕),(霞客)偕仲昭过余小寒山中,烧灯夜话,粗叙其半生游屐之概"。但是内容间有错误。这一年的游台、宕其实是再次,而并非第三次。"以辛酉、壬戌两岁,历览嵩、华、玄三岳,俯窥瀛渤,下溯潇湘"。查徐氏《游嵩山日记》,明言"遂以癸亥仲春朔,决策从嵩岳道始",墓志竟提早两年。此行由嵩转华,又转湖北西北部的太和山,原定"不若陆行舟返,为时较速"。其后由太和返家,游记但言"越二十四日……抵家"。此游所上三山,远离瀛、渤,从鄂北舟行回江阴,应当是取道汉水,而沿江直下,不可能溯潇、湘。

但是墓志的这段记述,也有它的积极作用。"万历丁未,始汎舟太湖,登眺东西洞庭两山",足见太湖之游,实际是在湖中两岛。"自此历齐、鲁、燕、冀间,上泰岱,拜孔林,谒孟庙三迁故里,峄山吊枯桐,皆在己酉"。峄山一说也可疑。"而余南渡大士落迦山,还过此中,……东看大、小龙湫,以及石门仙都,是在癸丑。"墓志作者当时既是在落迦山,足见霞客渡海,兼为访友。龙湫、石门等景,就是指雁宕、天台。开头的太湖、孔林等地的游览,都还没有写游记。游记是从第一次去天台、雁宕开始,而略去落迦山(即舟山群岛的普渡)。

徐霞客游迹、游记对照表

年　份	游　迹	游　记
万历三十五年(1607年)	游太湖	无游记
万历三十七年(1609年)	游泰山、孔陵、孟庙、北入京	无游记
万历四十一年(1613年)	宁波渡海,游落迦山(普渡),遂游天台、雁宕	天台、雁宕有记,余无记
万历四十二年(1614年)	冬游南京	无游记
万历四十四年(1616年)	春游白岳、黄山,夏入武夷、九曲,秋游山阴、西湖①	白岳、黄山、武夷(附九曲)有记
万历四十五年(1617年)	奉母游荆溪、句(读勾)曲,亦入善权、张公诸洞(在江苏宜兴)②	无游记
万历四十六年(1618年)	游庐山,再游黄山	分别有记
泰昌元年(1620年)	游仙游之九鲤湖,观浙江潮③	九鲤湖有记
天启三年(1623年)	游嵩山、太华及太和山④,后二年遭母丧	分别有记
崇祯元年(1628年)	游闽,南至罗浮⑤	闽游日记(前),罗浮无记
崇祯二年(1629年)	游北京及盘山	无游记
崇祯三年(1630年)	再游闽	闽游日记(后)
崇祯五年(1632年)	再游天台、雁宕	分别有记
崇祯六年(1633年)	取道北京,游五台、恒山⑥	五台、恒山有记

续表

年　份	游　迹	游　记
崇祯九年(1636年)	游浙江、江西	分别有记
崇祯十年(1637年)	游湖南、广西	分别有记
崇祯十一年(1638年)	游广西、贵州、云南	分别有记
崇祯十二年(1639年)	游云南	有游记
崇祯十三年(1640年)	从云南东返	无游记

① 秋游据陈函辉《墓志》增补，见卷二十，第47页。
② 丁氏原表列入天启四年，母年已八十。据陈函辉作《徐霞客墓志铭》，"丁巳家居，亦入善权、张公诸洞"，是在万历四十五年。下文"(母)令霞客侍从游荆溪、句曲"，在"天启甲子，母寿八十"前。善权诸洞在江苏宜兴，句曲即句容的茅山，都在太湖西，此两次可能在同一年。上述两点见于丁文江编《徐霞客游记》卷二十，第47—48页。
③ 观潮据卷二十，第47页《墓志》增补。
④ 今通称武当山。
⑤ 据丁本卷二十，黄道周七言古一首赠徐霞客，所附郑鄤跋，提及"则又徒步访余于罗浮"。黄诗作于崇祯三年二月既望，而霞客于三年二月下旬出发，第三次游闽。足证兼游罗浮，是《闽游日记(前)》的那一次。
⑥ 这一年丁本原表有"三游闽漳"与"闽游无记"，并无旁证。实际上初游闽是武夷，二次是九鲤湖，《闽游前记》已是三次，而《闽游后记》是第四次。这一年没有去闽漳。

不论有记无记，霞客历年游迹的布局，可从附图一目了然。名胜区的游记保存十七篇，有时专到一处，有时就近到两处，最多三处。内中天台、雁宕、黄山以及闽游，各有前后两篇。凡是重游的地区，游览的路线和风景，以及对于全区的体会，各有不同。在霞客生前开始,这些游记早就受到许多友好人士的重视,身后继续受到许多读者的欣赏,当时主要是被认为一种理想的导游资料。对于不准备亲自出游的读者,但凭阅读游记的描述,也可以间接欣赏各种山川奇景。

霞客每次出游,往往先从有关的地方志或名山志了解沿途情况和重要名胜,以及行政区划,足见他早就具有一种地理学家的风度。因此,每到一处,他对于希望看到的名胜和游览的路线,或多或少总是心中有数。但是,及至身临其境,他更是关心具体的情况,例如《游庐山日记》,"越岭东向二里,至仰天坪,因谋尽汉阳(峰)之胜。汉阳为庐山最高顶,此坪则为僧庐之最高者。坪之阴,水俱北流,从九江;其阳,水俱南下,属南康。余疑坪去汉阳当不远,僧言中隔桃花峰,尚有十里遥"①。

在经历全山主要名胜的过程中,霞客也善于掌握全区的形势。例如下文"直跻汉阳峰,攀茅拉棘,二里至峰顶。南瞰鄱(阳)湖,水天浩荡;东瞻湖口,西盼建昌,诸山历历,无不俯首失恃。惟北面之桃花峰,铮铮比肩,……下山二里,循旧路,向五老峰。汉阳、五老,俱庐南面之山,如两角相向,而犁头尖界于中,退于后,故两峰相望甚近,而路必仍至金竹坪。……因遍历五老峰,始知是山之阴,一冈连属;阳则山从绝顶平剖,列为五枝,凭空下坠者万仞,……峰峰各奇不少让"②。

嵩山、太华(华山)、太和三记,实为一次旅程。《游太和山日记》之末,有一段相互比较的结语,颇为精湛。"华山四面皆石壁,

---

① 丁编本卷一,第22页。
② 丁编本卷一,第23页。

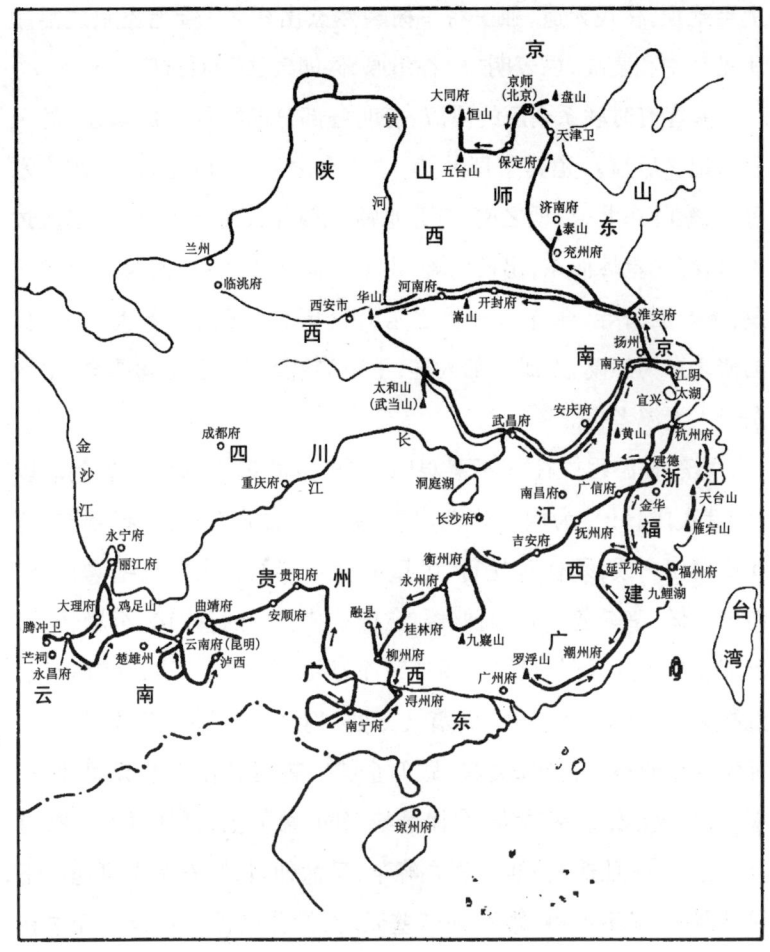

图 15 《徐霞客游记》路线图

故峰麓无乔枝异干。直至峰顶,则松柏多合三人围者。……太和则四山环抱,百里内密树森罗,蔽日参天。至近山数十里内,则异杉老柏合三人抱者,连络山坞,盖国禁也。嵩、少(少室)之间,平麓上至绝顶,樵伐无遗,独三将军树巍然杰出耳。"①接上还叙述沿途所见花木和麦畦,以表明"山谷川原,候同气异"的特征。

霞客有时联系全区的溪流,表明各部分的特征。例如在《游天台山记·后篇》,尤其条理井然。"天台之溪,余所见者:正东为水母溪,察岭东北,华顶之南,有分水岭,不甚高;西流为石梁,东流过天封,绕摘星岭而东,出松门岭,由宁海而注于海;正南为寒风阙之溪,下至国清寺,会寺东佛陇之水,由(天台)城西而入大溪者也。国清之东为螺溪,发源于仙人鞋,下坠为螺蛳潭,出与幽溪会,由城东而入大溪者也。"②

霞客在游程中往往不避艰险,在多数游记中都可以见到。以《游武夷山日记》为例,"岩北尽处,更有一岩尤奇;上下皆绝壁,壁间横坳仅一线,须伏身蛇行,盘壁而度乃可入。余即从壁坳行,已而坳渐低,壁渐危,则就而伛偻,愈低愈狭,则膝行蛇伏,至坳转处,上下仅悬七寸,阔只尺五。坳外壁深万仞,余匍匐以进,胸背相摩,盘旋久之,得度其险"③。同篇又一处,"登山二里许,抵峰下,从乱箐中寻登仙石,石旁峰突起,做仰企状。鹤模石在峰壁罅间,霜翎朱顶,裂纹如绘。旁路穷,有梯悬绝壁间,蹑而上,摇摇欲坠。梯穷得一岩,则张仙遗蜕④也。岩在峰半,觅徐仙岩,皆石壁不可通。下梯寻别道,又不可得;蹑石则峭壁无阶,投莽则深密莫辨。佣夫在前,得断磴,大呼得路。……复不能前,日已西薄,遂以手悬棘乱坠

---

① 丁编本卷二,第13页。
② 丁编本卷二,第29页。
③ 丁编本卷一,第18页。
④ 此类名称,都是各地僧道假托的古迹。

而下,得道已在万年宫右"①。

第三节 西南万里游与科学考察

霞客的《浙游日记》首先提到"余久拟西南游,迁延二载,老至不能待;遂以崇祯九年丙子(1636年)九月十九日为万里遐征计。……饮至子夜,乘醉放舟,天未明抵锡邑②。同行者为静闻师"。"十月初二日舟止余杭",显然是取道江南运河经杭州,日记从此开始。从余杭"登陆沿苕溪北岸行",道中"宿全张之白玉庵,僧意余,杭人也。……为谈游日本事甚悉",反映当时中日两国之间,佛教方面交流较广。《粤游日记》二的末尾,缺少八月二十二日到九月二十日留南宁时约一个月,对于霞客在南宁附近的足迹所至和他的观感,无以查考。

最后的《滇游日记》十三是以己卯(1639年)九月十四日结束,游历的时间足足三年多。经过浙江只有半个多月,同年在江西永新境过年,所以《江右日记》也不足三个月,次年初转入湘境。到闰四月又转入粤西(广西),在南宁度岁。在这一省多次改换路线,前后约有一年,到第三年的三月底才转入贵州。《黔游日记》到五月十九日结束,只占五旬,入滇时,不幸原书的《滇游日记》一从五月初十日到八月初六日的将近三个月,早已残缺③,另用只是几篇杂

---

① 丁编本卷一,第19页。
② 丁编本附图第十三图所画路线,由江阴出发,绕道武进,与所记半宿抵锡邑不合。当地小河纵横,应当是直达锡邑,随行有顾仆等两人,其一至途中先逃。
③ 今本在此卷卷首,引有季会明关于原稿在被人借阅而焚毁的说明。

文凑数。今本全书到己卯年（1639年）九月十四日结束，在云南各地旅游，共有十六个月。实际上此后还留在鸡足的悉檀寺三四个月，编《鸡足山志》①，然后带病返回原籍。

西南游日记的内容，大致可以分为四大类型。第一类仍然是与早年相同的游记。他所选择的路线，不论顺路或是迂道以赴，不断在经过大小不等的风景名胜区。这三年多所记述的名山胜景，远远超过早二十年间的好几倍。第二类是沿途情况的记述。除去简单的行程和生活细节，往往对于山川形势提出一些精辟的论述。第三类是通过小范围的周密观察和较大范围的详细研究，提出科学考察的不少成果。其重点在水文地理。第四类是深入滇西边疆少数民族区，创立民族地理或边疆地理的研究。关于后两类的内容，在下文第五篇中还要有所讨论。

西南游日记按省区分篇，长短相差悬殊。最短的《浙游日记》，首先简述于潜县境洞山的水陆两洞，而重点是在兰溪的所谓金华三洞。游后有三天的路途情况都不记。除去浙江和贵州境内的路线只是在前进途中稍有转折以便游览之外，在江西、湖南境内绕道就有增加，而广西、云南的路线更是复杂。在这一时期的长途旅游过程中，霞客所访寻探索的目标，也比早年有显著的发展变化。

从《浙游日记》开始，除一般的山川风景之外，作者的观察重点就在偏重于穿过洞穴的潜流。这是我国南部石灰岩山区的一大特征。霞客对于志书所称述的洞和途中所问到的洞，都竭尽全力不避艰险去找到洞口，并且尽可能的在洞内深入察看，详细记录。他重视洞内溶岩造成的奇景，至于平淡无奇的衡岳陶朱三洞之类，只

---

① 丁编本卷二十只录徐氏所订此书要目，病返之前是否成书，无考。

是提名而已。洞内水量过深,少数必须等候雨季过去才能探察的,无法可想。深度不是太大的向村民借用木盆或竹筏乘坐。觅导者和借火炬,时而会遇到困难。但是霞客往往能用各种方法克服。

《楚(湖南)游日记》茶陵西十七日一节,相当典型,可以摘录如下。"先是予按志有秦人三洞,上洞惟石门不可入,予既得东西两洞,无从觅所谓上洞者,土人曰,络丝潭北有上清潭,洞门甚隘,水由中出,人不能入,入即有奇胜。此洞与麻叶洞俱神龙蛰处,非惟难入,亦不敢入也。……北半里至上清潭,洞即在路之下,涧之上,门东向夹如合掌。水由洞来,有三派。……导者止供炬(火把),无肯为前驱者。予解衣伏水蛇行以进。……此水独寒,而洞当风口,飕飕尤厉,风兼水逼,火复阻道,舍之出。……去上清三里得麻叶洞(原文说明附近山崖与溪水形势)。洞口南向,仅斗大,在石隙中转折数级下。初觅导,亦俱以炬应,无敢导者。……最后以重资觅一人,将脱衣,问予乃儒,非法士(道教法师),惊出曰……岂能身殉汝耶?予乃寄行李前村,与顾仆各持数炬入。村民随至洞口者数十人,皆莫能从。(详述所见,从略,及出,)洞外守视者,又增数十人,见余两人,皆额礼称异。……然此洞但入处多隘,其中美胜,予所见洞俱莫及。"①霞客探险寻幽的果敢坚决,可见一斑。

在粤西的过程中,尤其在广西西部,行程见闻的记述,对于山川形势以至动植物特产的观察,更是细致而带有系统性,例如《黔游日记》一首段②,关于由南丹进入贵州境的边区形势,分析得相当精辟。原文摘录如下:

---

① 丁编本卷四,第6—8页。
② 丁编本卷八,引文见第1页。

第四篇 举世闻名的游记

　　戊寅(1638年)三月二十七日,自南丹北鄙(边)巴歹村易骑入重山中,渐履无人之境。五里,逾山界岭(注,南丹下司界)。又北一里逾石隘,是为艰坪岭,其石极嵯峨,其树极蒙密,其路极崎岖。黔(贵州)粤(当时广西称粤西)之界,以此而分,南北之水,亦由此而别。然其水亦俱下都泥(今称红水江,在广西),则石隘之脊,乃自东而西度,尽于巴鹅之境,而多灵大脊,犹在其东也。北下一里,就峡西行一里始有田塍(音乘,即土埂)。又半里,峡转北,坞始大开;又北一里,有村在西坞中,曰由彝。此中诸坞,四面皆高,不知水从何出。然由彝村南石壁下,有洞东向,细流自畦中淙淙入,透山西而去,固知大脊犹在东也。……又北一里,再越岭脊,下行峡中,壑圆而峡长,南北向皆有脊中亘,无泄水之隙。而北亘之脊,石齿如锯,横锋竖锷,莫可投足。……越脊直坠峡底,逾所上数倍,始知前之圆壑长峡,犹在半山也。峡底有流从南脊下隘,遂滔滔成流,随之西向行。有村在南山麓。

　　《滇游日记》七末尾,原文二十五日至月中缺,应顺道达洱源县城,留若干日。《滇游日记》八月初三日所游清源洞,离此不远。此处所记,联系到一些先前从未涉及的情况,但是也有代表性。"导者二,一人负松明(松枝所作火炬)一筐,一人燃松明为炬以入。南入数丈,路分为二:下穿者为穴,上跻者为楼。楼之上复分二穴,穿右穴而进,其下甚削,……乃返穿左穴而进。其内曲折骈夹,高不及丈,阔亦如之,而中多直竖之柱,……颇觉灵异。但石质甚莹白,而为松炬所熏,皆黑若烟煤,着手即腻不可脱。……盖先是有识者谓余曰:'是洞须岁首即游为妙,过二月辄为烟所黑。'余问其故,曰,'洞内经年,人莫之入,烟之旧染者,既渐退而白,(钟)乳之新生者,亦渐垂而长。故一当新岁,人竞游之,光景甚异'。从此至二月,游者已多,新生之(钟)乳既被采折,再染之垢愈益熏蒸。……透柱隙南入,渐有水贮柱底(石)盘中。"下文记水洞出口①。

由洱源南下经洱海岸上关,"是为龙王庙,南崖之下有油鱼洞,西山腋中有十里香奇树,皆为此中奇胜"。"庙前一坑下坠,……其坑南北横二丈,东西阔八尺,其下再嵌而下,则水贯峡底。小鱼千万头,杂沓沓于内,……盖其下亦有细穴潜通洱海。但无大鱼,不过如指者耳。……每年八月十五,有小鱼出其中,大亦如指,而周身俱油,为此中第一味;过十月,复乌有矣。……半里抵三家村,问老妪,指奇树在村后田间。又半里至其下,其树高临深岸,而南干半空,蠹然挺立。大不及省城土主庙奇树之半,而叶亦差小,其花黄白色。大如莲,亦有十二瓣,按月而闰增一瓣,与省会之说同。但开时香闻远甚,土人谓之'十里香',则省中所未闻也。……花自正月抵二月终乃谢。(来)时已无余瓣,不能闻香见色,惟抚其本辨其叶而已。"②霞客到此时在"己卯三月初十日"。下文还提到上关城南波罗村西山麓有蛱蝶树,花如蛱蝶,且能吸引真蝶自树顶倒悬而下。凡此奇异动植物,是否留传至今,待考。

从路过湘南一带时开始,霞客时而和各地少数民族有所接触,尤其是在贵州、云南境内,而以在滇西一带时为最多。最?简单的是在游览风景区觅导者,有时不得不找通汉语的少数民族。其次,在西南几省当时还穿插着不少称为土司的小片地方政权,以至所

---

① 丁编本卷十五,第2—3页。
② 丁编本卷十五,第8—9页。

第四篇 举世闻名的游记

谓土知府的地方官,作者有求于协助解决住宿与雇挑力等问题。明代末年,少数民族中的部分首领,乘机作乱,如所举滇南的普名胜三代,也是不在少数。霞客的行程,在不少地区因而受到阻力。他的不能顺道入川,也是由于这一种危机。

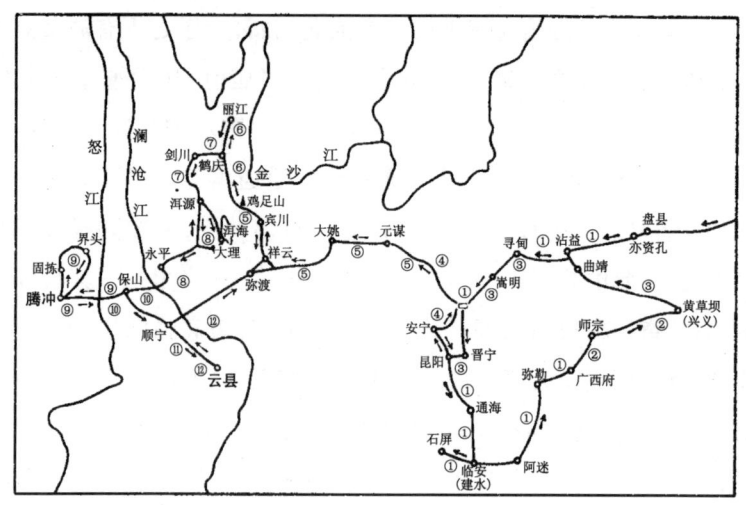

图 16　徐霞客《滇游日记》路线图＊①—⑫按日记分卷编号

在广西和云南两省,霞客旅游的路线和记述的风景区,都分布得特别广。至于广西的主要重心在漓江一带,云南的是滇池和洱海的边缘。《滇游日记》八至十二的五篇,都是记述从鸡足山去滇西澜沧江、潞江(怒江)以西,直达大盈江上的腾冲一带往返的见闻。明代疆界远在怒江以西,这些游记在官方各种地志以外,提供了可靠的依据。而霞客的游迹,不辞辛劳,远过大峡谷,深入少数

＊ 本图少画一条路线:由保山向西北经烂泥坡、猛赖,又西北去石城往返,折东南经马鹿塘、清山河回保山。

民族区,从腾冲、保山两中心,还往南北各地环游,最远达到百里外。归途又绕道云县、弥渡等地。日记以崇祯十二年九月十四日截止,并非有意到此结束。

在《滇游日记》的现存的十二篇中,有关访友的记述大量增加,似乎扩大了许多闲文杂事。虽则求阅各地的地方志仍然和他的旅游有关,接受各地友人的留宿和资助是主要的因素。其原因在于长途跋涉以来,多次遭受窃盗,入滇时由家携带的财物已经所余无几,不得不时时求助于人。至于在滇西阶段,甚至多次绝粮。当时的条件,他无法从数千里外取得家乡的接济。但是他交游的文人或各地官绅,仍然选择较为严格。而各地友好,辗转介绍,更是有助于他的扩大旅游范围。

《滇游日记》一早已失落,就使得从《黔游日记》的终点亦资孔和《滇游日记》二的起点广西府(沪西)之间的行程成为问题,从没有人想法去解决。实际上在《滇游日记》二与三里面,霞客自己留下不少线索:

《滇游日记》二,在八月十三日下,述及"自省(指昆明)至临安(今建水),皆南行;自临安抵石屏州,皆西北;自临安抵阿迷(今开远?),皆东北;自阿迷抵弥勒,皆北行;自弥勒抵广西府,皆东北"①。《滇游日记》三多次指出"前曾经过",必然是指在失落的第一篇中讲到过。初七日一节末,"上坡北,而宿于逆旅(即旅店),即昔之所过石堡村也"②。初八日一节末,"入南门,由霑益州署前抵东门,投旧邸(寓)龚起潜家,……亟入其后楼而息焉"③。最后一

---

① 丁编本卷九,第12页。
② 丁编本卷十,第12页。
③ 丁编本卷十,第13页。

条可以表明初入滇时,从贵州的亦资孔前往昆明途中,曾经取道霑益,而从昆明又绕道前进,以广西府为终点,《滇游日记》二由此开始。

《滇游日记》四,十月初一日一节末,"从桥西入(省城)东门,饭于肆(店),出南门,抵向所居停处,则吴方生方出游归化寺未返,余坐待之"①;"初四日,余束装欲早往晋宁,主人言薄暮舟乃发。……入晋宁州北门,皆昔来暗中所行道也。……既见(唐)大来,各道相思甚急。"②

总结以上各点,可见《滇游日记》一那次的路线,从亦资孔到昆明,曾经迂道经石堡村到霑益,而达省城。由省去临安途中,先在滇池上舟行经晋宁。唐是由旧友介绍,下文初五日还提及几个旧相识,都是第一次来时已经结识。

从以上各条来看《滇游日记》一的路线,斑斑可考。但是霞客在那一次旅程中的见闻和心得,仍然无从了解。今本在《滇游日记》一所录的杂文,则可能都是《滇游日记》一那一阶段所写,当时在昆明和晋宁停留游览的时间似乎较长,却难以了解他的游程。急于从昆明东北折往昆明东南,主要兴趣在于查明北盘与南盘的上源。

关于《徐霞客游记》一书的分析,仍然比较简略。主要必须认清下列几点。首先,不论短文或长篇,既是不同于我国历史上一般文人的游记散文,也不同于本书所论述的所有其他旅游记著作。霞客为游而游,因游作记,地理意味愈来愈浓厚。其二,通过长期

---

① 丁编本卷十一,第1页。
② 丁编本卷十一,第2页。

的旅游实践，霞客对于多种地理现象的观察愈来愈细致深入，而且能把各地所见到的现象，联系成系统的观念。其三，他到各地游览，从来重视地方志中所提供的各种地理资料，从省府州县的境界，到山川物产和一些名人，都在出发前或到达后设法了解，作为野外观察的初步依据，而同时也善于采集当地人的见闻。

总之，徐霞客生长在十六世纪末到十七世纪初期的东方，他在地理现象的各方面所提供的非常丰富的资料，和他所从中获得的地理见解和概括，为创立科学的地理学奠定了基础。他的部分科学见解，几乎接近于西方地理学在十八世纪初期的水平。他从毕生献身于旅游活动的实践中，发展成为一个我国封建社会时代最杰出的地理学家。

第七章 第四篇小结

关于旅游记一类，上述各章只论述了历代具有声望的少数作品。主要目的在于阐明它们在我国地理学发展过程中所具有的意义和所发生的作用。这些作品可以分为四个类型。(1)神话故事性的《穆天子传》；(2)佛教僧侣和道教主持人出于宗教热忱的陆路远游或海陆两用的远游；(3)随同明初郑和下西洋的海上旅行；(4)独树一帜的《徐霞客游记》。这四个类型创作的时期，还正好形成历史的顺序，后先相承。

《穆天子传》只是描绘出一种旅游的方式。这个作品在西晋出土后，曾经被认为是西周的穆王真有过的旅游所留下来的游记。它的在汲冢出土，比较汉代相传的一些出土古书更可靠，足以证明是战国时代的作品，而它采用《五藏山经》类型的山川作为地理背景，更足以证明《五藏山经》同样是战国作品。依靠神话性的车马，率领神话性的随从，访问高山大河的神灵，便于构思出一系列神话性的旅游。创立旅游记的格局和叙述方法，可以说是这部作品在地理学史上的特殊作用。

张骞与班超两次通西域，丝绸之路的开发，当然使得各族商人的往来比较佛教僧侣更要多若干倍。但是大概由于商人重利，没有留下类似的作品。佛教僧侣诵经尚且要求识字，法显、玄奘等更是精通汉文，兼学印度经典通用的梵文。求取前所未见的佛经，引起他们的坚定信心亲去印度,成为古印度佛学名师门下的留学生或留学僧。同时还以高度的虔诚瞻仰印度佛教古迹。玄奘先后受到印、中君主的器重,更是望重一时。

传统观念把《佛国记》看成法显只是口述,是由于他谦称自己,而常用他的法名。实际上他人只是在末尾有加注,而正文是由他亲自撰述,所以讲得非常亲切。关于玄奘的行程和见闻观感,两种作品确是由别人编写。这是由于唐太宗为他进行大量译经的工作,召集了人数较多的班子,他当众口述旅程的细节和收获,而编者采用不同方式整理成两个作品。至于《洛阳伽蓝记》所摘录的《惠生行记》和《道荣传》。简略代表法显以后、玄奘之前,北魏时期的情况。

有关玄奘入印求经的记述,《大唐西域记》是遵照唐太宗旨意所撰述,公开流传更早更广,但是由于采用地方志的体制,不能正确表明玄奘到达迟早、先后,以及重复。《三藏法师传》对于说明行程,既不隐讳违禁从长安出发的行程,更能说明他在印度境内行程的重复。因此,这两书必须结合阅读。同时必须分清玄奘亲至与传闻两种不同情况的记述。在国外游记中,玄奘的资料最是广泛而精确。

元初,号称长春真人主持的全真教在山东等北方各地盛行的道教支派,所以会被成吉思汗重视,还是受到北宋的徽宗等扶植道教遗留的影响。虽则丘处机等西游的动机和作用,及不到法显、玄奘等的无私无畏,也还是属于宗教性质。他们所走的路线偏重于在蒙古境内绕道,比较佛教僧侣的取道西域大不相同,惟有最远的中亚细亚一小段,和玄奘等的路线稍有相同之处。有关这部《西游记》的内容,在地理意义上也就迥然不同于法显等重视印度境内外行程的几种游记。

郑和"下西洋",由明成祖派遣亲信太监经营海外贸易,兼有宣扬国威的作用。马欢担任阿拉伯语的通译,直接参加商业活动。费信与巩珍出身行伍,只是随从人员。但是他们的作品,也可以代表我国扩大商业活动所产生的旅游记,巩珍的文才在三书中较为精彩,其成因类似西方的《马可·波罗游记》。但是由于这三种书都过于简略,不容易引起广大读者的兴趣。

特殊引人阅读的游记,几乎都是涉及边远地区,尤其是我国国境以外。《徐霞客游记》最后固然包括西南边疆,主要是几乎遍及各省,而晚年偏重西南。传统的游记都是描述个别风景区的短文,徐氏从头到底采用日记的格式,每一个风景区都包括好几天的日记,也就有好几篇短文。晚年的西南游,联系成许多条路线的游记,在特殊地点都有可以自成短文的详细记述。他构思精湛,文笔流畅,所以每逢见到奇景异物,自然意气风发。

通常的读者都把这部书作为导游的参考,或是自己出游的代替办法。比较少数也用它来了解各地区的特殊情况。因此在历代的旅游记中,它最是受人欣赏,而且至今如此。在现时代,它还可以提供许多宝贵的科学资料。例如,各个山区的岭脊对于溪流的分水作用,西南行各篇中关于溶洞的部位、结构、景象及其对于水流的关系,温泉的布局和部位,少数民族在滇西的分布和生产发展等等,徐氏也分地段地提出了一些总结性的意见。

总之,我国历代的旅游记,前后发展的过程,都密切配合每一个作品当时的历史条件。而内容发生的变化,远超过全国总地志的演变。在有关范围内,它们也可以填补地理志的一些空白,尤其是关于广大边疆地带和域外。边陲的疆界虽则经受了许多变迁,古代游记中取道的路线,仍然对于国境内外的交通,具有相当作用,也可以有助于考古工作的选址。

第五篇 地理专著的典型
——北魏至明末

第一章　郦道元著《水经注》

——著述方法和重要贡献

第一节　作者身世和《水经》来历

郦道元出生于南北朝分裂时期世代出仕于北朝的家族,原籍范阳郡,在今河北涿县一带①。出生年份无考,大概将近455年。《北史》与《魏书》都有他和父郦范的传,关于年期迟早,存在一些可疑之点②。史书只论述他的政治生涯,而不认识他的著述的重要性。他的著述工作,以《水经注》为主而不以此为限,基本上是在公余之"暇"博览群书,集腋成裘。《水经注》的编写,可能在490年左右开始。孝昌三年(527年)冬,在赴关右大使任所的中途,正在阴谋造反的萧宝寅遣部将将他谋害。恐怕书稿还没有经过全盘整理。

南北朝(317—588年)时期,我国北方的半壁江山沦陷于好几

---

① 原在涿鹿,已迁居该郡容城县,见《水经注》卷十二巨马水一节。
② 北魏太武帝424年即位前,道元父郦范曾随侍东宫,因此得受封爵。范死于孝文朝(471—500年)初期,年在七旬以上。道元在父死后袭爵,太和(477—499年)中(约485年左右?)才出仕,一直到527年,按他的年龄,似乎出生在455年左右,那时他父亲已经年过半百,而他还是长子。但是照此推算,道元死时也已经有七十三岁。

个少数民族,他们先后争霸,南北两方处于敌对地位,极少交往。但是北朝方面汉族文化依然昌盛,而佛教影响也继续发展。郦道元撰成《水经注》一书,其主要条件,就是上千年来,所保留着的各种有关的地理历史和文学作品。在编著过程中,他从中采用了各种资料。清末光绪年间刊印的《水经注》,录有杨希闵同治四年(1865年)的汇校题识和《水经注》所引书目。这一篇书目所开列的作品共有八十余种,其中有不少在《水经注》成书之后久已失传,因此郦氏的这一部著作,还有保存许多失传作品部分内容的作用。

关于这部书在南方水道方面的明显弱点,一般评论过分强调南北朝时代南北对峙的影响。实际上,南方各地除去大江沿线以外,大部分是在秦汉以后才逐步开发,资料较少,记述的资料中岭南和西南尤其稀少。东北方濡水、大辽水等的弱点,更不是由于交通隔断,而是由于当时记述资料不足的影响。郦氏在原序中所提到的"访渎搜渠",根本上只是缀集资料的纸上谈兵,并非亲自去访问察看。同一序中,他先已经说明"余少无寻山之趣,长违问津之性",并没有爱好野外旅行的意味①。

《水经注》编写的体裁,是以许多水道的干流或大支流为若干二主题,主题下大小不同的段落都有一句或几句纲领性的说明作为《经》,随后详细引用有关资料中的许多情况作为《注》。《注》文的部分向来公认是郦道元的贡献。其内容大致都是旁征博引前人的各种记述,不过郦氏间或夹叙他自己的见解,偶尔表示赞许或补

---

① 全书只有卷十二巨马水篇,《经》文"又东南过容城县北"下注文,"巨马水又东,郦亭沟水注之,水上承督亢沟水于逎县东,东南流历紫渊东。余六世祖乐浪府君自涿之先贤乡爰宅其阴,西带巨川(指巨马),东翼兹水,枝流津通,缠络墟圃,非直田渔之赡可怀,信为游神之胜处也",记述亲见的情况,最是明确。

充说明，有时提出详略不等的批评。所谓《经》文的来历，从来是一个争论未决的问题。

争论的起因是郦氏著书的命名方式和编写体裁，形成一种印象，认为在每一个水系的专篇中，简单说明流向的所谓《经》文，单独联系起来可以被称为《水经》，而书名称为《水经注》，似乎郦氏只是为前人的《水经》作注。注文中论述《经》文的见解时，也有时被称为《水经》。因此，以往的传统见解，总是把郦道元的著述，认为局限于注的部分，而《水经》被假定为出于早得多的另一个时代。

关于《水经》早有古本的论证，主要是《隋书·经籍志》录有"《水经》三卷，郭璞注"——郭璞是晋代注过好几种书的注家。但宋代郑樵《通志》的《艺文略》录有"《水经》三卷，汉桑钦撰，郭璞注"，而"《水经》四十卷，郦道元注"，与之并列。遗憾的是郑氏并未说明郭、郦两家所注的《水经》，是否同一原本，后者也没有注明系桑钦所撰。宋代晁公武的《郡斋读书志》称"《水经》四卷，汉桑钦撰，成帝（公元前32—7年）时人"。卷数改为四卷，和所述桑钦的年代，都不知何所依据。郦氏引用桑钦的资料，总是称为《地理志》，而从来不称为《水经》。

清代研究这部书的学者，都公认经文部分列举的郡县，西汉与东汉兼而有之，甚至个别是属于曹魏时期。据此，认为西汉时人所编的假定，早已受到否定。再进一步分析这部书的内容，黄河最下游的水道明明是依据王莽始建国三年（公元11年）的河道南徙，只能在东汉或更后加以叙述。至于后汉、三国时代的作家中，究竟有谁具有编写《水经》的条件，从来没有查到过丝毫踪迹，因此无从确定。

从《水经注》的内在特征来衡量，《经》与《注》可能本是郦氏一家之言。他的原序从没有表示他在为任何别人的《经》作注,序中只说"窃以多暇空倾岁月,辄述水经布广前文"。所谓"辄述水经",郦氏惯用"水经"一词称述书中的各段《经》文,而自称为"述"显然表示自编。"前文"不一定是指本书的《经》文或《水经》,而可能是指《注》文中所引用的前代旧说。原序末尾又说,"所以撰证本经,附其枝要者,庶被忘误之私,求其寻省之易"。所谓"撰证本经",也有自撰经文而加注作证的意味。因此,我们认为全书的经注同出于他一人之手。

传统观念还查出若干《经》、《注》见解不同的许多例证。说明水道流向的方式,在《注》中常用经某地,而在《经》中常用过某地。考证家还据此从旧本的注文中挑出少数用"过"字的文句移补经文的缺漏。但是这样的差别不足以证明《经》、《注》的来历,具有不同时代与不同作家的意义。实际上在掌握《注》文的详细资料之后再总结出《经》文的纲领,才是水到渠成。凭空撰述这部书中《经》文的路线,表面上看虽则简单,实际上难以做到。

一个后汉的学者,实际上很难掌握两汉多数郡邑的布局,因为当时既没有详细的地图,也还没有整理出《后汉书·郡国志》那样的参考书。郦氏在缺少地图的情况下,至少有《汉书·地理志》以及《后汉书·郡国志》所依据的资料。这两种资料不但分州说明境内的郡邑和侯国,还在许多县的《注》文中说明流过的水道。在这个基础上,郦氏所搜集的各条与水道直接或间接有关的资料,按照沿着各条水道的位置,贯串成长短不同的《注》文,然后按同一水道的分段写成《经》文,才是合理的程序。

对于上述的设想,似乎有一个反证是书中的少数《注》文对于同一段的《经》文提出不同见解,甚至加以非议。这一点确实有点像评论或改正别人的错误,但是这一类的实例不太多。在《经》文之间,关于大小水道的走向,另有说法不同而不评论谁是谁非的不少实例。后一种正和《注》文中前后征引不同时期的资料,提供相互矛盾的说法一样。实际上对于《经》、《注》之间的矛盾,郦氏判别是非的能力很有局限性,以至许多问题只能听其共存。在那样早的时代,对于许多不同的说法,还缺少足够的条件来下结论。

第二节 流传情况和编次方式

《水经注》现行版本的水道编次,多少已经失去作者所写稿本的本来面目。在以往十四个世纪的流传过程中,据清乾隆三十九年(1774年)录入《四库全书》的校本进呈时的说明,此书经历过下列的变迁:

(1)宋代王尧臣等所编写《崇文(图书)总目》注明"已佚五卷"。——失去的是哪五卷不详。据《四库》本提要说明,"《元和郡县志》、《太平寰宇记》所引滹沱水、泾水、(北)洛水,皆不见于今书,然今书仍作四十卷,疑后人分析以足原数也"。按滹沱水佚文,应在今本卷十浊漳水、清漳水之下。卷十八、十九记述渭水,今本在卷十八涉及《五藏山经》中的"泾谷之水"而不提泾水。卷十九之末,见到"洛水入焉"一句,却不见北洛水。足见泾水和北洛水都已经成为佚文,原来应当附于渭水之后。

(2)现行本未见《禹贡》九川中的弱水与黑水,我曾经怀疑郦氏并未收集这两条水的资料。但是随后查阅宋儒关于《禹贡》的论述和注释,都还引用《水经注》中涉及此两水的资料,可见原书都有专篇。不过《四库》本提到的佚文,竟然没有指明这两条大水。列入这两条水,也更是易于解释佚文有五卷之多。

(3)《四库》本提要接上还提到"是书自明以来绝无善本,惟朱谋㙔所校盛行于世,而舛谬亦复相似"。郦道元意外遇难,可能使得他还没有亲自整理定稿,而宋元间大局不定,更造成其易于失散。

(4)不幸中的大幸是明初编制《永乐大典》时,《水经注》大小标题按水名全部采录,而且保存了其他诸本已经失落的郦氏自序。据《四库》本的说明,"盖当时所据,犹属宋刊善本也"。

(5)清乾隆年间,开馆评选《四库全书》,为重整《水经注》,"今以《永乐大典》所引,各按水名逐条参校。……谨排比原文,与近本钩稽校勘,……补其缺漏,……删其妄增,……正其臆改,……神明焕然,顿还旧观"。当时的增删修改,应当有所提高,但是对于"顿还旧观",恐怕难以尽信。而现行本各条水道的次序,是否全部符合原书,尤其难以断定。

《四库》本所整理的《水经注》,仍然凑成四十卷,从各卷所包括的水道来看,编排的次序显得相当杂乱。由于上述的拆散与合并过程,无从断定这里面是否有作者本人的责任。现今通用的《四库》本的定稿,名义上虽则是由纂修官戴震负责,实际上还是几个人分工的成果。主要的问题是他们的地理观念比较薄弱,而当时又不常参考已有的有关地图。

关于全书水道的编排次序,我们可以列成下表作为比较:

现行本编次	较合理顺序
卷一至卷五 河水(黄河)干流, 卷五,漯水附	卷一至卷五 河水干流, 卷五,漯水附

卷六　汾水等,今山西水道
卷七至卷八　济水
卷九　清水、沁水等五水
卷十　浊漳水、清漳水
卷十一　易水、滱水
卷十二　圣水、巨马水
卷十三　瀖(音累)水
卷十四　瀖(又作温或湿)余水、沽河、濡水、大小辽水等
卷十五　洛、伊、瀍、涧水等
卷十六　穀水、甘水、漆水等
卷十七至卷十九　渭水
卷二十　漾水(入涪)、丹水(入沔)
卷二十一至卷二十三　入淮诸水
卷二十四　同上(但瓠子河入济)
卷二十五、卷二十六　山东诸水
卷二十七、卷二十八　沔水(汉水)
卷二十九　入沔诸水
卷三十　淮水
卷三十一、卷三十二　入淮诸水(夹有入沔入江者)
卷三十三至卷三十五　江水
卷三十六至卷三十九　入江诸水
卷四十　南方诸水

卷六　汾水等,今山西水道
卷十七至卷十九　渭水
卷十六　漆水、浐水、沮水
卷九　清水、沁水(入河支流)
卷十五　洛、伊、瀍、涧水等
卷十六　穀水、甘水
卷七至卷八　济水
卷二十四　瓠子河(入济)
卷九　淇水、荡水、洹(音桓)水
卷十至卷十四　大河以北诸水
卷二十五、卷二十六　山东诸水
卷三十　淮水
卷二十一至卷二十四　入淮诸水（二十四瓠子河见上)
卷三十一　入淮支流浉水溳水入沔
卷三十二　决水等四条入淮
卷二十七至卷二十八　沔水
卷二十　丹水
卷二十九、卷三十一　入沔诸水
卷三十二　滱水等入沔诸水
卷三十三至卷三十五　江水
卷二十九　沔水(入江后)、潜水
卷二十　漾水(入涪)
卷三十二、卷三十六至卷三十九　入江诸水
卷四十　南方诸水

郦氏此书撰述水道源流,从现行本的目录来看,河、济、淮、沔(汉)、江五大水系,加上大河以北、山东和南方诸水,体系相当分明。但是在(黄)河的一系中,偏偏先夹进济水和大河以北诸水,而河的支流中应当列在汾水等山西支流之次的渭水,竟然放到洛水

等之后。淮水一系，先有几卷叙述入淮诸水，插上其他好几卷，才讲到淮水干流，尤其本末倒置。沔水最后一段与江水合流而仍称沔水，支流中又夹有入江的潜水。江水与入江诸水比较集中，只有少数支流散在别卷。但是江、汉之间穿插其他水道，而又用沔的名称总括汉水，都很失当。至于先沔后江，可以认为具有由北而南的顺序。郦氏原稿可能稍有杂乱，而未经整理。

在现行本编次以外，上文所开列的较合理顺序，仍然按照现行本的卷数和有关水道。只是改变各卷的先后，凡是注重水道系统的读者，对照上列的顺序，所有同一水系的大小水道或上下游支流，更是易于查明。这一套顺序的提出，并不假定对于郦氏原来的编次，是否符合。经过这一套顺序的编次，也更有助于认清本书所述水系分布的全貌。

第三节　《经》《注》体例与内容特征

《水经注》一书的体例，主要是说明大小不等的水道经流的路线，以及沿线各地经过前人记述的各种情况。在现行本的四十卷中，河水干流和较小支流独占五卷，最大支流渭水占三卷，汾、洛等诸水又占三卷，共十一卷。江水以江、汉并称，而以沔水一名总括汉水。江水干流占三卷，沔水两卷；它们的支流，入江者四卷，入沔者一卷，又兼述江沔支流的一卷，合计也是十一卷。足见郦氏的毕生精力，主要是集中在这两大水系。而对于其他各水系，也都广泛兼顾。

关于每一条水道，不论篇幅长短，都分为若干段。每一段开头的一二句,通常称为《经》,全篇各段的《经》连贯在一起,以及全书各篇的《经》一气贯成,传统观念统称为《水经》。从分段的各条到全部《水经》,体例都是限于说明有关水道经流的路线。至于两端的情况,上源大多数还说明发源在某一山,惟有边疆的水道只说明发源的地区。下端说明在某地入海,或入于某一大水。中途所经过的郡县,往往说明它的某一方位。

《隋书·经籍志》采录"《水经》二卷,郭璞注"。郭璞注书多种,都不过简略说明原文中的名物,《山海经》最早的注本也是其中之一种。清代毕沅曾经在他详注的《山海经》卷十三《海内东经》之末,指出此卷"岷三江首"以下的大段,就是《隋志》所提及的郭注《水经》,卷数显然也相称。郦氏书中的《水经》,虽则在本书中所占的比重极小,实际分量仍然要大好几倍,其具体内容不可能成为郭氏所见的书。传统主张假定它是东汉时人所早先写成的书,纯乎是任意臆断。上文第一节中,指出过这些经文都是依据郦氏注文中所收集的有关资料而获得的结论,才是理解这部书的《经》、《注》关系的正确观点。

《注》的部分,一方面以提供有关水道经流路线的各种史料为主,一方面还连带与所述地段有关的多种其他史料。例如在河水卷二,经文"又东过陇西河关县北,洮水从东南来流注之"一句之下,郦氏的注文,共提供以下的好多条:

河水右经沙洲北,段国曰……①

---

① 所引段国的史料,出于他的《沙洲记》,主要涉及河西的沙漠区以及邻近各地。郦氏在这里引用,仍然是承上文的认为河水由蒲昌海潜流入塞经河西诸郡。

第五篇 地理专著的典型

　　(《汉书》)《地理志》曰,汉宣帝神爵二年置河关县……
　　河水又东北流入西平郡①界,左合二川,南流入河;
　　又东北济川水注之。水(指济川水)西南出滥溃东,北流入大谷……
　　河水又东经浇河故城北……东北去西平二百二十里……
　　河水又东北经黄川城,河水又东经石城南,左合北谷水……
　　河水又东北经黄河城南,西北去西平二百一十七里;
　　河水又东北经广违城北,右合乌头川水。

　　另有类似的六条从略,来源未经注明,在郦氏的注文中极为罕见。

　　同段的注文下接"河水又东与漓水合,水导源塞外羌中。故(《汉书》)《地理志》曰,其水出西塞外"。按《地理志》原注是在金城郡白石下,原注称"离水出白石县西塞外,东至枹(音孚)罕入河"。据此一般早已考定,即后代的大夏河。郦注另有关于离水源流的详细叙述,并且包括几条支流和经过的地点,但是来源不明。在提到"离水又东北经石门口山,高险峻绝,对岸若门,故峡得厥名矣,疑即皋兰山门也"。下文除引证汉武帝元狩三年霍去病出陇西,至皋兰,引用应劭《汉书音义》曰,"皋兰在陇西自石县塞外,河名也"。但又引孟康曰,"山关名也",以纠正应劭认为河名之误。郦氏又加按语,"今是山去河不远,故论者疑目河山之间矣"。在

---

① 东汉末年置,郡治在今西宁。此条和后述几条如浇河、黄川、石城等地名位置不明。

"离水又东北出峡北流注于河"之下,重引《地理志》白石下注文的两句全文。

从"河水又东,洮水注之"以下,本段的下余三分之一都是有关洮水支系的资料。引用《沙洲记》垫江水与《山海经》,纠缠着邻近的其他水道。"洮水又东北流经洮阳曾城北",述及建初二年(公元77年)羌(族)攻临洮,马防与耿恭率部反攻,此条所称东北流的走向疑有错误。下文连述东经好几个城,"又东北流屈而经索西城西",也提及建初二年的战役。"洮水又屈而北经龙桑城西",又经其他各地,"又北经狄道故城西,……又北陇水注之"。郦氏以此附会即"《山海经》所谓滥水也"。终以"《地理志》曰,洮水北至枹罕(亦作罕)东入河是也"。

对比之下,紧接着从河关到洮水的这段经、注之前,经文河水"又东入塞过敦煌、酒泉、张掖郡南"之下的一段注文,另外有好几个值得注意的特点。经文的这一句是《水经注》中的"创见",显然不同于汉儒的河出昆仑说——后者认为河水从蒲昌海潜流,直接流往金城郡河关的积石山。其差别在"入塞过敦煌、酒泉、张掖"必须偏北绕道东行,转而向南。经文巧妙地在三郡郡名后加一"南"字,表现宽广的伸缩范围。在这一点上,不论经文或是注文,都独具一格。

注文首先只能空泛地说,"河自蒲昌,有隐沦之证,并间关之塞之始,自此经当求实致也"。郦氏无法找到潜流经过三郡的依据,下文提及"东北历敦煌、酒泉、张掖郡南",只是重复经文,而引应劭《地理风俗记》,说明三郡得名之由来。在这一小段之前,先已经突出指明"河水重源,又发于西塞之外,出于积石之山"。郦氏兼用《山海经》、《禹贡》关于积石的说法,又加上"是山也,万物无不有"

293

一句,却不采用汉儒指为位于枹罕西北的位置。

　　经、注之间的这些呼应方式,对于我们所提出的经、注同出于郦氏一家,似乎注文还缺少论证以总结出这句经文。注文并不评论这句经文的缺少根据,反而赞赏其"求实致",正足以反证经文本是郦氏自己的创见,而古代唯心思想的潜流说,原本缺少实证。注文的重点就是转到"(积石)山在西羌之中,烧当(羌)所居也",这是汉代所谓河曲一带的实际情况。因此注文又称"河水屈而东北流,经析支之也,是为河曲矣"。但是析支是更古老的名称,而"东北流"的走向,只符合河水的实际来路。对于经过敦煌三郡的潜流来路,丝毫没有论证的作用。

　　注文"河水自河曲又东经西海郡南",并且说明王莽设置这个郡的用意和时期短促。实际上这一段河水就是下文的"河水又东经允川而历大榆、小榆谷北,羌(族)迷唐、锺存所居也"。永元五年(公元93年)至十年间的战役中,据云曾"斩获八百余(首)级,收其熟麦数万斛,……且作大船于河峡,作桥渡兵"。"于是西海及大小榆谷,无复聚落。"曹凤上言,"及此时建复西海郡县,规固二榆,广设屯田,隔塞羌胡交关之路"。这些资料表明这一带边境地区,不论是在少数民族还是汉皇朝的统治下,生产上都有过显著的发展。

　　洮水以下的经文,"(河水)又东过金城允吾县北"之下,这里可以特别注意注文中的这两条:"《十三州志》[①]曰,城在临羌新县西三百一十里,王莽纳西零(羌)之献以为西海郡,治此城";"湟水又东南经卑禾羌海,北有盐池",盐池应当就指卑禾羌海。"阚骃曰,

---

① 著者阚骃,晋代人。

县西有卑禾羌海者也,世谓之青海"。这些都是连带到青海大咸湖的最古老的记载。此段注文主要说明湟水沿线的情况,不另采录。

在许多河流的沿线,《水经注》所采录的描述天然景色的资料,向来常受到称道或引用。长江三峡一带这一类资料尤其丰富,也都是见于注文部分。例如江水三十四卷的头上,经文"(江水)又东过巫县南,盐水从县东南流注之"之下,注文先述入江支流,后述沿江风景。注文首先提到"江水又东乌飞水注之",并且说明沿线情况,但是经文从略。其次述巫县的建置过程。再其次,"江水又东巫溪水注之,……盐水下通巫溪溪水,是兼盐水之称矣"。这条注文似乎重视巫溪,只是附带盐水,但是经文反而偏重盐水一名。同一条述及的北井县盐井,在江水上游各段,屡次涉及,足证现代四川及其附近,井盐生产早已相当普遍。

这一段注文描述沿江风景,是以下述几条为主:

(1)江水历峡东经新崩滩。此山汉和帝永元十二年(公元100年)崩,晋太元二年(377年)又崩。当崩之日,水逆流百余里,涌起数十丈。今滩上有石,或圆如箪,或方似屋,若此者甚众,皆崩崖所陨,致怒湍流,……

(2)其下十余里有大巫山,……其间首尾百六十里谓之巫峡,盖因山为名也。……两岸连山,略无阙处,重岩叠障,隐天蔽日。自非停午夜分,不见曦月。至于夏水襄陵,沿泝阻绝。或王命急宣,有时朝发白帝,暮到江陵,其间千二百里,虽乘奔御风,不以疾也。春冬之时,则素湍绿潭,回清倒影,绝巘多生怪柏。悬泉瀑布,飞漱其间,清荣峻茂,良多趣味。……常有高猿长啸,属引凄异。……故渔者歌曰,巴东三峡巫峡长,猿鸣三声泪沾裳。

(3)江水又东经石门滩,滩北岸有山,……缘江步路所由。刘备为陆逊所破,……备逾山越险,仅乃得免。

注文还涉及各地的稀有特产、名胜古迹、军政要事、名人活动等记载,这里不另一一举例。关于少数民族,也有不少资料。它们的分布情况很不平衡,大致都受到各地历史发展的条件和郦氏参考文献的影响。至于他处理各项资料的方式,经文注重水道源流,成为《水经》,而注文范围很广,内容渊博。全书不但具有水文地理的特征;而且构成一种按水道编排的小型百科全书。不过由于郦氏过于迷信古人古书,对于部分资料的真伪虚实,从没有注意鉴别,以至留下不少错误。但是同时我们应当从他的这部巨著中,尽量挖掘出前人所忽略的一些优点。

上述的许多例证,都足以表明郦氏的这部书,根本上是经随注转,而不单纯是注以释经,而两者都是由他一手编成。汇集"天下"许多水道从发源到注入的终点所流经的路线,以及中途汇合的支流,编成《水经》。如同传统观念所假定的,东汉末期或三国时期,根本没有条件包括西南的水道。郦氏的基本功是收集注中采录的丰富资料,惟有先整理出这些资料,才能提纲挈领编写逐条经文。把他这部书中的经文称为《水经》,而假定在郦氏之前二百余年已经存在,纯乎是主观臆断,缺乏实证。

不过,由于前人性质不同的资料,包含不少矛盾,郦氏的结论,瑕瑜互见,在所不免。我们本不应当深责古人,只是在现代参考这部书的时候,却不能不辨明其中的精华与糟粕。为此,不得不在下文各节中,指出这部早期的水文专著中存在的若干缺点和偏见。

第四节 河水"重源"与江、汉上源——唯心观念大发展

对于较大水道的认识,发展到"穷源竟委",必须经历沿线与各地居民的具体接触和交往。郦氏《水经注》的创作,抱有这一种雄心壮志,但是在十五个世纪以前的各种社会条件下,资料的来源不完全可靠。由于他过分信赖《山海经》(尤其是其中的《五藏山经》和《海内四经》部分),以及《穆天子传》一类的书,在自己的著作中,许多水道的注文既是广泛引用这些书的资料,经文里面就突出"河出昆仑"等等的谬论。以至在水道发源与潜流重发方面,《水经注》就成为唯心观念的大泛滥。

河水(黄河)干流五卷中卷一和卷二的开头部分,唯心观念最是严重。经文首先提出"昆仑墟在西北,去嵩高(嵩山)五万里,地之中也,其高万一千里"。这个昆仑墟远远不同于汉武帝的命名于阗南山为昆仑。"(河水)出其东北陬,屈从其东南流入渤海(这是幻想的海),又出海外,南至积石山,下有石门"。这个积石山影射《五藏山经》的积石,对于《禹贡》和汉儒的积石都不相关。以上在卷一。卷二前半又称:"又南入葱岭山,又从葱岭出而东北流。其一源出于阗国南山,北流与葱岭所出河合,又东注蒲昌海。又东入塞过敦煌、酒泉、张掖郡南。又东过陇西河关县北,洮水从东南来,流注之。"

这些经文,前一半主要拼凑《山海经·海内西经》的有关各段;后一半修改汉儒的河出昆仑说,再加以制造出更多的错误。其一,分外夸大昆仑墟的距离与高度。其二,卷一以积石山收尾,而卷二

以"又南入葱岭山"衔接,形成积石山位于葱岭之北,不同于汉儒所假定的部位。其三,蒲昌海以下,走向改为"入塞过敦煌、酒泉、张掖郡南"。避免明说潜流地下。下文讲到汇合洮水,才真正接触到河水的上游。全文除去蒲昌海的水系客观存在之外,都是出自主观想象。而蒲昌海水系实际上与河水无关。

在经文每一句之下的注文,从简略的说明到引用长短不等的资料,篇幅大小不同。这里可以指出几种特征:

(1)注文未必符合经文。例如:"昆仑墟在西北"下,只说明昆仑之山三级的名称,和"是为太帝之居"。"去嵩高五万里",引证的古代说法都远远不足此数,惟有一种"外国图"说"从大晋国至西七万里,得昆仑之墟,诸仙居之"。"其高万一千里"。《山海经》和郭景纯(璞)说都相差很多,惟有《淮南子》一说比较相近。

(2)大量引用佛教传说和西域天竺水道。经文"屈从其东南流入渤海"一句,所谓"渤海",纯属幻想。注文广泛扯到各种大河发源的传说,和西域天竺境内大河的流向。在这长篇注文中,只有开头引用《山海经》的"南即从极之渊也,一曰中极之渊,深三百仞",似乎借以说明渤海——而且只此一点似乎与经文相关。接上引用《穆天子传》、《释氏西域记》、《法显传》(即《佛国记》)等资料,都同所注的经文无关。郦氏认为昆仑一说,与印度传说中的阿耨达山相符。借此为因,注文拉扯到天竺境内新头(印度)河和恒河经流各地的情况,从河水的本题引申到题外。作为研究域外地理的专题,这些论述倒是别开生面。

(3)经文"又出海外,南至积石山,下有石门",说成流入"渤海"的河,出海而流到积石山。郦氏主要采用《山海经·海内西经》的"海内昆仑之墟":"河水出东北隅,以行其北,西南又入渤海,又出海外,即西而北,入禹所导积石之山。"但是修改流行的方向,成为"屈从其东南流"。同时又用《五藏山经·西次山经》的"积石之山,其下有石门",而摒弃其"河水冒以西流"。郦氏注文称为"入禹所导积石山,山在陇西郡河关县西南羌中",但是据下文对照,这一段还在葱岭之西。他对积石的认识,显然自相矛盾。

（4）经文"又南入葱岭山,又从葱岭出而东北流"下,注文竟提出"河水重源有三,非惟二也"。下接"一源西出捐毒之国,葱岭之上",捐毒也是天竺的别名。郦氏下文所引"《异物志》曰,葱岭之水,分流东西,西入大海,东为河源"。这一说对于葱岭以西,有河水上源的存在,基本上是否定与中国河有实际关系。

（5）经文"其一源出于阗国南山北流,与葱岭所出河合,又东注蒲昌海",实际上采用汉儒的河出昆仑说。但是他既采用《山海经》的昆仑墟,就把汉武帝定名的昆仑改称于阗国南山。《汉书》所称盐泽改名蒲昌海,是历史的发展。但是郦氏在注文中,又硬套《五藏山经·西次三经》的下列两点。（一）"敦薨之山,敦薨之水出焉,而西流注于泑泽"。（二）"不周之山,……东望泑泽,河水之所潜也。"指蒲昌海为泑泽,以加强其被认为"河水之所潜"的依据。

（6）经文"又东入塞过敦煌、酒泉、张掖郡南",然后接以"又东过陇西河关县北,洮水从东南来,流注之"。注文说,"河自蒲昌有隐沦之证,并间关入塞之始",是郦氏的又一创见,无法引证前人旧说,只能略凑各地情况。重提河水重源,对于东过陇西河关县,避而不谈汉儒定名于此的积石山。只是含糊其辞,重复《禹贡》所谓"导河自积石也,山在西羌之中,烧当所居也"。但是从这里才接触到真实的河水。

总之,郦氏在《水经注》中贡献极大,但是在黄河的河源问题上，唯心思想的发展达到空前绝后的极端。

关于江水一系，书中先汉后江。汉的大支比较江的上游靠近我国古老的文化中心，《禹贡》的"江汉朝宗于海"，都以江汉并称，而《诗经》中也更多见到称颂汉的篇章。《水经注》既是分别列出汉水的所谓漾、沔两源，而又在漾水的一卷明列西汉水，显然自己打乱了水道源流叙述的体系。在更正《禹贡》所提到的"嶓冢导漾，东流为汉"，而确定漾、沔两源分流的方面，郦氏代表了比较《汉书·地理志》更进步的新认识。

《汉书·地理志》在陇西郡氐道县下注，"《禹贡》养（即漾）水所出，至武都为汉"。又在武都郡武都县下注，"东汉水受氐道水，一名沔，过江夏……入江"。明显地主观认定漾、沔相联。《水经注》的经文在卷二十漾水一节，以"又东南过（巴郡）江洲县东，东南入于江"结束，不同于卷二十七、二十八沔水一节，是最后以"南至江夏沙羡县北，南入于江"。也就是分清以沔水为汉水的上源，而以漾水为西汉水（即后代嘉陵江）的上源。不过，经文"漾水出陇西氐道县嶓冢山，东至武都沮县为汉水"，后半句仍然错误，而且与下文的流向不符。

沔水上原与漾水（西汉水及其支流）之间的分水高地高差不够明显，古代曾经长期错认西汉水的流向。《水经注》代表正确的新认识，虽则无法查明它的起源，恐怕是在魏晋以后。这一点也可以作为它的经文并不出于汉魏人之手的又一有力的证据。但是在注文里面过多地引用前人旧说，反而弄得混淆不清。表明郦氏的新认识还有时摇摆不定。

关于注文中的错误见解，可以举出以下几种类型的例证：

（1）在漾水一节的经文首句下，"余按《山海经》，漾水出昆仑西北隅,而南流注于丑涂之水"。查此书中《五藏山经》部分《西次三经》昆仑之丘一段内,出于西北隅的明明说是洋水,根本与漾水无关。况且《西山经》的"嶓冢之山,汉水出焉,而东南流注于沔",才是《五藏山经》对于汉水的观点。下文引阚骃说相同,并且有"至氐道重源显发"一语。

（2）引用"常璩（晋人）《华阳国志》曰,汉水有二源,东源出武都氐道县漾山为漾水,《禹贡》导漾东流为汉是也。西源出陇西西县嶓冢山,会白水迳葭萌入汉,始源曰沔"。此说误以西源为沔,东源为漾,而且认为两者连接。郦氏只加"按沔水出东狼谷迳沮县入汉",没有指明它的全部错误,而且显得与所注的经文的内容各不相关。

（3）另外,在卷二十七沔水经文首句之下,引"庾仲雍云,是水南至关城合西汉水"。此说仍以为西汉水东流入沔。郦氏既然在经文采用漾、沔分流入江,为什么在沔水篇中还引用？在漾水的注文中,也引"庾仲雍又言汉水自武遂川……径至关城合西汉水"。郦氏都没有指出庾氏的错误。关城的位置未能查明。

讲到对于当时所认定的大江正源,《水经注》的认识虽则也还存有一些问题,倒还不同于大河上源的虚夸。经文首句,"岷山在蜀郡氐道县,大江所出,东南过其县北"。查《汉书·地理志》的建置,蜀郡下在岷江上游,只有湔氐道,而不是氐道县。所谓道都是边境附近的少数民族区。注文首句,"岷山……又谓之汶阜山,在徼（音叫,即边界）外,江水所导也"。由于早先对于徼外的情况了解不足,郦氏既低估江源在湔氐道以上的距离,也低估它的水量。以至注文又称江源"东南下百余里至白马岭而历天彭阙,……江水自此以上至微弱"。最后一句成问题。

注文的以下两小段，更是脱离实际。"东北百四十里曰崃山，中江所出，东注于大江"。"又东百五十里，曰崌山，北江所出，东注于大江"。这两条都是依据《五藏山经》的《中次九经》，不过《山经》前一条所举的山本是"来"山。郦氏还加一句"崃山邛崃山也"，实际上邛崃山是在蜀郡一带的西北，而不能说东北。崃山和崌山如果是在大江主流的东北和东，所谓"中江"和"北江"只能西流而不可能"东"流入大江。《山经·中次九经》的这两条水似乎含有把《禹贡》"三江既入"的三江移到上源的意味，但是对于客观实际根本不合。

关于岷江右岸或是从西方徼外汇合的支流，比较上述的岷江三源，更是切合实际。但是只有"青衣水出青衣县西蒙山，东与沫水合也"，因其短促而全部在汉代益州刺史部界以内，能举明其水源。"沫水（今大渡河）出广柔徼外，东南过旄牛县北"，当时的边徼还在今泸定附近，实际上不了解徼外的上中游。经文"若水出蜀郡旄牛徼外，东南至故关为若水也"。注文所引用的各条之中，"大渡水出徼外，至旄牛道南流入于若水"，没有弄清大渡水是沫水。又说，"若水又经越巂大莋县入绳，绳水出徼外"。绳水本是《汉书·地理志》应用于金沙江下游的旧名，郦氏只是在若水这一节里面多次采用。

关于金沙江水系，郦氏掌握多方面的资料，但是未能妥善利用，使其条理分明。前段引文之下，首先引述"《山海经》曰，巴遂之山，绳水出焉，东南流分为二，其一水枝流东出经广柔县东流注于江，其一水南经旄牛道至大莋与若水合。自下亦通谓之绳水矣"。这一段注文存在着几个问题。（一）巴遂之山未能在《山海经》中查明，因此无从断定其所提到的绳水，是否符合《汉书·地理志》同名的水。(二)"东南流"以下,提到广柔县的县名,似乎并非出于《山海经》,更不知依据何在。(三)"分为二"的一说不合常理,广柔县位于岷江上游现代汶川西北,是一条小支流。所以这些都是些凭空附会,根本上和"至大莋与若水合"的绳水无关。

若水都见于卷三十六,而淹水孤立在卷三十七之首。经文"淹水出越嶲遂久县徼外,东南至青岭县,又东过姑复县东南,东入于若水"。假如郦氏把"绳水出徼外,《山海经》曰绳水……"移在这里的第一句经文之下,就易于使读者了解不同名称的关系。淹或绳与若水合流之后,若水一节的经文,"又东北至犍为朱提县西为泸江水",这就是三国时诸葛亮"五月渡泸"之所在地。结尾"又东北至僰道县入于江"。

注文"若水至僰道,又谓之马湖江。绳水、泸水、孙水、淹水、大渡水,随决入而纳通称……",实际上含有误解。注文中曾引述"又有孙水焉,水出台高县,即台登县也。孙水一名白沙江,南流经邛都县,……又南至会无入若水"。孙水在若水之东平行南流,若水在会无先合孙水,而后合淹水。郦氏似乎认为若水大于淹水,也可能只把合流之后的下游作为绳水。最后夹入大渡水,更是错误。

郦氏在十四个世纪以前,以半生的精力编著《水经注》,在水道的发源地问题上,不免存在着各种的缺点和错误。提供上述例证的目的,并不是要贬低他的贡献,而是要使今后的读者更了解他的任务艰巨。他就是犯了《孟子》书中所谓"尽信书"的弊病。在当时所能运用的古老著作中,郦氏过于偏信《山海经》、《释氏西域记》之类的资料,以致超越《史记》、《汉书》之类著作里面的唯心观点。他竟然提出"河水重源有三",蒲昌以下潜流"入塞过敦煌、酒泉、张掖郡南"之类的主张,连得封建时代接受一些潜流说的学者,从来极少加以引用。

第五节　江河入海道论证方式的对比

　　《水经注》关于河水源流的叙述，上源部分如同上文所说的陷入幻想境界，反映出北魏以前现实资料的贫乏。到大河下游入海水道的部分，汇集各种已有的资料，加以郦氏本人的判断，现实主义的色彩比较明显。为着充分理解这一方面的有关情况，我们不但要分析河水部分的五卷，连同附述的漯水，而且要连带考虑卷七、卷八的济水，以及卷二十四的瓠子河。这样才能表明出从大河分支的水道，以及彼此间的部位关系。内中所涉及的情况可以分为下列几项：

　　(1) 河水入海道明确依据东汉情况　卷五从洛阳北一段依次叙述到过甲下邑，又东北入于海。这是王莽始建国三年（公元11年）"河决魏郡"的入海新道，大致沿用到宋仁宗庆历八年（公元1048年），因此郦氏书中所记也符合当时的现实。决口地点的引用魏郡，是依据《汉书》中的《王莽传》班固的这一提法，是指冀州刺史部魏郡的东南边境，从河的北岸着眼。按南岸的情况，如果举出兖州刺史部的东郡或濮阳，更是靠近河岸。至于沿线所经过的郡县名称，郦氏显然依据汉代的通称，东汉以后的两百余年间，变化多端，反而难以查考。

　　关于"河水（黄河）入海"一段长短不等的改道，这是第一次在时间和路线两方面具有明确的记载，而路线的详细更应当归功于《水经注》。在时代意义上却充分表明书中的经文，肯定是记载东汉以后，而不可能出于西汉后期的桑钦。郦氏本人却完全有可能依据东汉的郡县名称来追记。河水入海口从《汉书·地理志》所记的章武，由于在濮阳折向东流而移到下甲邑，仍然是在漯水之北，改道的幅度不是很大。

（2）漯水一支不见于经而仅见于注　现行本《水经注》目录卷五河水下注有"漯水附"。但是书中只在经文"又东北过高唐县东"（指河水）一句下的注文中见到。《汉书·地理志》在兖州东郡东武阳下注，"禹治漯水，东北至千乘入海；过郡三，行千二百里"。这是王莽时河徙以前的情况。郦氏这一段的注，首先说"河水于县，漯水注之"，对于河水与漯水的关系，偏重于漯水的在高唐县入河。接上引"《地理志》漯水出东武阳"，再说"今漯水上承河水于武阳县东南，西北经武阳新城东"，穿插其他史迹。由于河水在王莽时发生的改道，原来从东武阳分出的漯水，反而被河水的新道截成两段。上一段经阳平、乐平等县而达高唐入河。《汉书·地理志》在平原郡高唐下注，"桑钦言漯水所出"，应当是指漯水的第二段或东段。桑钦论述到这一点，似乎他是从西汉末活到东汉初的人。郦氏又述漯水经漯阴、邹平等县，到千乘入海。郦氏的注最后说"又东北为马常坈（音戎），坈东西八十里，南北三十里，乱河枝流（支汊）而入于海"。这一点不知是东汉以后的情况，还是西汉时早已如此。

经文续述河水"又东北过杨虚县东，商河出焉"。注文称"《地理志》杨虚平原之隶县也"，指杨虚是隶属于平原郡的一个县。"城在高唐城之西南，经次于此，是不比也"。由于河水在东北流，杨虚位于高唐西南，应当先经过，所以注文指出经文不应当先提高唐而后提杨虚。经文中出现这种差错，又是一个可疑之点。注文又说，

"商河首受河水,……渊而不流,世谓之清水;自此虽沙涨填塞,厥迹尚存"。后一段更表明不符合《水经注》的体例。河水分出的支水,固然有瓠子河用河的称法,商河既然只是"渊而不流"的泽薮,又已经"沙涨填塞",还用河的名称,未免不伦不类。

(3) 在入海口一段河水与济水的关系　河水卷五的末尾,就连带提到济水,而注文与经文又表现出不同见解。经文称"(河水)又东北过利县北,又东北过甲下邑,济水从西来注之,又东入于海"。注文称"河水又东分为二水,枝津东径甲下城南,东南历马常坈注济。经言济水注河,非也。河水自枝津东北流,径甲下邑北,世谓之仓子城;又东北流入于海"。注与经的差别,首先一点是注中指明河水入海前分出一道枝津,位置偏南,流经马常坈,而干流的入海道更偏北。枝津的水量似乎比较小。

济水下游卷八经文,"又东至乘氏县西分为二:其一水东南流,其一水从县东北流入巨野泽"。注文首先指明"南为菏水,北为济渎",而下文的编次先详述济渎正流,然后详述菏水的一支。后者在荷水注入泗水之后,还叙述泗水一直到它注入淮水,大部分和卷二十五泗水一节重复。从巨野泽东流的济渎,其入海口一段,经文说,"又东北过利县西(应作过利县北),又东北过甲下邑,入于河"。注文先补充"济水东北至甲下邑南,东历琅槐县故城",在引证其他两书后又说,"又东北,河水枝津注之,《水经》以为入河,非也。斯乃河水注济,非济入河"。

最后一条中把经文称为《水经》,在书中很是罕见。经文用济入河的一说,而注文用河入济的一说,根本问题是对于河、济两水,各有不同的看法。从河、济的整体上看,河大于济,经义因而认为济水入河。但是济水汇合的河,只是河口的枝津,比较细小,因而力辩,反而是"河水注济",其实何尝是全部的河水? 总之,河济这样相会之后,才是"又东北入海"。

江水(长江)入海道部分存在的问题,大不相同。上文已经提到过郦氏对于大江水系的叙述,主要分记在江水与沔水两个主题之下。卷二十七、卷二十八把沔水讲到"又南至江夏沙羡县北,南入于江"。卷二十九的第一节继续叙述沔水到入海——这一部分在下文另行分析。江水从卷三十三叙述到卷三十五,后一卷的经文截止于"又东过下雉县北,利水从东陵西南注之",只在现今的湖北省东部边境。江水干流竟然会这样有头无尾,显然又是郦氏意外遇难所造成。这一缺陷比较上文第二节所提到的滹沱水、泾水、(北)洛水的编后残缺更是严重。

沔水卷二十九,经文"又东过牛渚县南,又东至石城县"。此句下注文"牛渚……于石城东北减五百许里,安得径牛渚而方届石城也? 盖经之谬误也"。关于牛渚、石城两地,以及对于江水的关系,实际上经、注都没有能掌握好——这也可以作为两者同出于郦氏一手的一证。根本问题是由于他没有能正确了解具体情况。这一段江道近乎从南向北流,牛渚在江的东岸,是山名。石城离江较远,偏东约五十里,"百"字可能是前代传抄之误。

紧接的经文说,"分为二,其一东北流,其一又过毗陵县北,为北江"。按《汉书·地理志》,在丹阳郡石城下注,"分江水,首受江,东至余姚入海",《水经注》经文的"分为二……"似乎就是把这里所引述的分江水一名,强解成江分为二。如果认为江水分成两道而"其一东北流",毗陵在江南,为什么还把"过毗陵县北"的称为北江?《水经注》经文沔水最后"又东至会稽余姚县,东入于海",也是因袭《汉书·地理志》同一条注的错误,表明郦氏确实受到缺乏新资料的局限。

在"分为二"这条经文之下,郦氏的注文只说到"经书为北江则可,又言东至余姚则非;考其径流,知经之误矣"。对于经文的"分为二,其一东北流",注文置之不问,好像反而默认它比较"东至余姚"的错误更有理。但是根本的问题是对于经文所谓北江,在毗陵以下,郦氏就没有"考其径流",足见他在江水的入海口方面,思想认识依然空虚——或是在遇难前还没有来得及兼顾到这一方面。

沔水最后的被称为"北江",和终于牵扯到"又东至会稽余姚县东,入于海",都表明郦氏受到《禹贡》"三江既入"一说的纠缠不清。注文"《地理志》曰,江水自石城东出径吴国南,为南江。……南江又东径宣城之临城县南,又东合泾水"。以下列举几条入南江的溪水,和有关县名。最后提到"南江又东北为长渎,历湖口,南江东注于具区"。具区古人作为太湖的别名之一,注入和出于太湖的水道,实际上与江水的关系极少。下文还有"东则松江出焉,上承太湖,更径笠泽,在吴南,松江左右也"。这些条文都只是任意拼凑。

在沔水末尾的经文下,郦氏的注首先引"谢灵运云,……今余暨之南,余姚西北,浙江与浦阳江同会归海,但水名已殊,非班固所谓南江也"。明知"水名已殊",地区有异,何以强接在沔水的尾端?又引"郭景纯曰,三江者岷江、松江、浙江也"。这一说本是错误,不应采用。江、汉合流,沔水的下口怎能接到浙江?况且《水经注》卷四十浙江水,即浙江,经文改用"北过余杭,东入于海",注文详引浙江、浦阳江经流各地的情况,一般都避免与沔水结尾一段的注文重复。郦氏竟会留下这些错误,岂能说是由于身在北朝而不明了南方的情况?

《水经注》对于江、河下游,尤其是入海口一小段记述的方式和存在的问题,显然在河水方面比较精详,而在江水方面过于粗略。后者甚至发生严重的错误。因此,郦氏所记的河水源流,下游的相当正确,和上源的任意虚夸,成为鲜明的对比。经流的路线也就具有重要的时代意义。关于江水下游的情况,没有能摆脱古老传统的唯心思潮影响,而吸收年代相近而比较可靠的资料,就不宜于和河水相提并论。至于注文时而针对经文表示意见不同,虽则代表不同的观点,似乎只是一种迟疑不决的态度。

第六节 大河以北入海诸水——历史意义和存在的问题

这里准备讨论的大河以北入海诸水,起自《水经注》卷九的淇水,终于卷十四的鲍丘水。卷九头上的清水与沁水是注入大河的支流,卷十四后部的濡水等相距较远都不包括在内。濡水到后代称为滦河,清代的四库全书本《水经注》,已经加有乾隆帝弘历的御制热河考等文改正。大辽水等在东北范围,问题较多。这一节主要讨论集中在后代汇合成为海河水系大小支流的水道,《水经注》的记录可以代表这些水道早先分为几道入海的过渡阶段。

按照郦氏的叙述,这一带总共列有大小十一条水道。内容显得过分复杂的原因,是由于他没有一律采用干流综合支流的方式。他首先分列淇水、荡水和洹水,实际上合流而成清河。接上分列浊漳与清漳,而以浊漳为主,何以不在标题时就称为漳水?易水、滱水并列,合流后反而用源流较短的易水作为总名。圣水、巨马水具有同样的特点。据郦氏自己的注文,㶟(音虑)水的古名比较生僻,注中已经兼用桑乾水。㶟(各本讹作湿和温)余水、沽河、鲍丘水并列,灅余水明明是沽河的支流,而鲍丘水在郦氏注文中也提到曾经注于沽河,实际上关系较浅。

曾经指出的郦氏原稿中已经佚去的滹沱水,现存本只在浊漳水一节,见于经文的"又东北过阜城县北,又东北至昌亭与滹沱河会"。滹沱与沽河同样在名称下用河字,在这部书中很是罕见,似乎原来比较重视。与易水汇合的大水,在滱水(即现代唐河)之南,应当要讲到泒水,但是易水一节竟然没有提到。泒水的长度当时与滱水相差有限,可能也是郦氏有过原文而失落。至于分卷的方式,卷十二只包括圣水、巨马水,而内容又简略,显然缺少单独成为一卷的条件。

评价郦氏在叙述现代河北平原诸水道的得失,首先应当充分认识到他的历史条件。(1)这一带地区较大河流的发源地和经流路线,两汉以来大致都已经有文字记载。《水经注》采录的资料就是这一种发展情况的重要例证。(2)但是认识发展的过程,对于长短远近不同的水道,必然会有迟早的差别。例如滱水比较易水源远流长,反而被认为易水的支流,可能正是受到这一历史条件的影响。(3)这里的一般情况,早已不存在大江、大河上源难以了解的阻力,但是郦氏在这样的有利条件下,仍然摆脱不开《山海经》之类古老资料的影响。

淇水一节中,下列几点特别表明出它的历史变化。第一大段的注文先提到"淇水又南历枋堰旧淇水口,东流径黎阳县界南入河。(《汉书》)《地理志》曰,淇水出共东,至黎阳入河"。下文又提到"淇水右合宿胥故渎①,渎受河于顿丘县遮害亭东黎山西北会淇

---

① 西汉时一次河水决口的新道,以后已经阻塞,所以称为故渎。

水处,立石堰遏水,令更东北注魏武开白沟"①。足见白沟是在大河故道的宿胥口修筑石堰以引淇水东流,形成人工改道。于是经文记"东过内黄县南为白沟",注文附述"白沟又北左合荡水",经文又接"屈从县东北与洹(音桓)水合"。卷九后部的荡水、洹水两小节,实际上都可以在这两段分别插述。

经文"又东北过馆陶县北,又东北过清渊县西",所附的注文仍然继续称为白沟水。再往下经文才说"又东北过广宗县东为清河"。淇水为何在这里改称清河,原因不明。在经文"又东过修县南,又东北过东光县西"之下,注文说到"清河又东北,左与张甲屯绛故渎合,阻深堤高障,无复有水矣"。这一句中的"绛"字,仿《禹贡》的"北过绛水",就代表大河的故道。注文还指出"清河又东北,左与横漳枝津故渎合",表明北边的漳水也曾经通过一个故道来汇合。

浊漳水一节,到经文"又东过武安县",注文说明"漳水于县东,清漳水自涉县东南来注之,世谓决入之所为交漳口也"。卷十末尾的清漳水一节,篇幅极短,大可以插在这里。两水合流之后,注文先就统称漳水,但是有时采用《禹贡》的"衡漳",甚至改称衡水。

经文"又北过堂阳县西"一句下的注文,首先说明"衡水自县分为两水:其一水北出径县故城西",这一支应当是漳水的主流。"其右水东北注,出石门,……谓之长芦水,盖变引葭之名也",引葭一名据考证见于《汉书·地理志》。前段经文"又东北过曲周县东"下的注文,长长一段的末尾涉及"有长芦淫水之名",又引《地理风

---

① 淇水一节的注第一段,引述"汉建安九年(公元204年),魏武王(指曹操)于水口下大枋水以成堰,遏淇水东入白沟,以通漕运"。

俗记》曰,"广川西南六十里,有辟阳亭故县也",以及注文"绛渎又北径信都城东,……连于广川县之张甲故渎,同归于海",都应当在长芦水之下说明。

经文"又东北过扶柳县北,又东北过信都县西"一段的注文,又提到"衡漳又东北经桃县故城北,……合斯洨故渎,斯洨水首受大白渠"。下文另一小段引文,斯洨水"左纳白渠枝水,俗谓之泒水"。如果这条泒水就是滏阳河支流的泒水,可能当时滏阳河直接入于漳水,而不是入于滹沱。漳水又过下博县西,又过阜城县北,"又东北至昌亭与滹沱河会"。而上文"过堂阳县西"注文中的长芦水,在其本段注文末尾,说明"又北经下博县故城东,而北流注于衡水也"。

漳水篇中提到滹沱注入而没有连带说明它的来源,足以证明上文指出过的郦氏原书一定另有滹沱的长篇。经文"又东北至乐城陵县北别出",注文首先指明"衡漳于县无别出之渎,出县北者乃滹沱别水,分滹沱故渎之所缠络也"。这一个提法也表明注入漳水的所谓滹沱只是一个小分支,而滹沱的正流依然在漳水之北向东北流。

淇水下游的清河、漳水或衡漳,以及滹沱,在靠近海岸的地段,支汊纷歧,或是彼此接近,或是分支合流,郦氏也还有所叙述。为节省篇幅起见,这里不另细论。滹沱之北,另有一条泒水或泒河,据考证,西汉时泒水最下游与易水平行入海,而东汉时与易水合流,但是今本《水经注》易水篇,既没有提及泒水,也没有提到河口一段的合流。

为节省篇幅起见,对于卷十一到卷十四的前部所叙述的水系,我们可以偏重在内中存在的问题和错误。卷十一易水、滱水各成一篇，郦氏以易水为主流，而以比较源远流长的滱水作为支流，显然是由于在战国时代燕国的历史上，易水更受到各方的重视。在易水篇经文"东过范阳县南，又东过容城县南"之下，注文有"故桑钦曰，易水出北新城西北，东入滱，自下滱易互受通称矣"。实际上，西汉时的桑钦原来是以滱为主。而郦氏改为以易为主。

同一段注文前段，另有"易水又东与濡水合"的一长段，这条濡水与现代改称滦河的濡水完全无关。又说，"濡水又东南流，于容城县西北大利亭东南合易水，而注巨马水也"。实际上是濡水这条较小的支流注入易水之后，相距不远，又有巨马水由北而南汇合易水。引文似乎把易水的下游称为巨马，这一类矛盾都是由于郦氏采用前人的不同见解，而篇末表明自己的主张，往往也还模棱两可。易水既有汇流后"滱易互受通称"，又有战国时代以来声名更大的特征。

卷十二后部，篇名称为巨马水，经文称为"巨马河出代郡广昌县涞山"，注文首先说"即涞水也，有二源，俱发涞山"。郦氏在注文中，前部都用涞水，而后部兼用巨马水。在经文"东过迺（音乃）县北"之下，注文"东南流（更正流向）经迺县故城东，……王莽更名迺屏也，谓之巨马河，亦曰渠水也"。似乎古称渠水. 而俗名改为巨马河。注文末后说"又东南经范阳县故城北，易水注之"，这样又把合流以下的水道统称巨马，而把易水作为支流。

关于入海的途径，易水的经文是"又东过泉州县（在今天津市西北武清县相近）南，东入于海"。最下游的一段可能相当于后代海河的前身。滱水结尾的经文，简单指明"又东北入于易"。注文一则说"滱水又东北经依城北，……即古葛城也"，又说"滱水东北至长城注于易水者也"。所提到的长城，是燕国早期修筑的长城，靠近易水。这一条结论明确认为㴇水是易水的支流。

卷十二的圣水与巨马水,《水经注》的经与注,各有不同的错误。圣水末段的经,"又东过安次县南,东入于海"。注只加"又东南流注于巨马河,而不达于海"。这种说法,由于圣水也是位于易水之北,会引起巨马河与易水平行入海的印象。但是巨马水的注中既然提到"易水注之",明明是两水合流,而两名互用。成问题的是在巨马水的末尾,经文"又东过渤海平舒县北,东入于海"之下,注文却写成"巨马水于平舒城北,南入于滹沱,而同归于海也"。巨马水在易水之北,合流之后,易水篇既然没有提到分汊入于滹沱,巨马水篇的这一条显然是画蛇添足。

㶟水、㶟余水、沽河和鲍丘水,多数所用的名称很生僻,实际上就是桑乾(下游后代改名永定)、沽河两个水系的结合。㶟水一名,不但用于篇名,也应用于全篇的经文。注文第一小段说明㶟水一名的来历,而以后就兼用桑乾水。"㶟水出于累头山,一曰治水,泉发于山侧,……经阴馆县故城西,县故楼烦乡也。""㶟水又东北流,左会桑乾水;县①西北上平洪源七轮,谓之桑乾泉,即㶟渝水者也。"同水异名,在这几条注文中,非常突出。接上所讲的"耆老云,其水潜通,承太原汾阳县北燕京山之大池。池在山原之上,世谓之天池,方里余,……无能测其渊深也。"这一条纯乎是神话。

篇末经文"又东南出山"下,注称"㶟水又南出山,瀑布飞梁,悬河注壑,崩湍十许丈",泻入平原。又说"㶟水自南出山,谓之清泉河",实际泥沙重浊,显然名实不符。经文"过广阳蓟县(今北京市

---

① 指两汉时设置的桑乾县,位于祁夷水(今壶流河与桑乾河汇合点)。

区)北",注引"《魏土地记》①,蓟城南七里有清泉河,而不经其北,盖经误证矣"。经文"又东至渔阳雍奴县(介于今河北省安次、宝坻两县城之间)西,入笥沟"。注又引"《魏土地记》曰,清泉河上承桑乾河,东流与潞河合。灅水东入渔阳,所在枝分,……更为微津散漫难寻也"。最后的一点,在枯水期可能符合,和上文所述出山口处的水势尤其不相称。

经文"灅余水出上谷居庸关东",以地位而论,显然就是温榆河,只是沽河的一条小支流。这样短小的水道,竟然单独成篇,在《水经注》全书中,也不相称,应当在沽河篇中附入注文。"又东流过蓟县北",与上一段所提到的注文改正的"蓟城南七里有清泉河"对照,同桑乾水下游还保持一定距离。"又北屈东南至狐奴县西,入于沽河",狐奴县的位置还在有关的两条水的汇合点之北,相距太远,应当说在当时的潞县西。

经文"沽河从塞(指长城)外来",不着边际。注文详述"沽河出御夷镇西北九十里丹花岭下,东南流大谷水注之。水发镇北大谷溪,西南流经独石北界——石孤生,不因阿(丘陵)而自峙"。长城因而在此有独石口。经文"南过渔阳狐奴县北,西南与灅余水合为潞河",所举狐奴县的方位关系,正好与灅余水篇的错误相同,但是这一条明确指出两水相合而成为潞河,潞县在其东,两者之得名不知是水因于县,还是县因于水。

经文"又东南至雍奴县西为笥沟",注文"灅水入焉,俗谓之合口也。又东,鲍丘水于县西北而东出"。关于鲍丘水一句,显然有错字或脱落,应对照下文的鲍丘水篇。笥沟一说,符合灅水篇结

---

① 三国时书。

尾。那里的注文曾经指明"笥沟,潞水之别名也"。沽河篇结尾,经文"又东至泉州县与清河合,东入于海——清河者,派河尾也"。沽河经当时渔阳郡的泉州而东入于海,对于易水、滹沱各水系尚且分道,怎能和在本节头上所讨论的"清河"相合?注文曲解为"沽水又东南合清河,今无水。清、淇、漳、洹、滱、易、涞、濡、沽、滹沱同归于海,故经曰派河尾也",仍然是意义不明。

经文"鲍丘水从塞外来,南过渔阳县东",注文补充"鲍丘水出御夷北塞中,南流经九庄岭东,俗谓之大榆河"——后代统称潮白河。经文"又南过潞县西",注文更提到"鲍丘水入潞,通得潞河之称矣",但是下文牵扯到两水分道入海,经文称为"又南至雍奴县北,屈东入于海"。注文细述"鲍丘水自雍奴县故城西北,旧分笥沟水东出。今笥沟水断众川东注,混同一渎,东经其县北,又东与泃河合"。泃河一支,后代早已改注蓟运河。笥沟水断流东折之说,不见于沽河篇:郦氏把这一段分流之水作为鲍丘水,类似江汉合流而分江水为三江的形而上学观念。实际上鲍丘水的入沽,可能在历史上不太长久。

关于上述几个水系的分析,一则可以从多方面表明郦氏收集和整理资料的优缺点。二则可以表明部分水道的分合曾经有过演变的过程,或则自然改道,或则经过人工措施。三则表明在《水经注》之前,无疑分成好几道入海,只是在入海处间或分支的汊道相通相接。当时发生水灾的危害比较少。注文采用不同时期的资料,各条水道分段的名称,往往变化多端。经文对于各条水道,只在开头提出一个名称,内容自然比较简单。注文在分段叙述中引用不同名称,有时会使得读者误解。

第七节　南方水道的贡献与差错

　　《水经注》的上述各种特征,只代表全书几个分散的部分。对于上述所没有接触的许多部分,这里只能提供少数例证,略加讨论。在已经提到过的沔水的上游,卷二十七的经文,"又东过成固县南,又东过魏兴安阳县南,涔水出自旱山,北注之"。值得注意的是成固的县名在汉水上游至今还在沿用;而魏兴郡是三国时曹魏分汉中为二郡所添设。类似的一条见于江水卷三十三,"又东过江阳县南①,洛水从三危山东,过广魏洛县南,东南注之"。这条洛水是后代的沱江,在它上游的广汉郡,曹魏灭蜀才改名为广魏②。这两个实例,即表明郦氏在经文中采用东汉郡县名,偶尔兼用三国时的名称,而对于三国时的政局,似乎有尊魏抑蜀的倾向。

　　对于这样的两条,我们有必要对照一下经文和附加的注文的关系。有关魏兴的经文之下,注文首先引用"常璩《华阳国志》曰,蜀以城固为乐成县也。安阳县故(原来)隶汉中,魏分汉中立魏兴郡,安阳隶焉"。常璩以晋代人写蜀国一带的地方史,必然叙述到魏晋的影响。《水经注》中上述沔水的经文,郦氏就以这段资料为依据,而联系魏兴郡的设置,对于上文所提到过的经注都是郦氏自己的手笔,是一个无可置疑的例证。

　　有关广魏的江水一段经文之下,注文中引用好几条常璩的资

---

① 汉代江阳县即今泸州市,表明这条洛水指沱江。
② 广魏郡治在洛水支流上的洛(或雒)县,近代又称广汉。

料,例如"洛水又南经洛县故城南,广汉郡治也。……汉高祖之为汉王也,……六年乃分巴蜀置广汉郡。……益州旧以蜀郡、广汉、犍为为三蜀,土地沃美"。引文都是关于汉代的情况,所以并不涉及改名为广魏。经文的采用广魏,这里不是受注文引用资料的影响,可能正反映郦氏出仕在北魏时期,多少具有重魏轻蜀的思想。

有关广魏的这条经文,另有一个特点是在叙述江水经过江阳所汇合的洛水时,对于这条洛水源流的说明具有全书仅见的特色。经文只说"洛水从三危山东,过广魏洛县南"——广魏的郡治就在洛县,查汉代设置广汉与洛县都是在洛水上游。加以江阳入江的部位,都足以证明郦氏所谓洛水就是后代所称沱江。注文首先补充"洛水出洛县漳山,亦言出梓潼县柏山",在经文中竟然略去。接上说,"《山海经》曰三危在敦煌南"。这一点并非《山海经》的原文,而是汉儒的附会,实际上这条洛水与三危相距遥远。再说"《山海经》不言洛水所导"。于是注文断言"经曰出三危山,所未详",徒然牵扯太远,只能不了了之。至于这条洛水的名称,注中另外提到好几个,包括郫江与湔江在内。

再回到沔水方面,支流的编次特别零乱。例如丹水(即现代丹江)明明是沔水的一条较大支流,竟然编在卷二十漾水(即西汉水)之下,两者各不相干。关于丹水的源流,经文从"丹水出京兆上洛县(今陕西商县)西北冢岭山"起,只叙述到"又东南至于丹水县,入于均"。注文称"又南合均水,谓之析口"。郦氏似乎没有弄清在上游,丹水比较均水更是源远流长,而在当时也不清楚它们水量大小的差异。均水即今淅川,编次在卷二十九沔水之后。类似的情况,列在卷二十九的淯水与比水,目录都注明"入沔",但是清水列在卷三十一。清水本是入沔的大支流,这样就和另一条入沔的涢水一样,被列在一些淮水支流的一卷。此外还有不少干支流分隔编次的例证,无须一一指明。

南方的水系,一般总认为《水经注》几乎局限于江的许多支流。殊不知最后五卷分散的支流,构成相当完整的鬱(今简称郁)水与溱水两系,也就是现在所称的西江、北江两水系。易于被忽略的主要原因是由于郦氏没有把郁水列为一条主水,而只在卷三十六温水的一节中叙述。这样就埋没了他掌握岭南最大水系干支流的巨大意义。同卷的存水、卷三十七的泿(音银)水、卷三十八的漓水,以及卷四十的斤江水,也都是郁水的支流。北江也是分散在卷三十八的溱水和卷三十九的洭水中,而溱水被称为入郁。郦氏收集到这一系列广泛的资料,没有能突出结合成南方大水系,整理还不够成熟。

有关资料分散在益州刺史部的诸郡县,郦氏收集整理的工作较为艰巨,以致还存在一些错误。经文编得过于简略,有时甚至经、注不相配合。温水经文首句"温水出牂柯夜郎县",应配合上文的存水一支,即后代的北盘江。至于存水注文提到牧靡、且兰两县,前者过于偏西,后者过于偏东。注文"温水自(夜郎)县西北流,经谈藁与迷水合。(迷)水西出益州郡之铜濑县谈虏山,东经谈藁县右注温水"。温水上源的存水一支说成"西北流",正和实际流向相反。郦氏对于存水一支的北盘江和迷水一支的南盘江,似乎没有完全分清,尤其是关于这两条支流经过迂回大曲折汇合的细情。注文涉及的叶榆水、仆水等水,都越出温江的系统。存水、迷水两支合流的温水,也称为牂柯江,但是郦氏未能说明它的路线,只有存水一节末句的经文,"又东北至潭中县注于潭"一句可以配合。

关于潭水的源流,见于温水一节经文"东北入于鬱(今改郁)"

的注文之中。在"潭水注之"一句下,"(潭)水出武陵郡镡成县王山东。流经郁林郡潭中县,周水自西南来注之。……潭水又经中留县东,阿林县西,右入郁水"。潭水就是后代的融江。存水一节中的经文"东南至郁林定周县为周水",实际上是经过定周县的周水,并非郦氏所误认的"盖水变名也",而是一条由西而东注入潭水的另一支流。温水、潭水汇流而入郁。

温水一节,经文"又东至郁林广郁县为郁水"下,注文有"温水又东经增食县,有文象水注之,其水导源牂柯句町县。……文象水、蒙水与卢维水、来细水、伐水,并自县东历广郁至增食县,注于郁水也"。这个水系实际与温水无关,而是郁江上游的现代右江。温江一节再一句经文"又东至领方县东,与斤南水合",注文"县有朱涯水,出临尘县东北流,骊水注之",下文又说到"县有斤南水侵离水",都是属于左江的一系。

温水一节末尾,经文"东北入于郁",注文依次叙述郁水全线的情况,构成总述郁水的一部分资料。但是注文"郁水南经广州南海郡西,浪水出焉",显然有错误。卷三十七浪水一节,关于它的源流,首先引用"山海经曰,祷过之山,浪水出焉,而南流注于海,是也"。《山海经》原文见《南山经》的南次三经东头,部位远远不相配合,郦氏的"浪水出武陵镡成县北界沅水谷",也不合于客观实际。因此所谓"浪水",全部可疑。但是该节后部,说明郁水从阿林县以下的情况,以及到南海番禺县西分为两支入海,本可以编入精彩的郁水一节,综括西江全境。

为节省篇幅起见,北江方面的溱水、洭水两节,只是附带提明,不另加以分析。因为原文都太简略。

第八节 《水经注》与历史地理

《水经注》一书,在体例上是一部说明水道源流的专著,在实质上它也是一部历史地理的资料。后一个特点历来所起的作用,可能超过前一个特点,但是在评价这部著作的时候,往往偏重于前者而忽视后者。因此,我们有必要阐明这一方面的几个特征产生的条件和重要的程度,以利于进一步了解郦氏的贡献。

书中的经文部分,基本上采用东汉的郡县来说明大小水道的流向,历来只是被认为由东汉人编写的确证。改变成作为郦氏自编的体系,他生当南北朝分裂的时期,向上推移到西晋虽则已经是一个统一的时期,不及更向上推移到东汉,已经有《郡国志》之类的史料可以作为依据。经过《水经注》中把各州郡县罗列在大小水道的沿线,原来在《郡国志》一类史料中只是按郡县统属关系排列的名单,可以依据大小水道上下游的部位,识别出各地分布的形势。

在我国城镇居民点的发展史上,除去通航水道迟早不等发生通航的作用以外,丘陵地区的河谷是水陆运输集中的地带,平原上水道的弯曲以及架桥和津渡,都会支配陆路的走向。山岭两侧水道上源的谷道,往往成为翻越山脊的路线。由于这许多作用,城镇居民点的布局,自然在大小水道附近形成带状。在缺少经纬度观念标明方位的条件下,郦氏采用水道沿线郡县的部位作为一种替代方法,彼此参照,相得益彰。对于这方面的大量资料,《水经注》一书构成一部方便的手册。

经文依据东汉的郡县建置,提供一个划时代的标准。当然,距离书中所叙述的水道较远的县仍然不会列入。但是郡城大致都能包括在内。至于注文中的历史地理资料，更是无比丰富。部分郡县都联系到东汉以后历代建置的沿革，一直到北魏，比较少一些也推前到西汉以至周秦。其中关于王莽时期改变地名的情况，也是罕见的资料。关于历代的沿革，虽则是局限于郦氏在注文中引用或申论的条文，也还是一种最早的创作。

注文中在许多地名之下，还提供另外几项具有历史地理意义的史料。归纳起来，最重要的是周、秦、汉、魏等历朝的故都，以及分裂时期各国统治中心发展的规模和著名建筑。宫阙、苑囿、官署、仓储，以至城市布局，街市规模，都有记述。凡是从附近水道，引渠入城者，更是与河渠密切相关。例如浊漳水篇经文"又东出山，过邺县西"一节的注文，追述到战国时魏文侯以西门豹为邺令，魏武（曹操）引长明沟经铜雀台，以至十六国时后赵石氏的扩建，都结合在一起。名人住宅，宏大祠庙之类以及有关各地的发展都包含在内。

其次，从部分水道开渠引水，或是发展农田灌溉，或是疏通粮运。在同一河道的附近，修渠可能经过几番兴废。粮运所引起的沿线建仓，也有具体记载。内中虽则有采录《史记·河渠书》与《汉书·沟洫志》的资料，西汉以前既不限于此两篇，西汉以后更有不少补充。对于这些渠道，一般都说明兴修的时期和过程。过河用的津渡桥梁，也都一一记明——桥梁中相当部分只是历史的陈迹。但是它们都标志有关时代陆路交通线的布局。

其三，历代帝王陵墓，注中也有不少记载。秦汉以来可能具有发掘价值的陵墓，由于解放以来考古工作的发展，更在受到重视。《水经注》记述这一类资料，比较各家的地理志年代较早。

在大小水道的沿线,这些古迹遗址的分布,主要决定于历史条件。例如渭水、洛水的下游,资料特别丰富。至于郦氏从古代神话中引用的一些景象,又当别论。关于历史地理这一方面的资料,《水经注》的重要作用是后代的史学界所早已熟悉。这里特意指出几个特征,是为着作为一部地理名著,这部书在这方面也有它的独特贡献。

第九节 小结

《水经注》一书,历来深受学术界的称誉。上文的分析似乎过分偏重于水道叙述中的缺点错误。我们并不想减低它的声望,上述的比较全面的分析正是为着对它的成书过程和主要内容获得正确的认识。关于大小水道的经行路线,全书依然是大部分都相当正确。我们所得到的结论,主要包括以下几点:

（1）对于传统观念假定郦氏限于为前人所著的《水经》加注,我们认为他的序文没有任何证实此点的迹象,各家的评论都不能确定它出于任何人之手。实际上书中的所谓《经》与《注》,可能都是郦氏一手所编成。《经》的部分一般依据东汉的郡县说明部位,正如所叙述的大河下游入海途径依据王莽时的改道,都是作者选定的一种撰述方法。也只有在他所收集的大量注文的基础上,才能提纲挈领写出经文——尤其是像郁江一带的水道。传统的假定,不但埋没了郦氏在经文部分的创作,而且把他收集整理注文贬低为完全从属于前人所著《水经》的地位。许多段经文所述的流向,只有注文足以作为证明,而郦氏并没有指明引用何书。

(2)由于郦氏在调职途中意外遇难,《水经注》一书还没有经过他最后整理。现今通用的版本所依据的是清代《四库全书》抄本,全书大小水道的编次,不少部分都不大符合水道部位的顺序。是否符合郦氏原稿也无从确定,因为《四库全书》本是采录明代《永乐大典》按水道名称拆散的章节。在流传的过程中还存在一个问题,是这部书似乎宋版只有一种刻印本,已缺五卷,而明代也还没有多加重视,以致只有一个所谓朱谋㙔本,刻于万历乙卯(1615年)。

(3)传统观念对于《水经注》的评价,久已肯定为地理书中的权威。我们从地理学史的角度上衡量,进一步深入分析,明辨是非,只是为着比较适当地估计它的科学水平。同时为着行文的方便,省略去了举例说明比较重要得多的正确部分。指明错误的方式只按原著本身的见解,至于清代的考证家如何评价,那是后代的新认识,这里置之不论。错误的形成大致可以分为几种。其一,在过分迷信唯心思想浓厚的各种史料之外,郦氏又主观臆想出许多附会——尤其在河水上源。其二,比较广泛采用唯心史料——例如江水的上源,以及沔水延续到入江之后。依据《山海经》的浪水,本身完全不符合客观的存在。其三,由于前代资料存在着分歧,主流与支流时而混淆不清。其四,在认识到前代错误的同时,仍然引用不正确的资料——例如漾水与沔水。其五,在注文中批评经文的观点,或注文中的其他观点,虽则大多正确,仍然遗留些问题。其六,他把两条以上河水的不同名称,汇合后还认为同样可以应用于下游的主流,既是易于造成观念不清,甚至使得沔水延续到江水之后还说成通过浙江入海。《水经注》中许多错误的存在,一方面固然反映作者过于迷信古人,以致在判别是非上受到限制,一方面还是时代的条件,使得他难以得到完全正确的资料。至于我们现今对待他的结论,必须避免盲目地信任他的权威,才能正确认识他的贡献和科学水平。

(4)郦氏编写《水经注》,对于他的收集资料广博方面,早已受到重视,而对于他的整理的方法和作用方面,都还认识不足。传统观念从首先假定他的《水经注》就是和郭璞注《水经》一样出发,都是在前人的《水经》上加注。但是从来没有能查明郦氏书中经文的来历。依据此书经、注关系密切的特点,我们认为可能是他自己因注提纲,写成经文。在收集整理资料的方法上,郦氏显然是以河、济、淮、沔、江为五大主干,由干及支,再加上北方诸水和南方诸水。查明各条水道经过的郡县,以及和各地有关的各种史料;郦氏当时工作的艰巨,远远超过后代的一般注家。全书的主要作用,相当于一本水文地理,而注文中的历史地理资料,虽则不及水文资料的具有系统性,也还积累得很丰富。此两者是它的主要特色。范围之广几乎遍及东汉皇朝的全部领域,更是加强它的重要性。倘若郦氏能避免被围遇难的不幸,东南一角的较大水系也会凑齐。再从著作时期大约在490—527年间,在我国无疑是最早的一种大型地理专著。在全世界更是时代特早而系统性特强。这部书中存在的缺点和错误,由于著述的时期早,也可以说只是条件不够成熟的一种表现。

我们当前的任务,对于郦道元这部首创的杰作,首先是要给予全面的历史性的评价。它为中国地理学在六世纪初期就大放光彩。由于他所引用过的古书,一部分以后早已失传,还成为保存这些古书的点滴资料和显示它们的特色的重要文献。但是为着今后正确利用这部书的参考资料,我们必须充分认识它的优缺点,为此在上文多提供了各种不同类型例证的分析。对于有一些大小水道经行路线今昔不同的问题,如果要以这部书中的内容作为依据,不能单纯对照现代的地图,而必须查考明确所要引用的资料,是否完全可靠。

第二章　南宋论释《禹贡》的三家

第一节　新发展的条件和作用

南宋(1127—1279年)期间,《尚书》中的《禹贡》发展成为四种专著的题材。《禹贡论》和《禹贡山川地理图》都是程大昌的著作。另外还有毛晃的《禹贡指南》和傅寅的《禹贡说断》。《尚书》的其他各篇都不能像《禹贡》这样单独受到学者的重视,而其受到特殊重视的主要原因正是由于它的地理性。南宋时期三家并起,研究《禹贡》从他们所引用的例证来衡量,继郦道元的《水经注》之后,唐宋间《元和郡县志》等地理总志的流通是一个主要的条件。他们的共同目的或意图,是要纠正汉唐以来《尚书》的一些注释中所出现的意见分歧和错误。

三家之中,程大昌的著作声望最高。一则由于他生前具有政治影响。他以南宋初期绍兴年间(1131—1161年)的进士出身,孝宗(1163—1189年)时历任要职,光宗(1190—1194年)即位,升至吏部尚书,以龙图阁学士致仕。二则除去上述关于《禹贡》的两书以外,还有《禹贡后论》、《雍录》、《诗经》(论《诗经》)等其他著作。三则关于《禹贡》的两书,先在淳熙四年(1177年)以正本进呈孝宗,全书交付秘阁。淳熙辛丑(1181年),程氏出知泉州;福建路市舶使彭椿年，因同年关系，得其副本，出资令州学教授陈应行刊印，流传较早且广。

毛晃也是绍兴年间进士，但是中式后闭户著书，以文字学为其特长。据《四库全书》提要，他的《增注礼部韵略》，是在绍兴三十二年（1162年）上表进呈，自称衢州免解进士。他的《禹贡指南》一书，明代已经失传，《四库》本也是从《永乐大典》中辑录，足见明初还受重视，辑录本的《禹贡》原句和毛氏注文，仍有脱漏。这本书的编写似乎略早于程氏的《禹贡论》，但是在南宋时刊印可能反而更迟。

傅寅早年从师于唐仲友，唐氏也是绍兴进士，傅氏的《禹贡说断》曾经受到唐氏的称誉。傅氏隐居不仕，专心治学，对于天文、地理、律历、军制等，无不详细研究。他的书著述较迟，书中所引用的程氏论点，正是指程大昌，也就是后者的《禹贡论》。他对于程氏的论点，比较重视，只是偶尔表示异见。至于毛晃的主张，没有见到引用；可能在傅氏撰述《禹贡说断》时，毛氏的书还没有刊印①。

上述三家在大约三四十年间，共同致力于阐明《禹贡》里面山川地名的部位，九州五服等观念，以及贡赋的差别、贡道的作用之类的问题。对于《禹贡》这篇儒家经典文献的认识，通过他们的著作都有显著的提高。比较起汉唐以来许多注家所提出过的见解，他们澄清了许多传统争论中的是非。在地理形势比较先前更明确的基础上，读者更能体会到《禹贡》的政治意义和历史意义——当然是按照关于《禹贡》的传统观念，一切都归功于禹，包括这篇文献的来历。

---

① 傅书同程书一样，清初康熙丁巳（1677年）纳兰成德列入《通志堂经解》丛书刊印。《四库》本采取这个刻本和《永乐大典》采录的条文详加校定。

但是有关《禹贡》内容的矛盾,只能解决许多前人的误解和认识不足之处。山川的部位从早先通用的汉代郡县改用唐宋的郡县。经过这三家的探讨,部分矛盾固然获得解决,但是若干分歧依然存在。例如黑水与弱水,按照《禹贡》原文的全部特征,无法在客观环境中找到。三江与九江,原文的意义不完全合理,也无法确定。此外如大伾、碣石、陪尾、敷浅原之类,仍然成为问题。

南宋三家阐述各自的观点,采用不同的方式。程氏自己选定专题,加以论述,各种见解发挥得更是详细。关于山川地理,原本的地图画得粗略,而且只余下少数,主要也是"叙说"。毛氏全部用注释的方式,而傅氏在注文中兼用论述。傅书原来有山川总图,以及九河、三江、九江等四幅均已失传。对于阐明《禹贡》的原意,每一家各有他的局限性。实际上《禹贡》原文中的问题,有一部分原来是出于虚构,怎能用事实来说明?所以在这方面遗留下来的弱点,不宜过于苛求。

第二节　程大昌的有关著作

程大昌有关《禹贡》的著作主要是他的《禹贡论》。由于正本采用进呈当时在位的孝宗的方式,全书都自称为"臣"。写作目的在第一节总叙中,有扼要的说明:

　　臣初读《禹贡》,于本文甚疑者,凡十有二目[①]。而于积世

[①] 本段的(1)—(12),与下段的(1)—(3)这些数字,都是本书作者所附加,并非原书所有。

师传之说,有不敢主信者,盖有三事也。(1)禹力之著于河(黄河),居天下诸水之半,而断自大伾以下,河道所历,无能主言其地。(2)九河、逆河、碣石,在经(指《禹贡》原文)甚明,而亘古究求,竟无归宿。(3)三江有中、有北,而南江不见于经。(4)九江之为九、为一,莫知经语之所的主(主张)。(5)弱水。(6)黑水,诸家皆谓在(唐代)甘沙数州,则当南流入河而东注碣石,经顾于弱水曰"既西"①,于黑水曰"入于南海"。(7)汉之在经,但有一源,而后世分之以为东西二派。(8)济既入河而对出于荥,乃不名河而复名济。(9)为九州分载所导之山,各附其境,惟梁、岐二山,舍雍附冀。(10)荆州去海尚远,而预书"江汉朝宗于海"。(11)九州贡道,苟其不能自达于河,则皆书其所因以达者,如浮汶达济,不必竟之于河;独徐贡逾济不书,而径以达河言之。②(12)既曰任土作贡,而九州田赋,其甚相高下者,至差数等。凡此十有二目,皆臣所不能据解者也。

(1)荆有荆山,梁、雍亦有荆山,诸儒必欲会而一之,曰荆山一山也,而有三条,其脉络相贯,江河不能间断也。自斯始有以地脉参之治水者。(2)沱、潜二水,荆、梁适皆有之。其名既同,诸儒亦欲会合为一,曰沱、潜虽在梁而分出于荆,如济之于河出而复入也。(3)自斯又有以伏流水味而言治水者。此皆臣所不敢信者也。

全书除开端的总叙和最后的结语两节,共分五十节论述"甚

---

① 指《禹贡》"弱水既西"句。
② 《禹贡》"浮于淮泗达于河",没有指明必须逾济。

疑"的十二目,和"不敢主信"的三事。至于列在最后的关于鲧和夷夏的三节,可以说还越出上述的十二目和三事。程氏只按题目论述,而联系《禹贡》通篇有关的文句,完全摆脱个别文句注释的方式。探讨同一题目,有些连写三、四节,但是个别小题只用一节,甚至和另一题同用一节,后者如沔水和沱、潜。一般都先说明各家传统的见解,然后提供自己的见解。

对于处理那些问题的原则,程氏说:"臣既已积此数疑,……于是稽合经传,研切事理。询诸身曾经行者,以相参会,而究穷其所归。"他既考虑事理之常,又询问亲到各地的人的观感。又说,"久之乃始大悟曰,禹之贡广矣大矣,而不出乎因也。其自言曰,予(指禹)决九川,距四海,浚畎浍距川者,因也。孔子叙其书曰,随山浚川,任土作贡者,亦因也。……功以因而成,则书载其成功(指《尚书》录《禹贡》),亦岂外于因哉。因者,本其所自然而无所增损云尔。……臣于是用此一理而究求之,凡向之疑者悉可释,诸儒之难信者悉可折衷也。"

程氏企图对于前人的许多不同见解"折衷",值得注意的是他倾向于采用唯物观点。他所提到的"因",补充说明为"本其所自然",就是自然的变化,或是对《禹贡》所记述的治水密切相关的所谓因势利导。而询问到过有关各地的人的观感,也是重视客观旁证。但是,他对于客观事理的认识既有局限性,又受到《禹贡》原文内容的种种牵制,凡是《禹贡论》中自己所提出的问题,还无从得到全部圆满解决。主要的弱点是认识不透《禹贡》的黑水等观念,并不以客观实际为依据。

程氏处理自己所提出的各项问题,可以分为这三种情况——认识明确、一般说明和不够完善。这里只能对于每一类略举数例。

在认识明确的一类中,可以包括:

(1)九江　前人大多附会九江之得名,是因为大江在那里分为九派,程氏加以否定。理由是一则《禹贡》原文两次提到,都是说"过九江",而没有像"播为九河"的说明分为九派。二则九江一名,在前代历史上已经转换地段,而并非固定在一地。其三,他还指出"若九江在荆方行地中,不至与河比怒,故亦不至分派为九"。

(2)济——论伏流与辨味　引用"至许敬宗之对(唐)高宗则怪矣,曰济水自温北入河而伏流,从荥南出。古者水官不失其职,则能辨味与色,潜合而更分,皆能识之"。程氏指斥说,"此不知圣经(指《尚书》)书法,而妄以怪神言常道者也。……且使济诚伏流,则当于近河之北,有一大泽迎受其来;有入而无出,则可以言伏流之所从入。又于河南有一大泽,不受河派而水自地出,则又可以言伏流之所从泄"。下文又辨明许氏"已而又思济之入出具有明迹,而无有所谓潜流地底者,则又为味辨之说以文之"。但是,对于《禹贡》原文"溢为荥,东出于陶丘北",采用"溢而下流,乃注于陶丘之北,"以掩饰前人所指的另一段潜流。

(3)辨味　上节所称许敬宗"又为辨味之说以文之",内中的"文"字意味着掩饰。据许氏的观点,所谓济水从大河之北,伏流而出于大河之南,古代有一种水官能用辨别水味的方法来鉴定。程氏不以为然。他还在《三江沱、潜》一节,辨苏(东坡)氏味别之言。苏氏曾经提出所谓的江出为沱,汉出为潜,以及大江的江汉合流以后,《禹贡》称为"东为中江"和"东为北江",都可以从水味来辨别水的来历。对于这些主张,程氏指明,"以理言之,水合他水而必杂,则味经远地而必混,无有合而可别之理也"。这样他认定辨味一说,根本没有可能。

(4)三江 《禹贡》中所谓三江,是由于原文在扬州既有"三江既入"一句,又称汉在入江之后,"东为北江",而江的正流又称"东为中江",问题既是复杂,前人更多穿凿附会。程氏只采用岷江正流为中江,汉为北江,而江汉合流,"东汇泽为彭蠡",才会到由南来注入彭蠡的"南江"。至于彭蠡以下入海的三江,实际上只是一江。他还否认由震泽分流入海的水道可以称为"三江"。至于《禹贡》究竟是否以注入彭蠡的水道为南江,彭蠡以下的大江何以称三江,仍然是问题。

一般说明的问题,大致仍然符合前人的旧说,而很少独特的见解。这一类包括的范围比较广,我们却无须多举例证。

(1)弱水 程氏说:"若夫删丹(今山丹)弱水,起于桑钦,前乎钦者,不闻其详,不知钦于何受之。"有关的河西地带,本是西汉早期才开拓,所以没有比桑钦更早的记述。又说,"而于《水经》并指居延一泽以为流沙也"。所谓桑钦说,就指《水经注》的经文。"郦道元因之,又为说曰,流沙者沙与水流行也(指《水经注》的注文)。杜佑说亦本钦,而贾耽特致其详"。尽管旧说都那样主张,程氏以为《禹贡》既有"弱水既西"一句,删丹弱水并不切合,"应以条支妫水以西通西海者当之"。但是他忽略了原文的"余波入于流沙",仍然顾此失彼。实际上《禹贡》的弱水,在自然界无法找到。

(2)黑水 这一节里面引用"孔颖达援(引用)郦道元所释《水经》曰,黑水出张掖鸡山,南流至敦煌,过三危山,南流入于南海。其说虽出许叔重(慎),而增益以入南海者,道元也"。关于黑水的经行路线,程氏多方引证,并没有能配合《禹贡》原文的条件。所谓"出张掖鸡山,南流至敦煌",就与敦煌附近那条水的流向正好南北相背。但是程氏引用《水经注》中的弱水、黑水,一方面表明,郦氏

第五篇 地理专著的典型

原来有这两条水的经注,而且约略透露其内容,一方面在黑水一节采用(唐)孔颖达注《尚书》的间接引文,似乎又表明《水经注》本身到宋代早已佚失弱水、黑水的原篇。这样反映的《水经注》流传情况,有助于弄清此书今本和郦氏原著的差别。

(3)徐州贡道 这一点列为程氏甚疑者十二目之一,实际上只是一个通过其他州的问题。徐州贡道的没有写明"逾于济",可以包含在取道兖州而"达于河"之内。扬州的"沿于江海,达于淮泗",还意味通过徐兖两州。所以这是一个平凡的问题。

不够妥善的问题也有一些,最重要的是大河入海处的九河与逆河。程氏引用许多有关的旧说,大致都被否定。他提出的主张,认为"播为九河"的下游部分,以及逆河和碣石,从禹治洪水以后,早已沦入大海。这样说明自然的因,仍然难以找到具体的证明。他只是用汉代王横之说作为根据。但是,他对于大伾以下,大河"至于大陆",否定《汉书·地理志》以来的把大陆附会为泽名,而采用孔颖达的"广平为陆",比较妥善。

《禹贡山川地理图》,原来配合《禹贡论》进呈,而且也有泉州刊本。清初《通志堂经解》刊本,只保存叙说三十篇,《四库全书》从《永乐大典》补上二十八图,只缺少头上的《禹贡山川实证图》和《禹河汉河(汉代大河)对出图》。叙说论辩之文,大致与《禹贡论》符合,而措辞更是扼要。图幅绘法粗略,上下左右表明的方位无定,但每幅都在四周注明;多数还另加许多注解。古书中图解极少,为此这一个作品也曾经受到相当重视。部分图解所包括的范围广大,或是内容复杂,辨认比较困难,尤其是《历代大河误证图》那一张总图。

《历代大河误证图》的叙说中,大河经历一条称"导河自积石以下,未至龙门以上,经(指《禹贡》)但一书积石,不言方向,知荒远在所当略也"。对于这一点,程氏特别指出"不言方向",就包含着否认禹河的积石遥远到汉儒所指明的积石,因而认为"方向不明"。紧接的龙门一条,他指出的"河至慈州之文城县孟门山,是为入龙门,至绛州汾水合河之上为出龙门口",此点很是确切。再说到"此其中间地势险甚,河率破山以行",可惜加上"悉有镌凿痕迹,汉(儒)说皆以为禹实凿之",不免信以为真。后一类说法主要出于《吕氏春秋》与《淮南子》的一流作者。

这部《山川地理图》的特色是具有双重作用,往往先有一幅或二三幅表明前人错误见解的图,再提出配合本人见解的图,以便前后对照。题材除一般水道包括全部之外,大河、大江、济水、汴渠等图只包括局部,但是个别的图包括邻近的好几条水。水道的流向和长度往往不按一定的标准。对于前人的错误,特别重视班固、郦道元等少数名家。程氏的批判意见也有助于正确理解班、郦等旧说,但是我们不能轻易接受他的全部结论。

程氏特别详论汴渠,是由于他另外还著有《禹贡后论》,先以三节论河,而继以五节论汴渠。他详细探讨过汴渠修建的过程,对于邻近诸水的影响以及治理上的问题。实际上都是后代的发展而与《禹贡》原文无关,不过可以表明程氏对于后代的历史地理也有贡献。

第三节　毛晃的《禹贡指南》

在写作的观点和方法上,毛、傅两家都不同于程氏,因为他们主要沿用按《禹贡》原文分句或分小段作注的办法,另外在《禹贡》原文的大段落之后,也都附有长短不等的论述。毛氏《禹贡指南》单行本在明代已失传,《四库全书》从《永乐大典》辑录的现行本,只有在九州和导山、导水的几大段,五服以下全部散失。傅氏《禹贡说断》,清初《通志堂经解》采录,书名误用《禹贡详解》;《四库全书》也从《永乐大典》校正,得以补足五服辨、九州辨等缺文。

毛氏的行文大致比较简洁。《禹贡》原句中,山以专名较多者,另按专名排列加注。他的作注方式,一种只是简略说明自己的见解,一种引用古书或名家的见解,一种在引用旧说之后附加自己的意见。在第二种之中,对于宋代名家,如王安石之称为荆公,苏轼之称为东坡,都用时行的封号或别号。对于旧说中的不同见解,有时听任并存而不加可否。只有在较为重大争论问题上,提出自己的结论。对于《禹贡》不同部分同一问题的注文,前后不免存在着矛盾。

例如一开头"冀州"的注文,在引用《尔雅》和《周礼·职方氏》之下,毛氏指明"案《禹贡》导河积石,自积石而下,南流谓之西河"。这一句行文的方式,似乎承认积石是位于西河的北端。但是,在后面"导河积石,至于龙门,……同为逆河,入于海"一节下,许多条注文的第一条是"河水"。这一条引用《水经注》等旧说之后,毛氏指明"案诸书皆言河自昆仑,然班固《汉书》叙张骞奉使西域,历诸国,乌睹所谓昆仑?苏氏谓骞徒见葱岭于阗二水便谓之河。不知河在西南羌中"。引用苏说一句,似乎批判张骞的潜流说。到导河一节的末尾,重论"或谓禹迹不应如是之近,当以大积石为导河之始",对于以于阗河为河水上源似乎重加否定。至于大积石是否《禹贡》原文的"积石",并没有加以考虑。

关于徐州贡道"浮于淮泗达于河",毛氏在简略引用两条旧说之后,主要的注文就以"汴河"为条目。他的重视汴河,不亚于程大昌。立论从"右自淮泗入河,必道于汴"出发。他把汴河的历史,从隋炀帝通汴的说法,推前到楚汉相争时的鸿沟和东汉末的官渡水,以及三国时王濬伐吴,自汴水、沂河班师,证明"非炀帝创开也"。下文更提出"则鸿沟、官渡、汴水之类,自禹以来有之明矣"。他认为《禹贡》的"浮于淮泗达于河",早已包含汴水在内,这样过分假定所谓贡道都走水路,就进一步推早汴水的存在。

《禹贡》原文是否含有汴水的作用在内,其实牵涉下列几个问题。毛氏只从淮泗"达于河"来把汴水的一线联系在内。这一线上实际接近《禹贡》导水一节的"溢为荥,东出于陶丘北"。《春秋》闵二年,"卫侯及狄人战于荥泽",足证荥泽在春秋时确有其他,因而孔子修《书》,附会成济水入河而"溢为荥"。鸿沟的开通恐怕是在魏并卫之后,以至秦灭六国之时。无论如何,战国以前,谈不上汴水的踪影。

《禹贡》扬州"三江既入"一句下,毛氏列"三江"一目。注文引述各家旧说,尤其详引苏东坡。关于三江的旧说,有些部分或全部脱离大江,有些指江汉汇合后的"东为北江"、"东为中江",以及《禹贡》没有明说到的南江。苏氏的立论包括三江以味别。毛氏论曰,"予谓三江之说,古今诸儒互相矛盾,学者徒取北江、中江以为三江之目;而不知《禹贡》中无南江之目,是未免乎牵合也。苏氏味别之说尤为难据。且江汉之水,皆汇为彭蠡以入海,……安有中北之辨乎?"此说有理。他另提"汉为北江。岷山之江为中江,则豫章之江为南江",只能聊备一说。

"导河积石,……播为九河"一节下,最后的"九河逆河"一目,主要论述九河,而附带九江。在九河问题上,引述各种旧说以表明各支的名称和部位,以及迄于汉代的河水改道影响。九河中的简、絜,毛氏认为如徒骇等应以两字连用为一名,旧说却把这两字作为一字一名以凑九数,是由于忽视了河水主流,无须另立一名。同时指出以潓沱为徒骇的错误,"盖潓沱源流别是一水,与禹河不相干"。后文又有小段论述以大小积石为河源,应当归入本节头上的"河水"一目。

从九河转到九江,与荆州"九江孔殷"的注文应当对照。前后引用的旧说不一致,而毛氏立论的方式也有差别。在"九河"一目中论及九江,重点是批判所谓寻阳江,尤其对于唐代诗人白乐天(居易),"以今江州之江为寻阳江头,其误尤甚"。在荆州篇首先批判贾耽和张须元缘江有八州,而采用《楚地记》"巴陵潇湘之渊,在九江之间"。结语主张"则洞庭之为九江审矣"。后文"岷山导江"一节,又有九江一目,重申"九江盖今洞庭也"。接着提出"考之前志,沅水、渐水、沅水、辰水、叙水、酉水、澧水、湘水、资水,皆合洞庭中,东入于江,江则过之而已"。在传统见解中,这是关于九江一名的新主张。

关于毛氏注释《禹贡》和陈述各种见解的方式,上述各条的特征可见一斑。采用前人的注释比较广泛,一部分甚至比较详细。对于前人相互矛盾的见解,他所提供的结论大致合理,有助于使读者澄清许多问题,从而提高对于《禹贡》的理解。苏东坡一流学者对于三江问题所提出的味辨,辨明不同水道的水味本就困难,认为合流之后还能分清各股流水的来源,只是一种唯心思想的主张,毛氏和程大昌一样加以否定。至于"九江"一类的问题,《禹贡》原文的意旨不够明确,只能从文句前后呼应的方式约略体会它的用意。

第四节　傅寅的《禹贡说断》

傅氏论释《禹贡》，主要也是引用前人旧说，大致按西汉以来年代先后排列，只举各人的姓而称氏。唯有孔颖达被称为唐孔氏，以区别于汉代的孔安国。由于不用毛氏的举出书名，《水经注》中的所谓经文归之于桑氏（桑钦），而注文归之于郦氏。引述的范围不及毛氏的广泛，例如后者在震泽一目下，还引用《越绝书》以及沈括称引的司马相如《上林赋》和郭璞《江赋》的片段。傅氏完全不采用各种地理志的资料，唯有班固的《汉书·地理志》引用时称为班氏。

《禹贡说断》全部运用注释的方式以引述前人的见解为主，而以表示赞许或批评的不同态度，陈述作者自己的主张。一般性的句段并不提出意见。比较重要的问题还标明专题，例如东西汉水辨、荥泽辨等，不下十余篇。另据《四库提要》①说明，书末的五服辨和九州辨是从《永乐大典》录出。明清间通行的版本，包括清初刊行的《通志堂经解》中的这部书早已残缺。《永乐大典》可能还依据宋代的版本。

在《禹贡》原文篇首的"冀州"名下，傅氏先引用这个州名的注释，而主要引用前人关于禹治水时先后施工程序的不同见解。他自己提出这样的意见：

---

① 清乾隆朝1773—1782年间，建立《四库全书》馆，编录《四库全书》。每一种书都在卷首加一段提要，说明这种书的来历和流传情况。

孔(颖达)苏(东坡)二家执九州之次,以为禹之治水,自下而上。林(之奇)氏执导岍以下之文,则以为自上而下。二者将孰从而折衷之?……若夫导岍至敷浅原,此乃记浚畎浍距川之方响。导黑水至东北入于河,此乃记九川之首尾。林氏未明经(指《禹贡》)意,……谓治水必自上而下,其于事务不通甚矣。……故夫治水者,必使其下能容而有余,易泄而无碍,然后可以安受上流,而不至于冲激以生怒。禹之经画(划)所以首冀、兖而后雍、梁者,此也。……

这一段的含义,包括以下几点:(1)把前人的主张,分为两派。一派根据《禹贡》记述九州的先后,认为禹治水是由下而上。一派根据《禹贡》中导山、导水的两大段,认为禹治水是自上而下。(2)傅氏认为《禹贡》导山只是记述疏浚小水通大水,导水记述九川的源流,林氏据以论治水程序,不通业务。(3)他又申论治水应当由下而上的理由,以及各州治水从冀、兖两州开始,转到雍、梁两州结束,是体现由下而上的作用。

实际上《禹贡》原文各州的记述,总是从不同部分治水功效开始,而且联系有关的山川。至于导山、导水的各节,只是表明各个山列和九川,在九州之间的关联情况,把导字解成治理,显然牵强。讲到由下而上,或由上而下,《禹贡》的叙述方式,本是兼而有之,不能截然分论。冀州所提到的"既载壶口,……至于衡漳",都是由上而下。其次的兖州,讲到"九河既道,雷复既泽",才能说是由下而上。宋儒的论点,有时还是为着标奇立异,看不透原文,只顾行文的方便。

傅氏深知这一点上矛盾的存在,在"至于衡漳"的注文之后,特意提出一长段说明,从"尧都冀之平阳,今晋州所治临汾县也,禹之治水,莫先于帝都"立论。《禹贡》冀州所记的"既载壶口,治梁及岐"——"皆帝都之西也"。原文的"既修太原,至于岳阳"——"帝都之南也"。原文的"覃怀底绩"——"帝都之南也"。原文的"至于衡漳"——"帝都之东也"。他只能借助于孟子说的"禹疏九河,瀹(治)济漯",假定"禹既规画(划)成此,然后疏帝都四旁之水"。

《禹贡》荆、梁两州,都讲到"沱潜既道",梁州又有"西倾因桓是来",历来存在着费解的问题。汉孔安国注的"沱潜发源梁州入荆州",真是信口开河。毛氏《禹贡指南》为荆州的潜所注"潜水出天柱山,天柱山亦名霍山",这个山区是在大别山脉东部,发源的水入于淮,显然不合《禹贡》的原意。傅氏在荆州的"沱潜既道"下,先引班氏(《汉书·地理志》)曰,"江沱山南郡枝江县西,东入江"。按语提到"余考枝江之地隶今松滋,……亦安知枝江之水,不于江出而复入江耶?"枝江有小水从大江流出而复入江,可以证实。又说"国初乾德(963—967年)中,以汉江陵县地置潜江县,……或者水有自汉而来,名之曰潜,故县因以名欤?"虽则都在疑似之中,比较更早的各种见解,还较合理。

傅氏只能从地理性质的文字资料中摸索,而缺乏地图,对于梁州的沱潜,仍然纠缠不清。班氏旧说,引有"《禹贡》江沱在蜀郡郫县西,东入大江,又曰,江沱在蜀郡汶江县西南,东入江"。傅氏按语,"以《汉志》(即《汉书·地理志》)《通典》考之,以地势观之,则是沱水别流于茂州汶川之境,经彭州永昌,又经成都郫(县)界,复东入大江明矣",这样兼采几说,未能掌握住郫县的正说。这是古代地理工作上的一种通病。

在梁州原文"浮于潜,逾于沔"之下,除引用旧说外,傅氏附有东西汉水辨、汉沔辨、沔夏辨、嘉陵江辨四篇。汉沔、沔夏两辨,应当列在荆州。第一篇中"漾水发源养山而东经嶓冢(此句含有改正《禹贡》"嶓冢导漾"的意味),其水别为一流东南至江州(今重庆)入江者,即后世所谓西汉,而禹时所浮之潜也",申明了以嘉陵江为《禹贡》的潜。其立论仍然是以《尔雅》的"汉出为潜"作为依据。但是嘉陵江辨仅仅说"则嘉陵源委,固可为西汉无碍也",对于所谓的西汉与嘉陵江的关系,以及所谓的西汉与沔水或汉水的关系,似乎并没有完全明确。

五服辨与九州辨主要论述《禹贡》九州与五服的广度,及其与《周礼·职方氏》九服的比较。引证的范围除本书常引的各家旧说外,还采用《礼记·王制》篇,《孟子》"海内之地方千里者九"等资料。五服辨最后提出的"以此细考,则九州之内止三服,而要荒(二服)实在九州之外,所以别其为夷蛮也",是傅氏的主要结论。又认为"纵使后世人君,能于《禹贡》五服之外,开拓边境,其所得者不过硗确不毛之地"。

上述分析足以表明南宋三家的研究《禹贡》,都在前人旧说的基础之上,各有自己的体会。对于《禹贡》的地理内容,他们澄清了一些地理概念,而且明确了一些地名的部位。同时,结合禹的治水所形成的传统观念,也是他们共同探讨的问题。由于参考资料的局限性和《禹贡》原文的缺点,探讨的成果只能解决相当部分问题,而仍然遗留下不少似是而非的假定。例如黑水、弱水、荥泽、三江等等,都是属于后一类。

在南宋偏安的年代,三家先后采用《禹贡》题材写成专书,都有怀念故国山河的深情。当时学者研究所谓经学都偏重于义理,这三家的深究《禹贡》,虽则追溯到禹的时代而不结合现实,也还是探讨一些经世致用的问题。他们对于九州地理形势的分析，可以作为中国地理学在十二世纪中期到十三世纪前半的典型作品，而且使得《禹贡》在《尚书》的各篇中，一跃而占有特殊重要的地位。

第三章　关于水利问题的几篇论文或资料

第一节　北宋单锷的《吴中水利书》

这是一本比较简短的书,但是在同类型留传到现代的著作中,来历最是古老。它早先只是由于苏轼知杭州时,曾经加以赏识而代为进呈朝廷,得以附录在《苏东坡文集》的表文之后。清代编录《四库全书》时抄成单行本,才成为一种名著。但是在现存地方志中最古老的《吴郡志》,已经在《水利》一卷中摘录它的要点。受到苏氏进呈朝廷是在元祐六年(1091年),而《吴郡志》的编订是截止于绍熙三年(1192年),相差恰好一个世纪。在九个世纪以前,它也是一种举世无双的作品。

这本书之所以宝贵,是因为不同于《水经注》的汇集前代人的书本资料。据《四库提要》,单锷是"嘉祐四年(1059年)进士,不就官,独乘一小舟,偏历三州水道,经三十年,一沟一浍,无不周览考究"。所谓三州是指环太湖的苏、常、湖,宋代都隶属于两浙路。这样依据实地考察的观感立论,在古代极其稀少。

单氏著书的主旨,在于查明太湖宣泄不畅,引起水田受淹减产的原因,并且提出治理的步骤。他还讲到画有《三州江湖溪海图》

一本,"可观大略",而建议由各县另画详图,但是这本图早已失传,结合他自己的考察和当地人士的意见,首先提出下列几个要点:

1. 基本特征是"三州之水咸注之震泽(太湖的古名),震泽之水东入于松江(吴淞江),由松江以至于海"。

2. 形成宣泄不畅的三种因素:

(1)自庆历(1041—1048年)以来,吴江筑长堤横截江流,由是震泽之水常溢而不泄,以至壅灌三州之田。此知其一偏者也。

(2)或又曰,由宜兴而西,溧阳县之上有伍堰者。……后之商人,……罔绐官长以废伍堰。伍堰既废,则宣歙、金陵、九阳之水,或遇五、六月山水暴涨,则皆入于宜兴之荆溪,由荆溪而入震泽。……此又知其一偏者耳。

(3)或又曰,宜兴之有百渎,……今已埋塞,而所存者四十九条。疏此百渎,则宜兴之水自然无患。此亦知其一偏者也。

单氏所以把这三条都说成一偏之见,只是认为不宜孤立地重视,而应当结合在一起加以考虑。

关于这几个方面,单氏都做了进一步的调查研究,然后提供下述的情况:

(1)"且未筑吴江岸之先,伍堰之废已久。……伍堰(之废)犹未为大患,自吴江筑岸以后,十年之间,熟无二、三。"关于这一点,必须注意伍堰是在太湖之西一些河流的上游,它的作用原来是使溧阳一带的水北流入江,而被废之后,改道入太湖。吴江筑岸是在太湖之东,影响湖水的东流入海。两者并无直接关系,单氏只是比较两者影响的大小。

(2)"盖百渎及旁穿小港渎,历年不遇旱,皆为泥沙湮塞,与平地无异矣。……自熙宁八年(1075年)迄今十四载,……岁岁诉潦,民益憔悴。昔嘉祐(1056—1063年)中,……疏导四十九条,是年大熟。"这里作者先提到熙宁八年后的十四年,而后提到嘉祐中,倘若不查明这些年号的有关年份,不容易分清所述变化的先后。他还注意气候变化所造成的旱潦影响,也足以表明他观察的细致。

(3)"吴江岸之东,水常低(于)岸西之水不下一、二尺。此堤岸阻水之迹,自可览也。又睹岸东江尾,与海相接处污淀,茭芦丛生,沙泥涨塞。而江岸之东,自筑岸以来,……今为民居民田。……虽然增一邑(县)之赋,反损三州之赋",经过深入分析,他又体会到"盖未筑岸之先,源流东下峻急;筑岸之后水势缓,无以涤荡泥沙,以至增积,茭芦生矣。茭芦生则水道狭,水道狭则流泄不快,虽欲震泽之水不积,其可得耶?"

(4)还补充"又闻秀州①青龙镇入海诸浦,古有七十二会,……曲折宛转者盖有深意。以谓水随地势东倾入海,……无害东流也。若遇东风驾起,海潮汹涌倒注,则于曲折之间有所回激,而泥沙不深入也。后人……皆直之,故或遇东风,海潮倒注,则泥沙随流直上"。因而他提出"窃谓海口诸浦不可开"。

(5)另一补充,在太湖之北,"自丹阳下至无锡运河之北偏,古有泄水入江渎一十四条(附有十二条的名称),……今名存而实亡"。同时提到沿江堤防下,原来有幽管通水。

以上各点,原文的说明更要详细得多。至于松江的入海道,单

---

① 五代时的吴越所设置,后代改称嘉兴府。

氏说成太湖的唯一出路，未免失之过当，但是当年的吴淞江，肯定要比近代具有更大的排水作用。

按照作者所了解分析的情况，他提出一套治理的方案。虽则所建议的措施都没有见诸实行，作为一种规划，确有参考的价值。内中分为先行和次行的两类措施：

一、先开吴江县江尾茭芦地；

一、先迁吴江水上居民，及开白蚬江，通青龙镇安亭江通海；

一、先去吴江岸土为木桥千所，以通粮运；

一、先置常州运河斗门二十四所；

一、次开……白鹤溪、白汱、塘口渎，……令长塘、漏湖相连，走泄西水入运河，下斗门入江；

一、次开宜兴百渎，见今只有四十九条，东入太湖；

一、次根究临江湖海诸县，凡泄水诸港渎，并皆疏凿。

这些项目表明单氏注重先进行太湖东北两侧的宣泄，然后疏导西侧的水道。南侧的湖州方面，他很少提到，似乎是由于他没有亲历其境。因此，没有注意这一方面向南泄水的作用。

第二节　南宋《吴郡志》的《水利》篇[①]

上文地方志的一章中所评论过的《吴郡志》，卷十九论水利，独具一格，是后代的地方志所不能及。这一卷的特点是在简略的正文介绍之后，小注中通篇追叙北宋的几篇资料。南宋时由于政局不安定，水利方面的具体建设更是受到牵制。北宋时的当地学者通过实地观察，时而有人在探讨有关的问题，是地理思想的一个重要发展。《吴郡志·水利》篇开宗明义就是这样一段说明：

> 吴中治水之说多矣。丘与权、单子发于至和塘及松江、百渎，皆有记可考。而近世郏亶暨其子侨，及赵霖论议措画（划）之说最详。虽罢行当否，自有一时去取，然亶、侨考订地理塘浦所在，至为纤悉。霖之所治，至今或有利者，其经之营之，亦甚详备。……恐岁久无所考，今得其说，取其要者著其后。

正文首先记述宋代在吴郡境内的一项重点水利工程——"至和塘，旧名昆山塘"。"本朝（北宋）至道（995—997年）、皇祐（1049—1053年）中，当议兴修不果。至和二年（1055年）始修治成塘，遂以年号名塘。"下文引用沈氏《（梦溪）笔谈》，指明"至和塘自昆山县达于（吴郡）娄门凡七十里，自古皆积水，无陆途"，并且说明泽国取土的方法，据说是"嘉祐（1056—1063年）中有人献计"，才

---

① 依据《守山阁丛书》本。

得解决。可见在施工之初,在这一带沼泽地中取土还有困难,唯有在实践中摸索出办法。志中还提到"立石乃嘉祐六年(1061年),殆新塘至是完工"。兴工之前,昆山主簿丘与权,曾经陈述修塘的便舟楫、辟田畴等五利。但是注中所录丘氏记述的文,只谈兴修前后的过程。

《郡志》又记熙宁三年(1070年)昆山人郏亶上奏,"水田之美无过于苏州,然自唐末以来,经营至今而终未见其利者,其失有六:……一曰……东开昆山之张浦、茜泾、七丫三塘,……北开常熟之许浦、白茆二浦",近海近江之地较高七八尺,东导于海者反西流,北导于江者反南流。"二曰……昆山、常熟、吴江皆浚其堤岸,……塘虽设,而水行于堤之两旁,何益乎治田,徒有通往来、御风涛之小功,而无卫民田、去害水之大效"。三曰松江①与昆山诸浦,"虽有决水之道,未能使水之必泄于江也。江海水盛时,适足以通潮势之冲急。……"对于各种有关情况,考虑得相当周密。另外还详论全郡的地形与水流分布,洪水蓄泄,以及分治低田、高田的方法。朝廷曾据以下令兴工修圩,但是由于部分地方官民——实际是地主阶级的反对而作罢。

亶子侨继起论述苏属与邻郡的水利形势,《志》中也有注文采录。

元祐(1086—1093年)中,宜兴人单锷的言论,《郡志》也有摘录。他所著的《吴中水利书》,涉及太湖四周的情况,上一节已经有所讨论。

最后,还采录政和六年(1116年)平江府②自古置闸,随潮启

---

① 后代称为吴淞江。
② 宋代曾在吴县设置平江军、平江府,而苏、常一带都隶属两浙路。

闭，岁久堵塞，郡守庄徽令赵霖陈报。文中首先提及"浙西六州之地，平江最为低下。六州之水注入太湖，太湖之水流入松江"归海。后一点，吴郡正是利害相同。又说，"治水莫急于开浦，开浦莫急于置闸，置闸莫利于近外"。在论述置闸五利时，提及"潮上则闭，潮退则启，外水无以自入，里水日得以出。……外水不入，则泥沙不淤于闸内"，港浦得免于淤塞。随后工程有所开展，也是中途停顿。

《吴郡志·水利》篇追记的这些资料，时间上追溯到一百四十年至八十年之前，地区上包括到邻近的常州。以地方志而论，涉及北宋，在南宋时仍然作为当代。兼顾外郡，有助于了解太湖流域形势的全局。吴郡正是在宋代形成太湖盆地的重心。这一个《水利》篇能以具有阐明吴郡的特殊地位，编者可能不同于其他各卷的负责人。但是他的作用还只是限于收集早先留下来的资料。实际上这些资料的原作者的见解，更具有重要的作用，表明在十一世纪后半与十二世纪初年，在吴郡一带，类似沈括一样的地理学者已经人才辈出。

第三节　明代潘季驯的《河防一览》

治理河水溃决的水利工程，尤其是黄河下游，至少可以追溯到战国时代。通过长期的实践，结合传统的《禹贡》学说，《汉书·沟洫志》所记西汉末年贾让治河三策，可以认为流传至今的最古老的治河理论。关于治理水灾的具体措施，以及有关的理论依据、分散记载的资料，历代史书中保存得相当丰富。但是，即使在河防工程中有过经验的官员，从没有人能系统记述他的体会。直到明代末期才有潘季驯的《河防一览》。作者自己写的《刻河防一览引》,末尾注明写于万历庚寅,也就是 1590 年,在世界各国中还是特别早。

潘氏(1521—1595 年)嘉靖二十九年(1550 年)成进士。在历任内外多种官职后,初年襄助大司空朱衡治河,嘉靖四十四年(1565 年)接任总理河道,一度因母丧离职。1570 年复官。截止 1592 年,以不同级别的官位主持治河工程,除两次遭遇政治风波外,主持河工共有二十七年之久。虽则当时掌握大权的高级官吏两派争权,甚至一度使他削职为民,但他治理几次决口以及修堤防患的功绩,享有崇高的威望。

黄河的下游从西汉到明代,经历过多次改道。西汉时,据《汉书·地理志》金城郡河关县小注,"河水……至章武入海"。王莽始建国三年(公元 11 年)改道千乘入海,比较故道略有南移。宋仁宗庆历八年(1048 年)改道北流,由劈地口(即天津)入海。金章宗明昌五年(1194 年)改道南移,一派由北清河(即现代黄河)入海,一派由泗水故道入淮。元代北派渐小,南派更盛,明孝宗弘治七年(1494 年)北流绝而集中于苏北淤黄河(或废黄河)——这一段黄水夺淮的河床,在畅通三百多年后,发生淤塞,在清代 1855 年大河干流才北移到现代黄河下游的出路。

潘季驯在明代晚期主持治河,负责的范围因而比较复杂。当时黄河从开封以东铜瓦厢转向东南流侵占泗水故道,到淮河北岸的泗州①又侵入淮河下游故道。黄淮合流,洪水期水势更大,原来的淮水出路不易畅通,泗州以上的淮水也更易成灾。明代开国皇帝朱元璋,在淮水中游的凤阳和泗州,都有上代祖先的陵墓,治河

---

① 泗州城旧址与黄淮交汇点,清初已沦入洪泽湖。

的官员还有保护这些陵墓不受水淹的责任。同时江淮间的大运河,关系南方漕粮的北运,每逢遭受洪流的波及,也在兼管之列。而兼顾漕运的畅通,运河的修治,还要直达北京。为着了解潘氏"总理河道"工作的艰巨,并且从而理解他的著作的含义,我们必须认识到上述的复杂情况。

《河防一览》一书,共分十四卷。每一卷都标明"河臣潘季驯著",其所以加上官衔,是由于内中包括许多公文——以长期任职中选录的奏疏为主。下边还列着两个参加"校订"的属员和一个负责"编次"的属员。全书包括下列不同性质的几个部分:

1. 卷一,全部是间接有关的资料:

(1)皇帝的敕谕五道——四道是前后四次任命潘季驯总理河道,其中第五道包含在裁革这一个统筹职务之后,再次恢复这一官职的旨意。中间的第四道是给潘季驯的嘉奖状。

(2)《皇陵图说》——简图附加说明,表明朝代的特殊影响。

(3)《两河全图说》——黄河从星宿海到当时的入海口,大运河从"神京"(即北京)到杭州的钱塘仓;在一个图卷上从右而左的直线,不顾实际的流向和弯曲。

2. 卷二—卷五,每卷都是潘氏的短篇专著,留到下文评论。

3. 卷六,选录前人有关水利工程的短文,都是潘氏决定策略的依据。编入这一篇的《止泇河疏》与《止胶河疏》,都是工部批复潘氏前任河官时的文件。

4. 卷七—卷十四,主要都是潘氏在职时的奏疏,连带少数由属员具名的奏疏,后者也是遵照他的主旨或指示所提出,最后几卷还夹有主管的工部对若干篇奏疏的复文。这些公文足以表明潘氏在长期主持各地河工的过程中所采用的方针和具体措施及其功效。

七卷第一篇《经略两河疏》尤其是一个统筹全局的典型。

关于潘氏自己的论著,让我们另外详细介绍。卷二的《河议辩惑》,论述他的治河方针的原则和几种有关工程的作用。通篇采用有人提出问题而亲自解答的方式。

1. "或有问于驯曰,河有神乎?"黄河有河神本是古老历史传统的迷信。"驯曰,神非他,即水之性也。水性无分于东西,而有分于上下,……间有决(口)者,必其流缓而沙垫。……故语决为神者,愚夫俗子之言,庸臣慢吏推委之词也。"

2. 他反对在决口之后,"弃故道而凿新河"。他说"四渎原自朝宗于海,高卑上下,脉络贯通,原不假于人力。……人力能使阔百丈以至三百丈,深三、四丈以至五、六丈如故河乎?即使能之,将置黄河于何地乎?……故则淤,新则不淤,驯不得而知也"。

3. 答复"沙垫底高之说何如?""盖旁决则水去沙停,其底自高;归槽则沙随水刷,自难垫底。但沙最易停亦易刷,即一河之中,溜头趋处则深,平缓处则浅。……自宋迄今,垫而疏,疏而垫者,不知其几,岂可以此而遂欲弃故河哉?"

4. 关于海啸使沙塞河口,"驯应之曰,海啸之说,未之前闻。但纵有沙塞,使两河之水顺轨东下,水行沙刷,海能逆之不通乎?盖上决而后下壅,非下壅而后上决也。驯尝亲往海口阅视,宽者十四、五里,最窄者五、六百丈。……早暮两潮,疏浚者何处驻足?"

5. 关于修堤的作用,"堤以防溢,则谓之防。防之者乃所以导之也,……欲其不溢,而循轨以入于海也"。连带提及"驯堤成之后逾十年矣"。下文另一段也说到"筑堤束水,以水攻沙,水不奔溢于两旁,则必直刷乎河底"。

6. 答复"河既堤矣,可保不复决乎?""纵决亦何害哉?……决而不治,正河之流日缓,则沙日高。沙日高则决日多,河始夺(改道)耳。"

7. 论遥堤与缕堤的差别。"缕堤即近河滨,束水太急,怒涛湍溜,必至伤堤。遥堤离河颇远,或一里余或二三里。伏秋暴涨之时,难保水不至堤,然出岸之水必浅,其势必缓。""宿迁而下,原无缕堤。……而如双沟、辛安等处,缕堤之内,颇有民居,安土重迁。……然至危急之时,彼亦不得不以遥堤为家也。"下文又谈直河①至古城②一带,何以不筑遥堤。他说,"此地俱隶宿迁,内有落马、侍丘等湖,湖外高岗环绕,乃天然遥堤也"。

8. 关于徐州"河高于地",答称"此不特徐州为然也,滨河州县皆有之,如凤阳之泗州,河南之虞城等县皆然。至如河南省城,则河面高于地面丈余矣,一城之命,悬于护城一堤。……若欲为长久之计,则惟有比照宿迁县迁城事例。……徐南地势颇注,开浚一渠,纵之由符离集出小河口,亦一策也"。(补注"今从开渠之议,积水尽泄,详见后疏")

9. 解答徐、吕两洪③的今昔对比,"得非沙掩其上而然乎?""二洪本体甚高,沙能掩之,是无徐州矣。徐洪于嘉靖二十年(1541年)为主事陈穆所凿,吕梁洪于嘉靖二十三年为主事陈洪范所凿。峥岩突屹之石,一切削而平之"。末尾说"载在古今稽证卷中",似乎潘氏原来另有这一项目的专卷,而今本的《一览》没有收编在内。

---

① 同书卷三淮北节有直河一段,"邳州东南六十里,原有直河,以宣泄蒙沂诸山之水"。据下篇已因浊流倒灌淤塞。
② 据《中国古今地名大辞典》,江苏泗阳县西北六十里,运河南岸有古城驿,与宿迁县界毗连。
③ 在徐州东泗水故道,两湖相去七里,原采"怪石鳞峋,上浮水面",成为运河险道。

本篇下余的三分之一,更是结合各个河段的具体问题。全篇各项问题之所以重要,是由于封建时代,在执政的官吏中往往借口治水问题发生争议,甚至引起争权。

卷三《河防险要》,采用分区叙述的方式,分为淮南、淮北、山东、河南、北直隶五节。当时黄河的险工偏重在淮北和河南,而其他三区都偏重在运河。黄河的治理注重防备决口,运河的治理注重保障通漕。各区都按长堤、横堤、石坝、土坝,说明常年需要维修,或是季节性的应有措施。同时还提及地区性的特征。列举的各条显然还只是部分典型。山东的下列几条,尤其精彩:

一、挑浚汶河淤沙　坎河口石坝,固为完策,但可以泄水而不可以通沙。日久淤停,沙填河内,则能致水涨漫,或沙咀横射河湾,则能逼水冲决。宜督管河官乘暇集夫挑浚。使水不东逼,径直南趋,……

一、因时分合汶流　南旺分水,地形最高,所谓水脊也。决诸南则南流,决诸北则北流。……当春夏粮运盛行之时,正汶水微弱之际,……宜效轮番法,如运艘浅于济宁之间,则闭南旺北闸,令汶尽南流,以灌茶城。如运艘浅于东昌之间,则闭南旺南闸,令汶尽北流以灌临清。……

一、疏卫济运　卫水……合淇、漳二水,逾馆陶至临清,合汶河之水,经德州出天津直沽入海。……夏秋之交,粮运盛行,每患浅涩,盖因辉县源头建有仁、义、礼、智、信五闸,壅泉灌溉民田,……宜……移文河南管河道,速将五闸封闭,俾水尽归运河。其余月分,或水势充盈,仍听民便。……

一、疏浚泉源　按山东泉源,属济、兖二府一十六州县,共一百八十泉,分为五派,以济运道。新泰、莱芜、泰安、肥城、东平、平阴、汶上、蒙阴之西、宁阳之北九州县之泉,俱入南旺分流,其功最多,关系最重,是为分水派也。泗水、曲阜、滋阳、宁阳迤南四县之泉,俱入济宁,关系亦大,是为天井派也。邹县、济宁、鱼台、峄县之西、曲阜之北五州县之泉,俱入鲁桥,是为鲁桥派也。……分水、天井、鲁桥之派,均属漕河(运河)命脉。……万历十六年(1588年)漕渠干涸,百般疏浚,卒无涓滴之流。至闰六月初旬,大雨连朝,诸泉俱涌,河渠遂盈,则地利未尝不系于天时也。

其他两卷的内容,对于本书意义不大,但是卷五的《历代河决考》,确是精心整理的一份资料。卷四的《修守事宜》,关于堤坝的工程技术的发展水平,可能富有参考价值,而防守措施也反映历来对于河防的重视。卷五前部的《河源考》,只是抄录《禹贡》至《元史》的河源记载,对于各条资料中的矛盾,并没有指明谁是谁非。

《历代河决考》从历代史书中摘录有关大河决口和治理的要点,起于"周定王五年河徙砱砾",终于万历六年(1578年)潘氏第三次总理河道,重修淮上的高家堰和塞黄河的崔镇决口等工程。十一年受政潮影响去官,十六年才第四次主持河工。这一篇著作显然是这一次罢官期间所编写,可能还是同类作品中最早的一篇。虽则对于历次河决和治理的记述比较简略,仍对于历史地理的研究便于参考。

《河防一览》这部书当然是一部水利工程专著,但是包含着从工作实践中得来的地理见解。上文所摘录的要点,足以表明潘氏善于查考各地段的地理条件,以制定适当的治理方案。他所提供的实例,也可以说是我国在十六世纪后期的应用地理学的一个方面。实际上潘氏整理成这些条文,都在治理水灾的具体工作中,早已经过相当长期的考验。

第四章　元末汪大渊的《岛夷志略》

第一节　《岛夷志略》的来历

元代晚期汪大渊所著《岛夷志略》一书，代表我国古代少见的海外地理作品，也代表元代保存较少的地理作品之一。作者曾经在青年时代两度参加前往东西洋各港口贸易的海舶游历，因此内容兼有目睹耳闻的价值。这本书的写作，在同类著作中包括的范围最广，而写作的年代又较早。元代另有周达观所撰《真腊风土记》，但局限于一国。至于陈大震的《大德南海志》，大德是成宗（1297—1307年间）的年号，原书二十卷，只残存六至十的五卷，而且并非陈氏亲历各地的记录。

汪大渊的身世，只在《岛夷志略》的三篇序文中可供查考。据张翥、吴鉴二序，汪氏原为江西豫章人，旅居当时海运最发达的泉州，曾两度随海舶远游海外。《张序》称汪"尝两附舶东、西洋，所过辄采录其山川、风土、物产之诡异，居室、饮食、衣服之好尚，与夫贸易费用之所宜"。此句之上，有"当冠年"三字，于是有人理解为习惯上的才到弱冠或虚龄二十[①]。但是《吴序》称汪氏"少负奇气，为

[①] 《岛夷志略校释》，《中外交通史籍丛刊》，中华书局1981年版，《张序》第1页。

第四章 元末汪大渊的《岛夷志略》

司马子长(司马迁)之游,足迹几半天下矣。顾以海外之风土,国史未尽其蕴,因附舶以浮于海者数年然后归"①。后一说的"足迹几半天下"固然太夸大,如果他在弱冠之后,时先在国内旅游而达泉州,到二十四五岁开始出海,还是有笼统称为"当冠年"的可能。

据《吴序》所说,汪氏喜爱在各地旅游。似乎在初次出海的前后,以及二次出海之后,都在国内各地有过往来。汪氏自己的《后序》说:"至正己丑(1349年)冬,大渊过泉南,适监郡(指郡守)偰侯命三山吴鉴明之(明之即鉴之字)续《清源(泉州别名)郡志》,顾以清源舶司(管理海运的市舶司)所在,诸蕃辐辏之所,宜记录不鄙。谓余方知外事,属(嘱)《岛夷志》附于郡志之后"。自称"过泉南",足见曾经去过外地。郡志正是由吴鉴主编的。

《吴序》末句写明"至正己丑(1349年)冬十有二月望日三山吴鉴序",足证这一年《岛夷志略》的稿本已经完全。《张序》日期写作"至正十年,龙集庚寅二月朔日",比较晚二个半月。《张序》还说,"泉修郡乘,既以是志刊入。焕章将归,复刊诸西江(江西),以广其传"。所以元代末年有过两种刊本,江西本因单独刊行而流传较久。不幸传到清代,只有手抄本,清末1892年才由顺德龙凤镳刊入《知服斋丛书》。对《岛夷志略》所列地名,人们难以了解其具体部位,在近人苏继庼②的《岛夷志略校释》出版后,才使得这本著作易于理解。

在这本书中,苏氏在《叙论》第十页,对于汪大渊的身世作了如下的推定:

---

① 《岛夷志略校释》,《吴序》第5页。
② 苏氏于1955年退休后,精心研究此书不下十年之久,1973年去世。详见《岛夷志略校释·前言》第7页。

公元1311年（元武宗至大四年）	汪大渊生
公元1330年（元顺帝至顺元年）	汪氏由泉州第一次浮海
公元1334年（元顺帝元统二年）	夏秋间返国
公元1334年秋至1337年（元顺帝至元三年）	居国内
公元1337年冬	由泉州第二次浮海
公元1339年（元顺帝至元五年）	夏秋间返国
公元1349年冬（元顺帝至正九年）	撰《岛夷志略》

上述的顺序，包含这些依据：(1)汪氏弱冠就浮海；(2)第一次浮海可视为共五年；(3)返国后居泉州或南昌三年，第二次视为只去南洋各地，大概三年，"故汪氏两次浮海共为八年"，时汪氏为二十七岁，"与自序言少年尝附舶以浮于海"一语亦合。

苏氏的估计应当加以相当调整。(1)以豫章人经过游历各地而到泉州，再以旅居一段时间而毅然出海，必须经历四五年的过程。(2)当时大舶可载七百人左右，既有驾驶员和防海盗的卫兵，主要为客商带货搭载。汪氏必须为船主或客商担任文墨工作，否则不可能免费游历。(3)苏氏所计浮海行程，所谓五年、三年，每次只是虚跨，加以秋冬间南下，春夏间北返，所谓"八年"，还只有五年余。途程与交易的时间合计，经历书中的九十九个港口，难以办到。为此，兹拟改定他的出生年代，以及出海往返年份。为着与翰林修撰张翥，以及主编《清源续志》的吴鉴相交，年过四旬也比较恰当。

酌量修改的汪氏简历如下：

1304年	汪大渊出生于江西豫章
1324—1328年	曾在各地游历，最后到泉州

1329年秋冬间①	汪氏第一次出海去西洋
1334年夏初	由海外回泉州
1337年秋冬间	汪氏第二次出海去南洋
1340年夏初	第二次回泉州
1349年	编完《岛夷志略》后又过泉州

汪氏的七年余海上生涯,是写作的准备。1340年回泉州后,可能又去过外地游历,暇时编写《岛夷志略》。

此书刊行不久,各地抗元的起义军兴,1369年元明易代。明初太祖朱元璋,一反宋、元二代鼓励再次发达的海运业,先后在洪武三年(1370年)与七年,借口巩固海防,尽罢沿海市舶司,并严禁人民出海。燕王(明成祖)继位后,派遣郑和等统领大艅下西洋,改民办为官办。随同郑和等下西洋的马欢等所编游记,部分资料曾采用这本书作为蓝本。大艅中止后,明朝仍严禁人民出海。隆庆元年(1567年)重开海禁,由于西欧势力的东侵,活动范围大受限制,而一般商人对于汪氏的著作,不再像郑和下西洋时期的加以重视,以至元版的旧本逐渐失传。

第二节 《岛夷志略》的内容

这本书的编写方式,不用章节标明分段,只以九十九个地名作为各分段的主题。末尾的一段《异闻类聚》,所包括的内容,全是荒诞无稽之谈,只是为了集合成一段以凑足一百段。正文的九十九

---

① 此次出航年份及航向的根据,见下文第四节第二段、第三段。

处,绝大多数是当时具备通航条件的港口,比较繁盛的还少,也有些似乎只是避风港。另外有极少数是大小不同的岛屿,甚至相当于一系列群岛的统称。亚洲大陆东南许多岛屿,似乎还没有形成各大岛通用的专名。

由于历史条件和居民民族成分与语言的演变,从汪氏两次出海的十四世纪前半叶以来,有关各地的名称,除去易于查明的极少数以外,大多数都难以辨认确定。郑和下西洋时期,相隔只有半个多世纪,随从出海的马欢等遗留的著作,地名与叙述方式,大致都以汪氏此书为蓝本,——地名还没有发生变化。当时汪氏著作的具体影响,斑斑可考。但是自从十五世纪末年以来,南亚广大地带遭受巨大的历史变化,许多地处的名称也有所更改。《岛夷志略》的应用,就受到一种不能轻易理解的阻力。

另一个困难是大多数地处所在的部位难以捉摸。汪氏所到之处,分布很广,除去交趾、占城、真腊等极少数历史上熟悉的名称,以及沿用到现代的彭湖或字音相近的高朗步之类,绝大多数地处,连航程远近的差别,也不是一概顺次记述的。"琉球"并不适用于琉球群岛中的任何一岛,"爪哇"也只是爪哇岛上的一个小地名。"天竺"在古代曾经是印度次大陆的通称,在这本书里面,却只像是一个小地名。

《岛夷志略》的第一段《彭湖》,内容特别扼要而又精彩。全文如下:

> 岛分三十有六,巨细相间,坡陇相望。乃有七澳(港湾)居其间,各得其名,自泉州顺风二昼夜可至。有草无木,土瘠不宜禾稻。泉人结茅为屋居之。气候常暖,风俗朴野,人多眉

寿。男女穿长布衫,系以土布。煮海为盐,酿秫为酒,采鱼虾螺蛤以佐食。爇牛粪以爨,鱼膏为油。地产胡麻、绿豆。山羊之孳生以数万为群,家以烙毛刻角为记,昼夜不收,各遂其生育。工商兴贩,以乐其利。地隶泉州晋江县,至元(1335—1340年)年间立巡检司。以周岁额办盐课(税)中统(元世祖年号)钱钞一十锭二十五两,别无科(税)差(劳役)。

这一段显然可以分为下列几点。(1)地理形势;(2)居民生活习惯;(3)生产发展特征;(4)晋江县管理情况。彭湖邻近晋江(属泉州),因而早已设官治理,常有商旅往来,这是全书各地中特殊的一处,各种生产也较为发达。除去最后的第四点之外,其他三点,可以说是汪氏叙述各地情况所通用的方式,但是由于具体内容的差异,效果还存在着不同的优缺点。

第二段《琉球》,自从隋唐以来,这是台湾岛通用的名称。在说明"地势盘穹,林木合抱",以及四个山名之下,就说"其峙山极高峻,自彭湖望之甚近。余登此山则观海潮之消长,夜半则望旸谷之日出"。旸谷一名,用《尚书·尧典》的典故,表明极东的地位,足以证明所指的岛是台湾。而这里和彭湖一样,没有指出所到的海港。"土润田沃,宜稼穑",表明农业比较发达。但是,"煮海水为盐,酿蔗浆为酒",好像种蔗还没有发展到制糖。"地产沙金、黄豆、黍子、硫黄"等之下,"贸易之货,用土珠、玛瑙、金、珠、粗碗、处州磁器之属",都是大陆商贾去销售的货物。末句特意指明"海外诸国盖由此始"。

第三段《三岛》,原文有比较明确的叙述,而苏著《校释》认为是指吕宋岛附近的三地处,显然不相符合。原文首先指明"居大崎山之东,屿分鼎峙,有叠山层峦,民傍缘居之"。大崎一名见于前一段

《琉球》,在所列举的四个山名中最后,似乎是由北而南,指今台湾岛最南段的山。位于天崎山之东的三岛,可能是台湾南段之东、相距不远的火烧岛、兰屿、小兰屿。吕宋附近的小岛都位置偏南,与原文完全不合。

《三岛》的特征是:原文的"男子尝附舶至泉州经纪,罄其资囊,以文其身。既归其国,则国人以尊长之礼待之,……习俗以其至唐,故贵之也"。这里有几点值得注意。(1)少数男子也像彭湖、琉球的一样,会去泉州做交易。(2)在泉州以较高的代价文身,大概花式更是美观。(3)到泉州称为"至唐",足见邻近的外族对中国沿用唐代以来的称号,到元代还没有改变。书中后文另有好几处亦称中国为唐。世界各地华侨,至今惯用唐人的称号,正是由于这样的传统。(4)由于中国的威望,对于到过泉州的男子,特别被认为尊贵。(5)贸易之货提及铁块,足见岛民已经在加工若干铁器。

末尾附带提名的五地,可能是向南顺便提及的吕宋岛之北的小岛,舶商注意到而并不去进行贸易。这些小岛也是距离当时的"琉球"很近。

从第四段《麻逸》起,各地叙述的条文内容和次序,大致还和前三段相同。但是地理形势往往只讲到港口附近的小范围,极少数提到邻近的地区。风俗注重男女的服饰,男女间的关系,以及酋长与平民的关系。叙述生产,表现出地区性特征与发达程度。贸易的商品,一般用中国产品交易各地特产,部分地处也带用外地产品互易。例如《甘埋里》一段①,提及"所有木香、琥珀之类,均产自佛

---

① 甘埋里一名,苏氏认为似是甘里埋之倒置,可能指波斯湾的忽鲁谟斯的转音(因忽鲁谟斯一名,马可·波罗称为卡尔模沙)。

朗国来,商贩于西洋互易"。《元史》所记佛朗国,系泛指地中海东部各地,包括非洲东北部。所谓"去货",丁香、豆蔻等显然来自外地的交易,而青缎、麝香、苏杭色缎、瓷瓶、铁条则来自国内。在这里的交易,主要是"以胡椒载而返。椒之所以贵者,皆因此船运去尤多,较商舶之取,十不及其一焉"。

第三节 汪大渊航游地点的布局

《岛夷志略校释》这本新著,对于各地点的所在位置,依据中、外各家早提出的不同见解,提供进一步的明确考证。不过苏氏没有考虑到,在这个基础上,应设法查明汪大渊航游地点的布局。如缺少这一步,只能大致了解到他活动范围的广度,而无从体现出他行踪的具体分布。由于一些牵制,我们难以采用制图的方法,只能按若干有关地区列成表格,以显示出差别。

汪大渊《岛夷志略》地点的布局

著录地名	原书编次	所在现代地区	各区总数
彭湖	1	中国台湾与南海	4
琉球(台湾)	2		
三岛	3		
万里石塘①	81		
交趾	7	中南半岛东部(真腊在柬埔寨,罗斛以下三地在泰国。其他都在越南境)	10
占城	8		
民多朗	9		
宾童龙	10		
真腊	11		

续表

著录地名	原书编次	所在现代地区	各区总数
昆仑(岛)	50		
灵山	51		
罗斛	21		
东冲古剌	22		
逼	33		
麻逸	4	菲律宾群岛	6
麻里鲁	14		
尖山	27		
苏禄	38		
毗舍耶	43		
文老古	47		
遐来勿	15	印度尼西亚群岛	12
八节那间	28		
浡泥	31		
爪哇	34		
重迦罗	35		
都督岸	36		
文诞	37		
苏门傍	40		
蒲奔	45		
假里马打	46		
勾栏山	58		
万年港	88		
龙涎屿②	6	苏门答腊岛(北部在马六甲海峡沿岸)	10
三佛齐	29		
啸喷	30		
旧港	41		
急水湾	53		
花面	54		

续表

著录地名	原书编次	所在现代地区	各区总数
淡洋	55		
须文答剌	56		
喃哑哩	62		
罗婆斯	98		
丹马令	12	马来半岛东岸	10
彭坑	16		
丁家卢	18		
戎	19		
罗卫	20		
龙牙犀角	39		
班卒	44		
古里地闷	48		
龙牙门(新加坡)	49		
东西竺	52		
无枝拔(满剌加)	5	马来半岛西岸(南段在马六甲海峡沿岸)	7
日丽	13		
吉兰丹	17		
苏洛鬲	23		
针路	24		
淡邈	26		
龙牙善提	42		
八都马	25	缅甸	2
乌爹	99		
金塔	67	印度半岛东岸	4
土塔	71		
大乌爹	87		
朋加剌	84		
僧加剌	57	斯里兰卡岛	6
高朗步	65		

367

续表

著录地名	原书编次	所在现代地区	各区总数
第三港	72		
千里马	78		
大佛山	79		
马八儿屿	89		
北溜	63	马尔代夫群岛	1
明家罗	32	印度半岛西岸	16
特番里	59		
班达里	60		
曼陀郎	61		
下里	64		
沙里八丹	66		
东淡邈	68		
大八丹	69		
加里那	70		
华罗	73		
须文那	80		
小唄南	82		
古里佛	83		
巴南巴西	85		
放拜	86		
天竺	93		
波斯离	76	西南亚	7
挞吉那	77		
里伽塔	91		
天堂	92		
马鲁涧	95		
甘埋里	96		
麻呵斯离	97		

续表

著录地名	原书编次	所在现代地区	各区总数
麻那里	74	非洲东岸北段	4
加将门里	75		
阿思里	90		
层摇罗	94		

① 苏著认为即中沙群岛、南沙群岛一带。
② 即紧接苏门答腊岛北端的小岛韦岛。

按照上述的分区,从彭湖、琉球(台湾)往南到爪哇岛,——当时爪哇北岸的重心在东段,西南至满剌加(今称马六甲)海峡口,这一个"南洋"地区范围虽则较为狭小,汪氏曾经到达的港口或小地区,也要占到全书所记总数的将近一半。这样比较集中的形势,意味着这里各港口之间的航程,相当近便。从马六甲海峡西北行,一面沿马来半岛西岸往北绕到缅甸和印度半岛东岸北端,一面向西再在斯里兰卡(旧名锡兰)岛分道,广大的"西洋"最远可到非洲东岸北段和红海,通航线路既是遥远,又多分支。

当年的航海路线,为安全起见,显然偏重于距离大陆或较大岛屿相近的浅海,但是在大风影响下,有时会失去控制而脱离惯常的航线。从汪大渊所到过的地区来看,南洋方面可能分为东西两条干线。东线从当时所谓琉球起,经过吕宋、巴拉望、加里曼丹诸岛西岸,更延伸到爪哇海上的爪哇岛北岸东段。虽则地位接近,好像并不弯进苏禄海、苏拉威西海、望加锡海峡——可能那里的沿海各地,当时也还没有开发。西线开始向西穿过北部湾再南下,从湄公河三角洲沿岸,可以分成绕道前往暹罗湾沿岸各地,或直接西航而沿马来半岛南部与苏门答腊岛南下,双方都可以更往南延伸到爪哇岛北岸。

汪氏的《万里石塘》一段,实际上与贸易的港口不相干,只充分表明宋元时代的舟师,早已相当了解海面四周与内部的形势。原文首先说:"石塘之骨,由潮州而生,迤逦如长蛇,横亘海中,越海诸国,俗云万里石塘。"称为万里,是依据"舶由岱屿门(泉州港外口)挂四帆,……至西洋或百日之外,以一日一夜行百里计之,万里曾不足"。以苏氏所释指中沙群岛与南沙群岛而论,"万里"只是表明相当遥远。下文又兼论"故源其地脉历历可考",则是推论到陆地的山脉。而且具体提出"一脉至爪哇,一脉至浡泥(即加里曼丹岛的旧名婆罗洲,古人称岛为洲)及古里地闷,一脉至西洋遐昆仑之地"。注释者强以帝汶岛作为"地闷"的谐音,其位置实超出当时认识的范围。遐昆仑更没有说出适当的根据。汪氏又论"观夫海洋泛无涯涘,中匿石塘,孰得而明之?……故子午针(罗盘)人之命脉所系。苟非舟子之精明,能不覆且溺乎!"足见他深知当时舟师的技术。

通向"西洋",似乎也因自然地理形势的差别而分为几个阶段。我国海舶的转入满剌加海峡,并且往北到安达曼海沿岸各地,比较南下达到爪哇,航程未必相差太久。横渡孟加拉湾,先绕道缅甸南岸转到恒河三角洲,再沿印度半岛东岸南下,然后有从苏门答腊岛直接西向,通到古代相传的所谓锡兰岛,即斯里兰卡的航线。于是配合阿拉伯人由西而东的发展,先是沿着印度半岛西岸向西北延伸到波斯湾内,再沿阿拉伯半岛南岸转到伊斯兰教的圣地"天堂"(即麦加),再绕一段突出往东的非洲之角南下。然后才有从非洲东岸北段东西直接横渡阿拉伯海与孟加拉湾的东西航线。

汪氏只记各地的通航港口,没有联系到海上航运发展的过程。

他的著作所附的《清源续志》，作为元代最重要的市舶司所在的泉州的郡志，应当在这一方面有较为详细的记载。对于当时我国海舶活动范围之广大，汪大渊的记述相当详细，是一本值得重视的海外地理专著。内容之丰富，记述之精详，都在以后随从郑和出使到西洋的马欢等三人的游记之上。

第四节 重要记述的深入分析

关于汪氏的二次出航，上文已经指出，《张序》所提到的"尝两附舶东西洋"，与《吴序》的"校之五年旧志"，第一次出航似乎是五年，第二次恐怕也将近四年。序中的东洋，就是华侨通常所称的南洋。《岛夷志略》记述各地情况的次序，似乎不完全依照他到达时间的迟早，只是上一节的地名表所记的标号，大致前半偏重于南洋，而西洋集中于后半。舶商的贸易，似乎在地区范围上也有所分工，从通晓不同语言与商情和季风风势的利用上看，都有这种分工的必要。

关于汪氏出航时间的长短，苏著《校释》中的假定过于短促。古代帆船的往返，时令必须受季风的支配，因此往往在秋末冬初南下，而在春末夏初北返。即使跨到三至五年，实际只有二年半到四年半。在汪氏原著的《大佛山》一段，记有"至顺庚午（1330年）冬十月十有二日，因卸帆于山下，是夜月明如昼，海波不兴，……俯窥水国，有树婆娑"。据考证，原文提到"大佛山界于迓里、高郎步之间"，高郎步即今斯里兰卡的科伦坡，迓里即此岛西南角相近的加勒。全书只在这一处记述到达或停留的年月日。十月中到这里，不可能是当年的秋末出发。因此,他第一次出航不可能在1330年,而至少要早一年,因为一路上总还在路过的各地进行贸易。

全书记述各地的先后,从紧靠泉州的彭湖等岛开头,似乎先记中南半岛东部与马来半岛。但是,《大佛山》一段的年月,表明汪氏竟然首先远去西洋。这一次可能遍经西洋各地,深入波斯湾,而且转入红海,然后到非洲东岸。去西洋的海舶大概都还有去天堂朝圣的穆斯林;《天堂》所记的内容,只有朝圣的地点和特征,反而没有提及泊舟的港口。汪氏著书,似乎先有过一种《五年旧志》。在第二次出海之后,竟然从后去的南洋各地讲起,大概由于记忆犹新,而同时也有由近及远的意味。但少数地区分散穿插,并不按邻近各地顺叙。

汪氏的二次出航,由于海舶重在沿途经商,在距离泉州较近的一段,少数港口,无论是在出发或返回的阶段,不免重复停留。按书中记述的次序,第二次的行程,似乎沿着中南半岛、马来半岛南下后,穿过满剌加海峡往北到安达曼海一带,又转到苏门答腊岛、爪哇岛,然后沿加里曼丹岛、巴拉望岛、吕宋岛北返。由于贸易的港口多,苏氏所假定的虚跨三年似乎太短,上文的修改年表假定为将近三年半。

书中所到各地的记述,虽则分为九十九段,停留的港口,未必限于此数。头上三段的《彭湖》、《琉球》、《三岛》,三岛肯定分三处;而前二者停留的港口,也未必各限一处。不过,另一方面,有几处只是路过少停,而上文讲到过的万里石塘,只是概括地说明形势。《大佛山》一段所记的海水下琼树开花,"命童子入水采之,则柔滑,拔之出水,则坚如铁。把而玩之,高仅盈尺,则其树槎牙盘结,枝有一花一蕊,红色天然。……此琼树开花也,诚海中之稀有,亦中国之异闻。"所记实际就是珊瑚，不会坚如铁。《大佛山》全段只有临时夜泊的见闻，另外附记他自己作有古体诗百韵，还引起"豫章邵庵虞先生见而赋诗"。这一点足证汪氏首次返航后，曾经回到过江西。在这里没有只字提及贸易，只是一个经过的地点，而并非港口。

另外还有八处无关贸易。其一，《龙涎屿》，据考证，即邻近苏门答腊岛最北端的小岛屿之中的龙图岛，与一般图册上可以查到的韦岛相邻。汪氏指出岛上"绝无田产之利。……风作浪涌，群龙游戏，出没海滨，时吐涎沫于其屿之上，故以得名"。实际只是海中软体动物积累而成，本身微有腥味，但为古人大量需要的各种焚点的香，制作时必不可少。原文还指明，"此地前代无人居之，间有他番之人，用完木凿舟（独木舟）驾使以拾之，转鬻于他国"。

其二，《急水湾》一段，原文记"湾居巴绿屿之下，其流奔骛，舶之时月迟延，兼以潮汐南北人莫能测，舶洄漩于其中，则一月莫能出"。并举一例，误入漩流中二十余日，"舶遂搁浅，人财货物，俱各漂荡。偶遗三人于礁上者，……忽一日，大木二根浮海而至礁旁，人抱其木"，才"漂至须门答剌之国"。《校释》一书考证《须门答剌》，在今苏门答腊岛极北岸之三马朗伽（现行图册上实格里之东）。急水湾一名只有华人通用，巴绿屿又名巴绿头，似指洛克肖马韦以东金刚岬附近的小岛。急水湾实际上是海舶所力求避而不入的险途。

其三，《罗婆斯》，据考证，"斯"字似为"郎"字之误，似为尼科巴群岛之一，即明代著作中的翠蓝屿。原文称居民"不织不衣，以鸟羽掩身，……惟有如茹毛饮血，巢居穴处而已"。起句称"国与麻加那之右山联属，奇峰磊磊"，麻加那似指邻岛。文化落后状态，应指尼科巴群岛；地名对音有困难，是由于社会发展的变化。苏氏认为麻加那似指马来半岛西岸之地，相距太远。

其四，《毗舍耶》一段，也是既不是指泊所，又不提及贸易。苏氏引述好几种资料，都认为指吕宋（菲律宾）群岛中的米（应译维）沙鄢族，而强行拟定为汪大渊"舣舟之所"。实际上没有追究这个港口的必要。原文只讲地理形势与民族风尚，没有一字道及贸易，看来汪氏根本没有亲入其境，而只是记所闻而已。原文首先提及"僻居海东之一隅，山平旷，田地少，不多种植，气候倍热"。在"俗尚虏掠"之下，先说明服饰，又说"国无酋长，地无出产"。于是"时常裹干粮，棹小舟，过外番（地），伏荒山穷谷无人之境，遇捕鱼采薪者，辄生擒以归，鬻于他国。……故东洋闻毗舍耶（人）之名，皆畏避之也"。足见当时他们侵扰邻近诸岛，虏掠人口贩卖，成为海上一害。

其五，《昆仑》一段，即湄公河口以南孤悬海中的昆仑岛，汪氏称为"截然乎瀛海之中，与占城东西竺鼎峙而相望。下有昆仑洋，因是名也。舶泛西洋者必掠之"，与下文的《喃哑哩》相似。又引用"谚云：有七洲（海南岛文昌县东北小群岛），下有昆仑，针迷舵失，人船孰存？"又说"虽则地无异产，人无居室，山之窝有男女数十人，怪形而异状，穴居而野处。既无衣褐，日食山果、鱼虾，夜则宿于树巢"。"凡舶阻恶风，湾泊其山之下，男女群聚而玩，抚掌而笑，良久乃去"，又像不一定抢掠，总不是贸易的地处。

其六，《僧加剌》一段，实际上是指唐代以来所称僧伽罗全岛，即后代改名的锡兰岛，现今的斯里兰卡国。这一名称也适用于这里的主要民族，就是原文的"土人"。全文都盛称这里仍然是佛教圣地。"叠山环翠，洋海横丝"（一种版本用"系"字，更妥），很适合岛上高山耸峙,四周环海的形势。称山上的佛殿,"则释迦佛肉身所在",恐怕只是一种传说。"海滨有石如莲台,上有佛足迹";甚至说,"迹中海水入其内,不咸而淡,味如甘醴,病者饮之则愈,老者饮之可以延年",都是神话。其余所记也都有关佛教之事。至于泊所,则都在其他专段中叙述。

其七,《马鲁涧》一段,内容都是关于全国的情况,而且是大陆的形势。"国与遐迩沙喃之后山接壤,民乐业而富。周回广一万八千余里,西洋国悉臣属焉。有酋长,元临漳人,陈其姓也,……国初领兵镇甘州,遂入此国讨境不复返。兹地产马,故多马军,……所至之地,即成聚落一所。"据考证,马鲁涧即伊儿汗国都城蔑剌哈(今译马腊格),其地区在今伊朗西北部。这个地区根本不在沿海,汪氏只是记所闻,而不是所至。

其八,《古里地闷》一段的内容,也有只是记所闻的可能。前面在《万里石塘》一段已经提及,说它部位可疑。本段所附的考证,都不过疑似而难以确定。关于贸易的内容,提及"西洋丝布",似乎不伦不类。"地谓之马头(码头),凡十有二所",好像地区较为广大。但是正文详细说明"风俗淫滥"。后文提到"昔泉(州)之吴宅,发舶艄众百有余人,死者十八九,间存一二"。"其疾发而为狂热,谓之阴阳交",可能指疟疾。汪氏好像没有亲自到过此地。

这里还可以引述以下二点。被认为今新加坡的《龙牙门》一段,提到"岁之始,……酋长戴冠披服受贺,今亦递相传授。男女兼中国人居之"。足见此地华侨历史之长久。末后提及"舶往西洋,本番置之不问。回船之际,至吉利门,舶人须驾箭棚,张布幕,利器械以防之。贼舟二三百只必然来迎,敌数日。若侥幸顺风,或不遇之。否则人为所戮,货为所有,则人死系乎顷刻之间也"。足见当时的海舶生涯,即使有厚利可图,在这一个重要航线的集散点,时而会遭遇意外的浩劫。但是汪氏得以安然经过。

同样在《喃哑哩》一段,首先提到"地当喃哑哩洋之要冲,大波如山……"表明其指苏门答腊岛极北端,今亚齐境内之地。按马来语,应译为拉莫列,在现代哥打拉夜之北。当时称由此往西的大海为喃哑哩洋,足见很受航海业的重视。又说,"俗尚劫掠,亚于单马锡也。"这里以单马锡相比,实际就指上文的《龙牙门》——《龙牙门》一节的首句,就说明"门以单马锡番两山,相交若龙牙状"。足见从这里西航,风涛的天险加剧。但是末尾指明,"夫以舶历风涛,回经此国,幸而免于鱼龙之厄,而又罹虎口,莫能逃之,其亦风汛之乖时使之然欤"。措辞不够清楚,应当是讲归舶即使幸免波涛的天险,如果不能顺风少作停留(这里的贸易,除其他货品,文中提到"降真香冠于各番。"),盗劫的人祸只是此龙牙门较少。足见满剌加海峡南北两头的港口,对于当时的舶商,都需要特殊戒备。

贸易既须舶商前往,亦须当地开放。《交趾》一段末尾称"舶人不贩其地,惟偷贩之舟,止于断山上下,不得至其官场,恐中国人窥见其国之虚实也"。断山指海防附近的小岛,官场指官府所在的城区。但是上文说明贸易的货品较多,而且提到银两与铜钱的兑换率。开头说明这是"古交州之地,今为安南大越国。……俗尚礼义,有中国之风"。这一点表现在"穿唐衣""俊秀子弟八岁入小学,十五入大学,其诵诗读书、谈性理、为文章,皆与中国同,惟言语差异耳"。足见当时中国文化影响之深,是以交趾为首屈一指。

《真腊》一段,首先夸称"州南之门,实为都会,有城周围七十余里,①石河广二十丈,战象几四十余万。殿宇凡三十余所,极其壮

---

① 《真腊风土记》作"州城周围可二十里",较为确当。

丽"。"俗尚华侈,田产富饶"。当地已有唐人,受重视。"杀唐人则死;唐人杀番人至死,亦罚重金,如无金,以卖身取赎。"足见早已久居的唐人未必都富有。后段说明贸易的商品,但没有说明海舶所到的港口。真腊就是柬埔寨的古名,首都向来是在现代的金边,位于内地。沿海没有大港口,这不免使人怀疑汪氏究竟是否亲历其境。书中还有几处,虽则有贸易的记述,仍没有说明停泊的港口。

关于各地的物产与贸易的商品,也有系统分析的价值。由于所记的大多数海港,都是在多雨地带,产盐总是煮海为盐;酿浆为酒,有用蔗、椰、米、秋、葛根等不同原料。许多种焚香用原料和食用香料,分布甚广。东南亚早已有木棉、槟榔等特产。马来半岛各地早以产锡知名。印度一带,除木棉、胡椒等以外,若干部分还以生产珍珠、宝石、象牙著称。西南亚草原区产马,而湿润区与东非也都产香料。

十四世纪时,汪氏对于民族的识别,只能以服装、头髻、肤色、习俗等为依据。他不能辨别各地居民的语言;在《天堂》一段提及回回历,而从没有提及天方(阿拉伯)语已经通用较广。但是他很重视佛教的分布情况,往往详细加以叙述。对于唐人的分布,不论人数多少,尤其重视。

第五节 小　　结

《岛夷志略》一书,由于作者当时所译的多数地名过于生僻,而叙述方式又不能表明他两次航海所走的路线,以至年深月久,影响到它的流传。不过它记述六个半世纪以前东南亚和印度洋北岸广大地带的情况，终究是一种稀世珍本。最近一个多世纪，又受到东西学者的重视，经过不同方式的推敲，大多数地名的部位可以确定。苏继顾的《岛夷志略校释》本，集中各家不同意见，选择鉴定，而且对于意义不明之点，多加注释，更有利于读者的理解各段原文。

但是分段分句作注，必然有它的局限性。为着充分发扬这本书的作用，上文进行了更加深入的全面分析，提供一些前人所没有认识到的意义和作用。(1)汪氏当时所到泊所或经过地点分布的总形势。(2)他两次出航所取路线的大概估计。(3)原文内容叙述上的各种特点，以及它们的地理意义。(4)辨别出少数不属于贸易港口性质的临时泊所或地点。(5)指出部分叙述中具有特殊意义的文句，并且判明其是否正确。

这一著作，在元末或十四世纪早期，记述东方热带许多岛屿或大陆边沿各地的复杂情况，在我国是空前的创作。对于有关各地，大致也都是年代较早的可靠记录。西方旅行家曾经航游过这一带的，也只有马可·波罗和极少几个阿拉伯人的记述，地名也有些不一致的缺点。《岛夷志略》具有范围特别广大而记述的地点或地区更多的优点。它在我国地理著作中独具一格，也可以占到世界名著的地位。

第五章 明代王士性《五岳游草》中的地理见解

清代《四库全书总目提要》史部地理类存目七,著录明王士性著作共列四种,以《五岳游草》十二卷为主。说明中述及士性是浙江临海(台州)人,万历丁丑(1577年)进士。《明史·王宗沐传》附记士性历任各地官职的建树,而《艺文志》也著录这部书。据《四库全书总目提要》:"士性初令(任县令)确山(在河南),游嵩岳。擢礼科给事中,游岱岳、华岳、恒岳,及参粤藩,游衡岳。此外游名山以十数,经历者十州(省)。游必有图有诗,为图若(与)记七卷,诗三卷,不尽于记与诗者,为杂志二卷,亦名广游记。统题曰《五岳游草》,盖举其大以该其余也。"

这部书只见于《存目》,就没有正式列入《四库全书》,原书因而不易查到。但是清初顾炎武的《天下郡国利病书》卷一的《舆地山川总论》,采录王士性《五岳游草》中的三节作为第三篇。这三节分别论述地脉、形胜、风土,都带有全国地理总论的意味。由于王氏的原著难以找到,我们无从确定这三节出于它的哪一个部分,有可能编在《杂志》的部分。短短三节的内容,也还具有填补地理学史上一些空白点的作用。

《地脉》立论这样开始。"自昔以雍、冀、洛、河(今称华北)为中国,楚、吴、越(华中)为夷。今声名文物反以东南为盛(指南宋至明代),大河南北不无少让,何?客有云,此天运循环、地脉移动,彼此乘除之理,余谓是则然矣。"所谓地脉,本是指山脉,从山脉申论的移动与天运,都深受从古以来结合风水迷信的堪舆家的影响。这是我国古代山脉观念的一种通病,并非王士性个人的缺点。

由于他的言论出于明代后期,必须附带说明他的山脉观念的历史背景。近人翁文灏所著《中国山脉考》,在其中《(二)中国山脉学说之变迁》①一节,引述下述几条。最早《禹贡·导山》一节,被认为从"导岍及岐"到"至于碣石",构成渭水与黄河之北的北条,"西倾、朱圉、鸟鼠"到"至于陪尾",构成渭、黄与汉、淮的分水岭。嶓冢到大别构成汉、淮与大江的分水岭。岷山到敷浅原构成大江以南的南条。

地脉一名,最早见于《史记》秦代《蒙恬传》中关于长城的修筑,"恬曰,起临洮属之(达到)辽东,城堑万余里,此其中不能无绝(切断)地脉哉?"唐代开元(713—741年)间以博学著名的僧一行,提出山河两戒说如下:"自三危、积石负终南地络之阴,东及太华,逾于河;并雷首、底柱、王屋、太行,北抵常山(指恒山)之右;乃东循塞垣,自(应作至)涉貊、朝鲜。是为北纪,所以限戎翟(狄)也。自岷山嶓冢负终南地络之阳,东及太华;连商山、熊耳、外方、桐柏,自上洛南江、汉,携武当、荆山,至于衡阳;及东循岭徼,达东瓯、闽中。是为南纪,所以限蛮夷也。"两戒又称两纪,其得名是依据作为异族居民的界限。终南地络东及太华,竟为两纪所共同联系。南戒兼跨大江南北,不同于分水岭。地脉与地络,虽则用字不同,命意仍然一致。

---

① 见于翁氏的《锥指集》,北平地质图书馆1930年版,第230—234页。

第五章 明代王士性《五岳游草》中的地理见解

唐代堪舆之说盛行,翁氏又引杨益(字松筠)的《龙经》①,"昆仑山是天地骨,中镇天心为巨物,如人骨脊与项梁,生出四肢龙突兀。四肢分出四世界,南北东西为四脉:西北崆峒数万程,东入三韩陷杳冥,惟有南龙入中国,分宗孕祖来奇特"。这一说认识到世界的广阔,而认为山脉的结构是以昆仑为主体,从那里四向分散,进入中国境内只是南龙一支。他所提到的崆峒,远在西北数万里之外,虽然河南、甘肃等地区也有同名的山,却是由于道教而成为名山。这几句引文太短,没有涉及南龙的分支繁杂。

王士性在《地脉》中,先说起"自昔堪舆家皆云,天下山川起昆仑,分三龙入中国,然不言三龙盛衰之故"。实际上,堪舆家注重小段山川在盛衰上的作用。王士性在稍加推理之后,又说:"昆仑据地之中,四旁山麓各入大荒外,入中国者一东南支也",只是纠正杨益作为南支的提法。但王氏进一步更详细说明在中国的分支,比较僧一行的山河两戒说大有改进。

王氏又紧接说:"其支又于塞外分三支。左支环阴山、贺兰入山西,起太行数千里,出为医巫(一作无)间(今限于辽宁大凌河东的小片山地,古代包括松岭山等广大山地),渡辽海而止为北龙。中支循西番入趋岷山,沿岷江左右,出江右者包叙州而止。江左者北去趋关中,脉系大散关,左渭右汉,中出为终南、太华,下泰山(此三字误插)起嵩山,右转荆山抱淮水,左落平原千里,起泰山入海为中龙。右支出吐蕃之西下丽江,趋云南,绕沾益、贵竹(今贵阳)关岭,而东去沅陵分其一。由武冈出湘江,西至武陵(广西)止,又分其一。由桂林海阳山过九疑、衡山,出湘江东趋匡庐(庐山)止,又

---

① 见《正觉楼丛书》。

分其一。过庾岭、渡草坪,去黄山、天目、三吴止;过庾岭者,又分仙霞关至闽止,分衢为大拌山,右下括苍、左去为天台、四明渡海止,总为南龙也。"

接上,他还辨明"宋儒乃谓南龙与中龙同出岷山,沿江而分,盖宋画(划)大渡河为守而弃滇云,当时士夫游辙未至,故不知而臆度之也。今金沙江源出吐蕃犁牛河,入滇下川江,则已先于塞外隔断岷山矣。故南龙不起岷山也"。这样加强说明南龙起于吐蕃之西而入滇黔,然后分为多支。下文转到"古今王气中龙最先发,最盛而长;北龙次之;南龙向未发,自宋南渡始发而久者,宜其少间歇,其新发者其当垄涌何疑"。最后述及明代"兼三大龙而有之,安得不万斯年也?"他按历代建都或陵墓所在地与三龙的作用,作为政权是否持久的因由,不免落入堪舆家的窠臼。

《形胜》这一节全部说明首句所指明的"自古郡国分治割裂,茫乎无据,惟我朝(明代)两都、各省会,天造地设,险要不易(变)"。实际上前代的分疆划界,未必完全不按天然形势,而明代两都虽则有险可守,在王氏书成以后,由于内忧外患,不久就岌岌可危。但是,他所论述的地理形势,比较更早的作品,都更符合客观实际。而在本节末尾,既引用"蒙恬被收,自叹曰,吾筑长城,起临洮负海,吾不无绝地脉哉?"又引用"宋徽宗时,有人于汴城中夜步月,偶鉴盆水,骇而叹曰,天星不照,地脉已绝,此地不久当为胡地矣!"还加上"此未可以堪舆言视之"作为结语。似乎他正暗示对于明代的前途忧心忡忡。

同时对于南、北两都,在篇首只以"乃二祖(太祖、成祖)创建,神谟庙画,制尽善弗论"略过。原来作为本篇的收尾,另补"两都一统之业自本朝始。南都漕运为易,文物为华,车书所同,似乎宗周。

第五章 明代王士性《五岳游草》中的地理见解

北都太行天堑,大海朝宗,扼夷狄之吭,据戎马之地,似乎成周"。以西周时代的镐京与洛阳相比,对于形胜的特征,仍然限于略举要点。对于两都所管辖的直隶全区形势,因此反而不及外省得到重视。小注则指明下文是"附龙江客问",是另一短篇。

关于各省的形势,都采用"自然一省会也"。这里,并非以"省会"二字指省城,而认为各省自成一体。首先"如出都门以西,则晋中太行数千里互其东,洪河(大河)抱其西,沙漠限其北,自然一省会也"。其次,"又西则关中,河流与潼关界其东,剑阁、梁山(指大巴山)阻其南,诸番臂其西北;左渭右汉,终南为宗,亦自然一省会也。"关于四川的论述更精辟。"转而南则蜀中。层峦叠嶂,环以四周;沃野千里,蹲其中服。岷江为经,众水纬之,咸从三峡一线而出。亦自然一省会也。"

关于长江中游,明代只分为两个省区。"出峡而东则入楚,长江横络。江南九水汇于洞庭,江北诸流导于汉水,然后入江。沅、桂、永、吉、衮、宁诸山包其前,荆山裹其北,亦自然一省会也"。"又东则江右。左黄山、右匡庐,二龙咸自南来,逶迤东、西、南三面环之。众水皆出于本身,浸于彭蠡(鄱阳湖)一道以入于江。去水来山,长江负其后,亦自然一省会也"。江右的形胜连带黄山,实际上跨越到南直隶的西南边境之内。

岭南与西南的形势较复杂,叙述远不及上述各区明晰。"五岭以外为两广,广右又自为一局,三江成交于苍梧以东。"他对于广东与广西的差别,以及琼崖大岛,都没有提到。只接以"又分梅岭以东,自为一支以包乎北,尽东海为闽",而称为"皆大海前绕之,亦皆自然一省会也",似乎把三省混为一谈。"西南万里滇中,滇自为一图国。贵竹(贵筑,指贵州)线路初本为滇之门户,后乃开设为省者，非得已也。"显然对于滇黔的形势，不大了解。徒然以"牂、牁、乌、柳诸水散流湖北、川东，辖制非一，盖有由矣"作为掩饰。

在后文的《附龙江客问》的一段中，王氏另补下述见解。他与川中作为对比，指出"独贵竹、百粤之山，牵群列队向东而行；粤西水好而山无开洋（通海困难），贵竹山劣而又无闭水。龙行不住，郡邑皆立于山椒水渍；正为南龙过路之场，尚无驻跸之地。故粤西数千年暗昧，虽与吴越闽广同入中国，不能同耀光明也。黔中概可知已"。王氏以地脉论气运，判断各地发展落后的原因，与堪舆家言如出一辙。但是，他对于沿海地带的开发较早，也有所认识。

最后提到"独中原片土莽荡，数千里无山，不得不强画野以经界之。故睢、陈以东，凤、泗而北，兖、济以南，人情土俗，不甚差殊。然两河（黄、运）河流中贯，淮卫为辅，太行在后，荆山在前。泰山西（应作东）峙，嵩高中起，亦自然一省会也。山东以泰岱为宗，其于各省虽无高山大川之界，然合齐、鲁为一，原自周公、太公之旧疆也"。"惟两浙兼吴越之分，土（地）山川风物迥乎不侔。浙西泽国无山，俗靡而巧近苏常，以地原自吴也。浙东负山枕海，其俗朴，自瓯越为一区矣"。

这一节以《形胜》为标题，论述自然形势，结合行政分区，在自然形势方面，虽则有不足之处，却兼有政治地理的意味。分区方式大致按照明代的制度，名称采用传统的简名，而不用明代的正式省名，似乎带有超脱一个朝代的作用。在顾炎武选录的《舆地山川总论》中，这一节比较前一节和后一节都更重要。

《风土》风土一节大致是论述各地气候，但是王氏兼顾天气与地气，而且偶尔涉及地面的土石，所以采用《风土》作为标题。地气连带到地温与地下水的作用。他首先提出各地差别的特征，进一步再论述差别的原因。实际上偏重于滇中黔中、粤中明显的差别,不同于前二节的着眼于全国。因此,这一节在地理学史上的意义,主要在于作者当时的观点,而不在于内容。

对于大部分地区,王氏只在开头说"南北寒暑以大河为界,不甚相远"。立即转到"独西南隅异。如黔中则多阴多雨,滇中则乍雨乍日,粤中则乍暖乍寒,滇中则不寒不暖"。如果作为全年这样,情况就过于夸大,粤中更是不符合实际。在阐明这些特征的成因时,说到"黔中之阴雨,以地在万山之中,山川出云,故晴霁时少。语云,天无三日晴,地无三里平",也还言之有理。当然作者对于气候变化的成因,只能有些片面的认识。

转到"粤中之乍暖乍寒",他认为"以土薄水浅,阳气尽泄,故顷时晴雨叠更,裘葛两用。兼之林木蔚荟,虺蛇嘘吸,烟雾纵横,中之者谓之瘴疟,宜也"。古人对于南方气候,认为有瘴疠,一般只当成毒气,王氏理解到瘴与疟有关,足见他熟悉病情。至于"虺蛇嘘吸,烟雾纵横",那是当时的俗套。从"乍暖乍寒"进一步说成"晴雨叠更,裘葛两用",与粤中的气候绝不相称。

对于"滇中风气",说成"四时(季)一也",也是言过其实。但是王氏提出的下列二点,则不同凡俗。(1)"夏日不甚长,冬日亦不甚短。余以刻漏按之于历书,与中州各差刻(按:相当于二小时的时辰的四分之一)余。又镇日咸西南风,风别不起东北;冬春风刮地扬尘,与江北同。"王氏观察到南方夏日的昼长与冬日昼短都不及北方,而不知其所以然,后一点是由于认识不到纬度的影响。(2)"即二三百里内,地之寒热与谷种之先后,悬绝星渊。地多海子,似天造地设以润极高之地;千古不溃不堙,犹人之首上脉络也。"在这一点上,作者善于结合云南高原的地貌与水文特征。

正文最后总括大江南北的特征。"河汝在江北,而暑月之热,反过吴越。盖夏月日行天顶嵩高之上,正对河汝,而吴越稍偏也。长沙乃衡岳之麓,洞庭鄂渚上流,而古称卑湿。盖其地咸黄土,黏腻(音匿,同肥)不漏,故湿气凝聚,谓卑而湿者臆解耳。"这里,王氏分为二条作对比,而以盖字提出自己的见解,有得有失。河汝暑月之热甚于吴越,不在于日行天顶近嵩山,而在于吴越近海又多雨。长沙、洞庭土质固然黏腻,不应否定卑湿。以为长沙位于衡岳之麓,也是失误。

后文又是出于《附龙江客问》,申论气候寒暑之成因,都以广右(即广西)为例。在解答中,王氏提及"广右地脉疏,疏则阳气易于透露,故自昔称炎方。一至天晴日出,则地气发泄上蒸,如坐甑中,故虽隆冬亦无异于春夏之日。然其地居万山中,山皆拔起,纯是岩石,无寸土之附。石气本寒,今走广右诸洞,深入里余,虽六月披裘,亦战栗不自恃,气寒故也。一至天欲雨,则石山输云,岚烟岫雾,踵趾相失,咸夹石气而升,幽寒逼人。故虽盛暑,亦无异于隆冬之时。及夫云收雨止,日出气蒸,乍热乍寒,无冬无暑,皆以是故"。

对于广西的气候,王氏显然缩小那里冬夏的差异,甚至说成"隆冬亦无异于春夏之日"。实际上广西境内的冬夏平均气温,大致都在摄氏十五度左右。但是他又夸大石山的寒气,牵扯上岩洞之内特征,殊不知岩洞内的阴冷不能与地面混为一谈。所谓"地气有厚薄疏密",纯乎是古人的主观推理,正与所谓"地脉"相同。而石山"无寸土之附",也是无限夸张。

以他处相比,王氏提出"他处山少,而广右纯山。山少者地土相兼,脉理本密;兼以地皆种植,尺寸不遗,地气上升,多宣泄于五谷。又粪壅浇溉,地面肥饶,故密而地气不甚泄。广右地气尽拔为石山,则余土皆虚,业已无石而疏理。又满眼荒芜,百里无人烟,十里无稼穑,土面不肥,谷气不分;地气无所发泄,安得不随日上升,而散中于人之肌肤也?"这里竟然把明代的广西说成"百里无人烟,十里无稼穑",更是言过其实。

《附龙江客问》的结论,指出"以是知寒暑之故,半出于天,半出于地。风光日色之寒暑,出于天者也;气候之寒暑,出于地者也",这些分析得相当正确,在古人中不可多得。又引用"向读《异域志》,见阴山沙漠之北万余里,有其地四时皆春,草木不凋者",也用"正为地各有厚薄疏密,其果不全系于天与南北方隅之故",竟然轻信《异域志》。沙漠之北,固然存在着亚寒带森林,但决然不是"四时皆春"。又提到"山愈高而愈寒",虽则他的"岂非土石厚而地气隔,故寒?"并不正确,也足见他对于气候的认识相当广泛。

总之,王士性在短短三节之中,论述我国主要地区山脉的分布,各省的形势,以及局部的气候,提出于将近四个世纪以前,足以填补中国地理学史在自然地理方面的空白。他对于地势与气候的特征,认识比较切合实际;至于它们的成因,往往陷于一些主观臆测,但是他也能打破一些陈腐的世俗见解。同时,他也是在各地游历的过程中,通过亲身的实地观察,获得相当合理的认识。

第六章 徐霞客的地理论文

第一节 《盘江考》的由来和评介

明代末年以所著《游记》闻名后世的徐霞客，同时还流传下来许多篇诗文，丁文江编本《游记》卷二十列徐氏自著的诗文于卷首。头上的《盘江考》与《江源考》，传统观念只认为两篇杂文，无足轻重。从现代科学观点来衡量，它们都是经过长途考察而写成的地理论文。至于所提出的论点中还存在着一些错误和偏差，正因为写作的年期是在十七世纪的三十年代。

《江源考》显然依据1639年初到达鸡足山而观察金沙江之后，写作是在由滇西折回鸡足的冬季。《盘江考》一文的内容，经过细察有关的旅游日记，散见于1637年夏秋间的《粤西游日记》二、《黔游日记》二和《滇游日记》二、《滇游日记》三。而北盘上源位于从贵州边境到昆明的途中，应当是在已经散失的《滇游日记》一的阶段所了解。但是《滇游日记》四，所记同年十月初一日第二次到昆明，停留三日，忙于访友，匆促他去。恐怕也是1639年冬短期留住鸡足山时，在着手编写《鸡足山志》的同时，写成《盘江考》。因此，这两篇论文可能都是徐氏一生最后的遗作。

由于旅途进展的程序，徐氏了解盘江水系的布局，既是从下游转到上游,而亲身经历的水道又是局限于分散的片断。把《盘江考》的全文和游记中有关的许多片段相互对照,他一方面在实地考察中重视南、北盘江的来源和部位,一方面随时随地在查考《大明一统志》以及有关省志与府志的资料。至于《盘江考》的正文,他采用从上源顺流而下的方式。由于这样一个过程,正文的起句,特意讲到"南、北两盘江,余于粤西已睹其下流,其发源俱在云南东境,……"

徐氏综合有关南、北盘江的见闻而提出自己的论断,自信可以使读者耳目一新。我们必须看到他所费的功力,不过由于他并没有做全面的考察,不免遗留下一些错误。由于一般读者未必能辨别清楚,这里不得不加以指明。这些缺点的存在,证明他是近代地理学的先驱。这篇论文终究是徐氏辛勤考察的成果,不同于传统的书生之见。

关于南、北盘的上源,《盘江考》说:"余过贵州亦字孔①驿,辄穷之。驿西十里过火烧铺,又西南五里抵小洞岭。岭北二十里有黑山,高峻为众山冠,此岭乃其南下脊。岭东水即东向行,经火烧铺、亦字孔,乃西北入黑山东峡,北出合于北盘江。岭西水自北峡南流,经明月所西坞,东南出亦佐县,南下南盘江。小洞一岭,遂为南、北盘分水脊。"紧接引用《(大明)一统志》,"谓南、北二盘俱发源沾益州东南二百里",显然具有纠正东南的方向和二百里的距离的用意——实际是州北约百里。《一统志》还提到:黑山小洞岭和北盘东出火烧铺,南盘西出明月所,却在徐氏的考察中证实。

---

① 《黔游日记》以此地为终点。记中述及"有穴纷骈纵横如亦字,故名其地曰亦字孔。今讹为亦资孔"。但是现今通用亦资孔。

"后西至交水城东"以下的一大段,包括几个小段说明南盘江上游的几种情况。(1)关于南盘所经过的谷地和水流,注重曲靖附近的"坞亘南北,不下百里,中皆平畴"和"舟行至(越)州,水西南入石峡中,悬绝不能上下,乃登陆;十五里复下舟,南达陆凉州。"越州位于南盘东岸,"越州东一水,……乃滇东第一巨溪也,为南盘上流云",是指南盘的一条大支流。这样舟行南下,可能还是已失落的《滇游日记》一阶段的行程。(2)"遂由(交水)海子西而南。南下二十里,一溪来自西北,转东南去入交海,桥跨之,为白石江。涓细仅阔数丈。"这是南盘西侧的支流。提出的原因,是"名独著,以沐西平首破达里麻于此,遂以入滇也"。对于这一战役,徐氏认为"今观线大山溪,何险足据?"又说,"沐公曲靖之捷,夸为冒雾涉江,自上流出奇夹攻之,为不世勋",揭发当时的虚报军情。(3)引述曲靖东南石堡温泉一带山川交错的形势,描述生动,大致录自《滇游日记》三。

下文"余已躬睹南盘源,闻有西源更远,直西南至石屏州,随流考之"。于是说明"其水源发自石屏西四十里之关口,……汇为异龙湖",并描述湖上风景。"水又东经临安郡南为泸江,穿颜洞出,……东北入盘江。"重叙"盘江者,即交水海子,南经越州、陆良、路南、宁州,至州东六十里婆兮甸,合抚仙湖水。又南至播箕街河甸,合曲江。又东至阿弥州稍东,合沪江,二江合为南盘江,遂东北流广西府(今泸西)东山外"。这样,就把上游的干支流,都综合说明了分布的形势。

徐氏了解南盘下游的困难终于引起误解。下文先提到"余时征诸广西(府)土人,竟不知江所向。乃北过师宗州,又东去罗平州"——就是《滇游日记》三初出发的行程。并兼叙沿途山岭形势,

"已而至罗平,询土人盘江曲折,始知江自广西府流入师宗界,即出罗平东南隅罗庄山外,……会江底河"。江底河又名黄泥河。又东北经巴泽等地,"遂入泗城境之八蜡、者香,于是为右江"。在这一点上,徐氏对于盘江走向的认识,误入歧途。

形成以南盘为广西右江上源的原因有两点:

其一,《粤西游日记》二过柳城县时,说明广西西部的水道布局,关于左、右两江,已经说成"则以云南交水南盘江为右,交趾广源州丽江为左也"。还指明"南盘自交水下田州,至南宁合江镇合丽江,是为右江"。错误在于主观认为南盘从他所到的黄草坝之南,继续东下,在旧州折向东南,流入经过田林的右江支流甲江,因而成为右江的支系。上文说到,他知道南盘"遂入八蜡、者香",但是那里南、北盘汇合成的红水河,不可能"于是为右江"。

其二,徐氏沿着师宗、罗平一线考察,最东到兴义的黄草坝,就向北而转回西北向沾益。这段路线还在南盘东流的河谷之北,相距大约六七十里。恐怕当时不可能沿河前进。他也不考虑直达八蜡、者香,了解南、北盘的汇合点。因此,经过滇东的这番调查,他仍然深信南盘"于是为右江"。而且还使得《盘江考》一文的其他论点,都受到不利的影响。

据《滇游日记》二在黄草坝时,徐氏曾经写过好几点总结性的见解。关于南、北盘江的作用,仍然认为"二水一出泗城西北,一出广南之东,皆右江之支,而非右江之源,其源惟南盘足以当之"。同时提到都泥江(即今红水河),"其源惟北盘足以当之"。关于从广西入滇的途径,共有三线。由南宁经右江,"此余初从左江取道至归顺,而卒阻于交彝(少数民族)者也。""余初徘徊于田州界上,人皆以为不可行,……竟不得行者也。"后者原定可达黄草坝。当时边疆不宁,旅途多阻,我们必须充分认识徐氏所遭遇的阻力。

北盘方面,徐氏论述较少,但是也在考虑过程中发生误解。《盘江考》在以上述有关南盘的大量篇幅之后,提出下文一段。"后余至云南省城,过杨林,见北一海子特大,古称嘉利泽,北成大溪,出河口。溪北有山甚峻,曰尧林山。又东北十里出峡,经果子园,北至寻甸府,合郡城西北水,汇为南海子。又东北与马龙水合于郡东二十里七星桥,为阿交合溪。余因究水所出,知其下沾益州为可渡河,乃北盘江上流也。"当时,他既没有顺流直下去察看,又缺少可靠的地图,又都是误接。按现代地图,杨林海自成为一片盆地,地面上并没有东北出峡的大溪。经过寻甸的是牛栏江,入金沙江而不通可渡河,完全与北盘无关。

徐氏这样把北盘的上源接通到杨林海,既使得《盘江考》一文本身发生自相矛盾,又使得他对于《(明)一统志》所提供的争论失之过当。首先,他所提的"按此则南北二盘,但名称之同耳,发源非一山之水"。上文指出过他初进云南边境,过火烧铺经小洞岭,重要的发现就是"岭东水即东向行,……乃西北入黑山东峡,北出合于北盘江。岭西水,自北峡南流,经明月所西坞,……南下南盘江。小洞一岭,遂为南、北盘分水脊"。那里也指出《一统志》的缺点只是说成"南北二盘俱发源沾益州东南二百里",只是州北的方位误为东南,而距离夸大一倍。当时明明承认南北两盘的发源只是一山之隔。至于北盘的下游去路,这一段竟然只字不提。

关于南北盘江的源流和彼此间的关系,徐氏依据他所得到的印象和结论,最后对于《(明)一统志》提出"宜订正者"三条,都是从他的新见解立论。

第一条,他先提出"北盘自可渡河而东,始南合亦资孔,火烧铺之水,则火烧铺非北盘之源也。南盘自交水发源,南渡越州,始合明月所之水,则明月所非南盘之源也"。这些都是事实。接上说,"乃《一统志》北盘舍杨林,南盘舍交水,而取东南支分者为源,则南北源一山之误,宜订正者一"。本文开头提到的小洞岭,岭东水入北盘,岭西水入南盘,显然是《一统志》认为同一山发源的依据。后者重视明月所一水而舍交水,确是错误。但徐氏以舍杨林责《一统志》,理由不足。实际上徐氏没有了解到南北盘上源一山之隔,正是山东山西。

第二条,徐氏提出"又以南盘至八蜡、者香,一水自东北来合,土人指以为北盘江",实际上土人所指完全正确。"遂谓南、北盘皆出田州",似乎是指《一统志》,田州在右江沿岸,徐氏的误认南盘通右江,正是受它的影响。"夫北盘过安南,已东南下都泥,由泗城东北界……下迁江",本来正确无误。都泥是后代红水河的旧名,本应当认清这里是南、北盘两支合流。原文"则此东北合南盘之水,自是泗城西北箐山所出,谓两江合于普安州、泗城州之误,宜订正者二",又是是非相混。南盘于汇合北盘之前,确有一小水自西北来,借此为因,徐氏竟然否定南、北盘在八蜡、者香汇合,是他详考各地水道关系中,深为遗憾的一个失误。

第三条,"至《统志》最误处,又谓南、北二盘,分流千里,汇于合江镇。盖惟南宁府左、右江合流处为合江,是(如此)直以太平府左江为南盘,田州右江反为北盘矣。"接上说,"今以余所身历综校之",对于南盘经流路线,在"合江底水,经巴泽、巴吉"下,增加了"合黄草坝水",实际就是北盘,所以徐氏是得知这一情况而没有体会到它的意义。下文"合者坪水,始下旧安隆(明代曾置长官司,是统治少数民族的地方机构),出白隘,为右江"。者坪水好像是南盘南岸的小支流。

"北盘自杨林海子，北出嵩明州果子园，……抵寻甸城东，……下可渡桥，转东南，经普安州北境，……南下安南卫东铁桥，又东南合平州诸水，入泗城州东北境，……出迁江、来宾，为都泥江，东入武宣之柳江。"在这一线上，错误在杨林、嵩明、寻甸的上端，已如上述。下游明代置有安南卫，属贵州兴义府；都泥江乃南、北盘合流而改名，应紧接先提。平州诸水入柳江，泗城州近右江，都与北盘不相关。

总之，徐氏对于南、北盘的经流路线，考察的范围相当广泛，澄清不少问题。但是，他没有能抓住当地土人所说在八蜡、者香与南盘合流的水正是北盘，以至最后说，"是南盘出南宁，北盘出象州"——象州在柳江东岸，在来宾东北，"相去不下千里"，以水道转折计算，有所夸大。"而南宁合江镇，……非北盘与南盘合也，……宜订正者三"，似乎言之成理。

《盘江考》一文中，徐氏对于南、北盘的分布情况，于旅游日记之外，重行整理，更可以表现出他的旅游具有科学意义。他在广西、滇西、滇北等各地区的考察，其实都可以整理出类似的论文。若干缺点的存在，虽则受到主观成见的影响，终究是在十七世纪前期那样早的时代。正如徐氏所指明，当时的《一统志》还存在着缺点，但是他订正之点，也有由于他自己的偏见，反而不能成立。实际上是双方各有所长，对于《一统志》也不宜过于贬低。

第二节 《江源考》的科学见解

徐氏的《江源考》一文录入《游记》，有附注称"陈体静曰：此《考》原本已失。兹从本邑《冯志》中录出，非全文也。前人谓其书数万言，今所存者，仅千有余言而已"。据丁文江的《徐霞客先生年谱》，陈氏名泓，曾为《徐霞客游记》编写《诸本异同考略》[①]一文，还从中引用好几点。所提到的"本邑《冯志》"，系指霞客原籍江苏江阴由冯士仁编的《县志》。《江源考》的撰写可能在徐氏滇游以后，未经过列入《游记》而先录入《县志》。陈氏又录入《游记》，使得这篇专论得以接触更多的读者。

《江源考》的撰述，徐氏首先说明认识改变的过程。他"初考纪籍"，就是古代的地理书，显得"江源短而河源长"，对这一点有所怀疑。在"逾淮涉汴"，看到"河（黄河）流如带，其阔不如江（长江）三之一"。"迨北历三秦（指嵩、华之行），南极五岭，西出石门金沙"就是经过西南游，但是也包括闽、粤，他了解到"计其吐纳，江既倍于河，其大固宜也"。他的"计其吐纳"一语，具有流域的概念。

关于"计其吐纳"这一点，徐氏提到"而后知中国入河之水，为省五（陕西、山西、河南、山东、南直隶[②]）。入江之水，为省十一（西北自陕西、四川、河南、湖广、南直；西南自云南、贵州、广西、广东、福建、浙江）"。徐氏对于江、河双方，都列入陕西、河南，足见他确

---

① 丁编本《年谱》，第67—68页。上海古籍出版社新本按《崇祯江阴县志》，标题作《溯江纪源》。
② 南直隶，因当时黄河由淮入海。陕西在明代包括甘肃与青海东部。

有一种流域观念。但是陕西、河南境内,以入江的部分与入河的部分相比,大小悬殊。广西、浙江入江之水,只有小片,而广东、福建更是微不足道。反而漏去了江西。他首先阐明流域广狭的差别,作为一条引论,也是提出一个新见解。

本文的主旨是为江源提出一个崭新的论点——使它成为一种划时代的创见。徐氏先提出"按其发源,河自昆仑之北,江亦自昆仑之南,其远亦同也"。所谓昆仑延展的部位和形势,他还未必具有明确的概念。实际上他也还不可能了解到金沙江的上源,真是邻近黄河上源。这句话显示他或多或少具有一种科学预见。提到的作用在于转提河源与江源。

关于河源,在本文的首段,"余初考纪籍,见大河自积石入中国,溯其源者,前有博望(指西汉张骞)之乘槎(通西域),后有(元初)都实之佩金虎符,其言不一"。就是指西汉以来的于阗河源潜流说和元初查明星宿海。转入发源的正题,先提到"发于北者曰星宿海,北流经积石,始东折入宁夏为河套,又南曲为龙门大河,而与渭合"。与此对比,"发于南者,曰犁牛石,南流经石门关,始东折而入丽江为金沙江,又北曲为叙州大江,与岷山之江合"。犁牛石的地点不大明确,徐氏紧接说,"余按岷江经成都至叙,不及千里,金沙江经丽江、云南、乌蒙至叙,共二千余里"。双方里程的估计,都不过约略相近,对岷江似乎也不到发源地。丁文江的《年谱》一文,提及"按石门关在丽江西五十里石鼓里之东,亦非由丽江入藏之大路"。最后一点是由于金沙江的峡谷不易通行。犁牛石可能只到巴塘一带,距离金沙江的上源还相当远。

对于江的上源,传统观念一直依据岷江一支的原因,徐氏指出"舍远而宗近,岂其源独与河异乎?非也。河源屡经寻讨,故始得其远"——我们在第二篇第二章第二节,对于这方面的要点曾经有所探讨。"江源从无问津,故仅宗其近。其实岷之入江,与渭之入河,皆中国之支流,而岷江为舟楫所通。"以渭河在黄河支流中的地位,与岷江在长江水系中的地位相比,徐氏的见解非但合理,而且有反对《尚书·禹贡》"岷山导江"旧传统的勇气。

徐氏还提出"金沙江盘折蛮獠溪洞间,水陆俱莫能溯。在叙州(今宜宾)者只知其水出于马湖、乌蒙(山),而不知上流之由云南丽江;在云南丽江者,知其为金沙江而不知下流之出叙为江源"。《汉书·地理志》早注明相当于叙州的犍为有绳水,也就是汉代对于金沙江最下游所用的古名。由于谷深水狭,长期意识不到它的源远流长。徐氏正是在滇游中,停留在丽江的日期较多,而且常与土著的木知府交往,再加以他的熟悉地理形势,才能打通在丽江者不知金沙"出叙为江源"的一关。虽则他所了解到的源远流长,还远离金沙的最上源,但确实纠正了以往重岷而轻金沙的错误。

附带提到"云南亦有二金沙江:一南流北转,即此江,……一南流下海,即王靖远征麓川,缅人恃以为险者"。后者所指是与金沙并行南下的潞江,又称怒江。徐氏因而指责"云南诸志(各种方志),俱不载其出入之异,互相疑溷,尚不悉其是一是二,分北分南",这一种水道名称发生同名异用,与上下不明等情况,在当时云南那样的新开发地区,不足为怪。同时,徐氏竟以为星宿海即"佛经谓之徙多河";在讲到金沙江上源犁牛石时,加上"佛经所谓殑伽河也"。殑伽(改译恒)河、信渡河都在印度境内,徙多河在中亚细亚,缺点在于没有领会到印度所提到的各个大河名称如何正确使用。

另外,还补充"岷流之南又有大渡河,西自吐蕃,经黎、雅与岷江合,在金沙江西北。其源亦长于岷而不及金沙"。"在金沙江西北"应当说金沙江口西北。足见徐氏对于长江上游的支流,了解的程度大有进步。然后得出结论:"故推江源者,必当以金沙为首。"把长江的上源,从岷江转移到金沙,和黄河的从积石上溯到星宿海相比,更需要在思想认识上起一个飞跃。徐氏这篇《江源考》的科学价值,就在于首先创立这一正确的主张。但是金沙的最上源,既是在徼外,又在大高原的峡谷,还有待于以后的发现。

最后还连带讨论"宋儒谓中国三大龙(即山脉)"[1]对于河流分布的关系。徐氏先论述"南龙盘曲去江之南且三千里,而谓南龙濒江乎?"从传统观念中的错误看法谈起,这一说的南龙之脉,"亦自岷山,濒大江南岸而下,东渡城陵(矶)、湖口而抵金陵(南京)。此亦不审(认识)大渡、金沙之界断其中也"。进一步指明其"并不审城陵矶、湖口县,为洞庭、鄱阳二巨浸入江之口。洞庭之西源自沅,发于贵州之谷芒关;南源自湘,发于粤西之釜山、龙庙。鄱阳之南源自赣,发于粤东之浰头、平远;东源自信丰,发于闽之渔梁山,浙之仙霞南岭"。实际上,这些大支流的上源说成"去江之南且三千里",夸大一倍以上。

文中综述全国山势,"今详三龙大势,北龙夹河之北,南龙抱江之南,而中龙中界之,特短。北龙亦只南向半支入中国"。到这里还加有"俱另有说"一语,似乎徐氏另有三龙考的专文,不但失传,而且没有经任何人称道。《江源考》接上详述"惟南龙磅礴半宇内,

---

[1] 翁文灏著《锥指集·中国山脉考》与《中国地理学中几个错误的原则》两文(见该书第229—261页和第262—268页),曾经论述唐代僧一行等的山脉分布观念,以及存在的缺点。此书1930年由北平地质调查所图书馆出版。本书因未能找到古代有关资料,难以详细论述。

而其脉亦发于昆仑。与金沙江相持南下,经石门、丽江,东金沙,西澜沧,二水夹之,……以趋五岭"。然后再详述从五岭延伸到闽、浙、南直隶的许多支脉,总结为"然则江之大于河者,不第其源之共远,亦以其龙之交会矣"。

《江源考》一文首要的一点,是首先提出长江的主源应当是金沙而不是岷江,并且认为岷江在长江水系的地位只是相当于洞庭、鄱阳两大湖的大支流。然后又叙述三龙与江、河配合的形势,尤其注重南龙及其分支。最后总结"故不探江源,不知其大于河;不与河相提而论,不知其源之远。谈经流者,先南而次北可也"。虽则他的三龙一说,多少受到古代堪舆家①的影响,不论是谈水系还是山脉,徐氏纯乎是以地理观点立论。所以这一篇专论,大有综括全国地理形势的意味。

---

① 堪舆家自称讲求地理,实际是谈各个地点与山水的关系,附会房舍坟墓等的修建可能发生的吉凶祸福,也称为风水。但是讲到山岭,称为龙脉。

第七章　第五篇小结

　　本篇论述我国地理专著的发展,在作品和类型上,未免显得存在着很大的局限性。但我们必须记住,他们著作的时期,是分散在北魏的六世纪初到明末的十七世纪初的一千多年间。本篇编写期间,古代著作的评介也受到借阅的限制。但是另一方面,前几篇中如从唐代到宋代的《元和郡县志》等地理总志,和旅游记中的那些名著,都可以包括在专著的范围。

　　上文所论述的著作,或多或少都涉及水文地理,以及治理水患或兴修水利,是巧合而不是有意选定。但是几乎每一个作品,都标志着我国地理研究的方法在形成一种进步。其主要特征如下:

　　1. 北魏郦道元的《水经注》,从春秋战国时代《禹贡》和《五藏山经》简略的水系源流观念,发展成为构成详细体系的水文地理,对于特大水道从发源到入海的线路,以及后者的较大支流,都从头至尾加以说明。他所费的功力可能超过三十年的采录和编排。惟有在他收集到大量注文的基础上,才能扼要编成书中的经文。传统观念设想,在他之前先有这部书中的经文所构成的一部《水经》,是一种唯心主义的先验论。他对于古籍中流传的地理资料,没有能鉴别真伪虚实,在河和济的上源,和大江的入海道等部分,却存在着一些严重的错误。注文除去有关各条水道的来往走向,还记述各地的许多情况,内容相当庞杂,但是许多资料富有地理意义,尤其是有关生产、交通、政治、军事的资料,有助于历史地理的研究。

2.《尚书》中的《禹贡》,在宋代成为三家采用不同方式共同研究的专题。(1)程大昌首先自选小题,阐明自己对于前人有争论的问题上的见解,编成《禹贡论》一书。他探讨那些问题的方式,不限于《禹贡》原文的个别字句,而联系原文不同部分有关的字句。多数问题都与地理有关。(2)毛晃的《禹贡指南》,仍然沿用前代注家在《尚书》中加以注解的方式,但是既采用前代名家的旧注编成集注,又采用《水经注》与各种地理志的资料,而且穿插自己的见解。有时前后自相矛盾,都是受引用不同旧注的影响。(3)傅寅的《禹贡说断》引用前人旧说,都按姓氏而不用书名。自己附加的见解,或则不提来历,或则写成五服辨、九州辨之类的论文。因此,三家阐明《禹贡》旨意的方式各有不同,但是他们的先后协作使得《禹贡》成为《尚书》各篇中受到特殊重视的一篇。《禹贡》的九州区划和导山、导水各节的基本地理概念,更受到重视。

3.宋、明两代研究水利问题的三家,彼此间差别悬殊,而且都有首创的特色。单锷积累长期考察太湖东、西、北三面许多河渠的经验,编写《吴中水利书》。书中论述吴中各地兴修水利,治理水患,对于有关河渠的淤塞、改道、修堤、疏导等情况的变迁,都了如指掌,从而提出各部分应当采取的措施。这篇著作产生在北宋那样早的年代,尤其难得。《吴郡志》的《水利》一卷,采录当时的好几篇有关水利问题的短篇资料,既表明吴郡一带当时关心的人比较多,也表明这一卷的编者独具卓识。这一卷是地方志中独具一格的资料,采录的资料的原作者,或多或少都做过实地调查。这两项都是以前人所不大注意的。

明代潘季驯的《河防一览》，是从它刊版以来，久已受到河防工程主持人重视的著作。上文所论述的几部分都是潘氏结合主持治河工程所收集整理的地理资料。虽则黄河以后改道东流，对于有关地段的地理以及河防施工的原理，仍然具有学术价值。从地理特征来衡量，潘氏的论述，可以认为属于应用地理的范畴。

4. 汪大渊的《岛夷志略》一书，是我国稀有的海外地理专著。由于它在元代晚期成书，虽则明代早期郑和下西洋时，随从人员的游记，尤其是费信，曾经加以引用，但经历明、清二代，原来刻印的版本，留存下来的非常稀少。几十年来国内考证家与国外汉学家分别查证了汪氏原用地名的现代相当部位，苏继颀的《岛夷志略校释》一书，汇集各家注释而评定是非，使得原书便于阅读。

苏氏《校释》的主旨，注重在原书的地名与现代地名的对照，而对于汪氏的经历，只是顺便有所推论。对于前人的见解，大致都取舍得当。但是，苏氏所提供的意见，偶尔也有欠当之处，在本编第四章已经指明。本书更注重论证下列四点。(1)澄清汪氏所记各地的分布形势；(2)辨明其中部位有所误解和作用不同于一般商港的地名；(3)推断汪氏二次出航路线的差别；(4)论断汪书在我国地理著作中的独特价值。它所记述的海外各地，空前广泛而又详细；它的年代又是在欧洲人从海道到达他们所谓印度洋与太平洋之前，因此是有关沿海各地具有重要价值的地理专著。

5. 明代王士性《五岳游草》中的地理见解，填补了历代罕见的系统性自然地理观念。引用范围只能限于《地脉》、《形胜》、《风土》三节。地脉方面，特意插入唐代僧一行与杨益的见解，以说明其历史背景。王氏对于明代国境的山脉体系，叙述得更加详细。《形胜》一节，陈述当时所采用的行政区划的自然形势，兼有政治地理的意味。《风土》兼顾到天气与地气,后者涉及土性、地温,以及地下水位,偏重于南方少数地区。

  6. 明末徐霞客的《盘江考》与《江源考》,篇幅虽是简短,可以称为现代学术论文的先驱。尽管他的考察不够广泛,和分析不够正确,论文总还提供了不少新颖的结论。最重要的主张是江源应当以金沙江代替传统观念的岷江。他思考问题的方法,显然比较宋代的程大昌和傅寅力求符合客观环境的实际,只是不能避免主观设想的作用。在十七世纪初期那样早的年代,加以南、北盘江全线不可能普遍见到,以至内容存在着几点失误。但是他的这两篇论文,仍然是难能可贵的成果,尤其是《江源考》,足以和他的游记媲美。

全册总结

本书五篇,第一篇综合叙述。第二至第五篇,对于西汉至明代的发展,采用分项叙述。分项便于说明同类型作品发展的程序和演变,但是在长达十八个世纪半的年代中,偏重在纵的关系上的叙述,不免使得读者对于历朝横的关系不易了解。在少数作品的年代问题上,还存在着改定传统的观念或近年通用的观念的问题。我们探讨这些问题,纯乎是为着正确认识我国地理学的基本观念和分析方法,以及先后发展的过程的特征。

第一篇的先秦时代比较可靠的历史时期,至多上溯到西周(公元前1066—前771年),在《尚书》与《诗经》里面,都有比较可靠的资料。再向上追溯,一直到公元前22世纪的唐尧虞舜,基本上是一个传说时期。孔子所编的《尚书》,传统观念认为都是前代留传下来的文献,实际上西周以前不可能有那样长篇的记述。《尚书·尧典》的"朞(古字读如姬)三百有六旬有六日,以闰月定四时成岁",是把春秋时期才定的历法,向上一直推到唐尧,作为"敬授人时"。

传统观念认定若干古代文献有更古老的来历。按照传统的说法,《尚书》中的《禹贡》,是舜即位,禹受命治水土,"告厥成功"的作品;《山海经》中的《五藏山经》是同时期益的作品。《周礼》是西周初期周公旦的作品,《管子》是早于孔子的齐国管仲的作品。传统观念的这些假定,都是失之过早。早在清代后期以来,已经有好几个考据家提出改定意见。近年通用的观念,对于《禹贡》和《五藏山经》,在推迟之中,还有彼此的先后关系是否妥当的问题。《周礼》的问题,早已有好几家主张是西汉末刘歆所假托,但是近年反而极少受到注意。

本书改定《禹贡》作为《尚书》的一篇,正是孔子自编该书中部分篇章之一,就成为春秋末年的作品。改定《五藏山经》为战国后期的作品,和《管子》中地理篇章为战国后期的作品,不过后一书的部分篇章可能起源较早。对于地理学史的意义,主要是《禹贡》的九州、五服、导山、导水等概念,早在孔子生前奠定,而《五藏山经》的分为五藏和二十六山经的体系是《禹贡》导山四列的发展,可靠的山水新名称的增加,也符合后来发展的规律。这些特征也就代表两百多年间的变化。《管子》一书中的地理篇章,偏重水文土壤植物与地图,可能产生于战国中期。

第四篇头上评介的《穆天子传》,从河南汲县境的汲冢出土是在西晋。那里墓葬的魏王是在战国后期公元前298年入土,可见《穆天子传》的成书应当早于《五藏山经》。这两种书所用的好多地名,以及有关的神话,具有明显的共同点,可以互相印证。以这两书比较,构成广泛的山经体系的《五藏山经》,可能比较《穆天子传》更晚出五十年左右。

先秦时代的著作中,《吕氏春秋》一书,由于它是在秦始皇即位前后,吕不韦任相国时召集儒生所编制,成书时间最是明确。这部书和《尔雅》,都采用一些《五藏山经》的山川名称。如果严格采用断代的方式,第一篇应当到此结束,为什么还列入在西汉末年伪造的《周礼》?最后采用这个变通办法,是因为《周礼》中的部分资料，常会被引用来表明西周的情况，尤其是《职方氏》一节的九州区划，而且一般都还误认为儒家早把它列为经典著作之一。我们有必要澄清这些资料的时代意义，最好是和《禹贡》等问题连带商讨。从西汉到明代，我们所采用的分类，任何一类都不宜于把《周礼》包括在内。由于这些考虑，对这部书的评价就列于第一篇之末。虽则它是以伪造为周公的著作和西周的典章而取得过特殊地位，它不能代表任何时代的客观实际。作者刘歆能在西汉末年多方表现出对于地理和地图的重视，也还是我国学术思想的发展在重视地理方面的一个标志，不过，切不可误认为西周初年的著作。

  对于上述先秦地理作品或资料，重新估定创作年期的顺序，既是依据各个作品本身的创作有关的各项条件，也兼顾到不同作品之间先后的比较与彼此的影响。这样估定的顺序体现我国启蒙时期的地理作品，无论山川部位的布局，从水系到地理区划之类的概念，以及观察自然环境与生产发展的方法，都经过一个循序渐进的合理过程，不过中间穿插着多少不等的真假虚实的成分。先秦作品中的九州区划，都不过是一种地理概念而不是任何历史时期的行政制度。从山川到物产，往往也是有虚有实。而《禹贡》的济水潜流过河与"三江"之类的观念，根本上是错误的概念，对于改定年代，现今地理界往往仍然认为《周礼》出于西周初期，而认识不到它是西汉末年刘歆所伪造，必须加以纠正。

  关于西汉至明末的发展过程，为着弥补上文第二篇至第五篇采用分成四项的阐述，偏重于纵的关系的缺陷，我们就补充几条按照断代程序的综合叙述。这样才能在漫长的十八个世纪半中，认清大家都有相当认识的各个重要朝代以及南北朝那样的时代，地理学方面各有哪一些特殊的进步。

(1)汉代公元前后各两百余年的四个世纪,主要创作是《史记》、《汉书》中的地理专篇。以后相习成风,清代乾隆间所选定的正史,统称为《二十四史》,几乎每一种或多或少有类似的篇章。例如记述各地治理水害与兴修水利的《史记·河渠书》,《汉书》改称《沟洫志》,宋、元、明三史仍称《河渠书》。《汉书》创立记述各地行政区划,并且在发源地下注明许多水道流向与归宿的《地理志》。除《后汉书》改称《郡国志》外,后代大多数正史也都有《地理志》。《史记》的《货殖列传》含有丰富的经济地理资料。《汉书》同名的一篇,缺少新内容。另外,《平准书》、《食货志》等包含经济地理资料,而《五行志》包含异常气候、地震等资料。从《史记》的《大宛传》和《汉书》的《西域传》一类的所谓四夷传,地理资料多少不一。张骞、班超等特殊人物的专传,也带有重要地理资料。西域的发现和开拓,在黄河的发源问题上,引起了所谓河出昆仑说的错误论证。

带有幻想性或神话性的地理作品,西汉时代尤其继续发展。例如《山海经》中《五藏山经》以下的各篇和东方朔的《十州记》之类。还有西汉初淮南王仿照《吕氏春秋》,召集儒生编成的《淮南子》,又名《淮南鸿烈解》,也有地理篇章,包含神话性传说。

正史以外,地方志在东汉时开始出现,但是原书早已失传。

地图起源于战国以前,汉代大有进步,史书中记有许多掌管和使用地图的资料。1973年长沙马王堆汉墓出土的帛图,提供公元前第二世纪的实物,更足以表明内容的许多特征。这三幅图是举世罕见的珍品。

西汉张骞的深入西域去"凿空",和后汉班超的收复西域,都是探险性的壮游。关于他们的伟大事业,史书固然留有记载,他们并没有留下游记加以记述。

（2）三国、两晋、南北朝,从三世纪到六世纪,将近四个世纪。这一阶段的政局,在三国的半个多世纪之后,只有西晋王朝的半个世纪恢复统一;此后由于北方好几个外族的入侵,在南北分裂之中,北方陷于复杂的分合无常,南朝除去东晋维持一个世纪,至多五六十年就改朝换代。但是文化上的发展,并没有受到阻滞,地理学还在多方面发生重要的进步。

正史中的《后汉书》及其十志,包括《郡国志》,都是西晋时的作品。陈寿《三国志》等一些断代时间比较短促或是偏安王朝的正史,不一定编有地理志,也都具有地理资料,不及《史记》、《汉书》的便于查考。

但是地理志开始有专著的发展。总志方面,据《隋书·经籍志》,录有挚虞的《畿服经》,陆澄的《地理书》等采集群书资料,原书以后失传。地方志继东汉杨孚的《交州异物志》之后,三国时吴国沈莹、周处等都有异物志、风土记之类的作品。流传到现代的以西晋常璩的《华阳国志》为最古老,不过"华阳国"不是一个历史上的实体。

制图方面,魏晋间曾经历任要职的裴秀,一方面主编过《禹贡地域图》、《方丈图》、《晋舆地图》等几幅大图,一方面提出了制图六体的理论。南朝刘宋时,谢庄曾经创制木刻的《木方丈图》,图板可以分合。

旅游记方面,神话性的《穆天子传》在西晋时出土,才能够在社会上流传。西晋末年法显取道西域,远游天竺礼佛求经,并且到师子国,再由海道回国。这是一次空前长途、年久、艰险的行程。而记述这次行程的《佛国记》，传统观念作为其他人凭法显的口述作记，这是一种错误的认识。内容的亲切表明法显是用自己的法名作为谦称，只有末尾的加注说明他曾经讲述是他人所附加。认识到《佛国记》是法显自己的作品，既可以加强法显的贡献，也可以提高《佛国记》的地位。

这个阶段最突出的发展是北魏（386—534年）后期郦道元编著的《水经注》。传统观念假定书中每一段说明水道经流路线的所谓经文，统称为《水经》，而且把这一部分当成东汉末年的作品。这样就把郦氏的注文降低到一般古书的注解。但是从来没有能发现出《水经》的作者。实际上只有根据注文中的资料，才能指出经文中的各段走向。因此，我们认为全部《水经注》，包括经文在内，是郦氏一人的伟大贡献。不过，由于他对于古书的资料，过分信以为真，以及那样早的年代，所需要的资料还不够齐备、不够可靠，不少部分还存在着缺点或错误。然而在六世纪早期竟能编成这样一部地理巨著，值得我们特别重视。

（3）隋、唐重建统一，前者只是一个短促的过渡，后者更是强盛持久，经历三百多年。唐代的前半，文治武功都曾经盛极一时。文化影响包括佛教在内，传播到边远的少数民族和海外的日本等地。

唐代初年对于前代的正史，采用官编的方式，大加整理，大致采用《汉书》的规格。但是地理志的重要发展，不在正史以内，而在于著者专编的书。李吉甫继承六朝的传统，著成《元和郡县志》，内容相当精湛，成为流传至今的同类书中最古老的一种。此书在元和八年（813年）进呈。

我国古代的百科全书《三通》中首创的《通典》，是宰相杜佑所主编，在贞元十七年（801年）完成进献。《通典》的《州郡》篇，采录历代正史地理志等资料，按照《禹贡》九州的体系，说明各地行政区划的沿革。又有《边防》篇，采用史书中四夷传的资料，并且说明历代的边防形势。

地图的发展，隋唐下诏天下诸郡，条其风俗物产地图，上于尚书，得以编成《诸州图经集》和《区宇图志》。唐代曾多次编有《十道图》，当时分全国为十道。著有《贞元（785—804年）十道录》等书的贾耽，还主编《海内华夷图》等几幅地图。为表明古今郡县的差别，他首先采用红黑两色分别应用于古今地名——今名红、古名黑。

旅游记方面，唐初玄奘去天竺求经，并且多年在名师指导下对佛学深造。关于他的旅游活动，两位后来帮助他翻译佛经的僧人，依据他的口述，撰有《大唐西域记》与《大慈恩寺三藏法师传》两书。《大唐西域记》更是通用，但是由于采用地方志的方式，对于玄奘旅程的次序，不能全部符合。《三藏法师传》全部按时间先后，对于旅程的次序，以及北印度、中印度旅程的重复，和前去部分地区时间的迟早，都能具体说明。地理方面的观察，玄奘比较法显更是广泛精辟。

专著方面，我们没有在第五篇内提出典型。但是第二篇所提到的魏王泰主编的《括地志》，以及贾耽的著作，都可以包括在内，不过原书都已经失传。至今流传的《元和郡县志》，也可以列入专著的类型，这部书的内容和分析，高出于后人的同类作品。

（4）五代、宋、元的四个半世纪，分裂多而统一少，大部分不够安定。十世纪前半的五代，每个朝代都很短促，而且疆域狭小，南方和西部分为十国。北宋（960—1127年）的一个半世纪恢复统一，南宋（1127—1279年）却和辽、金对峙。辽、金时北方受制于由东北入侵的少数民族，而元代（1279—1368年）更是全国受制于蒙古族。这个阶段，文化上的发展集中在宋代，偏安的南宋也还是人才辈出。元代的文化成果，受到明初仇元的影响，许多著作没有妥善保存。

北宋编纂《新唐书》等正史，上文第二篇关于"河源"的发现，在汉代所定名的积石以上，唐初侯君集、李道宗了解到柏海和大积石山，和唐中叶刘元鼎的了解到闷摩黎山，事实都来自唐代，而传播却有待于宋初所编的《新唐书》。至于元初都实（或笃实）的直抵星宿海，有待于明初编《宋史》和《元史》，才能在这两部书的《河渠书》中公诸于世。但是这些具体的发现，都还不能完全消除西汉以来唯心思想所造成的河出昆仑说的影响。

地理总志方面，宋代又有乐史的《太平寰宇记》，李德刍的《元丰九域志》，欧阳忞的《舆地广记》。元代也有朱思本的《九域志》。元代还开始有官编的《大元一统志》，规模宏大，可惜由于明代没有妥为收管，只留下十五卷残本，难以了解它的全貌。

《三通》中的另外两部，都是这个阶段的著作。郑樵的《通志》，是北宋末年所完成，而马端临的《文献通考》，是宋末元初的作品。《通志》二十略中有《地理略》与《都邑略》，另有《四夷传》。《文献通考》有《舆地考》与《四裔考》。内中都出一些独特的见解。

地方志中的府县志是在宋代定型。由于辽、金的侵袭，北宋的版本流传到后代的极少。南宋时正配合刻板印书的盛行，保存下来的府县志比较多，间或还有重修本。

地图方面，制图的内容，时而有所改进。北宋后期，著有《梦溪笔谈》的沈括，尤其有多方面的贡献。他所编的《天下州郡图》，总图一大轴，当时所行大区称为十八路，各路一小轴，颇有地图集的

411

意味。这套图他又称为《守令图》。

《笔谈》的《守令图》一条,对于裴秀的制图六论,还改为制图七法。重要的改动是把裴氏的道里,改为牙融、旁验。在上文第三篇已经说明牙融,一说是互融。

沈氏还用过面糊木屑在木板上创制模型图,以后用熔蜡表明山川。南宋黄裳也做过木刻图,分块可以用榫头固定。同时的朱熹用过胶泥试制地图。

北宋末年还制有两块石刻图,至今保存在西安历史博物馆内的碑林。这两个石刻图称为《禹迹图》和《华夷图》,可能模仿裴秀和贾耽用这两个图名的图。苏州旧孔庙还有一块石刻的大宋地图,图底是黄裳所进呈。

元代道教中朱思本,由于游历各地,熟悉地理,自编《舆地图》,曾经在江西龙虎山刻石。

旅游记有元初的《长春真人西游记》。这本游记的来历,以及旅行方式和路线,比较法显和玄奘的两次大不相同。由于北宋崇尚道教,成吉思汗在西域军前,遣使特邀号称长春真人的丘处机前往咨询养生之道。丘等因年老乘马车往返,绕道蒙古高原东部与北部,转往伊犁河谷,沿线的情况和游记作者的观感,都有不同于法显等的特点。

在专著方面,宋代也有独特的发展。程大昌等三家把《禹贡》从《尚书》中提出深入探讨,特别注重地理问题。他们也澄清许多观念,但是《禹贡》原文中不切合实际的三江、九江等观念,仍然遗留下来争论不休。

《吴郡志》的《水利》篇和《吴中水利书》都是极少受人注意的短篇,前者引用好几篇类似《吴中水利书》的短文。这些短文的作者都熟悉当地情况,而且具体调查过水利设施,因此都具有近代调查报告的特征。

元末汪大渊的《岛夷志略》一书,是我国宋元时代航海空前发达的见证。他所记述的范围,从传统观念的南洋往西延伸到西洋的最西头,体现出我国的航海业曾经在西欧势力到达之前,在这一带广阔的海洋上,与阿拉伯人展开广泛的竞争,而流传下这一部宝贵的记录。

(5)明代(1368—1644年)的将近三百年,比较接近史学界公认的近代阶段,我国地理学的发展,也具有更多的新特征。这是一个汉族在长期遭受外来控制之后,重振国力的时期,文化活动受到相应的促进。虽则明代晚期的局势,也受到内忧外患的影响,文化事业仍然富有生气。

明代编制的《宋史》、《元史》和《地理志》以外,《河渠书》又具有重要意义。后者所记述的治理河水的措施和经验,足以表明我国水文资料和水利工程的进步。元初都实勘察河源,一直达到星宿海,在这两部正史的《河渠书》中都发表较为详细的记录。

明代对于元代的制度,虽则多所改革,官编的《一统志》仍然继续编制,通称《大明一统志》。同时府县志,有许多流传至今,而且已经影印。

地图方面,十六世纪中期,罗洪先增补元代朱思本的《舆地图》为《广舆图》,扩大范围,增加内容。其后又有陈组绶编制的《皇明职方地图》。明末茅元仪的《武备志》还附录《郑和航海图》。这一幅卷轴式的航海图,由右而左依航程前进,走向不按图幅的部位。内容确有配合明初郑和下西洋活动的特征,实际上既沿用前代的旧航海图——还可能旧图早已吸收一部分阿拉伯人在印度洋一带

全册总结

所用的航海图。

旅游方面,郑和的随从人员,编写过三种游记,——马欢的《瀛涯胜览》和费信的《星槎胜览》,早已流传较广,巩珍的《西洋番国志》,近年也依据手抄本印刷出版。内容都是海外各地的情况,别开生面。但记述不够详细,对于航海情况,又没有注意。当时把珊瑚礁称溜,显然是航海人员的惯称。

明代后期王士性的《五岳游草》,全书是游记性质的诗文与杂志,其中有《地脉》、《形胜》、《风土》三节,可以填补我国在自然地理方面的空白。所谓地脉代表后代的山脉,是古代流传下来的一种概念。形胜含有说明行政区划的自然形势的作用。

明末的《徐霞客游记》,在历代的游记中最是杰出——其最大的特征是科学性。徐氏考察山势、岩洞、水道、植物等各种景象的方法,以及比较各地特征的结论,都超越一般欣赏性的游记。积累二十多年游览片段风景区的经验,晚年的西南游,尤其是在广西和云南境内,游记的内容异常精彩。他一生的旅行,都是只有一二人作伴。西南游还深入到滇西的少数民族地带,大有探险家的风度。

关于专著的发展,本书前后提到潘季驯的《河防一览》和徐霞客的两篇短文,都别具一格。潘氏主持治河工程二十余年,书中所提出的配合具体条件的原则性主张,尤为水利界所重视。但是从地理观点来衡量,内中既有水文地理,又有应用地理。

徐霞客的《盘江考》和《江源考》,从来还没有人加以足够的重视。我们不能单纯从这两篇论文的正确性上衡量它们的价值,更重要的是作者的观点和分析方法。惟有在这些方面,特别体现出这位从长期旅行的实践中成长的地理学家,比较以前的学者达到更高的科学水平。

这样把西汉到明末分成五个阶段,每段说明三四百年内我国地理学四大门类发展的情况的横断面。无论按纵的演变,还是从横的比较上着眼,地理志著作的形成与多样化,是我国地理学的核心。地图的绘制也有源远流长的特征,只是由于长期集中在宫廷或官府,使用的范围很小,刻版印刷风行以后,才扩大流通。旅游记必须有特殊的作者和特殊的阅历,比较稀少是理所当然。但是,法显、玄奘和徐霞客的游记,都可以认为具有国际水平。至于专著同样显得稀少,只要把地理志中重要的著作包括在内,就不成为薄弱,而代代有贡献,甚至可以从北魏推前到春秋末年。

本书评价历代的重要地理作品,对于各个作品的优点和缺点,只用一些举例的方式来表明。我们特别重视各个作品的地理观点和地理方法,以及它的若干特征形成的历史条件。在适当判别一些作品水平高低的同时,还连带阐明某些相关的作品彼此间的具体作用。为此对于少数古老传说的来历值得怀疑的作品,我们尽力考察它们写作的年代或作者,以利于正确判定这些作品的时代意义和作用。这样阐明我国地理学上各种学术观念的形成,观察与整理方法的演变,不同类型作品的积累与发展,可以使得中国地理学史的研究,在各种科学史的研究中,具有独特的范畴、内容、方法与作用。

王成组先生学术年表[*]

1902 年（光绪二十八年）

10 月，生于上海市老县城内一个职员的家庭，原名绳祖。

1915 年

小学毕业。

1916 年

参加清华留美预备学校考试，以优异的成绩进入北京清华学校，在人生的道路上迈出了具有重要意义的一步。

1923 年

清华高等科毕业；自费于东南大学（今南京大学）历史系进修中国史、东方史等课程。

1924 年

秋，由清华派往美国留学，先后就读于芝加哥大学、哥伦比亚大学、哈佛大学和克拉克大学。

1926 年

获得哈佛大学历史学硕士学位。

---

[*] 本年表由本馆编辑部编制，主要参考姜素清、唐海"开创中国地理学史研究的新篇章——访地理学史专家王成组教授(1902—1987)"，刘纪远主编：《现代中国地理学家的足迹》，学苑出版社 2002 年版。

1929 年

4月，获得芝加哥大学地理学硕士学位。

夏，受清华大学地理系兼职系主任翁文灏教授邀请，任清华大学地理系唯一的专职地理教授；参与筹建清华大学地理系的工作。

是年，《人生地理》由上海明书局出版。

1932 年

任厦门大学历史系教授。

1933 年

《百科小丛书·地理学》由商务印书馆出版，后纳入万有文库的再版。

1934 年

任上海大夏大学（今华东师范大学）史地社会系教授，兼任系主任，后任文学院院长。

1935 年

《复兴高中本国地理》（上、中、下）出版。这一套教科书共3册，由1935年起分册出版，多次再版，是一部影响颇广的教本，它在我国地理学的发展和地理知识的普及方面做出了较大的成绩。

出版《更新初中本国地理》。

1936 年

译著《太平洋各国经济概况》由商务印书馆出版。

1938 年

《1936—1937 中国年鉴》（英文版），由商务印书馆出版，承撰"东北"章。

1939 年

抗日战争爆发，随校到庐山、重庆、贵阳教学。

1943 年

应上海圣约翰大学聘请,任历史系教授。

1946 年

《中国省图说明》由上海新中国出版社出版。

1947 年

应聘清华大学地理系,任教并主持地理组工作。是年至 1952 年间,任清华大学地学系地理组主任、中国地理学会秘书长、中国地理学会人文地理专业委员会委员和经济地理专业委员会委员、陕西省地理学会理事、《中国大百科全书·地理卷》及《中国地理卷》副主编、陕西省地方志委员会顾问、西北大学学术委员会委员、西北大学中国地理学史研究室主任等职。

1948 年

《民元来中国之铁路》由上海银行学会出版。

1952 年

全国院校调整,应侯外庐校长之邀应聘西北大学地理系教授。举家迁至西安。

1981 年

译著《中部美洲——它的土地和人民》由陕西人民出版社出版。

1982 年

《中国地理学史》(上册)由商务印书馆出版,是王成组先生最重要的著作,以丰富的学识对中国古代的地理学著作进行了系统的论述和分析,去讹存真,颇具学术价值。1985 年增订,更名为《中国地理学史(先秦至明代)》仍由商务印书馆出版。

1987 年

逝世。

王成组教授及其对中国地理学的贡献*

赵荣　徐象平

王成组教授(1902—1987年)是我国老一辈地理学家,他一生有五十八个春秋都是从事地理教育和研究工作,为我国科学地理学的发展做出了重要贡献。

一

王成组教授1902年10月25日生于上海县城。1916年9月考入北京清华留美预备学校,1923年春毕业后遂去南京东南大学历史系进修中国史和西洋史、东方史。1924年秋由清华大学派往美国留学,他先后就读于美国芝加哥大学、哥伦比亚大学、哈佛大学、克拉克大学,于1926年取得哈佛大学历史学硕士学位。1929年4月获得芝加哥大学地理学硕士学位,并被选为"Xigmaxi"名誉学会副会员,同年回国即被清华大学聘为地理系当时唯一的专职地理教授。1932年9月以后,又先后被聘为厦门大学、上海大夏大学、

---

* 本文原载《地理研究》第7卷第3期,1988年9月。

交通大学、暨南大学、上海商学院、光华大学、东吴法学院、培城女校、上海圣约翰大学、清华大学、西北大学的教授，长期以执教地理为主，并兼及历史教学。还担任过大夏大学社会历史系主任、大夏上海分校文学院院长等职。

王成组教授一生，主要以从事高等学校地理教育为主，亲自编写过多种教材，主要讲授过人文地理学、政治地理学、文化地理学、中国地理、外国地理、中国经济地理、外国经济地理、地图学、中国地理学史、西方地理学史、地理学史研究法等十多门课程。他不仅从事教育工作，而且从事学术研究。当他八十岁高龄时出版了他的学术专著《中国地理学史》上册（商务印书馆1982年初版），同时开始招收研究生，许多人都希望他抓紧时间将《中国地理学史》下册尽快撰写成书出版。他却说："我花几年时间写成的仅是一本书，若能在这几年内带出一批专门研究人才，那就不是一两本书的成果可以比得上的。"所以便集中精力进行研究生培育工作，终于使两批地理学史研究方向的学生顺利毕业。而他自己多年的地理学史研究心得，却因时间紧迫，未能形成文字。

王成组教授也十分重视地理学基础教育，对西方科学地理学在我国的传播、普及做出了重要贡献。

王成组教授是我国二十年代最早留美学习地理的三位学者之一（另二位是黄国璋、黄玉瑽），当时西方地理学正在兴起，许多新思想、新观点还没有传入我国。先生回国后，便一方面从事教学，一方面宣传西方近代科学地理学知识，并先后在《科学》、《现代社会科学》等杂志上系统地介绍了地理学的对象、任务、方法等理论问题。特别是1933年应商务印书馆之约完成的《百科小丛书·地理学》一书，更是详细地论述了地理学的具体内容、地理学的派别、地理学的功用与发展途径等。该书还被收入《万有文库》丛书,再版发行。同时,他还以新的方法编写了《复兴高中本国地理》(三册)、《更新初中本国地理》等地理学教科书,先后由商务印书馆出版发行。特别是《复兴高中本国地理》自 1935 年出版至 20 世纪 50 年代初,多次修订、再版,重印达一百多次,在长达二十多年时间里,成为我国教育界唯一沿用时间最长的教科书,也是新中国成立后唯一被保留使用的地理教科书。

王成组教授的这些基础教育工作,对推动我国地理学的发展起了很大的促进作用。现在国内外很多老一代知识分子都学习过他的教科书,许多著名地理学家更是受到他的启蒙教育和引导,走上地理学研究这条道路。我国著名地理学家曾昭璇教授在一首悼念王成组教授的诗中就曾说他自己"幼读童书(自注:"指高中地理")受启蒙,长成学艺即相从"。近六十年来,教授的学生遍布海内外,为中国和世界地理学的发展都做出了贡献。

二

王成组教授不仅是一位地理教育家,也积极从事地理科学研究工作。

早在三十年代初,关于全国区域划分他就提出了自己的"地带—区域"体系,并将它应用于教科书中(《复兴高中本国地理》)。他首先从全国的大地貌特征和气候差异入手,将全国分为华中、华南、华北、华中、蒙新、康藏六个"地带",其次,又以土壤、植被、人口分布和经济状况的差异,划分为二十七个"区域"。这套区划原则的提出和区划系统的建立,是我国科学区划方案中较早的一种,尤其是它们的区划方法及要素原则,对我国后来的综合区划研究,起了奠基作用,此后的一些区划方案都是利用这一原则进行的。

在经济地理研究中,王成组教授的一些论述,对生产实践活动也有一定的指导意义,如《大连港发展的地理条件》(1929年)、《由地理方面商讨宜昌筑坝计划》(1948年)、《大巴山区任河航道和运量发展的条件和远景》(1959年)等,都受到有关生产部门的重视。

先生晚年致力于中国地理学史研究,并出版了我国第一部中国地理学史研究的学术专著——《中国地理学史》上册,就中国地理学史研究中的许多问题提出了新见解。

1. 关于《禹贡》的成书年代和内容 《禹贡》作为我国先秦时期的一部重要地理著作,历来受到史学界、地理学界和科学史界学者的重视。但关于它的成书年代却众说纷纭。具有代表性的两家是:一种认为其成书于"西周的文、武、周公、成康全盛时代,下至穆王为止"(即约公元前1185年—前925年)[1];另一种观点认为它是"公元前三世纪前期的作品,较秦始皇统一的时代约早六十年"(即约前280年的战国时代)[2]。尤其是后一种观点基本为学术界所接受。对此,王成组教授从地理学的角度出发,分析了当时的历史背景、人们的地理认识程度和《禹贡》记述的地理内容虚实特征以及它与其他著作的关系,提出了"《禹贡》的编写,基本是孔子依据春秋时代所了解的地理范围和生产条件所写成的古代文献",是我国最早的一部带有系统性论述的地理作品的观点[3]。在《禹贡》与

---

[1] 辛树帜:《禹贡新解》,农业出版社1964年版。
[2] 侯仁之主编:《中国古代地理名著选读》,科学出版社1959年版。
[3] 王成组:《中国地理学史》上,商务印书馆1982年版。

《五藏山经》(即《山经》)的关系问题上,他也从他们的内容特征上进行具体深入的研究,提出了《山经》"取法"于《禹贡》,而并非《禹贡》"取材"于《山经》的观点。

2. 关于《水经》与《水经注》的作者问题　《水经注》是我国古代地理名著。但是,关于这本书,普遍的说法是郦道元的贡献在于《注》文上,书中的《经》文系前人所著的《水经》一书。对于这一观点,先生分析了两书的内容特征,并结合五六世纪我国地理学发展的状况等因素,提出两文皆出自郦道元之手的见解。认为,当时只有"实际上掌握《注》文详细资料后,再总结出《经》文的纲领,才是水到渠成。凭空撰述这部书中《经》文路线,表面上看虽则简单,实际上难以做到"。"从《水经注》的内在特征来衡量,《经》与《注》可能本是郦氏一家之言"。

3. 关于黄河源的认识　中原人民对黄河源的发现时间,学术界一般认为是唐初以侯君集等率军在青海境内追击吐谷浑时到达所谓"柏海"、"河源"为标志的。也有人认为,是由二百年后(唐长庆元年公元 821 年)大理寺卿刘元鼎奉使吐蕃(今西藏)会盟时,第一次到达了河源地区。对此,王成组教授也阐述了自己的观点,认为真正的河源地理发现应以元初的都实考察为标志。

4. 关于其他地理作品的作者、性质、意义等问题　在《中国地理学史》上册中,王成组教授还对许多地理作品的各种问题,提出了自己的独特见解。如指出:《管子》一书中的有关地理内容的篇章,并非管仲本人所撰,而系当时管子学派的作品。《尔雅》主要属于辞书性质,地理内容为附属部分,并掺杂有一些西汉早期的内容。《佛国记》一书也不是传统认为是法显口述、别人著录而成的作品,而是法显本人亲自笔记而成;法显西行的年龄当在五十岁左右,而非六十五岁,等等。对于传统观点认为成书于西周的《周礼》,他也从地理学史的角度评价了这部作品,结合前人论述,指出:《周礼》虽系汉代人伪作,但在客观上却较多的保留了先秦时代的地理认识资料,应肯定它在先秦地理史研究中的特殊地位。

由此可见,先生对于古代地理作品的具体内容不是墨守成规,迷信旧说,而是在分析中探索,注重客观地分析作品的科学性和虚假成分,匡正错误,对一些长期令学术界困惑的问题,进行了有益的探讨。如指出《大唐西域记》和《大慈恩寺三藏法师传》所述的邬阇衍那和掷积陀两国的位置在"南印度境",实际上应为在"中印度境"。并说这个错误可能为玄奘"误记"所致。关于"大龙池"(今新疆疏勒附近的哈拉库勒)的记述,也"存在着误解"。还结合实际情况分析指出两部著作在使用里程数字上也往往过于夸大,且各处夸大的程度又不一致这一特点。

在对《水经注》的分析中,他不仅对作者、版本等问题有独到见解,而且对许多具体内容的记述正误、特点提出了自己的观点。指出《水经》卷一、卷二关于河源(即所谓黄河源于于阗南山)潜流重发的论述,是由于广泛信赖和引用《五藏山经》、《海内经》、《穆天子传》等作品所造成的结果。对《水经注》有关汉水叙述分析后也指出:郦道元既列漾、沔两源,又有两汉水之说,"显然自己打乱了水道源流叙述的体系"。但郦道元在确定两水分流方面,却"代表了比《汉书·地理志》更进步的新认识"。这一点是应该充分肯定的。在对《水经注》内容的深入分析中,他还以《江河入海道论证方法的对比》、《大河以北入海诸水——历史意义和存在的问题》、《南方水道的贡献与差异》等专题篇章为题,详细指出了有关记述中的不足和缺陷,纠正了许多学术界以往难以注意到的差错,并分析了产生这些错误的原因和条件。在我国"郦学"研究中，如此广泛深入全面地分析《水经注》的地理学价值，目前还是少见的。

此外，先生在对《徐霞客游记》和一些地方志等地理文献的分析中，也有很多独到的见解。

王成组教授的许多学术见解，特别是他的中国地理学史研究都受到了学术界的普遍重视。鞠继武教授称王成组教授的"学术论著，乃地理学之宝贵遗产"①。于希贤同志评论此书时说："此书对中国古代的地理文献作了较广泛的搜罗，内容丰富，征引详博。本书显示出作者研究中国古代文化功力深厚"、"本书启发人们从不同角度和史料来分析，认识中国地理学史的许多问题"②。曾昭璇教授也评价说：《中国地理学史》上册"改正了我们地理学界不少不准确观点，对我获益更大……"并说："真正由地理学家写的地理学史，此为首篇也。"③

三

王成组教授还为推进我国地理科学学术组织的建立、发展进行了大量的重要工作。同时也为我们留下了一套科学的治学思想和方法。

我国最早和影响较大的地理学术组织有两个。一个是1909年

---

① 1987年8月4日信函。
② 于希贤："简评几部中国地理学史"，《地理研究》，5(3)，1986年。
③ 1983年9月28日信函。

由张相文先生发起,在天津成立的"中国地理学会"①;一个是1934年在南京成立的"中国地理学会"。长期以来一直没有一个统一的全国性学术组织。新中国成立后,为了加强科学界的团结,1950年夏在北京召集全国各学科知名学者开会,筹备建立全国科学联合会。会议期间,来自南京"中国地理学会"的任美锷、李春芬、李旭旦教授,北京"中国地学会"的黄国璋、王成组教授等曾倡议合并南北两个地理组织,建立一个全国性的"中国地理学会"。王成组教授利用自己早年在上海时曾参加南京的"中国地理学会",后来又参加北京"中国地学会",并担任理事的特殊身份②,做了不少工作,为中国地理学会的最后正式成立奠定了基础(即1953年第一次全国地理学代表大会的召开,选出新的理事会)。先生和其他几位教授共同为促进南北两会的联合,建立全国性的学术团体所进行的努力和工作,却是不会被人们忘记的。

在治学思想方法上,王成组教授也为我们开辟了一条重要的治学之道,就是:将马列主义的辨证唯物主义和历史唯物主义观点运用到地理研究,特别是地理学史研究之中,讲求客观、科学、准确。如对历代地理作品的分析评价,他的基本观点和方法"就是从考证作品内容的真假虚实入手,澄清作品的是非得失,并兼顾到写作年代的历史条件与作者身世的综合分析"③。在他的治学活动中,始终强调严谨、周密、科学。对资料的选择运用也力求正确把握资料的真实价值所在。对前人的成说,既不墨守成规、故步自

---

① 曹婉如:"张相文与中国近代地理学的萌芽",《地理学报》,38(3),1983年。
② 参阅《地学杂志》1936年第4期及《地理学报》16—18卷会议纪要及名单。
③ 王成组:《中国地理学史》上,商务印书馆1982年版。

封,也不轻易抛弃、否定,而是强调以科学的眼光重新观察、评价。

正是这种求实、扎实、认真的学风,使他的论作深得学术界的重视与高度评价。他生前曾被推举担任了多种学术组织的领导人,如中国地理学会人文地理专业委员会委员、经济地理专业委员会委员、《中国大百科全书·地理卷》副主编、《中国大百科全书·中国地理卷》副主编、陕西省地理学会理事、陕西省地方志委员会顾问等职务。

四

王成组教授是一位学者,也是一位热忱的爱国者,一位正直、善良的普通人。

早在20世纪20年代他留美学习时,就因看到我国地理研究基础薄弱、人员较少的状况,而由历史改学地理,并放弃了攻读博士学位的机会,尽快回国执教。1931年"九一八"事变后,他积极参加反日运动,并在1932年参加国际联盟组织的东北调查团,主持地图测绘工作,揭露日本侵略我国东北的罪行。1936年时昭瀛主编英文《中国年鉴》,王成组教授又在他所撰写的"东北"一章中,揭露了"九一八事变"后日军侵华的一系列罪行,同时高度评价了东北人民抗击日本帝国主义的英勇斗争,扩大了世界各国人民对我国东北地区的关注和日军侵略真相的了解,及时得到国际和平进步力量的声援。抗战期间,在沦陷的上海,他坚持救亡教学。坚持自己的民族气节和信念。抗战胜利后,国民党又点燃内战的炮火,再置人民于灾难之中,王成组教授从风风雨雨几十年的切身体验中,对共产党领导的革命斗争有了进一步认识,决心以实际行动迎接解放。1948年冬,当时北平解放前夕,在思想比较混乱的情况下,先生一方面谢绝了赴美的机会,一方面积极动员师生们坚守岗位,保护学校,迎接解放。人们曾称赞他的这一行动是他"教育未敢忘忧国"精神的充分体现①。

新中国建立后,王成组教授满腔热情地投身到为国家培养和造就人才的教育事业中去。并于1952年欣然接受当时西北大学校长侯外庐先生的邀请,举家由清华大学迁到西安,任地理系教授。在当时教舍简陋,生活条件比较困难的条件下,立即挑起教学重任,不仅给地理系开课,还给经济系及师范学院兼课。并担任了地理系经济地理教研室主任及中国地理学会陕西分会理事与学术委员等职。

在中国革命和建设不断取得胜利的实践中,王成组教授愈来愈感到,只有党的领导,中国才有希望,因此,1958年他就向党组织递交了入党申请书,并坚持参加党课学习,后因极"左"路线的影响直到1985年这一愿望才得以实现。

1978年离休后,先生坚持离而不休,继续从事科研工作。他看到我国地理学史研究是个薄弱环节,于是集中精力撰写学术专著,力图"使得国内以及国际的地理学界,充分认识中国地理学的光荣传统"②并以八十岁高龄提出培养地理学史方向研究生的要求,从1983年起,连续招收了三届研究生进行指导,并组建成立了"地理学史研究室",为我国地理学史研究的深入发展和地理学科建设的

---

① 姜素清、唐海:"开创中国地理学史研究的新篇章——访西北大学地理系王成组教授",《地理知识》第3期,1986年版。
② 王成组:《中国地理学史》上,商务印书馆1982年版。

完善,做出了贡献。

　　王成组教授为人正直、作风正派、实事求是,敢于仗义执言,批评各种不良现象。同时他又平易近人,关心同志。就是对那些在"文革"中伤害过自己的同志也帮助他们总结经验教训,鼓励他们进步。对学生更是在学习上严格要求、谆谆教诲,在生活上关怀备至,在他最后一次住院治疗的当天上午,还坚持授课,在生命最后的日子,关心的仍然是学生的学习、生活、研究室的工作。真可谓为了科学事业"鞠躬尽瘁,死而后已"。而他却尽量要求自己,不要因自己的事情去打扰别人,麻烦组织,甚至在他高龄时患病去医院,往往也都是自己一人或由家人陪同,前往医院就医。解放军第四军医大学杨继震大夫在唁函中,曾深情地写道"我与王教授从认识到离别,已有十二年。他学识渊博,平易近人,丝毫没有居老而自傲的俗气。他是我经治的病人,我目睹了其不顾高龄,挤着拥挤的公共汽车来检查、治疗。我为这老一辈知识分子的生活处境而感到痛怜,但他从无怨恨之言。这是中国知识分子多么高尚的情操和品德……他的形象将永存于善良的人们心中!"

　　王成组教授的一生,正如著名历史地理学家史念海教授所评价的:"成组教授毕生治学严谨,学术造诣深湛,长期从事教育事业,学生遍布海内外,丰功伟绩,深得各方敬仰。"[①]他不仅给我们留下了宝贵的学术文化遗产,也给我们留下了可贵的治学之道、为人之道。

　　在王成组教授逝世一周年之际,我们谨以本文纪念他——我们的老师!

---

① 1987年7月29日唁函。